中國通史 下

林瑞翰 著

三民書局

國家圖書館出版品預行編目資料

中國通史(下) / 林瑞翰著.－－五版一刷.－－臺北市：
三民，2014
　　面；　公分

　ISBN 978－957－14－4195－5　（上冊:平裝）
　ISBN 978－957－14－5895－3　（下冊:平裝）

　1.中國史

610　　　　　　　　　　　　　　　　103004477

© 中國通史（下）

著 作 人	林瑞翰
發 行 人	劉振強
著作財產權人	三民書局股份有限公司
發 行 所	三民書局股份有限公司
	地址　臺北市復興北路386號
	電話　(02)25006600
	郵撥帳號　0009998-5
門 市 部	（復北店）臺北市復興北路386號
	（重南店）臺北市重慶南路一段61號
出版日期	增訂二版一刷　1973年8月
	五版一刷　2014年3月
編　　　號	S 610050

行政院新聞局登記證局版臺業字第○二○○號

有著作權‧不准侵害

ISBN 978-957-14-5895-3　（下冊：平裝）

http://www.sanmin.com.tw　三民網路書店
※本書如有缺頁、破損或裝訂錯誤，請寄回本公司更換。

中國通史 下 【目 次】

第十六章　隋唐的興亡

一、隋朝的富強　1

二、盛唐政治　11

三、安史之亂與唐朝的衰亡　20

四、隋唐對外經營　32

第十七章　隋唐制度

一、政治制度　41

二、兵　制　44

三、賦役與貢舉　47

第十八章　隋唐經學、佛學、文學與史學

一、經學與佛學　51

二、文　學　52

三、史　學　55

第十九章　五代與列國

一、梁晉對峙　57

二、契丹的崛起　63

三、後唐時代　67

四、後晉、後漢的迭興　76

五、後周時代　82

第二十章　宋遼對峙

一、北宋立國規模　89

二、宋遼和戰　96

三、遼朝制度與習俗　101

四、北宋中期政治及對外關係　104

五、北宋變法與黨爭　108

六、宋金聯盟與遼的滅亡　125

第二十一章　宋金對峙

一、北宋滅亡與南宋的建立　131

二、南宋初期安內與攘外　140

三、金海陵帝南侵與宋金再和議　148

四、南宋與金中葉內政與外交　152

五、南宋蒙古聯盟滅金　157

六、金朝制度及女真習俗　164

第二十二章　宋代制度

一、官　制　167

二、兵　制　172

三、賦役與筦榷　174

四、科舉與學校　176

第二十三章　宋代理學、文學及史學

一、理　學　179

二、文　學　185

三、史　學　187

第二十四章 蒙古帝國的拓疆與元朝的興亡

一、蒙古帝國的繼續拓疆 191

二、蒙古制度與習俗 194

三、元朝的建立及南宋的滅亡 197

四、元朝政治及其衰亡 202

第二十五章 明朝政治及其衰亡

一、明初政治 217

二、明初拓疆 224

三、明政中衰 226

四、明朝的傾覆 233

第二十六章 盛清文治與武功

一、清朝的統一 239

二、盛清政治 244

三、盛清武功 247

第二十七章 明清制度

一、政治制度 253

二、兵 制 256

三、賦稅與徭役 257

四、科舉與學校 259

第二十八章 明清理學、經學、文學及史學

一、理學與經學 263

二、文 學 265

三、史 學 267

第二十九章　清朝的衰亡

一、清政中衰　271

二、太平天國的抗清及捻苗回之亂　276

三、列強交侵　280

四、晚清的政局　284

五、清朝的傾覆與中華民國的建立　289

第三十章　民國以來的政局

一、袁世凱竊國與南北分裂　293

二、北伐以前的政局　295

三、國父的奮鬥與蔣總統的勳業——北伐與統一　299

四、蔣總統的勳業——安內與攘外　303

五、蔣總統的勳業——行憲與戡亂　311

第十六章　隋唐的興亡

一、隋朝的富強

◆ 隋朝世系

①文帝 ——— ②煬帝 ——— （　） ——— ③恭帝
開皇　　　大業　　　　　　　　義寧
仁壽

隋自文帝代周至恭帝禪位於唐，凡三傳，歷三十八年（西元五八一年至西元六一八年）而亡。

◆ 隋朝建國規模

隋與秦頗為相似，皆為中國歷史轉變的關鍵，上承長期分裂的局面，下開統一盛世，隋為唐奠基，猶秦為漢作驅除❶。

---

❶ 藍孟博先生曰：「中國之統一，在殷周已具雛形；至秦漢益備規模，惟其基礎之奠定，實質之完成，確由於隋唐兩代。蓋殷周雖以封建之制化中國為一家，合天子諸侯為一族，形式上已告統一。然其區域未廣，諸侯則各君其國，各子其民，實仍為無數獨立之小邦。故東遷以後，春秋傲擾，戰國力征，分崩離析，垂五百年（西元前七二二———二二一），始一于秦。秦漢雖以郡縣之制，完成統一之規模，疆土亦廓於前。然所有地理上、民族上、政治上、經濟上之諸種分裂因素，始終完在。故自漢獻帝建安元年始亂，至隋文帝開皇九年平陳（西元一九六———五八九）宇內分崩，凡三百九十餘年。洎隋唐混一區夏，舉其全力，從事統一建設。交通則鑿山開道，穿河通航，南北分裂之地勢，遂聯貫為一矣；民族則華戎共軌，胡越一家，夏族因諸蕃之歸化，而血液益新矣；政治則中央集權，內重外輕，遠陬遐荒，靡不統攝矣；食貨則控馭全國資源，發展海陸貿易，經濟上之向心力，益加強固矣。舉凡國史上之諸種分裂因素，悉已蠲除，統一之基礎，乃大貞定；統一之實質，徹底完成。自唐末迄今，千有餘年，除數度短期紛亂外，餘皆為長期統一之局，故隋唐兩代，洵國史上最重要之關鍵。」（隋唐五代史第一章）又曰：「漢以秦之驅除，席其遺烈，採其法度，享四百年昇平之治；唐以隋之先導，承其洪緒，襲其經制，

隋文帝開皇二年（西元五八二年），於舊長安以南二十里的龍首原營建新都大興城，市街整齊若棋盤狀，其後仍名長安。開皇七年（西元五八七年），滅後梁，開皇九年（西元五八九年），滅陳，統一全國。

隋祚雖短，其國計民生的富足實為秦漢以來所未有，其原因有二：其一，北朝自魏孝文帝以來，政治已上軌道，中雖經六鎮之亂，然自齊、周代魏，二朝國君皆能信任世族，周滅齊，隋滅陳，亦皆未經大戰禍，至隋代周，天下安定已歷年數；其二，自宇文泰輔魏以來，君臣皆知注重吏治，隋承其政風，故國富而民阜（用錢賓四先生說，見國史大綱第二十二章）。

文帝勤政，節儉務實，留心吏治，嚴懲貪污，又徵聘儒者，購求遺書，輕徭薄賦，與民休息，天下翕然稱治。文帝尚有二項重要政施，一為整理戶籍，二為設倉貯糧。時關東百姓，因習北齊腐敗政風，避役逃賦，所在多有，開皇三年（西元五八三年），文帝下令料民，大索逃戶，料出無戶籍民一百六十四萬餘口，其中丁壯四十四萬三千人，國家稅入由是大增。設倉分官倉、義倉二種。官倉設置於黃河沿岸，其著者有衛州（河南省汲縣）黎陽倉、洛州（河南省洛陽縣）河陽倉、陝州（河南省陝縣）常平倉及華州（陝西省華陰縣）廣通倉等。開皇四年（西元五八四年），開廣通渠，循漢代漕渠故道，從京師引渭水入渠，與渭水平行，東流至潼關入黃河，以漕官倉所儲之粟入京師。義倉又稱社倉，開皇五年（西元五八五年），用民部尚書（開皇三年，改度支為民部）長孫平議，命諸州百姓軍人，以貧富為等差，於本社輸糧置倉，上戶不過一石，中戶不過七斗，下戶不過四斗，貯積粟麥，以備荒年賑恤之用。

至煬帝在位，復廣設官倉，開鑿運河。煬帝時所設官倉最大者為鞏縣（河南省鞏縣）東南的洛口倉及洛陽城北的回洛倉。洛口倉共穿三千窖，周回二十餘里，回洛倉穿三百窖，周回十里，每窖可儲粟麥八千石，二倉可儲糧共二千六百餘萬石，為關東儲藏漕粟的中心。

開鑿運河為煬帝時代最重要的建設，其所開鑿運河凡四條：

一、通濟渠：大業元年（西元六〇五年），發淮北諸郡民前後百餘萬開通濟渠，從洛陽西苑引穀、洛二水東至洛口（河南省鞏縣北）入黃河，自坂堵（河南省汜水縣東）引河水經滎澤南入汴水，復引汴水入泗，以達於淮，南

肇二百九十年昌盛之運，皆文物粲然，聲威遠暨，是二代略相侔也。」（同上）

接邗溝。

二、邗溝：大業元年（西元六〇五年），又發淮南民十餘萬開邗溝，自山陽（江蘇省淮安縣）引淮水至江都（江蘇省江都縣），南入長江。

三、永濟渠：大業四年（西元六〇八年），詔發河北諸軍百餘萬穿永濟渠，北引沁水南入黃河，復引沁水北入衛河，引衛河之水北入沽河以通涿郡（河北省涿縣）。丁男不供，役及婦人。

四、江南河：大業六年（西元六一〇年），詔開江南河，自京口（江蘇省鎮江縣）引江水南至餘杭（浙江省杭縣），凡八百餘里，廣十餘丈，使可通龍舟以備巡幸。

煬帝開鑿運河目的，除永濟渠作為遠征高麗運輸線外，其餘皆為遊樂而開鑿，然自此南自杭州北經洛陽至涿郡，自洛陽西至長安，皆可經由江南河、邗溝、通濟渠、永濟渠及文帝時所開鑿的廣通渠而暢通無阻，對隋唐經濟的發展及文化的溝通貢獻甚大❷。

隋經文帝的悉心經營，戶口繁息，廩藏充實，治績確有可觀，然文帝生性猜疑，功臣故舊，多遭誅戮❸。

---

❷　藍孟博先生曰：「煬帝之開渠，亦為後世之利，非純為遊樂也。海山記（歷代小史本）記煬帝夢陳後主來謁，曰：『聞陛下已開隋渠⋯⋯』因獻詩曰：『隋室開茲水，初心謀大賒。一千里力役，百萬民吁嗟。⋯⋯莫言無後利，千古壯京華。』帝怒曰：『爾安知吾開河為後人之利。』（詩話總龜前集四七所記略同）此記事雖涉神秘，但開河為後人之利，則無可疑。顏師古隋遺錄謂隋濬河入汴時麻叔謀銜命甚酷，至今兒啼聞人言『麻胡』來即止。斯乃有司之罪，未可咎煬帝也。」（隋唐五代史第一章）

❸　吳兢貞觀政要卷一政體：「太宗問蕭瑀曰：『隋文帝何如主也？』對曰：『克己復禮，勤勞思政，每一坐朝，或至日昃，五品已上，引坐論事，宿衛之士，傳殮而食，雖性非仁明，亦是勵精之主。』太宗曰：『公知其一，未知其二。此人性至察而心不明。夫心暗則照有不通，至察則多疑於物。又欺孤兒寡婦以得天下，恆恐群臣內懷不服，不肯信任百司，每事皆自決斷，雖則勞神苦形，未能盡合於理，朝臣既知其意，亦不敢直言，宰相以下，惟即承順而已。』」又卷三封建：「開皇在運，因藉外家，驅御群英，任雄猜之數，坐移明運，非克定之功。年踰二紀，人不見德。」（李百藥奏論駁世封事）通鑑卷一八〇隋紀四：「高祖性嚴重，令行禁止，每旦聽朝，日昃忘倦。⋯⋯愛養百姓，勸課農桑，輕徭薄賦，其自奉養，務為儉素，⋯⋯天下化之。⋯⋯故衣食滋殖，倉庫盈溢。⋯⋯然猜忌苛察，信受讒言，功臣故舊，無始終保全者，乃至子弟，皆如仇敵，此其所短也。」

◆ 煬帝的驕侈

文帝有五子，長太子勇，以次晉王廣、秦王俊、蜀王秀、漢王諒，皆獨孤后所生。勇性寬厚，率意任情，多內寵，無矯飾之行，由是失愛於文帝及獨孤后。后為勇娶元氏女為妃，妃無寵於勇，遇心疾，二日而薨，獨孤后疑元妃之薨，或有他故，意彌不平。廣美姿儀，性慧敏，深沈嚴重，好學善屬文❹。平陳之役，廣為統帥，功臣宿將多出其門。廣知勇失歡於上，益自矯飾，屏除聲色，陽為恭儉，敬接朝士，禮極卑屈，由是名譽藉甚，冠於諸王。獨孤后數稱廣之賢於文帝，帝性儉朴，以廣為不好聲色，亦自愛之異於諸子。文帝嘗密令善相者來和遍相諸子，和云晉王眉上雙骨隆起，貴不可言，文帝益以廣為賢。勇嘗於冬至在東宮法服設樂受百官朝賀，文帝知而不悅，父子之間，漸生猜阻。廣為揚州總管，入朝，將還鎮，入宮辭后，伏地流涕，不勝依戀，后亦泫然泣下，廣乘間讒勇屢有相害之意，后大怒，決欲廢勇立廣。

尚書右僕射楊素性疏朗辯捷，有才藝，多權略，為文帝所親信。晉王廣與安州總管宇文述素善，奏請述為壽州刺史以自近。廣與總管司馬張衡謀奪嫡之策，問計於述，述云朝臣之中惟楊素能移文帝之意，素所與謀者惟其弟約，述與約素相知，請入京見約共謀。廣大喜，多齎金寶資述入關。述邀約飲，盛陳器玩，因與共博，盡輸所齎金寶於約，約所得既多，稍以謝述，述因通廣結納之意，約以白素，素然之。後數日，素入宮侍宴，以微言揣獨孤后意，知后惡太子而愛晉王廣，乃盛言太子不才，后遂遺素金，使贊上行廢立。勇頗知其謀，憂懼無計。文帝知勇不自安，使素往觀勇所為。素至東宮，勇冠帶以待之，素故遷延不進見以激怒勇，勇銜之，形於言色，素還，譖勇有怨望，獨孤后復從而誣飾以成其罪，文帝惑之，多使人密伺勇動靜，隨事奏聞，群臣承后風旨，多言勇過失。開皇二十年（西元六〇〇年），文帝廢勇，更立晉王廣為太子。

仁壽二年（西元六〇二年），獨孤后崩，廣對文帝及宮人哀慟絕氣，及處私室，則飲食言笑如平常。獨孤后既崩，宣華夫人陳氏、容華夫人蔡氏皆有寵於文帝，

---

❹　劉餗隋唐嘉話：「煬帝善屬文而不欲人出其右，司隸薛道衡由是得罪，後因事誅之，曰：『更能作空梁落燕泥否？』」又：「煬帝為燕歌行，文士皆和，著作郎王冑獨不下帝，帝每銜之，冑竟坐此見害，而誦其警句曰：『庭草無人隨意綠，復能作此語耶！』」

宣華夫人即陳宣帝之女。仁壽四年（西元六〇四年），文帝寢疾於仁壽宮，尚書左僕射楊素、兵部尚書柳述、黃門侍郎元巖皆入閤侍疾，召太子廣入居大寶殿，廣手書問素，謂文帝一旦不諱，須預防擬，素條錄事狀以報之，宮人誤將素所錄事狀送文帝，文帝覽而大恚。陳夫人嘗平旦出更衣，為廣所逼，拒之得免，文帝怪其神色有異，問其故，夫人泣云為太子所逼，文帝大怒，乃呼述、巖召故太子勇，欲更立之，述、巖出閤為敕書，素白太子廣矯詔執述、巖繫大理獄，召東宮兵入充宿衛，令右庶子張衡入寢殿侍疾，盡遣後宮出就別室，俄而文帝崩，故中外頗有異論。是夜，廣烝於陳夫人。廣即皇帝位，是為煬帝，縊殺故太子勇，追封為房陵王。明年，改元大業。

煬帝性本好奢侈，大業元年（西元六〇五年），詔營洛陽為東都，於漢魏洛陽城西另築新城，規制略與大興城同，每月役丁夫二百萬人。城成，徙洛州郭內居民及諸州富商大賈數萬戶以實之。既而自大興徙都洛陽，於西郊築西苑，周回二百里，其內有海，周十餘里，海中立嶼以象蓬萊、方丈、瀛洲三仙山，山高出水百餘尺，臺觀殿閣，棋布山上。北有龍鱗渠，縈紆注海內，緣渠作十六院，門皆臨渠，每院以四品夫人主之，堂殿樓榭，窮極華麗。自大興至江都，置離宮四十餘所。

煬帝復於洛陽外圍掘長塹二千餘里，環繞洛陽北、東、南三面，以鞏固洛陽防務。築顯仁宮於今河南省宜陽縣西南，南接皁澗，北跨洛濱，苑囿相連，發江南嶺北奇材異石，廣求海內嘉木異草、珍禽奇獸充實其間，又築迷樓於江都，窮極工巧。煬帝為誇耀諸蕃，大業六年（西元六一〇年），召諸蕃酋長畢集洛陽，正月十五日，於端門街盛陳百戲，戲場周圍五千步，奏管弦者一萬八千人，聲聞數十里，自昏達旦，燈光燭天，至月終而罷，所費不貲，自是歲以為常。諸蕃請得入東市與中國貿易，煬帝許之，先命整飾市肆，修葺簷宇，盛設帷帳，充積珍貨，賣菜者亦藉以龍鬚席，諸蕃或過酒食店，皆令延入給酒食，不取其值，給曰中國富饒，酒食例不取值，諸蕃皆驚羨。

煬帝凡三幸江都。大業元年（西元六〇五年），煬帝自洛口御龍舟沿黃河及運河南下。龍舟長二百尺，築樓四重，高四十五尺，上重有正殿、內殿、東西朝堂，中二重有一百二十房，皆飾以金玉，下重內侍居之。皇后乘翔螭舟，制度略小而裝飾與龍舟無異，別有浮景九艘，築樓三重，名曰水殿。又有漾彩、朱鳥、蒼螭、

白虎、玄武、飛羽、青鳧、陵波、五樓、道場、玄壇、黃篾等數千艘，為後宮諸王、公主、百官、僧尼、道士、蕃客所乘及載內外百司供奉之物，凡用挽船士八萬餘，其挽漾彩以上諸舟者九千餘人，皆衣錦綵袍，謂之殿腳。又有平乘、青龍、艨艟、艒䑠、八櫂、艇舸數千艘，衛士所乘，並載兵器帳幕，其舟兵士自挽。舳艫相接二百餘里，騎兵翊兩岸而行，旌旗蔽野，所過州縣，五百里內皆令獻食，極水陸珍味。大業六年（西元六一○年）、大業十二年（西元六一六年）復兩幸江都，沿途供應紛繁，庫藏為之虛耗。煬帝第三次駐蹕江都，中原大亂，詔於毗陵（江蘇省武進縣）東南起宮苑，周圍十二里，內築十六離宮，規制大抵倣東都西苑而侈麗過之，役軍士數萬人。其後又欲築宮於會稽，會亂未果。煬帝後宮亦多達萬餘人，其荒淫驕侈，實曠古少見。

　　煬帝好大喜功，濫用民力，故隋朝外雖富強而內實不安。時隋朝國勢極盛，突厥啟民可汗及西域各國君王均相繼入朝，惟高麗不服，於是煬帝乃謀伐高麗。大業七年（西元六一一年），煬帝自江都御龍舟渡河入永濟渠至涿郡，下詔討高麗，徵天下兵，無問遠近，俱會於涿，敕河南、淮南、江南造兵車五萬乘送高陽（河北省高陽縣）供載衣甲幔幕，發河南北民夫以供軍實，又發江淮以南民夫及船運黎陽、洛口諸倉米至涿郡，舳艫相屬千餘里，其載兵甲及攻具奔命在道者常數十萬人，死者相枕，天下騷動，重以官吏貪殘，因緣侵漁，百姓窮困，始相聚為盜賊。

　　大業八年（西元六一二年），煬帝分其眾為二十四軍，分道並出，期會於平壤，總諸軍凡一百十三萬三千餘人，號二百萬，饋運者倍之，連營漸進，旌旗連亙千餘里，別遣右翊衛大將軍來護兒帥江淮水軍浮海入浿水（大同江）以襲平壤。三月，隋軍進至遼水，高麗兵阻水為守，隋軍強渡遼水，與高麗兵戰於東岸，高麗兵大敗，隋軍乘勝進圍遼東（遼寧省遼陽縣北），自三月至於六月，遼東堅守不下。是月，來護兒與高麗戰於平壤，高麗設伏以誘隋軍，隋軍大敗，護兒僅而獲免，士卒得脫者僅數千人。左翊衛大將軍宇文述等九軍凡三十萬眾會於鴨綠水西，遂渡水，七戰皆捷，進抵平壤，隋軍疲困，而平壤險固難拔，高麗兵四面鈔擊。七月，述等軍潰奔還，得脫者僅二千餘人，資儲器械失亡蕩盡，煬帝乃引兵還。

　　大業九年（西元六一三年），煬帝復徵天下兵集涿郡，再征高麗。四月，煬帝自將大軍渡遼水，別遣宇文述帥軍自陸路，來護兒以舟師自東萊（山東省掖縣）

入海，並趨平壤。煬帝命諸將急攻遼東，晝夜不息，高麗兵隨方拒之，歷二十餘日不拔，隋軍死者甚眾。煬帝命禮部尚書楊玄感督運於黎陽，玄感為隋初功臣楊素之子，大業二年（西元六○六年），素薨，玄感襲爵楚公。玄感驍勇便騎射，好讀書，喜賓客，海內知名之士多與之遊。蒲山公李密，弼之曾孫，少有才略，志度宏遠，與玄感特相親善。楊素既助煬帝奪嫡取帝位，恃功驕倨，朝宴之際，或失臣禮，煬帝心銜之而不言，素亦頗自覺。及素薨，玄感自以累世貴顯，而父為上所忌，內不自安，乃與諸弟潛謀作亂。至是玄感密遣家僮至長安召李密及弟玄挺，又遣家奴偽為使者從東方來，詐稱來護兒反。六月，玄感以討護兒為名，舉兵於黎陽，四方豪傑響應者十餘萬人。李密至，玄感以為謀主，密勸玄感擁眾長驅入薊，阻斷隋軍歸路，否則當西馳直取長安，按撫關中，據險而守之，玄感不能用。玄感引軍攻洛陽，時煬帝孫越王侗為東都留守，與其將樊子蓋勒兵拒守，玄感久攻不克。煬帝方督諸軍大造攻具，期日攻遼東，會玄感反書至，大懼，密召諸將引軍還，軍資器械攻具營帳委棄山積，皆為高麗所得。

　　來護兒時在東萊未發，聞玄感圍洛陽，即日回軍入援，煬帝亦敕護兒救東都，命宇文述等兼程擊玄感。玄感聞隋大軍將至，乃捨洛陽欲西入關，至弘農（河南省靈寶縣南），弘農太守蔡王智乘城拒守。李密勸玄感捨弘農西據潼關，玄感不從，攻城三日不拔，乃引軍而西，述、護兒等追及之於皇天原（河南省閿鄉縣西南），玄感大敗，走死葭蘆戌（河南省盧氏縣西），李密亡去。

　　大業十年（西元六一四年），煬帝復徵集天下兵，百道俱進，三伐高麗。三月，煬帝次盧龍，七月，次懷遠鎮。時天下已亂，所徵兵多失期不至，高麗亦困弊。來護兒至卑沙城（遼寧省海城縣境），高麗舉兵迎戰，護兒擊破之，將趨平壤，高麗王元懼，遣使乞降，煬帝大悅，遣使持節召護兒還。八月，自懷遠班師。

◆ 隋朝的滅亡

　　大業七年（西元六一一年），隋因討伐高麗，人民困於征役，相聚為盜賊，此後復經二次東征，天下雲擾，自是至大業十四年（西元六一八年），所在豪傑蠭起，割據稱雄，其勢尤強者有下列諸起：

　　李密　密曾祖弼西魏時官至司徒，為八柱國之一，北周代魏，為太師，封魏國公，祖曜封邢國公，父寬隋上柱國，封蒲山郡公，父死，密襲爵。楊玄感起兵

於黎陽，以密為謀主，玄感敗，密亡命群盜間，依翟讓於瓦崗（河南省滑縣南），轉掠滎陽、梁郡。大業十二年（西元六一六年），讓令密建牙，別統所部，號蒲山公。大業十三年（西元六一七年），密說讓取洛口倉，發粟以賑窮乏，擊敗隋越王侗兵於洛水，威聲大振，讓於是推密為主，建號魏公，封拜百官，自趙魏以南，江淮以北，群盜莫不響應，眾至數十萬，築洛口城而居之，遣將東略地，河南郡縣多陷於密。煬帝命江都通守王世充合諸路軍十餘萬眾擊密，與密戰於洛水，密大破之。或勸翟讓奪密權，密聞而惡之，乃殺讓而併其眾。大業十四年（西元六一八年），密復擊潰世充軍於洛北，進據金墉城，敗隋越王侗之軍於北邙（北邙山在洛陽東北），於是海岱江淮間群雄，皆遣使請降於密。

　　竇建德　建德貝州漳南（山東省恩縣西北）人，尚氣任俠，膽力過人，為鄉黨所歸附。大業七年（西元六一一年），徵天下兵征高麗，百姓騷動，建德集無賴少年數百人入高雞泊（山東省恩縣東北）為群盜，眾漸盛至萬餘人。大業十二年（西元六一六年），煬帝遣太僕卿楊義臣擊河北群盜，斬建德黨高士達於平原（山東省陵縣），建德率百餘騎亡走饒陽（河北省饒陽縣），陷其城，收兵得數千人。義臣既破士達，引兵去，建德復還平原，收士達散兵，軍復大振。大業十三年（西元六一七年），建德據樂壽（河北省獻縣西南），稱長樂王，破隋將薛世雄於河間（河北省河間縣），河北郡縣相率降附。

　　徐圓朗　圓朗兗州（兗州治瑕丘，今山東省滋陽縣西）人，隋末起兵，以兵徇琅邪（山東省諸城縣東南）以西，北至東平（山東省鄆城縣東），盡有其地。

　　高開道　開道滄州陽信（山東省陽信縣南）人，世煎鹽為生。大業末，河間賊帥格謙擁眾十餘萬，據豆子䴚（山東省惠民縣境，接陽信、無棣二縣界），自稱燕王，以開道為將。大業十二年（西元六一六年），隋將王世充討謙斬之，開道收其餘眾，寇掠燕地，軍勢復振。

　　羅藝　藝襄州襄陽人，父榮，仕隋為監門將軍。藝武藝精絕，勇力過人，大業中以力戰補虎賁郎將。大業十二年（西元六一六年），煬帝將伐高麗，藝從武衛將軍督餉於北平（河北省盧龍縣）。時器械資儲皆積於涿郡，常苦盜賊侵掠，留守官虎賁郎將趙什住等不能拒，藝獨數出破賊，威名日重，什住等忌之，陰稽緩其賞賜，藝因眾怨陳兵入涿郡，發庫物以賜戰士，開倉廩以賑貧乏，境內咸服。藝徇定勃海、柳城、懷遠、襄平諸郡，自稱幽州總管，威振燕地。

蕭銑　銑梁室之後，大業中為羅川令。大業十三年（西元六一七年），巴陵校尉董景珍等推銑為主，遣使奉銑入巴陵（湖南省岳陽縣），稱梁王，明年，稱帝，遣其將楊道生攻下南郡，徙都江陵，復遣將四出略地。時鎮將聞煬帝遇弒，所至迎降，於是東自九江，西抵三峽，南盡交阯，北距漢沔，皆為銑有，勝兵四十餘萬。

林士弘　士弘饒州鄱陽（江西省鄱陽縣）人，初從其鄉人操師乞為群盜。大業十二年（西元六一六年），師乞稱元興王，攻下豫章（江西省南昌縣），以士弘為大將軍。隋將劉子翊討之，師乞敗死，士弘繼統其眾，與子翊戰於彭蠡湖（今鄱陽湖），子翊敗死。士弘兵大振，眾至十餘萬，稱帝，國號楚，楚地郡縣爭殺隋守令以應之，北自九江，南至番禺，皆為所有。

杜伏威　伏威齊州章丘（山東省章丘縣）人，初與輔公祏為群盜，轉掠淮南，據六合，稱將軍。大業十三年（西元六一七年），隋遣右禦衛將軍陳稜討之，伏威帥眾拒戰，大破之，稜僅以身免。伏威乘勝破高郵（江蘇省高郵縣），引兵據歷陽（安徽省和縣），自稱總管。伏威常選敢死士五千人，謂之上募，寵遇甚厚，有攻戰輒令先登，所向無敵。

李子通　子通沂州承（山東省嶧縣西北）人，大業末，長白山（長白山，泰山之副嶽，在山東省鄒平縣南）賊左才相自號博山公，子通往依之，以雄武愛人為眾所服，歸之者至萬人，為才相所忌，子通乃率眾渡淮，據海陵（江蘇省泰縣），自稱將軍。

劉武周　武周瀛州景城（河北省交河縣東北）人，父匡徙居馬邑（山西省朔縣）。武周驍悍善騎射，應募征遼東有功，還馬邑，為鷹揚府校尉（煬帝改大都督為校尉）。大業十三年（西元六一七年），與其黨殺馬邑太守王仁恭，收兵得萬餘人，遣使附於突厥。隋雁門郡丞陳孝意與虎賁郎將王智辯共伐武周，武周引突厥擊卻之，殺智辯，攻陷定襄（山西省平魯縣西北），突厥立武周為定楊可汗。武周僭稱皇帝，引兵攻陷雁門（山西省代縣）。

梁師都　師都夏州朔方（陝西省橫山縣西）人，仕隋為鷹揚府郎將。大業末，罷歸，聚眾起為盜賊。大業十三年（西元六一七年），師都略定雕陰（陝西省綏德縣）、弘化（甘肅省慶陽縣）、延安（陝西省膚施縣）等郡，遂即帝位，國號梁。突厥遺以狼頭纛，號為大度毗伽可汗。師都乃引突厥入河南地，攻破鹽川（寧夏

省鹽池縣北）。

　　郭子和　子和同州蒲城（陝西省蒲城縣）人，初為隋左翊衛卒，坐事徙榆林
（綏遠省鄂爾多斯左翼後旗），大業十三年（西元六一七年），榆林大饑，子和潛
結敢死士十八人攻殺郡丞王才，開倉賑施，自稱永樂王，南連梁師都，北附突厥。

　　薛舉　舉河東汾陰（山西省榮河縣北）人，僑居金城（甘肅省皋蘭縣），驍勇
絕倫，饒於貲財，好結納豪傑，仕隋為金城府校尉。大業十三年（西元六一七年），
隴右盜起，金城令郝瑗募兵數千人使舉將而討之，舉因舉兵，囚郡縣官，開倉賑
施，自稱西秦霸王，襲取枹罕（甘肅省導河縣），群盜及諸羌多歸附之，盡有隴西
之地，眾至十三萬，兵勢大振。尋自稱秦帝，自金城徙都天水（甘肅省天水縣西
南）。

　　李軌　軌涼州姑臧（甘肅省武威縣）人，仕隋為武威鷹揚府司馬。大業十三
年（西元六一七年），軌糾集豪傑舉兵，執虎賁郎將謝統師、郡丞韋士政等，自稱
河西大涼王，襲取張掖、敦煌諸郡，盡有河西之地。

　　大業十二年（西元六一六年），煬帝最後一次南幸江都，見天下危亂，恣情縱
樂，無意北歸，常於退朝幅巾短衣，策杖步遊，遍歷臺榭，非夜不止，汲汲顧景，
唯恐不足。大業十三年（西元六一七年），太原留守唐公李淵自晉陽（山西省太原
縣）舉兵入長安，立煬帝孫代王侑為帝，是為隋恭帝。改大業十三年為義寧元年，
遙尊煬帝為太上皇。恭帝以淵為假黃鉞、使持節、大都督內外諸軍事、尚書令、
大丞相，進封唐王。軍國機務，百官拜授，咸決於淵。

　　隔年（是歲即唐高祖武德元年，西元六一八年），煬帝詔治丹陽宮室，將徙都
之。煬帝衛士多關中人，見煬帝無歸意，皆思叛亡，共擁右屯衛將軍宇文化及為
主，遣虎賁郎將司馬德戡入宮弒帝。化及自為大丞相，淫虐自恣，德戡復謀誅化
及，事洩，與其黨十餘人並為化及所殺。煬帝凶問至長安，恭帝禪位於唐王李淵，
淵即帝位，改國號曰唐，建元武德，是為唐高祖。

　　隋東都留守官屬得煬帝凶問，奉越王侗為帝，改元皇泰，以王世充為納言（隋
改侍中為納言），封鄭國公。宇文化及率其眾北歸，李密據鞏洛以拒之，化及引兵
擊降東郡，北據黎陽，與密戰於黎陽之倉城。隋主侗遣使招密，密降隋，隋封密
為魏國公，密於是悉其精銳東攻化及，化及與戰不利，食盡，乃入汲郡，北據魏
縣稱帝，建國號許。密將士亦多戰死，還軍金墉，世充乘其弊而擊之，戰於邙山，

密眾大潰，率餘眾奔洛口，復為世充所敗，入關降唐，既而復叛亡出關，至桃林（河南省靈寶縣），為唐將盛彥師所殺。

隋吳興太守沈法興聞宇文化及弒逆，舉兵以討化及為名，收兵得六萬人，攻下餘杭、毗陵、丹陽等江表十餘郡，自稱江南道大總管，上表於隋主侗，自稱大司馬、錄尚書事、天門公，承制置百官。而杜伏威及荊沔賊帥朱粲亦降隋，羅藝、郭子和、李軌降唐，隋封伏威、粲並為楚王，唐以藝為幽州總管，子和為靈州總管，軌為涼州總管，封涼王。

是歲，薛舉卒，子仁果立，唐高祖遣子秦王世民將兵擊滅之。高開道攻取北平，進陷漁陽，自稱燕王。

唐高祖武德二年（西元六一九年），王世充廢隋主侗，僭即帝位，國號鄭，隋朝遂亡。

二、盛唐政治

◆ 唐朝世系

唐自高祖建國，至昭宣帝為朱梁所篡，凡十四世二十君，歷二百九十年（西元六一八年至西元九〇七年）而亡。

◆ 唐朝的建立

相傳唐高祖為西涼王李暠的嫡裔，然其先世陵墓在今河北省隆平縣，亦可能原為趙郡附近的漢人。其祖父李虎與宇文泰同出於六鎮，仕西魏為八柱國之一，賜胡姓大野氏，至隋文帝相周，始復本姓。北周代魏，李虎已歿，追封為唐國公。虎子昞襲父爵，仕北周為安州總管、柱國大將軍，即高祖之父。

①高祖－②太宗－③高宗┬④中宗（中宗－睿宗──武后──中宗）
武德　　貞觀　　永徽　　嗣聖　文明　光宅　　神龍
　　　　　　　　顯慶　　　　　　　垂拱　　景龍
　　　　　　　　龍朔　　　　　　　永昌
　　　　　　　　麟德　　　　　　　載初
　　　　　　　　乾封　　　　　　　天授
　　　　　　　　總章　　　　　　　如意
　　　　　　　　咸亨　　　　　　　長壽
　　　　　　　　上元　　　　　　　延載
　　　　　　　　儀鳳　　　　　　　證聖
　　　　　　　　調露　　　　　　　天冊萬歲
　　　　　　　　永隆　　　　　　　萬歲登封
　　　　　　　　開耀　　　　　　　萬歲通天
　　　　　　　　永淳　　　　　　　神功
　　　　　　　　弘道　　　　　　　聖曆
　　　　　　　　　　　　　　　　　久視
　　　　　　　　　　　　　　　　　大足
　　　　　　　　　　　　　　　　　長安

⑤睿宗－⑥玄宗－⑦肅宗－⑧代宗┐
景雲　　先天　　至德　　廣德
太極　　開元　　乾元　　永泰
元和　　天寶　　上元　　大曆
　　　　　　　　寶應

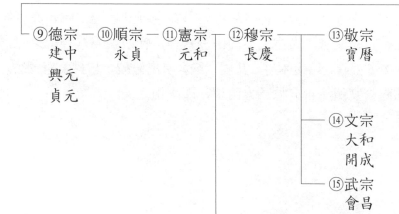

⑨德宗－⑩順宗－⑪憲宗┬⑫穆宗──────⑬敬宗
建中　　永貞　　元和　　長慶　　　　　寶曆
興元
貞元
　　　　　　　　　　　　　　　　　　⑭文宗
　　　　　　　　　　　　　　　　　　大和
　　　　　　　　　　　　　　　　　　開成
　　　　　　　　　　　　　　　　　　⑮武宗
　　　　　　　　　　　　　　　　　　會昌

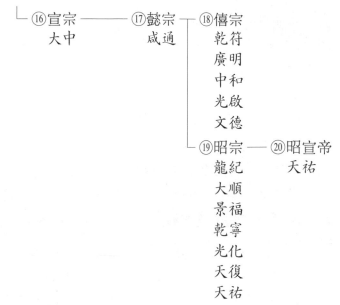

⑯宣宗 ── ⑰懿宗 ── ⑱僖宗
　大中　　　咸通　　　乾符
　　　　　　　　　　　廣明
　　　　　　　　　　　中和
　　　　　　　　　　　光啟
　　　　　　　　　　　文德

　　　　　　　　　 ── ⑲昭宗 ── ⑳昭宣帝
　　　　　　　　　　　龍紀　　　天祐
　　　　　　　　　　　大順
　　　　　　　　　　　景福
　　　　　　　　　　　乾寧
　　　　　　　　　　　光化
　　　　　　　　　　　天復
　　　　　　　　　　　天祐

　　高祖七歲襲父爵，姨母即隋文帝獨孤后，故與煬帝有姨表之親，而得隋朝信任。煬帝末年，以高祖為太原留守，及群雄起兵，高祖以隋朝已亂，亦舉兵於晉陽，入長安，立隋恭帝，既而廢恭帝自立，建立唐朝，仍定都長安，遣次子秦王世民率兵以次平定隴右、河東、關東，又遣李孝恭、李靖、李勣等討平東南，底定全國，惟梁師都恃突厥為援，竊據朔方，至太宗貞觀二年（西元六二八年）始為唐將柴紹所平。

◆ 太宗治績

　　高祖有四子，皆皇后竇氏所生，長太子建成，次秦王世民，次玄霸早卒，又次齊王元吉。唐朝創業，世民之功居多，因與太子建成不協，謀欲奪嫡。建成畏其偪，與元吉連合，於是建成世民兄弟之間，嫌隙日深。高祖以世民功高，又不忍廢太子，欲兩全之，命世民出鎮洛陽，為建成所阻。世民信臣長孫無忌、房玄齡、杜如晦等共勸世民誅建成。武德九年（西元六二六年），世民陰結宮廷衛士，襲殺建成及元吉於太極宮玄武門外，集軍政大權於一身，高祖乃立世民為太子，同年八月，禪位於世民，是為太宗❺。

───────────────

❺　太宗德業並茂，惟奪嫡一事，後世頗有議者。程氏遺書二上二先生語：「君實修資治通鑑，至唐書，正叔問曰：『敢與太宗、肅宗正簒名乎！』曰：『然。』」又遺書十八伊川先生語：

　　太宗即位時年僅二十九歲，明年，改元貞觀。隋末之亂，戶口空虛，太宗安輯流亡，民皆安堵，戶口漸滋。經太宗的悉心經營，乃蔚成中國史上罕見的盛世，史稱貞觀之治。

　　貞觀治績尤可稱者有三：一、裁汰冗員，自簡刺史以澄清吏治；二、常遣使巡察四方，省民疾苦以利民生；三、更定律令，審刑慎罰以杜冤濫。蓋太宗為治，事事以愛民為本，馴致物阜民豐，天下安寧，幾致刑措。終貞觀之世，東到海濱，南至五嶺，夜不閉戶，路不拾遺，行千里者不齎糧❻。太宗之所以能夠蔚成貞觀之治，主要在於知人善任，凡人有才具，不論親讎，一體任用，且能容納善言，故貞觀時代，得才為多❼。文臣如房玄齡、杜如晦、魏徵、王珪、長孫無忌、高

「太宗佐父平天下，論其功不過做得一功臣，豈可奪元良之位？太子之與功臣，自不相干。唐之紀綱自太宗亂之，終唐之世無三綱者，自太宗始也。」司馬溫公曰：「立嫡以長，禮之正也，然高祖所以有天下，皆太宗之功，隱太子以庸劣居其右，地嫌勢逼，必不相容，曏使高祖有文王之明，隱太子有泰伯之賢，太宗有子臧之節，則亂何自而生矣！既不能然，太宗始欲俟其先發，然後應之，如此，則事非獲已，猶為愈也。既而為群下所迫，遂至蹀血禁門，推刃同氣，貽譏千古，惜哉！夫創業垂統之君，子孫之所儀刑也，彼中、明、肅、代之傳繼，得非有所指擬以為口實乎！」（通鑑卷一九一唐紀七）

❻　貞觀政要卷一政體：「太宗自即位之始，霜旱為災，米穀踊貴，突厥侵擾，州縣騷然。帝志在憂人，銳精為政，崇尚節儉，大布恩德，……加以從諫如流，雅好儒術，孜孜求士，務在擇官，改革舊弊，興復制度，每因一事，觸類為善。……由是官吏多自清謹，制馭王公妃主之家，大姓豪猾之伍，皆畏威屏跡，無敢侵欺細人。商旅野次，無復盜賊，囹圄常空，馬牛布野，外戶不閉。又頻致豐稔，米斗三四錢，行旅自京師至于嶺表，自山東至于滄海，皆不齎糧，取給於路。入山東村落，行客經過者，必厚加供待，或發時有贈遺，此皆古昔未有也。」又卷八務農：「貞觀十六年，太宗以天下粟價，率計斗直五錢，其尤賤處計斗直三錢，因謂侍臣曰：『國以民為本，人以食為命，若禾黍不登，則兆庶非國家所有。既屬豐稔若斯，朕為億兆人父母，唯欲躬務儉約，必不輒為奢侈。朕常欲賜天下之人皆使富貴，今省徭賦，不奪其時，使比屋之人恣其耕稼，此則富矣；敦行禮讓，使鄉閭之間，少敬長，妻敬夫，此則貴矣。但令天下皆然，朕不聽管弦，不從畋獵，樂在其中矣！』」同卷刑法：「（貞觀）四年，斷死刑天下二十九人，幾致刑措。」

❼　貞觀之世，君臣多嘉言懿行，舉數例如下。通鑑卷一九二貞觀元年：「有上書請去佞臣者，上問佞臣為誰。對曰：『臣居草澤，不能的知其人，願陛下與群臣言，或陽怒以試之，彼執理不屈者，直臣也；畏威順旨者，佞臣也。』上曰：『君，源也；臣，流也。濁其源而求其流之清，不可得矣。君自為詐，何以責臣下之直乎！朕方以至誠治天下，見前世帝

士廉、褚遂良等，皆為一代名臣，武臣如李靖、柴紹、李勣（李勣即李密將徐世勣，密敗，勣降唐，賜姓李，後避太宗諱更名）❽、尉遲敬德、張亮、秦叔寶、薛萬徹、程知節、侯君集等亦皆為一代名將。貞觀相業當首推房玄齡、杜如晦，

王好以權譎小數接其臣下者，常竊恥之，卿策雖善，朕不取也。』」又卷一九四貞觀六年：「上宴近臣於丹霄殿，長孫無忌曰：『王珪、魏徵昔為仇讎，不謂今日得此同宴。』上曰：『徵、珪盡心所事，故我用之。然徵每諫我不從，我與之言輒不應，何也？』魏徵對曰：『臣以事為不可故諫，陛下不從而臣應之，則事遂施行，故不敢應。』上曰：『且應而復諫庸何傷？』對曰：『昔舜戒群臣：爾無面從，退有後言。臣心知其非而口應陛下，乃面從也，豈稷、契事舜之意邪！』上大笑曰：『人言魏徵舉止疏慢，我視之更覺斌媚，正為此耳！』徵起拜謝曰：『陛下開臣使言，故臣得盡其愚；若陛下拒而不受，臣何敢數犯顏色乎！』」又同卷貞觀十年：「魏王泰有寵於上，或言三品以上多輕魏王，上怒，引三品以上，作色讓之曰：『隋文帝時，一品以下皆為諸王所顛躓，彼豈非天子兒邪！朕但不聽諸子縱橫耳。聞三品以上皆輕之，我若縱之，豈不能折辱公輩乎！』房玄齡等皆惶懼流汗拜謝，魏徵獨正色曰：『臣竊計當今群臣必無敢輕魏王者。在禮臣子一也，春秋王人雖微，序於諸侯之上。三品以上皆公卿，陛下所尊禮，若紀綱大壞，固所不論，聖明在上，魏王必無頓辱群臣之理。隋文帝驕其諸子，使多行無禮，卒皆夷滅，又足法乎！』上悅曰：『理到之語，不得不服，朕以私愛忘公義，嚮者之忿，自謂不疑，及聞徵言，方知理屈，人主發言何得容易乎！』」又卷一九五貞觀十二年：「上問侍臣，創業與守成孰難？房玄齡曰：『草昧之初，與群雄並起，角力而後臣之，創業難矣！』魏徵曰：『自古帝王莫不得之於艱難，失之於安逸，守成難矣！』上曰：『玄齡與我共取天下，出百死，得一生，故知創業之難；徵與吾共安天下，常恐驕奢生於富貴，禍亂生於所忽，故知守成之難。然創業之難既已往矣，守成之難方當與諸公慎之。』」又卷一九七貞觀十八年：「上好文學而辯敏，群臣言事者，上引古今以折之，多不能對。劉洎上書諫曰：『帝王之與凡庶，聖哲之與庸愚，上下相懸，擬倫斯絕，是知以至愚而對至聖，以極卑而對至尊，徒思自強，不可得也。陛下降溫旨，假慈顏，凝旒以聽其言，虛襟以納其說，猶恐群下未敢對揚，況動神機，縱天辯，飾辭以折其理，引古以排其議，欲令凡庶何階應答！且多記則損心，多語則損氣，心氣內損，形神外勞，初雖不覺，後必為累。須為社稷自愛，豈為性好自傷乎！至如秦政強辯，失人心於自矜；魏文宏才，虧眾望於虛說；此材辯之累，較然可知矣！』上飛白答之曰：『非慮無以臨下，非言無以述慮，比有談論，遂致煩多，輕物驕人，恐由斯道，形神心氣，非此為勞。今聞讜言，虛懷以改。』」

❽ 劉肅大唐新語卷六友悌：「李勣既貴，其姊病，必親為煮粥，火熱其鬚。姊曰：『僕妾幸多，何為自苦若是？』勣對曰：『豈是無人耶，顧姊年長，勣亦年老，雖欲長為姊煮粥，其可得乎！』」

玄齡居相位十五年，與如晦共掌朝政，玄齡善謀，如晦能斷，人稱房謀杜斷❾。太宗以魏徵、王珪司諫議，徵、珪能犯顏直諫，太宗多能採納。魏徵尤以直諫聞名於世，太宗嘗曰：「夫以銅為鏡，可以正衣冠，以古為鏡，可以知興替，以人為鏡，可以明得失，朕常保此三鏡以防己過。」（貞觀政要卷二任賢）以人為鏡，即指魏徵❿。太宗又好文學，置弘文館，聚書二十餘萬卷於館中，日與學士輩虞世南、孔穎達、蕭瑀等討論文籍，商榷治道，又大興國學，生員殆及萬人，四夷外邦亦多遣子弟入學，一時學術大盛。

　　當時唐朝為東亞最富強的國家，且能利用國力維繫毗鄰唐朝諸邦間的和平，或多或少皆受到中華文化的薰陶，遠方君長仰其聲威，共尊太宗為天可汗，成為亞洲諸邦共同擁戴的君主。

◆ 武后政治

　　貞觀二十三年（西元六四九年），太宗崩，子治立，是為高宗，翌年改元永徽。

❾　貞觀政要卷二任賢房玄齡條：「（貞觀）三年，拜尚書左僕射監修國史。……既總任百司，虔恭夙夜，盡心竭節，不欲一物失所。聞人有善，若己有之。明達吏事，飾以文學，審定法令，意在寬平。不以求備取人，不以己長格物，隨能收敍，無隔疏賤，論者稱為良相焉。」又杜如晦條：「（貞觀）三年，拜尚書右僕射兼知吏部選事，仍與房玄齡共掌朝政。至於臺閣規模，典章文物，皆二人所定，甚獲當時之譽，時稱房杜焉。」通鑑卷一九三：「上每與玄齡謀事，必曰：『非如晦不能決。』及如晦至，卒用玄齡之策，蓋玄齡善謀，如晦能斷故也。二人深相得，同心徇國，故唐世稱賢相，推房杜焉。」又卷一九九：「柳芳曰：『玄齡佐太宗定天下，及終相位，凡三十二年，天下號為賢相，然無跡可尋，德亦至矣！故太宗定禍亂而房、杜不言功，王、魏善諫諍而房、杜讓其賢，英、衛善將兵而房、杜行其道。理致太平，善歸人主，為唐宗臣，宜哉！』」

❿　貞觀政要卷二任賢魏徵條：「徵雅有經國之才，性又抗直，無所屈撓，太宗每與之言，未嘗不悅，徵亦喜逢知己之主，竭其力用。」又曰：「（貞觀）十二年，太宗以誕皇孫，詔宴公卿。帝極歡，謂侍臣曰：『貞觀以前，從我平定天下，周旋艱險，玄齡之功，無所與讓；貞觀之後，盡心於我，獻納忠讜，安國利人，成我今日功業，為天下所稱者，惟魏徵而已，古之名臣，何以加也。』」通鑑卷一九三：「徵狀貌不逾中人而有膽略，善回人主意。每犯顏苦諫，或逢上怒甚，徵神色不移，上亦為霽威。嘗告謁上冢，還，言於上曰：『人言陛下欲幸南山，外皆嚴裝已畢而竟不行，何也？』上笑曰：『初實有此心，畏卿嗔，故中輟耳！』上嘗得佳鷂，自臂之，望見徵來，匿懷中，徵奏事固不已，鷂竟死懷中。」

高宗初期，承貞觀餘緒，委任賢臣長孫無忌、褚遂良等，故永徽之治，比美貞觀。乾封元年（西元六六六年），高宗封禪泰山，波斯、天竺、日本諸國君長及貢使皆尾從，儀仗絡繹不絕數百里，唐朝國威之盛，至是達於極峰。高宗晚年患風眩，不能視事，政權旁落皇后武氏之手，高宗自稱天皇，武后稱天后，時號二聖。武后本太宗才人，有權略姿色，高宗為太子時，見而悅之，即位後納為昭儀，永徽六年（西元六五五年），高宗惑於武氏，廢王皇后，立武氏為皇后。

高宗太子英為後宮所生，武后譖廢之，更立武后所生子弘為太子。弘不滿武后所為，武后鴆之，更立次子雍王賢為太子，既而復廢太子賢而立三子英王哲為太子。

弘道元年（西元六八三年），高宗崩，太子哲即位，是為中宗，武后以皇太后參決大政。中宗欲以后父韋玄成為侍中，武后不悅。嗣聖元年（西元六八四年），武后廢中宗為廬陵王，立幼子豫王旦為帝，是為睿宗，改元文明。睿宗無意於政治，常居別殿，武后乃御紫宸殿稱制以朝百官，改元光宅，引用其姪武承嗣、武三思輔政。李勣孫敬業以匡復廬陵王為名，起兵於揚州以討武后，眾十餘萬，為唐將李孝逸所平。垂拱元年（西元六八五年），武后遷廬陵王於房州（湖北省房縣），唐宗室諸王紛紛起兵討伐武后，皆為武后所平。唐宗室諸王，為武后所殺及廢徙者先後四十餘人。天授元年（西元六九○年），武后自立為皇帝，改國號周，以睿宗為皇嗣，改姓武。武后服袞冠冕以朝群臣，置奉宸府，設內供奉之官為男嬪，成為中國史上惟一的女皇帝。

武后未即帝位時，四方百姓及中外百官、帝室宗戚、沙門道士上書請武后即真者六萬餘人。武后以光宅元年（西元六八四年）臨朝，自此至神龍元年（西元七○五年）中宗復辟，其間凡二十二年，國勢強盛，聲威遠播，治績亦頗可觀。武后時名相狄仁傑即為當代不可多得的賢才，玄宗時代名相姚崇、宋璟亦為武后所識拔❶。

❶ 葉昌熾語石一：「金輪（長壽二年，武后自號金輪聖神皇帝）以女子暗移唐祚，威福自恣，舉朝屏息，牝雞司晨，亙古未有。其所作十九字，見宣和書譜。……當時群臣奏章及天下書契，咸用其字。以石刻證之，自武后稱制，光宅、垂拱、永昌尚未改字，至載初以後無不用新製字矣！余所見武周碑，不下數百通，窮鄉僻壤，緇黃工匠，無不奉行惟謹。尤可異者，巴里坤有萬歲通天造像，敦煌有柱國李公舊龕碑在莫高窟，廖州刺史韋敬辯

　　武后最信重狄仁傑，常呼為國老而不名。時豫王旦雖為皇嗣，而武承嗣、武三思陰謀奪嫡，武后亦有傳姪之意，仁傑說武后，云姑姪之親不若母子，立廬陵王則千秋萬歲後常享宗廟，立三思則廟不祔姑，武后感悟。聖曆元年（西元六九八年），武后迎立廬陵王為太子，改封豫王旦為相王。久視元年（西元七〇〇年），仁傑卒。長安四年（西元七〇四年），武后病，不臨朝者數月。神龍元年（西元七〇五年）正月，宰相張柬之、崔玄暐等舉兵迫武后歸政，尊為則天大聖皇帝，迎中宗復辟，唐祚至是恢復。是年十一月，武后崩。

◆ 玄宗政治

　　中宗即位，寵幸皇后韋氏。中宗庸碌無能，韋后乃效武后所為，干預朝政。中宗太子重俊非韋后所生，韋后密謀廢重俊而立己女安樂公主為皇太女，重俊起兵討韋后，兵敗而死。景龍四年（西元七一〇年），韋后毒殺中宗，立中宗第四子

智城碑在廣西龍州關外，河東州刺史王仁求碑在雲南昆明縣，龍龕場道銘在廣東羅定州，皆唐時邊遠之地，文教隔絕，乃紀元年月亦皆用新製字，點畫不差累黍，雖秦漢之強，聲靈遠訖，何以加焉！」（藍孟博：隋唐五代史第三章引）趙翼廿二史箚記卷一九武后納諫知人條：「武后之淫惡極矣，然其納諫知人，亦自有不可及者。初稱制，劉仁軌上疏，以呂后為戒，后即使武承嗣齎敕慰諭之。……然此猶論列朝政也；至其所最寵倖而諱之者，宜莫如薛懷義、張易之、張宗昌，然蘇良嗣遇懷義於朝，命左右批其頰，懷義訴於后，后第戒其出入北門，毋走南牙觸宰相，而未聞罪良嗣也。……然此猶未直陳其淫穢之醜也；至朱敬則疏諫選美少年，則曰『陛下內寵有薛懷義、張易之、宗昌矣，近又聞尚食柳模自言其子良賓潔白美鬚眉，長史侯祥云陽道壯偉堪充宸內供奉』，桓彥範以昌宗為宋璟所劾，后不肯出昌宗付獄，彥範亦奏云：『陛下以簪履恩久，不忍加刑』，此皆直揭后之燕昵嬖倖，可羞可恥，敵以下所難堪，而后不惟不罪之，反賜敬則綵百段，曰：『非卿不聞此言。』而於璟、彥範亦終保護倚任。夫以懷義、易之等牀第之間，何言不可中傷善類，而后迄不為所動搖，則其能別白人才，主持國是，有大過人者，其視懷義、易之等不過如面首之類。人主富有四海，妃嬪動至千百，后既身為女主，而寵倖不過數人，固亦無足深怪，故后初不以為諱，并若不必諱也。至用人行政之大端，則獨握其綱，至老不可撼撥。陸贄謂后收人心，擢才俊，當時稱知人之明，累朝賴多士之用；李絳亦言后命官猥多，而開元中名臣多出其選。舊書本紀贊謂后不惜官爵籠豪傑以自助，有一言合，輒不次用，不稱職，亦廢誅不少假，務取實才真賢。然則區區帷薄不修，固其末節，而知人善任，權不下移，不可謂非女中英主也。」

重茂為帝，重茂為中宗後宮所生，韋后以太后臨朝，韋氏子弟皆據要津。睿宗子臨淄王隆基起兵平亂，殺韋后，迎睿宗復位，改元景雲。睿宗以隆基為太子，太極元年（西元七一二年），傳位於隆基，自為太上皇。隆基即位，是為玄宗。

　玄宗時代可分為開元、天寶二時期。開元凡二十九年，為唐朝繼貞觀以後的盛世，時值武、韋二后亂唐之後，故史稱中興。玄宗於開元之世，勵精圖治，躬行節儉，「焚後庭珠翠之玩」、「禁女樂而出宮嬪」、「貞觀之風，一朝復振。」（舊唐書玄宗紀論）玄宗以姚崇、宋璟為相，崇敏於吏事，善於應變，璟守法持正，敢於直諫，開元後期名相如張九齡⓬、韓休等，亦皆以廉正儉德著稱，故一時賦役寬平，刑罰清省，財貨豐積，民樂其業，而蔚為開元之治。玄宗另一偉大功業為提倡儒學，以維護中國正統文化。自魏晉以來，玄學興盛，儒學衰微，玄宗下詔搜訪遺書，選吏繕寫，共繕得四萬八千餘卷，魏晉以來衰替的儒學賴此重振。

　由於玄宗君臣的悉心圖治，唐朝再度邁上富強康樂之境。開元時，京師斗米十三錢，青、齊等州斗米僅值三錢，野無餓莩，國無盜賊，行千里者不持兵，四裔君長，競來款獻，長安盛況空前。自長安西行至唐邊境，凡一萬二千里，沿途閭閻相望，桑麻翳野⓭。

　開元以後為天寶，而唐政漸衰。

　唐政的衰亂，始於李林甫、楊國忠的專權。開元二十二年（西元七三四年），玄宗以林甫為相，林甫為唐宗室，由宦官高力士薦引，執相權幾二十年，初則排斥賢相張九齡，繼而陷殺宰相李適之，誅戮忠良，一時賢士大夫多遠離京師，投

⓬　王仁裕開元天寶遺事：「明皇每朝政有闕，則虛懷納諫，大開士路。早朝百辟趨班，帝見張九齡風威秀整，異於眾像，謂左右曰：『朕每見九齡，使我精神頓生。』」

⓭　新唐書食貨志一：「是時海內富實，米斗之價錢十三，青、齊間斗縑三錢，絹一匹錢二百。道路列肆具酒食以待行人，店有驛驢，行千里不持尺兵。天下歲入之物，租錢二百餘萬緡，粟千九百八十餘萬斛，庸調絹七百四十萬匹，綿百八十餘萬屯，布千三十五萬餘端。」舊唐書玄宗紀：「開元之有天下也，……烽燧不驚，華戎同軌。西蕃君長，越繩橋而競款玉關；北狄酋渠，捐氈幕而爭趨雁塞；象郡炎州之玩，雞林鯷海之珍，莫不結轍於象胥，駢羅於典屬。膜拜丹墀之下，夷歌立仗之前，可謂冠帶百蠻，車書萬里。天子乃覽雲臺之義，草泥金之札，然後封日觀，禪雲亭，訪道於穆清，怡神於玄牝，與民休息，比屋可封。於時重譯之倪皆知禮義，戴白之老不識兵戈，虜不敢乘月犯邊，士不敢彎弓報怨，康哉之頌，溢于八絃，所謂世而後仁，見於開元者矣！」

依邊疆大吏以避難，在朝者多為林甫黨羽，於是唐政漸衰。國忠為楊貴妃從兄，玄宗晚年，寵幸楊妃，從而寵信國忠，楊妃本為玄宗子壽王瑁妃，玄宗見而悅之，令出宮為道士，還納後宮，立為貴妃。國忠既得玄宗寵信，林甫亦以國忠微有才，且貴妃之族，故善遇之，既而國忠頗與林甫爭權，擿拾其過，玄宗由是疏林甫而國忠益貴盛。天寶十一載（西元七五二年），林甫憂懑而卒，國忠遂代林甫為相，獨綰大政。

三、安史之亂與唐朝的衰亡

◆ 安史之亂

　　自安祿山之亂起，唐朝即由極盛而趨衰微。祿山本營州（熱河省朝陽縣）雜胡，初隸范陽節度使張守珪麾下，與契丹、奚作戰失利，為守珪執送京師，玄宗愛其才，得以不死，漸得玄宗寵信。開元二十九年（西元七四一年），為營州都督，天寶元年（西元七四二年），兼平盧節度使，天寶三載（西元七四四年），兼范陽節度使，天寶九載（西元七五〇年），賜封東平郡王，兼河北道採訪處置使，天寶十載（西元七五一年），兼河東節度使，於是今遼寧、熱河、河北、山西等省幾盡入其掌握，擁兵十八萬，其軍多突厥、奚、契丹、同羅、室韋諸種人，又以蕃將三十二人盡代去部下漢將，陰謀不軌❶，以玄宗遇之厚，欲待玄宗晏駕後作亂。

❶　新唐書安祿山傳：「祿山……伎忍多智，善億測人情，通六蕃語。……時宰相李林甫嫌儒臣以戰功進，尊寵閒己，乃請顓用蕃將，故帝寵祿山益牢，群議不能軋，卒亂天下，林甫啟之也。祿山陽為愚不敏蓋其姦，承間奏曰：『臣生蕃戎，寵榮過甚，無異材可用，願以身為陛下死。』天子以為誠，憐之。令見皇太子，不拜，左右擿語之，祿山曰：『臣不識朝廷儀，皇太子何官也！』帝曰：『吾百歲後付以位。』謝曰：『臣愚知陛下，不知太子，罪萬死。』乃再拜。楊貴妃有寵，祿山請為妃養兒，帝許之。其拜必先妃後帝，帝怪之，答曰：『蕃人先母後父。』帝大悅。……繇是祿山有亂天下意，令麾下劉駱谷居京師，伺朝廷隙。（天寶）六載，進御史大夫。……林甫以宰相貴甚，群臣無敢鈞禮，惟祿山倚恩入謁倨。林甫欲諷寤之，使與王鉷偕，鉷亦位大夫，林甫見鉷，鉷趨拜卑約，祿山惕然，不覺自罄折。林甫與語，揣其意，迎剖其端，祿山大駭以為神，每見，雖盛寒必流汗。林甫稍厚之，引至中書，覆以己袍，祿山德林甫，呼十郎。駱谷每奏事還，先問十郎何

先是林甫為相，能以權術御邊將，祿山畏服之，及國忠為相，才不若林甫，祿山輕之，由是有隙。國忠屢言祿山必反，玄宗不聽，國忠數以事激之，冀其速反以應其言。天寶十四載（西元七五五年）十一月，祿山反，以討國忠為名，自范陽舉兵南下，唐兵望風而潰，十二月，遂陷洛陽。而常山太守顏杲卿復為唐守，河北諸郡多起而響應。次年正月，祿山自即帝位，國號燕，賊軍陷常山，執杲卿，殺之，河北名都大邑復相繼為賊軍所破。唐以名將哥舒翰將兵八萬號二十萬以討之，軍於潼關，翰時病臥，不能治事，軍政悉以委行軍司馬田良丘。翰以叛軍勢盛，欲堅守以俟其變，國忠疑翰謀己，謂翰逗留，將失機會，玄宗信之，數遣中使趣翰出擊。翰與叛軍戰於靈寶（河南省靈寶縣），大敗，還守潼關，蕃將火拔歸仁脅翰出降，祿山遂破潼關。玄宗聞潼關失守，挾貴妃與國忠倉皇西奔，至興平馬嵬驛（陝西省興平縣境），國忠為隨駕軍士所殺，軍士復偪玄宗誅貴妃，玄宗命高力士縊殺之。於是玄宗西幸成都，而太子亨別軍奔靈武（寧夏省靈武縣），依朔方節度使郭子儀，賊軍遂入長安。

　　玄宗入蜀，太子受群臣擁戴，即位於靈武，是為肅宗，改天寶十五載（西元七五六年）為至德元載，遙尊玄宗為太上皇，命郭子儀與河東節度使李光弼出師討賊。賊帥尹子奇攻睢陽（河南省商邱縣南），不克，以故賊軍不敢越睢陽而南。

如？有好言輒喜，若謂大夫好檢校，則反手據林曰：『我且死。』……晚益肥，腹緩及膝，奮兩肩若牽挽者乃能行，作胡旋舞帝前，乃疾如風。帝視其腹曰：『胡腹中何有而大？』答曰：『唯赤心耳！』……帝為祿山起第京師，……帝登勤政樓，幄坐之，左張金雞大障，前置特榻，詔祿山坐，褰其幄以示尊寵。太子諫曰：『自古幄坐非人臣當得，陛下寵祿山過甚，必驕。』帝曰：『胡有異相，我欲厭之。』時太平久，人忘戰，帝春秋高，嬖艷鉗固，李林甫、楊國忠更持權，綱紀大亂。祿山計天下可取，逆謀日熾。……既兼制三道，意益侈。……祿山已得布思眾，則兵雄天下，愈偃肆，皇太子及宰相屢言祿山反，帝不信。是時國忠疑隙已深，建言追還朝以驗厥狀，祿山揣得其謀，乃馳入謁，帝意遂安，凡國忠所陳無入者。（天寶）十三載，來謁華清宮，對帝泣曰：『臣蕃人，不識文字，陛下擢以不次，國忠必欲殺臣以甘心。』帝慰解之，……詔還鎮。……祿山之還，帝御望春亭以餞，斥御服賜之，祿山大驚不自安，疾驅去。……反狀明白，人告言者，帝必縛與之。明年，國忠謀授祿山同中書門下平章事，召還朝，制未下，帝使中官輔璆琳賜大柑，因察非常，祿山厚賂之，還言無它，帝遂不召。」又曰：「祿山謀逆十餘年，凡降蕃夷，皆接以恩，有不服者，假兵脅制之。所得士釋縛，給湯沐衣服，或重譯以達，故蕃夷情偽悉得之。祿山通夷語，躬自尉撫，皆釋俘囚為戰士，故其下樂輸死，所戰無前。」

至德二載（西元七五七年），祿山為其子慶緒所殺，子儀召回紇援兵收復長安。其冬，賊軍破睢陽，守臣許遠、張巡死之。唐軍進克洛陽，慶緒奔鄴（河南省臨漳縣），其部將史思明降唐，唐以思明為范陽節度使，封歸義王。子儀迎太上皇、肅宗返長安，於是河南、關中地區復為唐有。既而思明復叛，乾元元年（西元七五八年），子儀率軍圍鄴，慶緒遣使求救於思明。乾元二年（西元七五九年），思明自范陽率軍南下，擊潰唐軍於鄴城之南，殺慶緒，自稱燕帝，再陷洛陽。上元二年（西元七六一年），思明擊潰李光弼軍，攻陷河陽（河南省孟縣），光弼收軍退保聞喜（山西省聞喜縣）。既而思明為其子朝義所殺，思明部下大都為祿山舊將，朝義不能制，賊勢稍衰。

寶應元年（西元七六二年），肅宗及太上皇相繼崩，太子豫立，是為代宗，命其子雍王适為元帥，僕固懷恩副之，借回紇兵，會諸道節度使攻克洛陽及河陽，朝義北走，唐軍追擊至莫州（河北省任邱縣），守將田承嗣以城降唐，復追擊至范陽，守將李懷仙亦降。廣德元年（西元七六三年），朝義欲奔契丹，為懷仙之兵所追殺。自安祿山舉兵叛唐，至是凡歷八年而後亂平，史稱安史之亂。

◆ 藩鎮割據

唐朝平定安史之亂以後，對安史殘餘武力及政府於平亂期間擴充的武力皆未能及時作適當的善後。唐朝節度使原為防邊而設，及安史亂起，肅宗、代宗為求亂事速平，務為姑息，於河北、河南、關中諸道腹地增設節鎮，授予有功將領及賊方降將，亂平後並未撤消，遂失防邊初意而造成藩鎮割據之禍。

藩鎮中最跋扈者為昭義、成德、盧龍、魏博、平盧及淮西諸鎮，昭義節度使薛嵩、成德節度使李寶臣、盧龍節度使李懷仙、魏博節度使田承嗣、平盧節度使李正己、淮西節度使李忠臣皆為安史舊部，或為歸化胡人，或為胡化漢人，各擁強兵。其中成德、盧龍、魏博三鎮尤強，統稱河北三鎮。諸鎮互相勾結，與朝廷抗衡，辟吏不經敕命，租賦不輸朝廷。節度使卒，則由子弟或眾所推服部將繼任，暫稱留後，俟朝命到達然後稱節度使，朝廷輒因其所立而授之，無法委派取代，故無形中成為世襲或推選。

大曆八年（西元七七三年），昭義節度使薛嵩卒，弟崿立為留後。大曆九年（西元七七四年），魏博節度使田承嗣誘昭義將吏使作亂。大曆十年（西元七七五年），

昭義兵馬使逐留後薛崿，帥其眾歸承嗣，承嗣引兵襲取相（河南省安陽縣）、衛（河南省汲縣）等州，崿詣闕待罪，詔釋不問。於是救貶承嗣為永州刺史，命成德節度使李寶臣、平盧節度使李正己、淮西節度使李忠臣、盧龍留後朱滔會河東、永平、汴宋、河陽、昭義諸鎮之兵討之。時滔兄盧龍節度使朱泚入朝，故以滔為留後。寶臣與昭義留後李承昭大破承嗣部將盧子期於臨水（河北省磁縣西北），擒子期送京師斬之，而正己與河南諸鎮之兵又大破承嗣部將田悅於陳留（河南省陳留縣），承嗣勢大蹙。承嗣素輕正己，至是陽尊奉之，正己大悅，按兵不進，河南諸鎮之兵皆不敢進。會唐遣中使馬承倩賫詔勞寶臣，寶臣詣其館，為承倩所辱，成德兵馬使王武俊說寶臣釋承嗣以自重，寶臣然之，乃與承嗣通謀襲朱滔，不克，解兵去，承嗣勢復振。承嗣上表謝罪，正己亦屢為之請，乞許其自新。大曆十一年（西元七七六年），承嗣復表請入朝，乃下詔赦其罪，復其官爵，聽與家屬入朝，其所部拒朝命者，一切不問。是歲，汴宋留後田神玉卒，都虞候李靈曜殺兵馬使濮州刺史孟鑒，北結承嗣為援，詔以靈曜為濮州刺史，靈曜不受詔，因就以靈曜為汴宋留後。靈曜益驕橫，乃詔淮西、永平、河陽、淮南、平盧諸鎮之兵擊之。淮西節度使李忠正、河陽三城使馬燧屢破靈曜兵，遂圍汴州，承嗣遣其將田悅將兵救之，為忠臣、燧所破，魏博兵死者相枕藉，悅脫身北走。靈曜聞悅軍潰，開門夜遁，為永平節度使李勉部將杜如江所擒，勉械送靈曜至京師，斬之。

承嗣既助靈曜，竟不入朝。大曆十二年（西元七七七年），復詔討之，承嗣復上表謝罪，唐終無如之何，又悉復其官爵，仍令不必入朝。

大曆十四年（西元七七九年），代宗崩，子适立，是為德宗，明年改元建中。德宗初立，勵精圖治，頗為藩鎮所畏，既而盧杞為相，杞姦邪陰狡，竊弄威柄，政治日非，轉為藩鎮所輕❺。建中二年（西元七八一年），成德節度使李寶臣卒，其子惟岳自稱留後，魏博節度使田悅為惟岳求節度使，德宗欲矯正姑息藩鎮之弊，不允所請，悅乃連結惟岳及平盧淄青節度使李正己舉兵叛唐。既而正己卒，子納繼領軍務，仍與悅、惟岳聯盟。悅自將兵攻臨洺（河北省永年縣西），詔河東節度使馬燧、昭義節度使李抱真討之，悅戰敗，唐軍遂圍魏州（魏博治魏州，今河北省大名縣）。盧龍留後朱滔奉詔率軍伐成德，成德兵馬使王武俊殺惟岳降唐。

❺ 李肇國史補卷上：「德宗既貶盧杞，然常思之，後欲稍遷，朝臣恐懼，皆有諫疏。上問李泌公曰：『盧杞何處姦邪？』勉曰：『天下以為姦邪而陛下不知，此所以為姦邪也。』」

　　朱滔求增轄地，王武俊求為成德節度使，德宗皆不許，於是滔、武俊俱叛，發兵救田悅，解魏州之圍，既而三鎮與平盧淄青節度使李納俱稱王，滔稱冀王，武俊稱趙王，悅稱魏王，納稱齊王，共推滔為盟主，淮西節度使李希烈亦遙與為援，自稱建興王。建中四年（西元七八三年），德宗詔涇原節度使姚令言率軍討之，德宗倉卒出奔奉天（陝西省乾縣）。涇原軍過京師，以賞薄而反，還據長安，奉朱泚為帝。興元元年（西元七八四年），德宗下詔罪己，赦免希烈、悅、武俊、納等罪，悅、武俊、納皆去王號歸唐，惟希烈不從，自稱楚帝。是歲，唐京畿渭北鄜坊丹延節度使李晟收復京師，泚、令言率眾西走，至彭原西城屯（甘肅省鎮原縣東南），為其將梁庭芬、韓旻等所殺。貞元元年（西元七八五年），滔病死，唐以其將劉怦代為盧龍節度使。貞元二年（西元七八六年），希烈為其將陳仙奇所殺，唐以仙奇為淮西節度使，仙奇復為其將吳少誠所殺，唐復以少誠為淮西留後。

　　德宗返蹕後，懲於藩鎮強盛難制，復採取姑息政策。當時藩鎮共有四十餘處，布列四方，而德宗復信寵佞臣裴延齡，政績日衰。貞元十四年（西元七九八年），少誠舉兵於淮西，侵掠鄰郡，唐軍討之不能克，乃赦免其罪，由是藩鎮之勢益盛。

　　貞元二十一年（西元八〇五年）正月，德宗崩，子誦立，是為順宗。順宗夙患風疾，在位僅八月而傳位於太子純，自號太上皇，改元永貞。太子純即位，是為憲宗，翌年改元元和。

　　憲宗為唐朝後期英主，即位後，用杜黃裳為相。黃裳說憲宗裁抑藩鎮，重振朝廷威權，憲宗從之。元和元年（西元八〇六年），劍南西川節度使劉闢反，詔遣左神策行營節度使高崇文討平之，而夏綏留後楊惠琳繼起抗命，為河東節度使嚴綬所平。元和二年（西元八〇七年），鎮海節度使李錡反，詔淮南節度使王鍔會諸道兵進討，錡將裴行立、張子良等擒錡以降。

　　元和四年（西元八〇九年），淮西節度使吳少誠卒，其將吳少陽自立為留後。元和九年（西元八一四年）少陽卒，子元濟自領軍務。元和十年（西元八一五年），元濟縱兵為亂，侵及東都。淮西治蔡州（河南省汝南縣），地險俗悍，於當時諸鎮最為強盛。憲宗以山南東道節度使嚴綬為招撫使，督忠武節度使李光顏等諸道兵討之，無功。憲宗用兵之志益堅，以宰相武元衡主兵事，元濟遣刺客刺殺元衡，憲宗復以宰相裴度主征伐。元和十二年（西元八一七年），唐隨鄧節度使李愬於雪夜奇襲蔡州，擒吳元濟，計前後用兵三年而後定，於是唐朝聲威復振。元和十四

年（西元八一九年），舉國藩鎮皆上表歸服朝廷，號稱中興❶。然藩鎮勢力並未徹底根拔，元和十五年（西元八二〇年），憲宗崩，子恆立，是為穆宗。自憲宗崩，亂事復起，中國又成藩鎮割據局面，朝廷不能制，一直至唐朝滅亡。

◆ 宦官與朋黨

唐代政治，大抵而言，玄宗天寶以前，由宰相輔佐天子執大政，天寶以後，政權逐漸轉入宦官之手。

唐代宦官得勢原因有二，即一、擁立天子；二、掌握兵權。穆宗以後諸朝，除敬宗外，天子皆由宦官所擁立，天子既藉宦官之力而得位，自必親任宦官，由是宦官得參預大政；自中葉以後，藩鎮擁兵割據，天子不敢信任武人，於是復委宦官以禁軍統帥權。玄宗以後，常命宦官為節鎮監軍，宦官勾結藩鎮以固權勢，藩鎮亦引宦官以為聲援，是為宦官干預軍政之始。肅、代之世，宦官李輔國、程元振皆曾判元帥府行軍司馬事，而宦官魚朝恩且為觀軍容使，監九節度之軍討安慶緒。然行軍司馬止於參議帷幄，觀軍容使亦監領而已，並未全握兵權，及德宗懲朱泚之難，不欲武臣典重兵，以左右神策、天威等軍委宦者主之，置護軍中尉、中護軍分掌禁兵，於是宦官得專兵柄。

唐代宦官攬權，始於玄宗時的高力士，然力士性陰巧柔謹，無顯惡大過。肅宗信任宦官李輔國，命判元帥府行軍司馬，常居禁中，四方章奏，軍符禁寶，一以委之。肅宗既還京，命輔國典禁兵。輔國性謹密，外示柔良而內深賊，故人未之忌而得人主親信，陰竊國柄。輔國又與張皇后相結，權勢益盛，其後張后與輔國不合。肅宗疾篤，張后召太子豫謀誅輔國，太子仁弱，不敢發。張后乃召越王係，命內謁者監段恆俊選宦官有勇力者二百餘人伏於長生殿後，欲俟輔國入誅之，宦官程元振知其謀，密告輔國，輔國、元振勒兵捕越王、恆俊等，以太子之命遷張后於別殿。既而肅宗崩，輔國等殺張后、越王而擁立太子為帝，是為代宗。代宗即位，尊輔國為尚父，事無大小皆咨之，以元振為左監門衛將軍，既而復以輔

---

❶ 蘇鶚杜陽雜編卷中：「憲宗皇帝寬仁大度，不妄喜怒，及便殿與宰臣言政事，莫不嚴肅容貌，是以進善出惡，俗泰刑清而天下風化矣！或延英入閣，未嘗不以生民哀樂為意，或四方進歌舞妓樂，上皆不納，則謂左右曰：『六宮之內，嬪御已多，一旬之中，資費盈萬，豈可剝膚捶髓，強娛耳目焉！』其儉德憂人皆此類焉。」

國為司空兼中書令。輔國恃擁立功，驕橫無所忌憚，代宗積不能平，引元振為助以奪輔國之權，以元振代輔國判元帥府行軍司馬，遷輔國出居外第，又罷輔國兼中書令，既而遣刺客刺殺之。自輔國死後，元振專權自恣，人畏之甚於輔國，諸將有大功者，元振皆忌疾欲害之。廣德元年（西元七六三年），吐蕃入寇，元振不以時奏，吐蕃遂入長安，代宗奔陝，太常博士柳伉上疏請斬元振以謝天下，代宗知人情歸咎，乃罷元振官爵，放歸田里。時代宗宿衛離散，觀軍容使魚朝恩將神策軍屯陝，悉軍奉迎，代宗德之，以朝恩為天下觀軍容處置使，總禁兵，權寵無比。朝恩恃恩自伐，常於廣坐恣談時政，陵侮宰相，每有啟奏，期於必允，代宗由是不憚，與宰相元載密謀誅之。載密賂朝恩黨陝州節度使皇甫溫，使叛朝恩，朝恩不覺。載白代宗徙溫為鳳翔節度使，溫過京師，載留溫不遣，引以自助。大曆五年（西元七七〇年），代宗於寒食宴貴近於禁中，宴罷，留朝恩議事，遣左右擒縊之。

　　自朝恩誅，宦官不復典兵。德宗建中四年（西元七八三年），朱泚之亂，德宗召禁軍禦賊，無有至者，惟宦者竇文場、霍仙鳴帥宦者僅百人從行，自是德宗頗忌諸宿將。興元元年（西元七八四年），德宗既返長安，以文場監神策軍左廂兵馬使，王希遷監右廂兵馬使，希遷尋罷，以仙鳴代之。貞元十二年（西元七九六年），始置左、右神策護軍中尉，以文場為左神策護軍中尉，仙鳴為右神策護軍中尉，又置左、右神威中護軍，下中尉一等，亦皆以宦者為之，於是宦官專制軍政，權勢日以益重。

　　順宗即位，翰林學士王叔文以東宮舊臣參預機務。時順宗病瘖，不能決事，叔文與宦者李忠言相結，欲專大政，宰相賈耽、鄭珣瑜皆避位而去。叔文謀奪宦官兵權，遂與宦官俱文珍、劉光琦等交惡。劍南西川節度使韋皋遣使詣叔文請兼領東川及山南西道二鎮，叔文不許，皋乃上表極言叔文之姦，荊南節度使裴均、河東節度使嚴綬亦相繼上疏論之，意與皋同。會叔文以母喪去位，文珍乃啟請令太子純監國，順宗許之，既而下制傳位於太子，是為憲宗，叔文之黨皆貶逐。

　　憲宗即位，親任文珍及宦官吐突承璀。文珍性忠藎，累遷知內侍省事，而承璀以藩邸舊恩為左神策護軍中尉。文珍卒，承璀繼知內侍省。憲宗惠昭太子寧早薨，承璀請立澧王惲，惲母賤，憲宗不納而立遂王恆為太子，以故太子恆銜之。憲宗晚年，惑方士之說，服金丹，多躁怒，左右宦官往往獲罪，人人自危。元和

十五年（西元八二〇年），為宦官王守澄、陳弘志所弒。守澄等與右神策護軍中尉梁守謙及諸宦者馬進潭、劉承偕等定策共立太子恆，是為穆宗。穆宗怨承璀不佑己，殺之，並殺澧王惲。

穆宗以王守澄知樞密事，威福自己。長慶四年（西元八二四年），穆宗崩，太子湛立，是為敬宗。敬宗好遊戲，狎暱群小，多蓄力士，與相手搏。性又褊急，力士或恃恩不遜，輒配流籍沒，宦官有小過，動遭捶楚，故皆怨懼。寶曆二年（西元八二六年），敬宗夜獵還宮，與宦官劉克明、田務澄等二十八人飲酒，酒酣，為克明等所弒。克明等矯詔以憲宗子絳王悟權勾當軍國事，樞密使王守澄與神策護軍中尉魏從簡、梁守謙等率禁軍定亂，誅克明及絳王悟，立穆宗子江王涵為帝，更名昂，是為文宗❼。

文宗時，守澄為右神策護軍中尉。文宗惡宦官跋扈，大和五年（西元八三一年），與宰相宋申錫謀誅宦官，申錫以吏部侍郎王璠為京兆尹，引以為助，璠洩其謀，守澄乃使人誣告申錫謀立穆宗子漳王湊為帝。文宗素忌漳王，信之，申錫及漳王皆坐貶。然文宗謀誅宦官之意未已，復與大臣李訓、鄭注謀。訓、注皆因守澄而進，故宦官不之疑。大和九年（西元八三五年），訓、注請文宗以宦官仇士良為左神策護軍中尉以分守澄之權，以弒憲宗罪杖殺陳弘志。是歲，文宗以注為鳳翔節度使，訓為相。訓復說上以守澄為左右神策觀軍容使，陽尊之而實奪其兵權，尋賜酖死。訓以其黨韓約為金吾衛將軍，十一月，訓使約奏左金吾廳事後石榴夜有甘露，訓率百官稱賀，因勸文宗往觀，既而復奏恐非真甘露，宜遣宦者先往驗之。訓預伏甲士於左金吾廳，欲俟宦官往驗盡誅之。文宗遣左右神策護軍中尉仇士良、魚志弘率諸宦者往視，士良等至，約變色流汗，而風吹幕起，見伏兵甚眾，驚駭還走告變，扶文宗升輦入後宮，閉宮門，召禁兵討訓等，金吾衛及諸司吏卒

---

❼　杜陽雜編卷中：「文宗皇帝尚賢樂善，罕有倫比。每與宰臣論政事之暇，未嘗不話才術文學之士，故當時以文學進者無不諤諤焉。於是上每視朝後，即閱群書，見無道之君行狀則必扼腕歔欷，讀堯舜湯禹傳則歡呼襝衽。謂左右曰：『若不甲夜視事，乙夜觀書，何以為人君耶！』每試進士及諸科舉人，上多自出題目，及所司進所試而披覽吟誦，終日忘倦。常延學士於內廷討論經義，較量文章，令宮女以下侍茶湯飲饌，而李訓講周易微義，頗叶於上意。時方盛暑，遂命取水玉腰帶及辟暑犀如意以賜訓，訓謝之，上曰：『如意足以與卿為談柄也。』」

戰死者千數百人。訓謀奔鳳翔，至盩厔，為鎮遏使宋楚所擒，械送京師，途間為送者所斬。宦官又補宰相王涯、賈餗等，誣以與訓通謀，族誅於市。注自鳳翔將親兵五百欲詣京師助訓，至扶風，聞訓已敗，復還鳳翔，為鳳翔監軍張仲清所殺，並夷其族，史稱甘露之變❶⑧。

　　甘露之變後，宦官權勢益張。文宗以後，歷武宗、宣宗、懿宗、僖宗、昭宗，莫不由宦官擁立。其中武宗、宣宗為唐朝後期令主，亦無法消滅宦官勢力。懿、僖以後，國內寇亂相尋，皇帝時常出奔，朝廷兵力大損，宦官勢力亦因而漸衰，然外廷仍無法與之抗衡，不得不召藩鎮入援，唐朝政權，亦自宦官轉入藩鎮之手。

　　唐代晚期，除宦官之禍以外，復有朋黨之爭，史稱牛李黨爭。牛黨以牛僧孺、李宗閔、李逢吉為首，李黨以李吉甫、李德裕父子及裴度、元稹等為首。依附牛黨者大多為進士科文人，長於詩賦，富有文采，為科舉制度所產生的新興政治勢力；依附李黨者多為北朝世族後裔。北朝世族自北魏以來，即注重經學與實際政治，輕視隋唐以後以詩賦出身的進士，代表當時世族大姓的政治勢力，形成二大政治集團。黨爭起因於憲宗時對付藩鎮的政策，時李吉甫為相，與裴度等主張用兵，進士李宗閔於對策時譏切其政策，吉甫子德裕伺機攻訐宗閔，構成其罪，貶竄遠方，於是各分朋黨，互相傾軋。穆宗時，牛僧孺入相，排斥李德裕。文宗初年，宗閔、僧孺勾結宦官王守澄，同居相位，德裕、裴度等均被放於外。文宗大和中，僧孺罷，德裕入相，宗閔繼罷，而德裕亦復為宦官所排。開成五年（西元八四〇年），文宗崩，左神策護軍中尉仇士良擁立穆宗子瀍，是為武宗，德裕復入相。武宗委任德裕甚專，德裕乃排除異己，報復舊怨，宗閔、僧孺及其黨均被貶逐遠方。會昌六年（西元八四六年），武宗崩，左神策護軍中尉馬元贄擁立憲宗子忱，是為宣宗，起用牛黨，德裕被貶崖州（海南島瓊山縣東南），死於貶所。自元和黨爭至是凡四十年。

　　宦官專權與朋黨之爭，一面使朝政敗壞，一面使藩鎮坐大，終至不可制御，實為唐朝衰亡一大關鍵。

---

❶⑧　杜陽雜編卷中：「大和九年，誅王涯、鄭注後，仇士良專權恣意，上頗惡之。或登臨遊幸，雖百戲駢羅，未嘗為樂。往往瞠目獨語，左右莫敢進問。因題詩曰：『輦路生春草，上林花滿枝，憑高何限意，無復侍臣知。』」

◆ 唐末寇亂與唐朝的滅亡

大中十三年（西元八五九年），宣宗崩，左神策護軍中尉王宗實立宣宗子漼，是為懿宗，明年改元咸通。懿宗以後，外則藩鎮擅命，內則宦官亂紀，唐政益衰。懿宗好人佞己，為政苛虐，又迷信佛教，不惜虛竭帑藏以崇飾佛寺，加以宣宗末年，水旱為災，連年饑饉，中國境內乃陸續發生流寇之亂。

懿宗初即位，浙東人裘甫因不堪官府壓迫，聚眾作亂，連陷象山（浙江省象山縣）、剡縣（浙江省嵊縣），咸通元年（西元八六〇年），為浙東觀察使王式所平。咸通九年（西元八六八年），桂州（廣西省桂林縣）戍卒過期不代，激而生變，奉糧料判官龐勛為主，沿湘江而下，至長江，順流東下浙西，復北上渡淮，攻陷彭城（江蘇省銅山縣），附近盜匪群起響應。次年，為沙陀部酋李國昌所平。

咸通十四年（西元八七三年），懿宗崩，左右神策護軍中尉劉行深、韓文約立懿宗子儼，是為僖宗。僖宗即位時，年僅十二，擢宦官田令孜為神策護軍中尉，政事一以委之，呼為阿父。令孜頗讀書，多巧數，招權納賄，除官賞賜，皆不關白。每入見，常自備果實二盤，與僖宗相對飲啖，從容良久而退。僖宗日與內庭樂伎狎遊，賞賜動以萬計，府藏空竭，令孜說僖宗籍商旅寶貨以輸內庫，有陳訴者輒付有司杖殺之，宰相以下，鉗口莫敢言，政治大壞，人民怨怒。

乾符元年（西元八七四年），濮州（山東省濮縣東）人王仙芝聚眾起於長垣（河北省長垣縣西南），次年，攻陷濮、曹（山東省曹縣西北）二州，眾至數萬，天平節度使薛崇出兵擊之，為仙芝所敗。曹州人黃巢少與仙芝皆以販私鹽為業，亦聚眾數萬以應之。巢善騎射，喜任俠，屢舉進士不第，遂糾眾為盜，與仙芝攻掠州縣，橫行山東，民之困於重斂者爭歸之。

乾符五年（西元八七八年），仙芝為唐將曾元裕所殺，賊眾推巢為王，率眾南下，攻陷江西諸州，轉入浙東，越仙霞嶺剽掠福建，南陷廣州（廣東省番禺縣）。乾符六年（西元八七九年），自廣州北入桂林，沿湘江而下，攻陷潭州（湖南省長沙縣），流竄於荊湖江淮間。廣明元年（西元八八〇年），巢北陷洛陽，西破潼關，攻入長安，僭號稱帝，國號大齊。令孜奉僖宗避兵興元（陝西省南鄭縣），復南幸成都。

中和元年（西元八八一年），唐以鳳翔節度使鄭畋統鳳翔、邠寧、鄜延、夏州

諸鎮之兵討黃巢，巢遣其將朱溫襲破鄜延、夏州二鎮之軍於富平（陝西省富平縣東北）。中和二年（西元八八二年），溫攻陷同州（陝西省大荔縣），出兵攻略河中（山西省永濟縣），為河中節度使王重榮所破，遂以同州降唐，唐以溫為河中行營招討副使，賜名全忠，命率所部兵從重榮討巢。時巢兵勢尚強，唐召雁門節度使李克用率軍入援，克用即沙陀部酋李國昌之子。克用將沙陀兵萬七千騎，自代州（山西省代縣）南下，引兵自夏陽（陝西省郃陽縣東，為黃河要津）渡河，軍於同州。

中和三年（西元八八三年），唐以朱全忠為宣武軍節度使，既而李克用大破黃巢軍於渭南（陝西省渭南縣），收復長安，巢率眾東走，攻取蔡州，蔡州節度使秦宗權降巢，巢復引軍圍陳州（河南省淮陽縣），全忠率所部兵入汴州（宣武軍治汴州，今河南省開封縣）。是歲，唐以全忠為東北面都招討使，克用為河東節度使。

中和四年（西元八八四年），全忠與黃巢戰於陳州，為巢所敗，求救於克用，克用將蕃漢兵五萬自河中渡河赴之，與全忠會兵破巢眾於太康（河南省太康縣），遂解陳州之圍。巢退保陳州北，分兵寇汴州，全忠回軍救之，復告急於克用。克用引兵追巢眾至王滿渡（河南省中牟縣北），大破之，巢眾遂潰。巢渡汴水而北，克用復追破之於封丘（河南省封丘縣），巢率餘眾千人東奔入泰山，其甥林言斬之降唐。

黃巢之亂平後，蔡州節度使秦宗權繼叛，命將四出剽掠，所至屠戮焚蕩，其殘暴又甚於巢，北至衛（河南省汲縣）、滑（河南省滑縣），西及關輔，東及青（山東省益都縣）、齊（山東省歷城縣），南達江淮，皆罹其禍，州鎮倖存者僅保一城，極目千里，無復人煙。直至昭宗龍紀元年（西元八八九年），始為全忠所平。

克用平黃巢之亂，有大功，且數救全忠，而全忠欲謀殺克用，於是克用與全忠有隙。大河南北，或黨於克用，或依附全忠，互相攻伐。光啟元年（西元八八五年），宦官田令孜謀奪河中節度使王重榮所屬安邑（山西省安邑縣）、解縣（山西省解縣）鹽池，重榮不從，令孜遣邠寧節度使朱玫、鳳翔節度使李昌符率兵伐重榮，克用引兵救之，擊敗二鎮之兵，與重榮連兵逼長安，僖宗出奔興元，流令孜於嶺南以謝克用。光啟二年（西元八八六年），朱玫立肅宗玄孫襄王熅於長安，稱監國，玫自為宰相，克用、重榮伐之，殺襄王熅，玫為部將王行瑜所殺，唐即以行瑜為邠寧節度使，賜號靜難軍。光啟三年（西元八八七年），李昌符據鳳翔反，

僖宗遣武定軍節度使李茂貞討平之，即以茂貞為鳳翔節度使。

文德元年（西元八八八年），僖宗自興元返抵長安。是歲，僖宗崩，觀軍容使楊復恭擁立僖宗弟壽王傑為帝，更名曄，是為昭宗。昭宗以復恭兼領左神策護軍中尉，復恭每稱昭宗為門生天子，自稱定策國老，諸養子皆為節度使。昭宗惡復恭專權，大順二年（西元八九一年），詔令致仕，復恭奔興元，依其養子山南西道節度使楊守亮。李茂貞謀欲兼鎮興元，景福元年（西元八九二年），茂貞舉兵攻興元，破之，復恭奔閬州（四川省閬中縣），其後欲北投河東，為鎮國軍節度使韓建所擒斬。

景福二年（西元八九三年），茂貞上表請兼領山南西道節度使，昭宗詔移茂貞為山南西道兼武定軍節度使，以宰相徐彥若代為鳳翔節度使。茂貞欲兼得鳳翔，不奉詔，唐發兵討之，與茂貞戰於盩厔（陝西省盩厔縣），唐兵大潰，茂貞乘勝進逼長安，京師大震。昭宗不得已，復以茂貞為鳳翔節度使兼山南西道節度使。

乾寧二年（西元八九五年），茂貞與邠寧節度使王行瑜、鎮國軍節度使韓建稱兵犯京師，擅殺宰相韋昭度、李谿，並謀廢昭宗，河東節度使李克用入援，殺行瑜，茂貞懼，斬其養子李繼鵬以謝罪。克用進屯渭橋，上表請討茂貞，昭宗以克用遠而茂貞逼近京畿，欲倚為援，乃封克用為晉王，令罷軍歸太原。乾寧三年（西元八九六年），唐增募禁軍數萬人，以諸王領之，茂貞以為欲討己，復引兵犯京師，昭宗出居華州（陝西省華縣），依鎮國軍節度使韓建。建實陰與茂貞相結，與宦官劉季述謀，逼昭宗罷諸王兵權，殺皇弟通王滋等唐宗室十餘人，於是宿衛盡撤。是時李克用、朱全忠皆謀將兵西迎昭宗，建懼，光化元年（西元八九八年），送昭宗返長安。

昭宗以崔胤為相，胤結全忠為援。時宦官宋道弼專權，胤密令全忠上表論其罪惡，賜道弼死。光化三年（西元九〇〇年），宦官劉季述等幽昭宗於東宮，立皇子德王裕為帝，陽尊昭宗為太上皇。季述等畏全忠，不敢殺胤。天復元年（西元九〇一年），胤與神策左軍指揮使孫德昭密謀，誅季述及其黨二十餘人，迎昭宗復位。季述死後，宦官韓全晦等繼典禁兵，胤欲盡誅宦官而力不足，召全忠將兵入輔，全忠自汴州發兵西入長安，全晦等逼昭宗幸鳳翔，依鳳翔節度使李茂貞。天復二年（西元九〇二年），全忠與茂貞戰於虢縣（陝西省寶雞縣東）之北原，茂貞大敗，全忠進圍鳳翔。天復三年（西元九〇三年），茂貞殺宦官韓全晦等七十餘人，

遣使降於全忠。全忠奉昭宗返長安，至興平（陝西省興平縣），復遣兵殺宦官數百人，止留幼弱者三十人以備灑掃，宣傳詔命皆命宮人出入，其出使於外者，詔所在方鎮盡收捕之。全忠以功封梁王，率兵歸鎮汴州，自是宦官之禍弭而內外大權皆歸於全忠。

全忠既以兵力誅滅宦官，又破李茂貞，威震天下，陰有篡唐之志，宰相崔胤增募禁旅以備之。天祐元年（西元九○四年），全忠密表胤專權亂國，離間君臣，請誅之，昭宗不得已，以兵部尚書崔遠代胤為相。全忠乃殺胤及胤所親信者數百人，發兵毀長安宮室及民舍，遷昭宗於洛陽，昭宗以全忠為護國、宣武、宣義、忠武四鎮節度使。是歲，茂貞合鳳翔、邠寧二鎮之兵以討全忠，全忠出師西征，至河中，遣兵至洛陽弑昭宗，廢太子裕而立輝王祚為帝，更名祝，是為昭宣帝，不改元，仍稱天祐元年。於是全忠北屯永壽（陝西省永壽縣南），南至駱谷（陝西省盩厔縣西南），以致鳳翔、邠寧二鎮之兵，二鎮之兵不出，乃東還洛陽，唐以全忠為宣武、護國、宣義、天平、忠武五鎮節度使。

天祐二年（西元九○五年），全忠殺故太子裕及昭宗諸子凡九人，既而復殺唐故相崔遠及朝臣三十餘人，并殺太后何氏。天祐三年（西元九○六年），全忠以河北諸鎮獨盧龍、義昌二鎮未服，乃出兵伐義昌節度使劉守文，圍滄州（河北省滄縣東南），盧龍節度使劉仁恭出兵救之，屢為全忠所敗，求救於晉王李克用，克用遣其將周德威、李嗣昭攻潞州（山西省長治縣）以分其兵勢，昭義節度使丁會以潞州降，全忠聞之，解滄州之圍而歸。

昭義素附全忠，全忠既攻滄州未下，昭義又叛降於河東，威望大損，乃謀禪代。天祐四年（西元九○七年），昭宣帝下詔禪位於梁王，全忠更名晃，即皇帝位，遷都汴州，號東京開封府，以唐東都洛陽為西都，廢唐西京長安為永平軍，改元開平，建國號梁，是為後梁太祖。

四、隋唐對外經營

◆ 平定北方

突厥為隋唐時代北方強國。當鮮卑入主中原時，北方另一蠻族柔然興起，併

有漠北諸部，為北魏北邊大患。柔然強盛時，突厥服屬於柔然，定居於今阿爾泰山一帶。西魏文帝大統十二年（東魏孝靜帝武定四年，梁武帝中大同元年，西元五四六年），鐵勒欲攻柔然，為突厥伊利可汗所邀擊，鐵勒降者五萬人，突厥驟強。西魏恭帝二年（北齊文宣帝天保六年，梁敬帝紹泰元年，西元五五五年），突厥木杆可汗攻滅柔然，成為北方強國，其疆域東起遼東，西迄裏海，北至貝加爾湖，南達沙漠，與北齊、北周接境。

隋文帝開皇元年（陳宣帝太建十三年，西元五八一年），突厥內亂，四可汗爭立，文帝用長孫晟策以離間之。開皇三年（陳後主至德元年，西元五八三年），突厥分裂為東西二國，東突厥據大漠南北，西突厥據中亞一帶，隋以宗女義成公主嫁東突厥啟民可汗，又助啟民可汗擊敗西突厥，於是東突厥臣屬於隋。

隋末，東突厥、西突厥國勢皆極隆盛，東突厥與中國為鄰，關係尤為密切，隋末割據北方群雄，如梁師都、劉武周、郭子和等，無不奉為上國，唐初，高祖起兵，亦曾向東突厥請援。太宗即位，東突厥頡利可汗大舉入寇，兵鋒直抵渭水，長安大震，太宗親赴軍前與之訂盟，突厥始退。

太宗貞觀元年（西元六二七年），東突厥大雪飢困，北方屬部薛延陀叛變，頡利可汗又與其姪突利不和，國勢漸衰。貞觀二年（西元六二八年），突利降唐，請兵以攻頡利可汗。貞觀三年（西元六二九年），太宗命李靖、李勣等統兵十餘萬分六道北伐，次年，行軍副總管張寶相擒獲頡利可汗，東突厥部眾降者十餘萬，唐於東突厥故地南部設十州，置定襄、雲中二都督府，以突利及頡利堂叔阿史那思摩為都督以統其降眾。貞觀十三年（西元六三九年），唐封阿史那思摩為乙彌泥孰俟利苾可汗，命率其部人重返東突厥故地，既而為薛延陀所侵逼，復率部南移，唐處其眾於勝（綏遠省托克托縣西南黃河南岸）、夏（陝西省橫山縣西）二州之間，而東突厥故地為突厥酋長車鼻可汗所據。高宗永徽元年（西元六五〇年），唐軍擊滅車鼻可汗，處其餘眾於鬱督軍山（外蒙古杭愛山北），於東突厥故地置單于、瀚海（後改稱雲中）二都護府以統治之，下設都督府及刺史州，以突厥酋長為都督及刺史。武后時，東突厥勢力復盛，時出兵寇掠唐朝北邊，至玄宗時，為回紇所滅。

唐初，西突厥國勢極盛，役屬西域諸國。唐太宗時，西突厥內亂，分裂為東西二部。貞觀二十二年（西元六四八年），其酋阿史那賀魯降唐，唐以為都督，處

之於庭州（新疆省迪化縣）。高宗永徽二年（西元六五一年），阿史那賀魯叛唐，率眾西走，統一西突厥東西二部，稱兵入寇。顯慶二年（西元六五七年），唐遣蘇定方討平之，於西突厥東部置崑陵都護府，以其酋阿史那彌射為崑陵都護，號興昔亡可汗，於西突厥西部置濛池都護府，以阿史那步真為濛池都護，號繼往絕可汗，以統治西突厥降眾，於是今俄屬中亞亦入唐朝版圖。

　　突厥之北尚有鐵勒，分十五部，其中以薛延陀、同羅、僕固、回紇、拔野古諸部較為強大，初臣屬於東突厥。唐初，薛延陀日漸強盛，太宗貞觀元年（西元六二七年），薛延陀叛東突厥，東突厥由是勢衰。貞觀二年（西元六二八年），太宗封薛延陀部酋夷男為真珠毗伽可汗，建牙於鬱督軍山，鐵勒諸部皆服屬之。東突厥亡後，真珠毗伽可汗移帳於獨邏水（土拉河）南，其勢益強。貞觀十五年（西元六四一年），真珠毗伽可汗大舉侵入漠南，唐遣李勣等擊卻之。貞觀十九年（西元六四五年），薛延陀多彌可汗在位，乘唐伐高麗而南侵，唐軍大破之於夏州，回紇乘機擊滅之，盡有薛延陀故地，率鐵勒諸部入貢於唐。貞觀二十一年（西元六四七年），唐改鐵勒諸部為府州，以諸部酋長為都督、刺史。諸部酋長請於回紇以南開一「參天可汗」道，置六十八驛，以便朝貢，太宗許之。是歲，唐於故單于臺（綏遠省歸綏縣西）置燕然都護府以統治其地。

　　高宗龍朔元年（西元六六一年），回紇連合鐵勒諸部興兵叛唐，唐遣鄭仁泰、薛仁貴討之。龍朔三年（西元六六三年），為唐軍所平。唐徙燕然都護府於漠北，更名瀚海都護府（後改為安北都護府），以統治鐵勒諸部。武后時，東突厥勢力復盛，回紇又臣屬於東突厥。玄宗時，東突厥內亂，遂為回紇所滅，於是回紇盡有東突厥之地，東接室韋（松花江上游一帶），西抵金山（阿爾泰山），南跨大漠，成為當時北方第一強國。

◆ 經略西方

　　前秦及北魏盛世，西域諸國大都賓服，南北朝末年，突厥強大，而吐谷渾崛起於青海，阻斷西域通路。隋文帝時，突厥啟民可汗內附，煬帝復擊破吐谷渾之眾，西域復通，以裴矩為互市監，招引胡商來華貿易。大業五年（西元六〇九年），煬帝西巡燕支山（甘肅省山丹縣東），高昌（新疆省吐魯番縣）、伊吾（新疆省哈密縣）等二十七國皆請降。

隋末中原大亂，西域諸國復臣服於西突厥。唐初削平群雄，伊吾、鄯善（新疆省鄯善縣）獻地內附，西域東南境復為唐有。其後西突厥分裂為東西二部，國力削弱，唐因得乘機經營西域。太宗貞觀十三年（西元六三九年），唐以高昌阻斷西域通路，命侯君集、薛萬徹等將兵擊之，次年，擒高昌王，於其地置西州，並建安西都護府，留兵鎮守。時焉者（新疆省焉者縣）為西突厥所破，唐復遣郭孝恪擊平之。貞觀二十一年（西元六四七年），唐遣阿史那社爾將兵西征，次年，平定龜茲（新疆省庫車縣）、疏勒（新疆省疏勒縣）、于闐（新疆省和闐縣）諸國，隸安西都護府。高宗顯慶二年（西元六五七年），平定西突厥，西突厥所役屬西域諸國，亦隸安西都護府。顯慶三年（西元六五八年），唐徙安西都護府於龜茲。武后長安二年（西元七〇二年），於庭州置北庭都護府，與安西都護府分統天山南北路諸國。北庭都護府統治天山北路，安西都護府統治天山南路，於是蔥嶺以東，皆入唐朝版圖。

當時入貢唐朝國家，尚有吐火羅（阿富汗北境）、罽賓（克什米爾）、波斯、尼婆羅（尼泊爾）及昭武九姓。昭武九姓立國於今阿姆河及錫爾河流域，即康、安、曹、石、米、何、史、火尋、戊地等九國，因先世原居祁連山昭武城，其後支庶分宗立國，仍以昭武為姓。高宗於以上諸國並建為府州，以其國王為都督及刺史，唐朝在西域聲威至是達於極峰。

隋唐時，西南尚有吐谷渾、吐蕃、党項諸部。吐谷渾據有今青海巴顏喀喇山以北及新疆東南隅，吐蕃在其西南，據有今青康藏高原，党項則據有今青、川、康邊境，北鄰吐谷渾，西接吐蕃。

吐谷渾部民為羌族，其可汗則為鮮卑人。西晉末年，遼西鮮卑慕容涉歸庶長子吐谷渾西遷青海，遂以吐谷渾為號，北魏末年，部族漸盛，其酋夷呂自稱可汗，定都於伏俟城（青海湖西）。隋時，吐谷渾已濡染漢化，其設官有王公、僕射、尚書、郎中、將軍諸號，器物服飾，略與中國同。

隋文帝初，吐谷渾屢次寇邊，隋亦屢遣兵擊卻之。開皇十六年（西元五九六年），吐谷渾伏可汗上表稱藩，隋妻以宗女光化公主，伏卒，弟伏允可汗立，隋依其俗，仍以光化公主妻之。煬帝大業五年（西元六〇九年），伏允可汗率兵犯塞，煬帝親率宇文述等將大軍擊之，大破其眾，降者十餘萬口，伏允可汗遁居党項，隋於其地置西海、河源（西海郡治伏俟城；河源郡治赤水城，在青海湖南，均在

今青海省）、且末、鄯善（二郡均在今新疆省）四郡。隋末，伏允可汗乘中國內亂，恢復故土，據地東西數千里，唐初屢次入寇。太宗貞觀九年（西元六三五年），命李靖、侯君集西討，大破之，伏允可汗遠遁，為其下所殺，伏允子順舉國降唐，唐立為可汗以統治其國。既而順死於內亂，唐復遣侯君集率兵定亂，立順子諾曷鉢為可汗，並妻以宗女弘化公主，收其地為郡縣，吐谷渾遂服屬於唐，至唐高宗時，吐蕃強盛，為吐蕃所併。

吐蕃亦羌族，其君長則出於鮮卑禿髮氏，因以禿髮為國號，語訛而稱吐蕃。吐蕃本為一小部落，其王號曰贊普，隋時稱為附國，隋煬帝大業四年（西元六〇八年），曾來朝貢。及吐谷渾衰微，南方諸羌皆歸之，其勢始盛，成為唐朝西南方強敵。

唐太宗貞觀八年（西元六三四年），吐蕃贊普棄宗弄讚請婚於唐，太宗不許，因舉兵入寇。貞觀十二年（西元六三八年），唐遣侯君集率軍討伐，大破之於松州（四川省松潘縣），因遣使謝罪，並求婚，太宗許之。貞觀十五年（西元六四一年），唐以宗女文成公主妻棄宗弄讚，公主好佛，棄宗弄讚特為公主建築寺院宮室，於是中國文化及佛教皆傳入其國，吐蕃亦羨慕華風，遣酋豪子弟入唐國學，延聘中國士人典掌奏疏。貞觀二十二年（西元六四八年），中天竺有內亂，唐使王玄策發吐蕃及諸國之師平亂，於是唐朝聲威，遠及印度。高宗時，棄宗弄讚卒，吐蕃益強，時出兵攻略吐谷渾。咸亨元年（西元六七〇年），唐遣薛仁貴督師往討，唐軍大敗，吐谷渾全境盡為吐蕃所併。永隆元年（西元六八〇年），文成公主卒，吐蕃寇擾益厲，唐雖屢次出兵討伐，終不能克。

武后時，吐蕃內亂，唐西境得以暫安。中宗神龍元年（西元七〇五年），吐蕃贊普棄隸宿贊復請婚於唐，唐以宗女金城公主妻之。玄宗時，吐蕃復盛，屢寇河西，數與唐軍激戰於石堡城（青海省西寧縣西南），唐軍死者甚眾，關中兵力為之虛耗。安史之亂，唐調西北邊軍入援，吐蕃乘機攻陷河西、隴右、安西、北庭及川西各地，其勢益盛，成為唐朝中葉以後的強敵。

党項亦羌的一支，部落眾多，不相統一，自周、隋以來，時叛時服，屢為邊患。唐太宗貞觀三年（西元六二九年），党項諸部相率內附，唐於其地設州，以諸部酋豪為刺史，河首積石山以東地區遂為唐有。高宗時，吐蕃強盛，党項請求內徙，唐徙之於慶州（甘肅省慶陽縣），党項舊地乃陷於吐蕃。

◆ 討伐東北

朝鮮半島自西漢末年分為高句驪、新羅、百濟三國，至南北朝時，均通貢於南朝。高句驪亦稱高麗，於三國中國勢最強，時常西侵，遼東盡為所有。隋興，高麗治兵積穀，招誘叛亡，其勢益強。文帝開皇十八年（西元五九八年），高麗誘合靺鞨寇掠遼西，文帝遣兵討伐無功。煬帝初年，詔高麗王入朝，高麗王不奉詔，煬帝乃於大業七年（西元六一一年）、大業九年（西元六一三年）、大業十年（西元六一四年）傾全國兵力三征高麗，前二次皆無功而退，最後一次隋軍直逼其都平壤，高麗王懼而乞降，隋軍乃退，然高麗王終不肯入朝。

唐高祖時，高麗王建武遣使入貢，且受冊封。太宗時，高麗權臣蓋蘇文弑其主建武，立建武姪藏為王，自擅國政，聯絡百濟侵略新羅，阻斷新羅入唐貢道，新羅求援於唐。貞觀十八年（西元六四四年），太宗下詔親征高麗，以張亮、李勣為水、陸二道行軍大總管。次年，唐軍攻克卑沙（遼寧省莊河縣境）、遼東（遼寧省遼陽縣北）、白崖（遼寧省遼陽縣東北）諸城，進攻安市城（遼寧省蓋平縣東北），高麗兵十五萬來救，為唐軍擊潰，然安市終堅守不下。時天氣漸寒，唐軍阻敵不進，恐饟道被截，不敢捨安市直攻平壤，遂班師。貞觀二十一年（西元六四七年）及二十二年（西元六四八年），太宗復二次遣將伐之，均無大功。

高宗立，高麗仍聯合百濟侵略新羅不已，新羅遣使求援。永徽六年（西元六五五年），唐遣程名振率軍伐之，仍無功，於是唐乃先伐百濟以孤立高麗。顯慶五年（西元六六〇年），唐遣蘇定方自海道進兵討伐百濟，擒其王義慈。百濟舊將福信迎義慈弟扶餘豐於日本，立以為王。日本即漢時倭奴國，唐時更名。日本遣舟師救百濟，唐亦遣劉仁軌率水師赴援。龍朔三年（西元六六三年），仁軌大破日本援軍於白江口（今錦江口），焚其戰艦四百艘，百濟悉平，唐於其地置熊津、馬韓、東明、金漣、德安五都督府以統治之。

百濟既平，高麗勢孤。乾封元年（西元六六六年），蓋蘇文死，高麗內亂，高宗命李勣、薛仁貴乘勢進討。總章元年（西元六六八年），唐軍圍平壤，高麗王藏力竭而降，唐於其地置九都督府，並置安東都護府於平壤以統治之。

高麗亡後，其酋大榮祚率其餘眾保據今圖們江、鴨綠江以北，約當今吉林省、安東省一帶之地，建立震國。玄宗時，受唐冊封為勃海國王，是為勃海始祖高王。

至其孫文王，約當肅宗、代宗、德宗時代，國勢極盛，地方數千里，戶十餘萬，北抵松花江，南界新羅，東至於海，西及今遼寧省開原縣，與唐接境，為東北方強國。高麗亡後，新羅亦漸坐大。高宗儀鳳二年（西元六七七年），唐徙安東都護府於遼東，高麗舊壤漸為新羅所併，玄宗開元二年（西元七一四年），唐復徙安東都護府於營州（熱河省朝陽縣），又徙平州（河北省盧龍縣）。至是遼水以東地區盡失，安東都護府僅具空名，但勃海、新羅二國仍世世稱臣納貢於唐，並大量吸收唐朝文化。

◆ 征服南方

林邑自經宋文帝討伐，國勢衰微。隋文帝統一中國，林邑曾遣使朝貢，未幾復絕。文帝末年，交州李佛子作亂，隋遣劉方討平之，以方為驩州道行軍總管。文帝聞林邑素出奇珍，因命方率師經略。煬帝大業元年（西元六〇五年），隋師入林邑，渡闍黎江，擊破林邑象陣，陷其都城，林邑王梵志逃亡海中，隋於其地設比景（越南順化一帶）、林邑（越南中坼、廣南一帶）、海陰（越南金蘭灣一帶）三郡。林邑王遣使謝罪，煬帝許其自新，以餘眾建國於今中南半島南端，隋末唐初，改名占婆。

隋時臺灣稱為流求，煬帝大業三年（西元六〇七年），遣朱寬入海求異俗，曾至其地。次年，煬帝復命寬前往招撫，流求不從。大業六年（西元六一〇年），煬帝遣陳稜、張鎮周率軍討伐，自義安（廣東省潮安縣）航海月餘至高華嶼（臺灣省澎湖縣華嶼），又航行三日至流求，破其都城，殺其王歡斯渴刺兜，俘其民一萬七千人而還。

唐時，今滇西一帶有土王，六部並立，夷語謂王為詔，號稱六詔，即蒙舍詔、蒙巂詔、磨些詔、浪穹詔、邆睒詔、施浪詔。蒙舍詔最南，又稱南詔，曾入朝於唐。玄宗時，南紹統一六詔，都太和城（雲南省大理縣），唐封為雲南王。玄宗末，韋皋鎮西川，以恩撫循，開闢道路，教育其民，於是南詔亦濡染漢化。其後唐朝衰微，其王始稱帝，建國號大禮，歷鄭氏、趙氏、楊氏諸王朝，國號屢更，至石晉時，復為段氏所篡，改國號大理，南宋末，為蒙古所滅。

◆ 對外交通與文化東傳

隋唐國威遠播，對外交通亦冠絕前代，長安、洛陽、太原、幽州、涼州、甘州、沙州（甘肅省敦煌縣）、伊州（新疆省哈密縣，即伊吾盧）為當時陸路交通的中心，胡商雲集。西方國家如印度諸邦、大食、東羅馬均與中國有使命往還。唐太宗時，印度五天竺畏服唐朝國威，均遣使入貢。大食自唐初以來，屢遣使與唐修好，其後大食攻滅波斯，與唐在西域發生衝突。玄宗天寶十載（西元七五一年），大食擊敗唐軍於怛勒斯河，然中國印刷術因此由俘虜輾轉傳入歐洲。東羅馬於唐太宗、高宗、玄宗諸朝，亦曾七次遣使與唐修好。

唐與南海交通亦極繁盛，建國於今南海群島、馬來半島及中南半島國家多入貢於唐。揚州、廣州、交州（越南河內）、泉州、明州（浙江省鄞縣）為當時海舶聚集的中心。廣州、揚州的海外貿易尤為繁榮，僑寓廣州的回教徒、基督教徒、火祆教徒及猶太人數以萬計，揚州的胡賈、胡店亦多，直接或間接促成中西文化的交流。

隋唐文化亦隨國威所至而遠被四方，其中以朝鮮、日本華化最深。朝鮮與中國關係自古即甚密切，唐平百濟、高麗，分置府州，與新羅各遣子弟入長安太學。新羅對唐尤為景慕，用唐衣冠年曆，仿製漢字，號為君子國。日本在魏晉南北朝時代已沾染不少華風，至隋唐更大量吸收中國文化。日本一辭蓋起於唐，為日本採用為國號。日本每次遣使來華，常有大批學生與學問僧隨行，留居中國以求取中國禮義教化及佛法，故日本典章制度、學術思想、衣食居住以及風俗習尚，無一不受隋唐文化的影響。日本佛教宗派，寺院經典，亦均自唐傳入，日本文字亦係仿造漢字而成。唐玄宗時，日本留學生吉備真備採漢字偏旁製成片假名，德宗時日本學問僧空海仿漢字草書製成平假名，凡此皆可見日本文化深受隋唐文化的影響。

第十七章　隋唐制度

一、政治制度

◆ 中央政制

　　隋代中央政府組織，沿襲北朝制度，以尚書、中書、門下三省總綰大政，三省長官，同居相職。唐承隋制，仍以三省為中央最高行政機構，並劃分其職權，以中書掌詔敕出命，門下掌封駁，尚書受而行之。中書省長官為中書令，中書侍郎為之副，其重要僚屬有中書舍人；門下省長官為侍中，門下侍郎為之副，其重要僚屬有給事中；尚書省長官為尚書令，左右僕射為之副，因唐太宗嘗為尚書令，即位後人臣不敢居其職，而以左右僕射為其長官，下設吏、戶、禮、兵、刑、工六部，長官稱尚書，分掌庶政。就制度而言，中書令、侍中、左右僕射同為宰相。唐制，天子詔敕自中書出，經門下駁正而後行下，若有違失則門下塗竄封還，謂之塗歸。太宗時，設政事堂於門下省，有大政則中書令、侍中先協議於政事堂，然後奏聞草詔，付尚書省執行，故中書令、侍中掌握實際相權，為真相之任。高宗時，裴炎為中書令，遷政事堂於中書省，玄宗時，改稱中書門下。先是唐以尚書僕射官高，不欲輕以授人，常以他官加同中書門下三品、同中書門下平章事、平章軍國重事、參知政事、參知機務、參議朝政、參預朝政、參議得失等名，居宰相之職，與中書令、侍中同入政事堂議政，故唐宰相常多人並置。此類名號不一，其後確定為同中書門下三品、同中書門下平章事二稱，而尚書僕射亦必須加同中書門下三品等銜，入政事堂議事，方為真宰相。自太宗貞觀以來，歷高宗、武后、中宗、睿宗諸朝，尚書僕射皆加同中書門下三品，玄宗以後，罕有加者，於是尚書僕射失宰相之權，而宰相亦不限三省長官 ❶ 。

---

❶　新唐書百官志一：「唐因隋制，以三省之長中書令、侍中、尚書令共議國政，此宰相職也，其後以太宗嘗為尚書令，臣下避不敢居其職，由是僕射為尚書省長官，與侍中、中書令號為宰相。其品位既崇，不欲輕以授人，故常以他官居宰相職而假以他名。自太宗時杜

　　唐中葉以後，天子復親任翰林學士、樞密使以奪宰相之權。翰林學士、樞密使不屬宰相，號稱內職。唐初，天子常選拔文詞經學之士以備宴見，高宗時，號為北門學士，玄宗開元以後，始有翰林學士之稱。安史之亂以後，詔敕或不由中書，而由翰林學士起草，德宗時，益加親任，以翰林學士陸贄參決大政，時人號稱內相，於是機要之事，轉歸學士院❷。此後翰林學士日益親重，成為宰輔的儲備，如順宗時王叔文以翰林學士主持大政，韋執誼亦以翰林學士為相，文宗時李訓亦由翰林學士擢任宰相。樞密使初置於代宗永泰中，以宦官充任，最初僅於內廷承受章奏，德宗以後，權任漸重，文宗以後，樞密使內則參決詔書，外則與宰相同議政事，遇戰事則詔令或不經宰相，逕由樞密使下達軍前，故中唐以後政權，實操於內庭。

　　淹以吏部尚書參議朝政，魏徵以秘書監參預朝政，其後或曰參議得失、參知政事之類，其名非一，皆宰相職也。貞觀八年，僕射李靖以疾辭位，詔疾小瘳，三兩日一至中書門下平章事，而平章事之名蓋起於此。其後李勣以太子詹事同中書門下三品，謂同侍中、中書令也，而同三品之名蓋起於此。然二名不專用，而他官居職者猶假他名如故。自高宗以後，為宰者必加同中書門下三品，雖品高者亦然，惟三公、三師、中書令則否。」唐會要卷五七左右僕射：「尚書左右僕射，自武德至長安四年以前，並為正宰相。初，豆盧欽望自開府儀同三司拜左僕射，既不言同中書門下三品，不敢參議政事，數日後，始有詔加知軍國重事。至景雲二年十月，韋安石除左僕射東都留守，不帶同三品，自後空除僕射，不是宰相，遂為故事。」

❷　新唐書百官志一：「翰林院者，待詔之所也。唐制，乘輿所在，必有文詞經學之士，下至卜醫伎術之流，皆置於別院以備宴見，而文書詔令則中書舍人掌之。自太宗時，名儒學士時時召以草制，然猶未有名號，乾封以後，始號北門學士。玄宗初置翰林待詔，以張說、陸堅、張九齡等為之，掌四方表疏批答應和文章，既而又以中書務劇，文書多壅滯，乃選文學之士，號翰林供奉，與集賢院學士分掌制詔書敕。開元二十六年，又改翰林供奉為學士，別置學士院，專掌內命，凡拜免將相，號令征伐，皆用白麻。其後選用益重，而禮遇益親，至號為內相。又以為天子私人，凡充其職者無定員，自諸曹尚書下至校書郎皆得與選。……班次各以其官，內宴則居宰相之下，一品之上。憲宗時，又置學士承旨。唐之學士，弘文、集賢分隸中書、門下省，而翰林學士獨無所屬。」舊唐書陸贄傳：「贄初入翰林，特承德宗異顧，歌詩戲狎，朝夕陪遊。及出居艱阻之中，雖有宰相而謀猷參決多出於贄，故當時目為內相。」

◆ 地方政區

隋文帝鑒於州郡數目過多，罷全國諸郡，以州統縣，又沿北周之制，於州上置總管府，以總管領一州刺史，兼督數州，煬帝廢總管府，改州為郡，另置十四刺史巡察郡縣吏治，不理民政，於是魏晉南北朝以來府州郡縣四級地方政制變為郡縣二級制。

唐高祖罷郡置州，復設總管府，既而改總管府為都督府。都督府多設於衝要地區，每府督統數州，然督府所統僅屬軍事，諸州政事均直接上達朝廷，朝廷政令亦直接下達各州，不經督府承轉，就行政系統而言，仍為州縣二級制。玄宗改州為郡，肅宗復改郡為州，故隋唐州郡往往並稱，如漢州或稱廣漢郡，梧州或稱蒼梧郡等是。若稱州則長官曰刺史，稱郡則長官曰郡守。此外，京都或行在亦設府，不稱州。京師長安為京兆府，東都洛陽為河南府，北都太原為太原府。玄宗以蒲州為中都河中府，肅宗以岐州為西京鳳翔府，益州為南京成都府，荊州為南都江陵府，既而罷京都之稱，置府如舊。德宗避朱泚幸梁州，建為興元府，昭宗避李茂貞幸華州，建為興德府，朱全忠挾昭宗幸陝州，建為興唐府。凡十府，長官稱府尹。

太宗貞觀初，分全國為十道，其名稱及區域如下：

關內道：今陝西省中部及甘肅省東部。

河東道：今山西省。

河南道：今山東、河南二省大河以南地區。

河北道：今河北省及山東、河南二省大河以北地區。

山南道：今四川省東部、湖北省北部及陝西、河南二省南部。

淮南道：今淮河以南，長江以北地區。

江南道：今長江以南，南嶺以北地區。

隴右道：今甘肅省中部及寧夏省。

劍南道：今甘肅省南部、四川省西部及雲南省。

嶺南道：今廣東、廣西二省及越南。

玄宗開元二十一年（西元七三三年），分關內道為關內、京畿二道，分河南道為河南、都畿二道，分山南道為山南東、西二道，分江南道為江南東、西及黔中

三道，共十五道。

　　十道最初僅為地理上的區劃，既非行政單位，亦非監察區域，武后、中宗以後，始漸演變為監察區。武后天授二年（西元六九一年），設十道存撫使，督察各道政務，然不常置。中宗神龍二年（西元七〇六年），置十道巡察使以按諸州，其後時廢時復，改巡察使為按察使，至玄宗開元二十年（西元七三二年），定制每道置採訪處置使一員，按察諸州，三年一詣京奏事，如西漢刺史之職。安史之亂以後，藩鎮往往干涉地方行政，採訪處置使無法行使監察權，肅宗乾元元年（西元七五八年），乃廢採訪處置使，既而又於節度巡屬設置觀察處置使，以節度使兼領，總理巡屬諸州政務，仍稱為道，於是道遂成為行政區域，舊有之道因而淪替，節度使亦成為最高地方行政長官。

　　隋唐之州猶漢之郡，然二者有若干不同。其一，漢代郡權甚大，郡守得自辟屬吏，兼總軍民之政，隋唐州郡僅主民政，且置屬吏之權歸於吏部，州郡不得自專；其二，漢郡戶數有多至四十萬以上者（如東郡、潁川、汝南、沛郡），大縣亦有四五萬戶以上（如長安、長陵、茂陵、宛、陽翟、鄢陵），唐則以四萬戶以上為上州，二萬戶以上為中州，不及二萬戶為下州，是唐之州猶漢一大縣，名同為郡而權任不侔，於是中央事權日重而地方事權日輕。

二、兵　制

◆ 府兵與彍騎

　　隋唐兵制，係沿襲北周府兵制而略加改革。北周府兵不入州縣戶籍，不屯田，隋文帝開皇十年（西元五九〇年），始命府兵悉屬州縣，墾田籍帳，一與民同，於是府兵始有軍屯。

　　隋代府兵分屬十二衛，即左右翊衛、左右驍騎衛、左右武衛、左右屯衛、左右禦衛及左右候衛。兵府多置於關中、關東而南方較少，以收兵權集中之效。唐承隋制，而府兵組織更加完密。太宗貞觀間，於全國設六百三十四兵府，號折衝府，其中二百六十一府在關中，占全國兵府總數五分之二強。每折衝府各有名號，分屬十六衛，即左右衛、左右驍衛、左右武衛、左右威衛、左右領軍衛、左右金

吾衛、左右監門衛及左右千牛衛。每衛置上將軍、大將軍各一人，將軍二人，掌宿衛京師及統領全國兵府。十六衛皆設於京師，各地府兵輪番入京宿衛，故兵權集中於朝廷，加以兵府集中於關中，形成內重外輕的形勢。

　　折衝府分三等，上府一千二百人，中府一千人，下府八百人，每府置折衝都尉一人為其長官，左右果毅都尉各一人副之，下有別將、長史、兵曹參軍各一人，校尉五或六人。凡兵府所在地，民年二十服兵役，六十而免，每歲季冬，折衝都尉率之習戰。無事耕於野，番上宿衛，有事命將以出，事解輒罷，兵散於府，將歸於朝，可免將領擅兵之弊（用錢賓四先生說。見國史大綱第二十四章）。

　　隋唐府兵與西漢郡兵雖同屬徵兵，然二者實不相同。西漢郡兵係全農皆兵，而未寓兵於農，隋唐府兵係選農訓兵，又寓兵於農。全農皆兵則教練不易精熟，未寓兵於農則國家有養兵之費；選農訓兵則教練易精，寓兵於農則國家無耗財養兵之患（用錢賓四先生說。見國史大綱第二十四章）。

　　府兵制度雖佳，惟兵役負擔不均（兵役集中於少數兵府，若全民皆兵則無此弊），遇有軍事，則征役甚苦，至高宗、武后以後，征戍頻繁，府兵傷亡甚眾，加以宿衛京師府兵多為京中貴勢之家所役使，因此府兵漸為社會所輕視，逃亡日多，制度漸壞。玄宗時，府兵已不可用，宿衛京師府兵亦不能按時番上。開元十一年（西元七二三年），用宰相張說議，另招募強壯農民十二萬人擔任宿衛，號長從宿衛，次年更號彍騎。此後諸折衝府士兵有缺，並不補充，任其耗損，至是府兵徒具虛名。開元十三年（西元七二五年），唐以彍騎分隸十二衛，專司京師防務，邊境防務則委之節度使所統邊兵。彍騎因長駐京師，無戰鬥經驗，加以養尊處優，戰鬥力日弱，而節度使所領邊兵日強，遂形成內輕外重之勢。及安祿山作亂，彍騎不堪一擊，終賴異族及藩鎮邊兵以平亂。亂平之後，全國遍布藩鎮，對朝廷構成嚴重威脅，天子所恃武力惟有禁軍。

◆ 藩鎮與禁軍

　　所謂藩鎮係指唐玄宗開元以後於沿邊陸續設立十大兵鎮，其長官稱節度使，惟嶺南稱經略使，率軍屯邊以保衛邊境，其名稱及所統區域、兵力如下：

　　安西節度使：治龜茲（新疆省庫車縣），撫寧西域，統制龜茲、焉耆、于闐、疏勒四鎮，兵二萬四千人。

北庭節度使：治北庭（新疆省迪化縣），防制西突厥諸部，兵二萬人。

河西節度使：治涼州（甘肅省武威縣），阻隔吐蕃、突厥交通，兵七萬三千人。

朔方節度使：治靈州（寧夏省靈武縣），捍禦突厥，兵六萬四千七百人。

河東節度使：治太原（山西省太原縣），與朔方掎角以禦突厥，兵五萬五千人。

范陽節度使：治幽州（河北省大興縣），制御奚、契丹，兵九萬一千四百人。

平盧節度使：治營州（熱河省朝陽縣），鎮撫室韋、靺鞨，兵三萬七千五百人。

隴右節度使：治鄯州（青海省樂都縣），備禦吐蕃，兵七萬五千人。

劍南節度使：治益州（四川省成都縣），西抗吐蕃，南撫蠻獠，兵三萬九百人。

嶺南經略使：治廣州（廣東省番禺縣），綏靖夷獠，兵一萬五千四百人。

　　十鎮共有兵四十八萬六千九百人。節度使原非官名，唐制，邊疆有事出征則置大總管，無事鎮守則有大都督，高宗永徽以後，都督帶使持節謂之節度使，然猶未以名官，睿宗景雲二年（西元七一一年），以賀拔延嗣為涼州都督河西節度使，始以節度使為官名，然亦止於統兵，不預民政。若兼領一州刺史者，則兼治其所領州民政。玄宗開元以來，節度使常兼任採訪處置使，威權益重，隱然成為一鎮軍政長官。舊制邊鎮戍兵皆由府兵番代，邊帥皆用忠厚名臣，不久任，不兼統，故兵不專將，將不擅兵，開元以來，節度使常久任至十餘年不易，府兵制既壞，此等邊兵多由節度使自行招募，於是兵專其將，將擅其兵，而形成外強中弱之勢。

　　唐於諸衛之外，天子別有禁軍，皆唐初起兵時舊卒，父死子代，號元從禁軍，又號飛騎。太宗貞觀初，選飛騎之尤驍健者別置百騎以為翊衛，高宗擴充飛騎為左右羽林軍，武后擴充百騎為千騎，中宗擴充千騎為萬騎，分為左右營，玄宗開元二十七年（西元七三九年），改為左右龍武軍。左右羽林、左右龍武是為北門四軍。肅宗至德二載（西元七五七年），以禁旅單弱，另置左右神武軍，與左右羽林、左右龍武，總稱北衙六軍。此後六軍遂為禁軍稱號。

　　六軍之外，又有左右神策軍及左右神威軍。神策原為節度軍號，始建於玄宗天寶間，鎮磨環川（甘肅省臨洮縣西）。肅宗上元中，以北衙軍使衛伯玉為神策軍節度使，鎮陝州以拒東寇（安史餘孽），以宦官魚朝恩為觀軍容使，監伯玉軍。其後伯玉入為羽林軍帥，以魚朝恩統神策軍屯陝。代宗廣德元年（西元七六三年），吐蕃犯京師，代宗避兵幸陝州，朝恩以神策軍迎扈，事平，以神策軍改隸禁軍，分左右廂，自是恆以宦官為神策軍帥。德宗貞元中，置左右神策軍護軍中尉，以

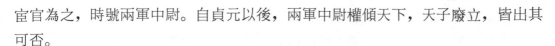

宦官為之，時號兩軍中尉。自貞元以後，兩軍中尉權傾天下，天子廢立，皆出其可否。

左右神威軍本號殿前射生左右廂，德宗貞元二年（西元七八六年），改稱殿前左右射生軍，貞元三年（西元七八七年），改稱左右神威軍。

左右神策軍及左右神威軍雖為禁軍，初不在六軍之數，憲宗元和二年（西元八〇七年），省神武軍，元和三年（西元八〇八年），併左右神威軍為天威軍，元和八年（西元八一三年），廢天威軍，以其兵隸神策軍，神策軍之勢由是益盛，自是以左右羽林、左右龍武及左右神策為禁旅六軍。

三、賦役與貢舉

◆ 租庸調及兩稅法

隋唐承襲北魏均田制，實行授田。隋時男丁授田百畝，八十畝為露田，二十畝為桑田，婦女授露田四十畝，無桑田，露田老死還官，桑田不須歸還。唐改露田為口分田，桑田為永業田。高祖武德七年（西元六二四年），制男丁授田百畝，其中二十畝為永業，以建第宅，植桑榆，得傳之子孫，八十畝為口分，老死還官；廢疾者給口分田四十畝，寡婦三十畝，如為戶主另加二十畝。然上法僅限於寬鄉，狹鄉則減半。寬鄉業工商者所授口分田永業田各減半，狹鄉則不給田。

隋代賦役，有田租、戶調、力役。凡男丁授田，歲輸粟三石為租，宜蠶之鄉，歲輸絹一匹（四丈，後改為二丈）加綿三兩為調，宜麻之鄉則歲輸布一端（五丈），加麻三斤，單丁及僕隸租調減半，未授地者不課，男丁歲服力役二十日。唐因隋制，定名為租、庸、調。凡男丁授田，歲輸粟二石，是為租；每丁歲役二十日，閏月加五日，不應役者日折絹三尺，是為庸；每戶隨鄉所出，歲輸綾、絹、絁各二丈，綿三兩，如輸布則加五分之一，另麻三斤，是為調。國家有事，加役十五日者免其調，加役三十日者租調皆免，通正役不過五十日。品官、女戶、官學生徒及鰥寡孤獨均免賦役。

租庸調制的特點在於為民置產，先授民以田產然後課徵其賦役，民無困弊之象，且賦役甚輕，項目分明，民無苛擾，故民能安居樂業而國亦富足（用錢賓四

先生說。見國史大綱第二十四章）❸。

　　田產授還制度，全靠戶籍正確。武后以後，戶籍不加整理，田產授還不實，賦調不均，制度漸壞，加以政府徒務迫徵誅求，社會兼併之風又起。安史亂後，逃亡死絕者多，戶籍更難整理，田產授還之制遂至破壞❹。德宗建中元年（西元七八〇年），用宰相楊炎建議，廢租庸調而行兩稅法，政府量出為入，以貧富為等差而課稅於民，每歲分夏秋二期徵輸，夏輸無過六月，秋輸無過十一月，其餘徭役悉省。

　　兩稅法的優點為革除租稅不均之弊，同時量出為入，使國用不致匱乏；其流弊則為失去為民置產的法意，且因量出為入，則不免有隨意加徵之弊。

---

❸　錢賓四先生曰：「杜甫詩，憶昔開元全盛日，小邑猶藏萬家室。稻米流脂粟米白，公私倉廩俱豐實。此盛唐社會之寫照也。安史之亂，李萼說顏魯公，謂平時江、淮、河南錢帛聚於清河，以贍北軍，謂之天下北庫。有布三百餘萬匹，帛八十餘萬匹，錢三十餘萬緡，糧三十餘萬斛。昔討默啜，甲兵皆貯清河，今有五十餘萬事，戶七萬，口十餘萬，顏遂據以拒賊。許遠於睢陽，積糧六萬石，張巡因之以障江淮。烏承恩以信都降史思明，親交兵馬倉庫，馬三千匹，兵五萬人。當時州郡猶富實如此。其後雖益衰，然藩鎮之殷實富厚，仍有遠非後世可冀及者。憲宗時，韓宏在汴為宣武節度使，獻馬三千，絹五千，雜繒三萬，金銀器千。而汴之庫廄尚有錢百餘萬緡，絹百餘萬匹，馬七千匹，糧三百萬斛。穆宗時，劉整為盧龍節度使，獻征馬萬五千匹。藩鎮財力殷盛，正見唐代積富於民之厚，故諸藩亦得自捍外寇而久存。顧亭林日知錄謂今日所以百事皆廢，正緣國家取州縣之財，纖毫盡歸之上，而吏與民交困，遂無以為修舉之資。即如唐代驛舍，有沼、有魚、有舟，（孫樵書襄城驛壁）有池、有林、有竹，（杜甫秦州雜詩）後代驛舍殆如隸人之垣。又曰，余見天下州城，為唐舊治者，其城郭必皆寬廣，街道必皆正直，廨舍之為唐舊創者，其基址必皆宏敞。宋以下所置，時彌近者制彌陋。人情苟且，十百於前代矣。今按唐室富盛，固在中央不盡取之於州郡，尤要者，更在中央不盡取之於民間也。」

❹　舊唐書楊炎傳：「至德之後，天下兵起，始以兵役，因之饑癘，徵求運輸，百役並作，人戶凋耗，版圖空虛。……賦斂之司數四而莫相統攝，於是綱目大壞，朝廷不能覆諸使，諸使不能覆諸州，四方貢獻，悉入內庫。權臣猾吏，因緣為姦，或公託進獻，私為贓盜者，動萬萬計。河南、山東、荊襄、劍南有重兵處，皆厚自奉養，王賦所入無幾，吏職之名，隨人署置，俸給厚薄，由其增損，故科斂之名凡數百。廢者不削，重者不去，新舊仍積，不知其涯。百姓受命而供之，瀝膏血，鬻親愛，旬輸月送無休息。吏因其苛，蠶食于人。凡富人多丁者率為官為僧，以色役免，貧人無所入則丁存。故課免於上而賦增於下，是以天下殘瘁，蕩為浮人，鄉居地著者百不四五，如是者殆三十年。」

◆ 學校與科舉

隋唐取士之法有三：一由學館選拔，名曰生徒，一由州縣薦舉，名曰鄉貢，一由天子徵召，名曰制舉。

隋初京師有國子學、太學、四門學，地方有州縣學。太學創於漢代，國子學創於晉武帝咸寧間，為國家貴遊子弟遊學之所，故曰國子；四門學創於北魏孝文帝太和年間，以設於洛陽四門而得名。隋文帝仁壽元年（西元六〇一年），罷太學、四門學及州郡學，惟留太學博士及弟子七十二人，並改國子學為太學，學政日衰。煬帝即位，復立京師國子學、太學、四門學及州縣學。唐興，京師有七學二館，地方則有州縣學。七學謂國子學、太學、四門館、廣文學、律學、書學、算學，各置博士，隸屬國子監；國子學掌教三品以上及國公子孫、從二品以上曾孫為生者，太學掌教五品以上及郡縣公子孫、從三品曾孫為生者，廣文館掌領國子學生業進士者，四門館掌教七品以上、侯伯子男子孫及庶人子為俊士生者，律學、書學、算學掌教八品以下及庶人子為俊士生者。二館謂弘文館及崇文館，弘文館初曰修文館，後改名弘文館，崇文館初曰崇賢館，後改為崇文館，置學士及講經博士，掌經籍圖書及教授諸王。弘文館隸門下省，崇文館隸東宮，俱不隸國子監。

唐代取士，由生徒進身者不多，制舉亦不常舉行，惟鄉貢為最盛。鄉貢科目，有秀才、明經、進士、明法、明字、明算、童子等科，故亦稱科舉。科舉始創於隋，隋鑒於門閥的流弊，廢除九品中正制度，改行薦舉。隋文帝置秀才科，每州歲貢三人，考試高第者為秀才；煬帝置進士科，以試策取士，及第者授以官職，是為科舉制度濫觴。科舉之制至唐而大備，其著者為秀才、明經、進士三科。

秀才科須高才博學傑出者始可應試，唐太宗貞觀中，有舉而不第者罪其州長官，於是諸州無敢復薦舉者，此科遂絕。明經試帖經記誦，以精熟文注、明辨義理為合格，不為士人所貴，終唐朝之世，惟進士科為最盛。

唐初進士以試時務策為主，兼試經學、詩文。高宗時，以武后好文學，乃以試詩文為主，兼試經學、時務。玄宗開元以後，進士科益為時人所重。進士科選拔甚嚴，非專精贍博無法鷹選，故朝廷及民間皆重進士而輕明經，唐代名臣，大都由進士科出身。

唐代科舉制度對魏晉以來門閥勢力打擊甚大，門閥由衰微而趨消滅，與唐代

科舉制度有直接關係。魏晉以來，仕宦悉憑門第，仕途幾為世族所壟斷，至唐代實行科舉，仕途大開，不論名門寒族，一律公平競爭，政治從此不復為世族所壟斷，社會階級由是逐漸消融。

第十八章　隋唐經學、佛學、文學
與史學

一、經學與佛學

◆ 經學

　　儒家政治理論博大精深，遠非玄學、佛學所及，故自魏晉以來，經學雖在衰替時代，仍能衰而不絕。東漢經學以鄭玄集其大成，其治經古文與今文並重，魏王肅專治古文，為魏晉經學家所宗。東晉以後，經學分成南北二派，各有所宗。南派多宗魏人傳注，北派則宗晚漢經說，南北二派治學方法亦自不同，南學簡約，得其精華，北學深蕪，窮其枝葉。

　　隋統一後，南學漸盛，陸德明作經典釋文，偏重南學，風行一時。至唐太宗，以經籍文字謬誤甚多，命顏師古考定五經，頒行全國，是為五經定本，其後復命孔穎達與群儒綜合南北二派經說，考正增損，至高宗永徽二年（西元六五一年），撰定五經義疏，名曰五經正義，作為明經科考試的標準。五經謂周易、尚書、左傳、毛詩、禮記，於是經學定於一尊。

　　文宗大和九年（西元八三五年），又刊刻石經，至開成元年（西元八三六年）而刊成，名曰開成石經，包括易、書、詩、周禮、儀禮、禮記、左傳、公羊傳、穀梁傳、孝經、論語、爾雅，共刻二百二十八石，計六十五萬二千零五十二字，其後五代雕印經籍及宋代石經，均以之為藍本。

◆ 佛學

　　隋唐佛學大盛，若干聰明才智之士皆成為佛教信徒，並能自創新宗派，一時諸宗並起，蔚為盛觀。隋唐佛教，除南北朝時之成實、淨土、三論、禪宗、天台五宗外，自創及傳入新宗派有律宗、法相、華嚴、真言、俱舍諸宗。律宗首祖為道宣律師，以修持戒律為主，法相、俱舍二宗首祖為玄奘，法相宗旨在窮究萬物

之性相，俱舍宗則以注釋俱舍論為務，華嚴宗首祖為杜順，以研究華嚴經為依歸，真言宗首祖為金剛智，以修持秘密真言為主，故亦名密宗，其後由日本高僧空海傳入日本，世稱東密宗。以上諸宗，以法相、華嚴、禪宗影響我國學術尤為深遠。

　　法相宗注重唯識（心理）及因明（論理）的研究，有唯識論，認為宇宙萬有皆為識的表現，故又稱唯識宗；又以因明分析識，多至六百六十法；華嚴宗亦以宇宙萬相為研究對象，其立論以華嚴法界觀為主，認為客觀世界可脫離主觀而存在。法相、華嚴二宗立說皆屬純哲理的探討，不含有迷信色彩。此二宗於武后以前盛極一時，其他宗派均為之失色，然因其理論深遠，常人不易領會，武后以後，日趨衰微。

　　禪宗於武后時分為南北二派，北派禪宗繼法相、華嚴二宗衰微之後，日益盛行，代宗以後，北派禪宗漸衰，南派禪宗則大盛於江南。南派禪宗以頓悟為本，北派禪宗則主漸悟，然二派思想主旨並無差異，皆認為人人自有佛性，只須求諸自身，即可悟道成佛，而輕視一切禮佛儀式。此種教義與中國儒家及老莊思想頗有相似之處，其最大特點是將佛教教義簡易化，接受中國傳統思想的影響，成為中國文化的佛教，轉而影響中國士大夫的思想。自此以後，儒家無不或多或少受禪宗的影響，下及宋代，儒、佛、道三家思想融洽為一，而創立宋明理學。

二、文　學

◆ 詩與詞

　　唐代為我國詩的全盛時代，名家輩出。唐詩大致可分為古詩、律詩、絕句三類。古詩起於兩漢，有五言、七言之分，篇章長短及句法結構皆無嚴格規定；律詩創於南朝齊武帝永明年間，講求聲韻對仗，每首限八句，亦有五言、七言之分，然其格律及形式至唐始備；絕句起源於南北朝，限四句，最初本為小型古詩，無一定格律，至唐而演變為小型律詩，始稱絕句，其格律與律詩前四句或後四句相同。

　　明人高棅因唐詩風格的演變，分唐詩為初唐、盛唐、中唐、晚唐四期（唐詩品彙）。自唐初至玄宗開元為初唐，以王勃、楊炯、盧照鄰、駱賓王為代表，稱初

唐四傑。王詩高華，楊詩雄厚，盧詩清藻，駱詩坦易，大要而言，皆不脫六朝纖麗遺風。自開元至代宗大曆為盛唐，為唐詩極盛時代，此時期名家甚多，如王維、孟浩然詩風澹雅，高適、岑參詩風悲壯，張九齡、王昌齡詩風婉約，各擅勝場❶，而最傑出的詩人則為李白、杜甫。白擅長古詩與絕句，詩風雄放遒勁而俊逸，時號詩仙；甫長於律詩，風格技巧變化無窮，對後世詩壇影響最大，詩家尊為詩聖❷。自大曆至文宗大和為中唐，名家有劉長卿、李端、元稹、白居易、孟郊、韓愈等，劉、李詩風熙和清麗，元、白詩風平近淺易，孟、韓詩風險僻雄奇❸。元、白並創為新樂府詩，中唐以前樂府大都限於擬古，至元、白出轉而吟詠當時民俗情事，境界乃大為開拓。自大和以後為晚唐，名家有李商隱、杜牧、溫庭筠等，是時唐政日衰，風俗澆薄，詩風亦轉為綺靡香艷，缺少氣勢雄渾的作品❹。

　　詞出於樂府，為詩的變體。詩有獨立格律，詞則以配合曲譜，按譜填入，每句長短不同，故亦稱長短句。詞醞釀於盛唐而形成於中唐，盛唐如李白的清平調、

❶ 王維酬張少府：「晚年惟好靜，萬事不關心。自顧無長策，空知返舊林。松風吹解帶，山月照彈琴。君問窮通理，漁歌入浦深。」岑參走馬川行奉送封大夫出師西征：「君不見走馬川行雪海邊，平沙莽莽黃入天。輪臺九月風夜吼，一川碎石大如斗，隨風滿地石亂走。匈奴草黃馬正肥，金山西見煙塵飛，漢家大將西出師。將軍金甲夜不脫，半夜軍行戈相撥，風頭如刀面如割。馬毛帶雪汗氣蒸，五花連錢旋作冰，幕中草檄硯水凝。虜騎聞之應膽懾，料知短兵不敢接，軍師西門佇獻捷。」王昌齡芙蓉樓送辛漸：「寒雨連江夜入吳，平明送客楚山孤。洛陽親友如相問，一片冰心在玉壺。」

❷ 李白少年行：「五陵少年金市東，銀鞍白馬度春風。落花踏盡遊何處，笑入胡姬酒肆中。」又自遣：「對酒不覺暝，落花盈我衣。醉起步溪月，鳥還人亦稀。」杜甫旅夜書懷：「細草微風岸，危檣獨夜舟。星垂平野闊，月湧大江流。名豈文章著，官應老病休。飄飄何所似，天地一沙鷗。」又客至：「舍南舍北皆春水，但見群鷗日日來。花徑不曾緣客掃，蓬門今始為君開。盤飧市遠無兼味，樽酒家貧只舊醅。肯與鄰翁相對飲，隔籬呼取盡餘杯。」

❸ 劉長卿秋杪江亭有作：「寂寞江亭下，江楓秋氣斑。世情何處淡，湘水向人閒。寒渚一孤雁，夕陽千萬山。扁舟如落葉，此去未知還。」白居易宮詞：「淚盡羅巾夢不成，夜深前殿按歌聲。紅顏未老恩先斷，斜倚熏籠坐到明。」孟郊烈女操：「梧桐相待老，鴛鴦會雙死。貞婦貴殉夫，捨生亦如此。波瀾誓不起，妾心古井水。」

❹ 李商隱無題：「來是空言去絕踪，月斜樓上五更鐘。夢為遠別啼難喚，書被催成墨未濃。蠟照半籠金翡翠，麝熏微度繡芙蓉。劉郎已恨蓬山遠，更隔蓬山一萬重。」杜牧秋夕：「銀燭秋光冷畫屏，輕羅小扇撲流螢。天階夜色涼如水，坐看牽牛織女星。」

王維的渭城曲實為詞的濫觴，中唐如張志和、戴叔倫、韋應物、劉禹錫、白居易、柳宗元等皆善填詞。晚唐溫庭筠為唐代最偉大的詞家，其詞溫馨婉麗，五代詞風深受其影響❺。

◆ 駢文與古文

自魏晉以來，駢文盛行於世，及南北朝末年，文風日趨華靡，王勃、楊炯、盧照鄰、駱賓王為唐初駢文大家，其文詞藻綺麗，對仗工整，然亦失之浮艷。及唐中葉，柳冕力攻駢文之弊，提倡復古，韓愈、柳宗元繼之，主張恢復秦漢以前文體，稱為古文，以矯革南北朝以來排偶藻麗的文風。韓、柳以外，如張籍、白居易、李翱、皇甫湜等皆以古文相尚，而蔚成我國文學史上的古文運動。然古文在當時並未能取代駢文地位，駢文仍然盛行於世，李德裕與武、宣時代大詩人李商隱、溫庭筠等皆為駢文名家，朝廷文告及群臣章奏仍多採用駢體。唐末駢文益盛，專以華麗彫琢為尚，其風至北宋初期而不衰。

◆ 傳奇

傳奇屬於短篇小說，唐代以前小說如魏邯鄲淳笑林、晉張華博物志、干寶搜神記、宋劉義慶幽明錄及世說等，大都為片斷筆記，至唐代，傳奇文學始具備完整的小說組織，內容曲折離奇，引人入勝，與律詩同為唐代文學的特有創作。

唐代傳奇可分為四類：一、神怪類，代表作有李朝威柳毅傳、沈既濟枕中記、李公佐南柯太守傳等。二、艷情類，代表作有蔣防霍小玉傳、白行簡李娃傳、元稹鶯鶯傳等。三、歷史類，代表作有郭湜高力士傳、姚汝能安祿山事跡、陳鴻長恨傳等。四、豪俠類，代表作有李公佐謝小娥傳、裴鉶聶隱娘傳、杜光庭虬髯傳等。神怪小說、歷史小說及豪俠小說多為諷世警俗之作，愛情小說則以現實社會為題材，描述才子佳人離合之事。

---

❺　溫庭筠菩薩蠻：「玉樓明月長相憶，柳絲裊娜春無力。門外草萋萋，送君聞馬嘶。畫羅金翡翠，香燭銷成淚。花落子規啼，綠窗殘夢迷。」又更漏子：「玉爐香，紅蠟淚，偏照畫堂秋思。眉翠薄，鬢雲殘，夜長衾枕寒。梧桐樹，三更雨，不道離情正苦。一葉葉，一聲聲，空階滴到明。」

三、史 學

◆ 前代史的修撰

隋代所修前代史有魏澹後魏書、張大素魏書、李德林北齊書、張大素北齊書、王劭齊志、王劭齊書及牛弘周史，今皆不存。唐代史學大盛，唐高祖武德間，秘書丞令狐德棻奏請修撰前代史，高祖從之，命朝臣分別修撰南北各朝史，數年未成。太宗貞觀三年（西元六二九年），復敕修撰，以令狐德棻、岑文本修周史，李百藥修北齊史，姚思廉修梁、陳史，魏徵修隋史，至貞觀十年（西元六三六年），修成周書五十卷、北齊書五十卷、梁書五十六卷、陳書三十六卷，隋書八十五卷。以上各史，惟隋書出於眾手，修史者除魏徵外，尚有顏師古、孔穎達、李延壽等，合周書、北齊書、梁書、陳書及沈約宋書、蕭子顯南齊書、魏收魏書，是為八書，今均存二十四史中。

八書除宋書、南齊書、魏書有志外，其餘唐修五書皆無志，因復令于志寧、李淳風、韋安仁、李延壽等統括梁、陳、北齊、北周、隋諸朝修成五代史志，至高宗朝始畢，其後合於隋書，即今之隋志。

貞觀十八年（西元六四四年），又命房玄齡、褚遂良、許敬宗、來濟、陸元仕、劉子翼、令狐德棻、李義府、薛元超、上官儀等重修晉書，以臧榮緒晉書為本，並參考其他晉書凡十八家，至貞觀二十年（西元六四六年）而書成，合紀、志、列傳、載記共一百三十卷，唐人稱為新晉書，以別於臧榮緒晉書。唐修晉書實出於眾手，惟晉宣帝、武帝、陸機、王羲之諸贊為唐太宗所撰，故總題曰唐太宗皇帝御撰。今諸家晉史皆佚，惟唐修晉書獨存，今二十四史中晉書即唐代所修。

私家所撰前代史，以李延壽北史、南史為最著。北史係綜貫北魏、北齊、北周、隋四朝史事而成，南史係綜貫宋、南齊、梁、陳四朝史事而成，屬於通史性質。合北史、南史凡一百八十卷，亦存二十四史中。

◆ 本朝史的修撰

隋代所修本朝史有王劭隋書、張大素隋書及起居注。唐代所修本朝史有歷朝

起居注、時政記、日曆等，史官據以修成歷朝實錄，自高祖至宣宗十七朝，凡修成實錄六百五十五卷（李玄伯：中國史學史第五章第四節），今存者僅韓愈所撰順宗實錄五卷，附見昌黎集中，餘皆亡佚。實錄之外，復有國史，國史係據實錄，參以日曆、時政記、起居注、行狀及諸司文字修撰而成。唐代國史凡八經修纂❻，其間屢有散佚，至肅宗時，凡修成國史一百三十卷，上起高祖武德初，下迄肅宗乾元末，凡歷一百四十五年。後經黃巢之亂，更有遺失。

　　此外，復有官修唐六典、杜佑通典、蘇冕唐會要、楊紹復續會要等，皆屬於典制史。唐六典三十卷，修於唐玄宗時，題曰唐玄宗撰，李林甫注，其書分三師、三公、三省、九寺、五監、十二衛，列其職司官佐，敘其品秩，以擬周禮，凡令式皆分入六司，其沿革則附見注中。通典二百卷，其書分食貨、選舉、職官、禮、樂、兵刑、州郡、邊防八門，每門各有子目。唐會要四十卷，續會要四十卷，纂次高祖以來至宣宗以前典章制度，為宋王溥唐會要所本❼。

---

❻　第一次在太宗貞觀初，姚思廉撰成國史三十卷；第二次在高宗顯慶元年，長孫無忌等因姚舊作增補，復為五十卷；第三次在高宗龍朔中，許敬宗更增前作，混成百卷；第四次在武后長壽中，牛鳳及斷自高祖武德，終於高宗弘道，重撰唐書百一十卷；第五次在武后長安中，劉知幾、吳兢等奉詔更撰唐書八十卷；第六次在中宗景龍間，吳兢復就前撰之八十卷增改撰補為六十餘篇；第七次在開元、天寶間，韋述據兢所撰六十餘篇增修成百一十卷，起自唐初，終於開元；第八次在肅宗時，柳芳、韋述奉詔添修國史，勒成一百三十卷，上起創業，下止乾元。（詳見李玄伯師著：中國史學史第五章第三節）

❼　隋唐史學，請參閱李玄伯先生：中國史學史第五章、第十一章第一節。

第十九章　五代與列國

一、梁晉對峙

◆ 後梁世系

①太祖 ── ②末帝
開平　　乾化
乾化　　貞明
　　　　龍德

後梁自太祖代唐至末帝，凡二世二君，歷十七年（西元九〇七年至西元九二三年）而亡。

◆ 梁初形勢

梁太祖建國之初，天下別為十一國，南有吳、吳越、荊南、楚、閩、南漢，西有岐、蜀，北有燕、晉，梁僅據有中原。晉、岐、吳稱天祐年號，蜀稱天復年號，皆與梁為敵，蜀王建旋稱帝，國號大蜀，吳越、荊南、楚、閩、南漢皆奉梁正朔，然實皆自王其國。

晉王李克用本姓朱邪，其先出於西突厥，世為唐沙陀都督府都督，別號沙陀部。唐德宗貞元中，克用曾祖盡忠為吐蕃所破，其子執宜率餘眾歸唐，其部落萬騎皆驍勇善戰，號曰沙陀軍。執宜死，子赤心繼統其眾，唐懿宗咸通間，以助平龐勛功賜姓名李國昌，編之屬籍，授振武軍節度使，即克用之父。

克用自幼善騎射，軍中稱為飛虎子。唐僖宗時，黃巢倡亂，詔克用起兵勤王，授雁門節度使。克用擊破黃巢之眾於渭南，以功遷河東節度使。宣武節度使朱全忠為黃巢所迫，求救於克用，克用救之，班師過汴，為全忠所圖，克用由是恨之。唐昭宗乾寧二年（西元八九五年），封克用為晉王，梁興，遂誓與梁為敵。

岐王李茂貞本姓宋，名文通，深州博野（河北省蠡縣）人，少為博野軍卒，

以討黃巢累功為神策軍指揮使，復以扈從功賜姓名李茂貞，授武定節度使，平李昌符之亂，遂代昌符為鳳翔節度使，昭宗時封隴西郡王，授鳳翔、山南西道二鎮節度使，改鳳翔、彰義二鎮節度使，天復元年（西元九○一年），封岐王。昭宗末，朱全忠入誅宦官，昭宗幸鳳翔，全忠伐之，茂貞與戰不勝，乃與全忠連和。

　　吳王楊行密，廬州合肥（安徽省合肥縣）人，唐僖宗時，應募為州兵，累戰功為廬州牙將，襲據廬州，入據廣陵（江蘇省江都縣），自稱淮南留後。秦宗權遣其將孫儒略地淮南，行密戰敗，還保廬州。唐昭宗以行密為寧國節度使，鎮宣州（安徽省宣城縣），儒率眾圍之，行密擊破其軍，殺儒，復入揚州，唐因以行密為淮南節度使，乾寧二年（西元八九五年），封弘農王。朱全忠遣其將龐師古、葛從周率十餘萬眾攻之，行密拒戰於淮上，汴軍大潰，斬師古，從周走免，由是行密得保據江淮間。天復二年（西元九○二年），全忠伐岐，唐遣江淮宣諭使李儼封行密為吳王。昭宣帝天祐二年（西元九○五年），行密攻取鄂州（湖北省武昌縣），殺武昌節度使杜洪。是年，行密薨，子渥嗣。梁興，渥仍稱天祐年號，不奉梁朝正朔。

　　蜀王王建，許州舞陽（河南省舞陽縣）人，初應募為忠武軍卒，稍遷為軍候。唐僖宗時，忠武監軍楊復光將兵助討黃巢，分其軍為八都，以建為都將。復光卒，鹿弘晏繼統其眾，襲據興元，自稱山南留後。弘晏性猜忍，眾心不附。時唐僖宗在蜀，建與他都將韓建、張造、晉暉、李師泰各將本部兵逃奔行在，僖宗以建等為諸衛將軍，使各將其眾隨駕，號隨駕五都，累功為利州刺史，襲據閬州（四川省閬中縣），自稱防禦使。文德元年（西元八八八年），劍南西川節度使陳敬瑄反，唐以宰相韋昭度為招討使、劍南西川節度使，會建兵討之。建屢破敬瑄軍，威名大振，昭度以符節授建，建攻克成都，敬瑄出降，唐乃以建為西川節度使。

　　昭宗時，建攻殺劍南東川節度使顧彥暉，兼據兩川，又出兵攻取興元，併有山南西道。天復三年（西元九○三年），唐封建為蜀王，建復遣軍攻取荊南夔（四川省奉節縣）、忠（四川省忠縣）、萬（四川省萬縣）、施（湖北省恩施縣）四州，全據峽江之險。梁太祖開平元年（西元九○七年）九月，建即皇帝位，國號大蜀，是為前蜀高祖。

　　吳越王錢鏐，杭州臨安（浙江省杭縣）人，唐僖宗時，事石鏡鎮將（杭縣南有石鏡鎮）董昌為都知兵馬使。唐授昌為杭州刺史，昌遣鏐擊滅浙東觀察使劉漢

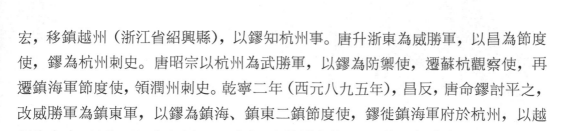

宏，移鎮越州（浙江省紹興縣），以鏐知杭州事。唐升浙東為威勝軍，以昌為節度使，鏐為杭州刺史。唐昭宗以杭州為武勝軍，以鏐為防禦使，遷蘇杭觀察使，再遷鎮海軍節度使，領潤州刺史。乾寧二年（西元八九五年），昌反，唐命鏐討平之，改威勝軍為鎮東軍，以鏐為鎮海、鎮東二鎮節度使，鏐徙鎮海軍府於杭州，以越州為東府。天復二年（西元九〇二年），唐封鏐為越王，天祐元年（西元九〇四年），更封吳王，梁興，封鏐為吳越國王。

荊南節度使高季興，陝州硤石（河南省陝縣東南）人，少為汴州富賈李讓家僮，朱全忠鎮宣武，以讓為養子，賜姓名朱友讓，季興以友讓故為全忠所愛，擢為宣武牙將，累遷潁州防禦使。唐末，全忠平江陵，以季興為荊南留後，梁興，以為節度使。荊南舊統八州，自唐末以來，寇亂相繼，諸州皆為鄰道所侵，獨餘江陵孤城，城邑殘毀，戶口彫耗，故梁初諸鎮，荊南最為微弱。

楚王馬殷，許州鄢陵（河南省鄢陵縣）人，初應募為秦宗權軍卒，宗權遣孫儒略地淮南，殷隸儒為裨將。儒圍宣州，遣其將劉建鋒與殷攻掠旁縣以給軍食。儒敗死，建鋒與殷收餘眾自江西入湖南，攻陷潭州（湖南省長沙縣），唐因以建鋒為武安節度使，殷為馬步都指揮使。建鋒御眾無方，為其下所殺，諸將推立行軍司馬張佶為留後，佶以位讓殷。唐昭宗光化元年（西元八九八年），以殷為武安留後，進本軍節度使。殷遣兵擊降靜江節度使劉士政，又北取岳州（湖南省岳陽縣），梁興，封楚王。

閩王王審知，光州固始（河南省固始縣）人，兄潮為固始縣吏，後事秦宗權所署光州刺史王緒為軍校。宗權徵賦於緒，緒不能給，宗權發兵擊之，緒率眾走福建。緒性猜忌，多殺部將，潮乃伏兵殺緒，代領其眾，攻取泉州（福建省晉江縣），遣使降於福建觀察使陳巖，巖表潮為泉州刺史。

陳巖卒，巖妻弟范暉自立為留後，潮遣弟審知擊走之，入據福州（福建省閩侯縣），自稱留後，唐因授潮為福建觀察使，以審知為副使。乾寧三年（西元八九六年），唐升福建為威武軍，以潮為節度使。潮卒，審知立，光化元年（西元八九八年），唐以審知為威武留後，進本軍節度使。梁開平三年（西元九〇九年），封閩王。

清海軍節度使劉隱，其先本上蔡（河南省上蔡縣）人，僑居南海。隱父謙，唐僖宗時為封州刺史，謙卒，隱復為封州刺史。唐升嶺南為清海軍，以薛王知柔

為清海節度使，隱事知柔為行軍司馬。知柔卒，宰相徐彥若代為節度使，彥若卒，表隱權清海留後，隱遣使重賂朱全忠，全忠薦隱為清海節度使。梁興，封大彭王，改封南海王。梁末帝貞明二年（西元九一六年），隱弟巖稱帝，國號越，翌年改國號漢，史稱南漢。

　　燕王劉守光，深州樂壽（河北省獻縣）人，父仁恭初為盧龍牙將，將兵戍蔚州（察哈爾省蔚縣），過期未代，士卒擁仁恭為亂，還攻幽州，為燕兵所敗，奔河東依晉王李克用，晉王遣兵助仁恭攻拔幽州，表為盧龍留後，唐因授仁恭為盧龍節度使。仁恭遣其子守文伐滄州（河北省滄縣東南），義昌節度使盧彥威戰敗奔梁，仁恭以守文為義昌留後。仁恭復自將攻魏州（河北省大名縣），魏博節度使羅紹威求救於朱全忠，全忠救之，大破燕兵，自是仁恭與全忠交兵不已，屢為全忠所敗。唐昭宣帝天祐三年（西元九〇六年），梁軍伐滄州，仁恭救之，為梁所敗，求救於晉王，晉王為仁恭攻潞州（山西省長治縣）以解滄州之圍，梁軍乃引還。

　　幽州城西有大安山，四面斗絕，仁恭營宮室於其上，壯麗擬於王者。仁恭有愛妾羅氏，仁恭子守光與之通，仁恭怒杖守光，令出守平州（河北省盧龍縣）。梁開平元年（西元九〇七年），守光自平州入幽州，虜仁恭，囚於別室，自稱盧龍留後，遣使請命於梁，梁以守光為盧龍節度使。開平三年（西元九〇九年），封燕王。

◆ 梁太祖之殂

　　唐僖宗時，昭義節度使孟方立自潞州移軍府於邢州（河北省邢臺縣），晉軍乘機取潞州。昭宗光化元年（西元八九八年），晉昭義節度使薛志勤薨，晉澤州刺史李罕之入據潞州，晉王遣使責之，罕之遂以潞州降梁，晉遣李嗣昭討之，翌年，復取潞州。天復元年（西元九〇一年），梁遣大將氏叔琮、葛從周攻拔澤（山西省晉城縣）、潞二州，進圍晉陽，不克而還。昭宣帝天祐二年（西元九〇五年），晉復取潞州，以李嗣昭為昭義節度使。

　　梁開平元年（西元九〇七年），太祖遣保平節度使康懷貞將兵八萬會魏博之兵攻潞州，李嗣昭閉城拒守，梁軍攻之不克，築長圍以困之，內外斷絕，晉王遣大將周德威率大軍往救，敗梁軍於高河（山西省屯留縣東南），梁以亳州刺史李思安代懷貞為將，思安更築重城，謂之夾寨，內防奔突，外拒援兵，晉軍不能克。

　　梁開平二年（西元九〇八年），晉王李克用以潞州之圍不解，憂懣而殂，是為

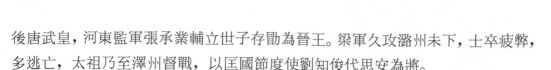

後唐武皇，河東監軍張承業輔立世子存勗為晉王。梁軍久攻潞州未下，士卒疲弊，多逃亡，太祖乃至澤州督戰，以匡國節度使劉知俊代思安為將。

潞州被圍逾年，資用將竭，梁太祖屢遣使諭降，晉軍終無降意。時武皇克用新殂，援軍奔喪還晉陽，太祖以潞州必下，乃還大梁，命劉知俊休兵於晉州（山西省臨汾縣），以符道昭為招討使。於是晉王大閱士卒以救潞州。是年五月，晉軍至潞州，直薄夾寨，梁軍不意晉軍猝至，軍中驚擾，遂大潰，道昭戰歿，梁軍死者萬餘人，遂解潞州之圍。

梁開平三年（西元九○九年），太祖遷都洛陽。開平四年（西元九一○年），太祖疑成德節度使王鎔叛梁附晉，欲遣將代之，鎔求援於晉，晉遣周德威率兵屯趙州（河北省趙縣）以援之。太祖以寧國節度使王景仁為北面都招討使，會魏博之軍共四萬以擊晉軍，屯於柏鄉（河北省柏鄉縣）。晉王率軍至趙州與德威合軍，營於野河之北，距柏鄉五里，與梁軍隔水相望。梁乾化元年（西元九一一年），晉軍與梁軍戰於高邑（河北省高邑縣）南，梁軍大潰，殭尸蔽野，景仁將數千騎遁走。晉軍夜至柏鄉，梁軍已去，遺棄糧秣資械不可勝計，梁軍精銳，盡喪於是役，晉王收兵屯趙州。太祖罷景仁，以天雄節度使楊師厚代為招討使，屯於河陽（河南省孟縣西）。

太祖自夾寨、柏鄉失利，意常鬱鬱。梁乾化二年（西元九一二年），晉軍伐幽州，燕王劉守光求援於梁，太祖率軍救之，進至蓨縣（河北省景縣境），晉將李存審自趙州出兵邀擊，太祖以為晉軍大至，燒營夜遁，梁軍大潰，及天明，始知為晉遊騎，不勝慚憤，因發疾，留貝州（河北省清河縣）旬餘，潰軍始集，還至洛陽，病益劇。

太祖長子郴王友裕，早卒，次博王友文，常留守東都，次郢王友珪，為左右控鶴指揮使，掌侍衛親軍，次均王友貞，為東都馬步都指揮使。太祖好聲色，友文婦王氏有美色，為太祖所嬖，故頗有意立友文為太子。友珪以友文本非朱氏子，心常不平。太祖疾甚，命王氏召友文於東都，欲付以後事。是年六月，太祖命宣政使敬翔宣敕出友珪為萊州刺史，友珪乃夜弒太祖於寢宮，遣使詣東都命均王友貞殺博王友文，遂即帝位。

友珪既立，恣為荒淫，均王友貞與太祖婿駙馬都尉趙巖、太祖甥侍衛親軍都指揮使袁象先密謀誅之。梁乾化三年（西元九一三年），象先率禁兵入宮殺友珪，

齎傳國寶詣大梁迎均王，均王以大梁本太祖創業之地，乃即位於大梁，仍稱乾化三年，追廢友珪為庶人，是為梁末帝。

◆ 晉滅燕

燕王劉守光既囚其父，義昌節度使劉守文數舉滄州之兵伐之，輒為守光所敗，梁開平三年（西元九〇九年），守光擒守文，進圍滄州，翌年，拔之，梁以守光兼義昌節度使。

守光既克滄州，自謂天助，恣為淫虐。梁乾化元年（西元九一一年），梁軍敗於柏鄉，守光欲合晉、成德、義武之師共伐梁，求為盟主，又遣使諷成德節度使王鎔及義武節度使王處直尊己為尚父，鎔以告晉王，晉王大怒，陽為尊奉以驕之，密謀伐燕。守光以為晉王畏己，即帝位，國號大燕，改元應天。

梁乾化二年（西元九一二年），晉王遣周德威會成德、義武之師伐燕，圍幽州，燕王劉守光求救於梁，梁軍救之，潰於蓨縣，梁援遂絕。晉軍盡取幽州所屬諸州，獨幽州城未下。梁乾化三年（西元九一三年），守光率五千騎潰圍夜出，德威引兵邀擊，大破之，守光將百餘騎逃歸幽州，請降於晉王，晉王不許。是年十一月，晉軍克幽州城，守光率妻子奔滄州，至燕樂（河北省密雲縣東北）境，為田父張師造所擒，送於晉王，晉王殺之，以德威為盧龍節度使。

◆ 晉伐梁

晉王既克幽州，乃謀伐梁。梁末帝貞明元年（西元九一五年），梁天雄節度使楊師厚卒。師厚晚年，驕矜跋扈，財賦不輸朝廷，選置驍勇為牙兵，號銀槍效節都，梁朝不能制，至是徙平盧節度使賀德倫為天雄節度使，分天雄置昭德軍以分其權，天雄兵不願分徙，起而為亂，銀槍效節都軍校張彥劫德倫叛梁附晉，梁遣開封尹劉鄩將兵伐之。德倫求援於晉王，晉王率軍進屯永濟（山東省臨清縣南），張彥率銀槍效節卒五百人往謁，晉王斬彥，收其卒為帳前銀槍都以自隨，遂入魏州，自兼天雄節度使，徙德倫為大同節度使。

梁貞明二年（西元九一六年），晉軍與梁軍戰於故元城（河北省朝城縣東北）西，梁軍大敗，步卒死者數萬人，梁軍走保黎陽（河南省滑縣北），於是河北諸州皆附晉，惟黎陽為梁守。

　　梁貞明四年（西元九一八年），晉王大閱於魏州，謀大舉伐梁，河北諸鎮及奚、室韋、吐谷渾諸部皆引兵來會。晉軍自魏州西趨汴梁，與梁招討使賀瓌戰於胡柳陂（山東省濮縣西南），梁軍復敗，死者幾三萬人，棄甲山積，晉將周德威亦戰歿。

　　梁貞明五年（西元九一九年），賀瓌卒，梁以開封尹王瓚為招討使。晉軍屯於德勝渡（河北省濮陽縣），夾河築南北二城，瓚亦於楊村夾河築壘，據德勝上流十八里，與晉軍對峙，大小百餘戰，互有勝負。

　　梁軍築壘於潘張以儲糧，距楊村五十里。晉王自將精騎循大河南岸西上以截其餉運，瓚伏兵邀擊，先勝後敗，瓚乘小舟走保楊村北壘，晉軍乘勝攻拔濮陽（河北省濮陽縣南）。梁以瓚無功，以天平節度使戴思遠代為招討使。

　　梁龍德元年（西元九二一年），成德節度使王鎔養子張文禮殺鎔，叛晉附梁，梁授文禮為成德留後，晉王遣兵討之，攻拔趙州，文禮驚懼而卒。晉王欲自將攻鎮州（河北省正定縣），梁招討使戴思遠率眾乘虛襲德勝北城，晉王知之，伏兵擊梁軍，梁軍大敗，死者二萬餘人，思遠走保楊村。梁龍德二年（西元九二二年），晉王拔鎮州，自領成德節度使。

二、契丹的崛起

◆ 契丹先世

　　契丹自稱東胡之後，其最初活動地區在永州木葉山，當潢、土二河之會。潢河即今西遼河上源西拉木倫河，土河即今老哈河。其地有平地數百里，多松林，故又稱平地松林，或曰松漠。

　　相傳契丹始祖曰奇首可汗，後生八子，分為八部。契丹既自稱東胡之後，則傳說中奇首可汗時代當不早於漢朝。北魏時，契丹為高麗、柔然所侵，北齊時，又為突厥所迫，部落離散，其一部分流寓高麗，一部分臣屬於突厥，另一部分內附於中國，已非古時八部之制。

　　隋時，內附契丹依紇臣水而居，紇臣水在遼西正北二百里，部落漸盛，分為十部，據有遼西之地，東西五百里，南北三百里。唐時，其君曰大賀氏，仍依古制分其族為八部，唐太宗以其酋豪據曲為玄州刺史，窟哥為松漠都督，於是八部

之外復有玄州、松漠二別部。

唐玄宗時，大賀氏衰，其部族僅存五部。遼始祖雅里立迪輦祖里為阻午可汗，更號遙輦氏，重分契丹為八部，然雅里所屬迭剌部及遙輦氏不在八部之中。其後雅里分契丹部族至二十部，故當太祖阿保機時代，契丹已不止八部，歐陽修五代史云阿保機為八部大人，恐係傳聞之誤。

遼史載契丹先世部族分合亦甚矛盾，未可全信，此因契丹先代無文字記載，但憑傳聞之故。遼史又謂迭剌部為世里氏，與大賀氏、遙輦氏皆姓耶律，號三耶律，則世里、大賀、遙輦似為一姓的分宗；遼又有審密氏，初分二部，皆姓蕭，號二審密，則二審密似亦一姓的分宗。耶律與蕭世通婚姻，為契丹貴族。遼史部族志以耶律、審密與八部並列，又云雅里輔阻午可汗，析大賀氏、遙輦氏為六部，與迭剌部是為七耶律，分二審密為五部，是為五審密，合七耶律、五審密及八部為二十部，然則審密諸部亦不在八部之中。

◆ 遼太祖的建國

自雅里八傳至德祖，即阿保機之父，世為遙輦氏部長，契丹語曰夷离堇。自遙輦氏立，契丹日漸強盛，東北諸夷如五姓奚、七姓室韋及韃靼皆服屬之。五姓奚即庫莫奚，分為五部，其族類與契丹相近；室韋亦契丹別種，分為二十餘部，其近契丹者七部；韃靼本號靺鞨，與女真同源，初居契丹之北，其後為契丹所攻，部族分散，或屬契丹，或屬勃海，其別部散居陰山者自號韃靼。

唐昭宗天復元年（西元九〇一年），遙輦氏痕德堇可汗立，以阿保機為迭剌部夷离堇。昭宣帝天祐三年（西元九〇六年），痕德堇可汗卒，遺命以阿保機為大汗，是為遼太祖，翌年即梁開平元年，遼史紀年自此始。

據宋人記載，契丹大汗由八部共推，稱八部大人，三年一代。遼太祖為大汗九年，不肯受代，七部劫之，遼太祖不得已，傳汗位於別部，用漢人韓延徽謀，誘殺諸部酋豪，併七部為一國，遂即帝位。然據遼史，大賀氏自唐初傳世至玄宗時，將近百年，未嘗受代，雅里立遙輦氏為可汗，至痕德堇可汗傳位於遼太祖，將及二百年，亦未嘗受代；遼史部族志又以大賀氏、遙輦氏、世里氏為三耶律，與八部並立，則契丹汗位實為耶律氏所世襲，而非由八部共推，宋人所云由八部共推，三年一代之說，似不可靠。

　　遼太祖元年（梁開平元年，西元九○七年），遼太祖率三十萬眾寇雲州（山西省大同縣），晉王李克用與之連和，約為兄弟，期以是冬共擊梁，遼太祖許之，留雲州與晉王歡聚旬日乃去，既歸而背盟，遣使通好於梁。

　　遼太祖十年（即神冊元年，梁貞明二年，西元九一六年），遼太祖復率諸部兵三十萬，號百萬，攻陷晉之蔚州，虜振武節度使李嗣本，進攻雲州，晉大同防禦使李存璋拒之。晉王李存勗自將救雲州，遼太祖聞晉王至，解圍去，晉王亦還，以存璋為大同節度使。

　　是歲，遼太祖仿中國制度，建國號契丹，自稱皇帝，以妻述律氏為皇后，置百官，建元神冊，都於臨潢（熱河省林西縣）。時漢人歸附契丹者甚眾，契丹分其官為南面、北面，南面專治漢人，北面專治蕃人，各不相屬。述律后勇決多權變，遼太祖用兵禦眾，述律后常預其謀，名震諸夷。晉王方經營河北，欲結契丹為援，以叔父禮事遼太祖，以叔母禮事述律后。幽州人韓延徽有智略，初為劉守光參軍，守光末年衰困，遣延徽求援於契丹，述律后令遼太祖留之，用為謀主。延徽始教契丹建牙開府，築城郭立市里以處漢人，墾田樹藝，由是漢人各安生業，少有逃亡。遼太祖稱帝，以延徽為相，號政事令，契丹典章制度多出其手。

◆ 遼朝世系

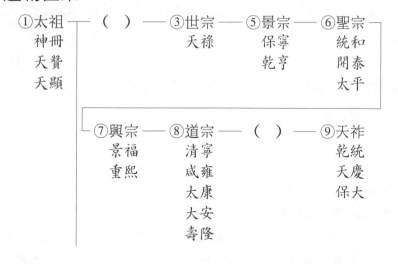

```
└─②太宗 ── ④穆宗
　　天顯　　　應曆
　　會同
　　大同
```

　　遼太祖以梁開平元年（西元九〇七年）建國，貞明二年（西元九一六年）建元神冊，國號契丹，遼太宗滅晉，更國號曰遼，史稱遼朝。遼自太祖建國至天祚帝為金所滅，凡九世九君，歷二百一十九年（西元九〇七年至西元一一二五年）。

◆ 望都之戰

　　梁貞明三年（遼太祖神冊二年，西元九一七年），晉王命威塞軍防禦使李存矩募兵於新州（察哈爾省涿鹿縣），存矩募得五百騎，部送南下，至岐溝關（河北省涿縣西南三十里），士卒憚遠役，殺存矩，擁新州裨將盧文進為帥，還攻新州，不克，又攻武州（察哈爾省宣化縣），亦不克。周德威自幽州遣兵追討，文進乃帥眾奔契丹，引契丹急攻新州，克之。晉王使德威合河東、成德、義武諸鎮之兵攻之，旬日不克。遼太祖帥眾三十萬救新州，德威眾寡不敵，為契丹所敗，奔還幽州。

　　契丹乘勝進圍幽州，氈車毳幕，彌漫山澤。文進教契丹造攻城之具，德威百計禦之而契丹攻城不止。德威遣使告急於晉王，晉王命李嗣源將兵先行救之，軍於淶水（河北省淶水縣），命閻寶將成德、義武之兵為繼。晉王慮嗣源、閻寶兵少，復命李存審將兵以益之。

　　契丹圍幽州且二百日，城中危困，嗣源、寶、存審步騎七萬會於易州（河北省易縣），晉軍多步兵，懼為契丹所突，乃自山中潛行至幽州，與契丹大戰，契丹大敗，自古北口遁去，遂解幽州之圍。

　　幽州之東數百里有渝關（即今山海關），東臨海，北有兔耳、覆耳諸山，山皆斗絕，東北循海有道，狹僅通車，形勢絕險。劉仁恭鎮幽州時，輒堅壁清野以拒契丹，俟其去則據險邀擊之，契丹常失利，不敢輕易入寇。及周德威鎮幽州，恃勇不修邊備，遂失渝關之險，由是契丹得入牧於營（河北省昌黎縣）、平（河北省盧龍縣）二州間。至是契丹以盧文進為幽州節度使，居平州，常率奚騎攻掠幽、薊（河北省薊縣）間，晉軍自瓦橋（河北省雄縣）運糧入薊城，頗苦其抄掠。契丹每入寇，文進則率漢兵為前導，盧龍巡屬，為之殘敝。

梁龍德元年（遼太祖神冊六年，西元九二一年），張文禮殺成德節度使王鎔，懼晉伐之，因文進求援於契丹，契丹許之。晉王伐文禮，義武節度使王處直恐晉王既滅成德，因而伐之，令其子王郁赴契丹求援。是歲，處直為養子王都所囚，晉王以處直叛己，以都為義武節度使。於是遼太祖悉眾南下，越幽州而南，晉王將親軍五千北上禦之。梁龍德二年（遼太祖天贊元年，西元九二二年）正月，晉王至新城（河北省無極縣境）南，晉昭義節度使李嗣昭引兵來會。時遼軍已至定州（河北省定縣），前鋒自新樂（河北省新樂縣）涉沙河而南，晉王率五千騎至新城北，遇契丹萬餘騎，契丹不意晉王自至，驚走，晉王追至沙河，契丹墜河陷溺而死者甚眾。晉王進屯新樂，遼太祖舉眾退保望都（河北省望都縣）。於是晉王引兵趨望都，契丹迎戰，李嗣昭引三百騎橫擊，契丹大敗，晉軍逐北至易州，會大雪彌旬，契丹人馬乏食，死者相屬，遼太祖乃引兵北歸。

三、後唐時代

◆ 莊宗滅梁

梁龍德二年（西元九二二年），梁將段凝襲取衛州，攻陷其屬縣共城（河南省輝縣）、新鄉（河南省新鄉縣）。是歲，晉昭義節度使李嗣昭卒，嗣昭子繼韜囚其兄繼儔，自立為留後，請於晉王，晉王改昭義軍為安義軍（避嗣昭諱），以繼韜為安義留後。繼韜以篡兄自立，懼晉王討之，梁龍德三年（唐莊宗同光元年，西元九二三年）二月，以澤、潞二州降梁，梁勢復振。

是年四月，晉王即皇帝位於魏州南，國號大唐，改元同光，是為後唐莊宗，以魏州為東京興唐府，并州為西京太原府，鎮州為北都真定府；以豆盧革、盧程為相，郭崇韜、張居翰為樞密使。居翰宦者，和謹畏事，軍國機要之政，皆歸崇韜。

唐莊宗遣李嗣源將所部精兵襲取鄆州(山東省東平縣)，以嗣源為天平節度使。梁末帝聞鄆州失守，大懼，以王彥章代戴思遠為招討使，段凝副之。彥章至軍，破唐軍於德勝，唐軍退屯楊劉（山東省阿縣北），聚芻糧於澶州。彥章率眾十萬攻楊劉，莊宗率大軍自澶州來救，彥章解楊劉之圍，走保楊村，末帝徵彥章還，以

段凝代為招討使，決河水東注曹（山東省曹縣西北）、濮（山東省濮縣東）及鄆州間以阻唐兵。

　　時梁精兵多在段凝軍，大梁空虛。是年十月，莊宗用郭崇韜策，將大軍自楊劉渡河水會鄆州之兵急趨大梁，梁兵阻於河水，不能返救，末帝憂懼無計，命其臣皇甫麟弒己，梁相敬翔亦自殺，後梁遂亡。莊宗入汴，段凝將其眾五萬人降唐，十二月，安義節度使李繼韜降唐，唐復取潞州。

　　梁末帝一生無大過惡，惟寵愛德妃張氏，信任太祖婿趙巖及德妃兄弟張漢鼎、漢傑之族，使擅威福，敬翔雖為相，所言多不用。末帝末年，又用李琪為相，琪挾趙、張之勢，頗通賄賂，梁政日衰，以至於亡。

◆ 後唐世系

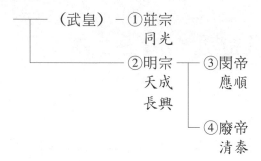

　　後唐自莊宗滅梁，凡三傳四君，歷十四年（西元九二三年至西元九三六年）而亡。

◆ 同光盛世

　　同光元年（西元九二三年）十一月，定都洛陽，廢梁東京開封府為汴州宣武軍，復北都真定府為鎮州，西京太原府為北都，永平軍為西都京兆府。同光三年（西元九二五年）三月，改東京興唐府為鄴都，以洛京為東都。

　　莊宗既滅梁，其立國規劃可述者有四：一、滅梁功臣皆蒙獎賞，郭崇韜、李嗣源功勳尤高，賜鐵券，非大逆許以不死，歿於王事者各與贈官，並錄用其子孫。二、貶唐朝世族之為梁用者，詔誅趙、張之族以為奸佞者戒。三、梁藩鎮及諸將降附者皆慰釋之以安反側。四、旌表節義孝悌之門，拯恤鰥寡孤獨之民，輕徭薄賦以紓民力。

同光二年（西元九二四年）正月，岐王李茂貞遣子彰義節度使李繼曬入朝，上表稱臣，莊宗以茂貞為前朝耆舊，特加優禮，每賜詔但稱岐王而不名。二月，茂貞晉爵秦王，四月，薨，於是岐隴之地亦入於唐。

同光三年（西元九二五年），莊宗滅蜀，後唐國勢至是達於極峰。

前蜀主建殂於梁末帝貞明四年（西元九一八年），幼子衍即位，是為前蜀後主。蜀後主荒淫，不親政事，由是政衰❶。莊宗以蜀富饒，主荒民怨，議欲伐之。同光三年（西元九二五年），以皇子魏王繼岌為都統，郭崇韜為行營都招討制置使，將兵六萬伐蜀，軍中部署，一委崇韜。唐軍自散關（陝西省寶雞縣西南大散嶺上）入蜀，敗蜀軍於三泉縣（陝西省寧羌縣），進克利州（四川省廣元縣）、劍州（四川省劍閣縣），渡綿水，自漢州（四川省廣漢縣）長驅入成都，自出師至滅蜀凡七十日。蜀後主與其族東遷至長安，莊宗下詔殺之，並誅其宗族。

郭崇韜滅蜀，功高震主。崇韜素惡宦官，屢為宦官所譖，莊宗后劉氏惑於宦官之言，懼魏王繼岌為崇韜所害，密諭魏王殺之。同光四年（西元九二六年）正月，魏王殺崇韜，莊宗因下詔暴崇韜罪，並族其家。

魏王繼岌既誅崇韜，謠言四起，眾心危懼，李嗣源與崇韜俱有大功，且相親善，為謠言所屬，嗣源大恐。是年二月，鄴都兵變，嗣源奉命往討，鄴都兵擁嗣源叛唐，河北諸鎮皆響應。嗣源率軍入汴，莊宗發兵拒之，閱於興教門，為從馬直（莊宗親軍）指揮使郭從謙所弒❷。四月，嗣源入洛陽，百官奉嗣源監國。嗣

❶　五代史記前蜀世家：「衍年少荒淫，……起宣華苑，苑有重光、太清、延昌、會真之殿，清和、迎征之宮，降真、蓬萊、丹霞之亭，飛鸞之閣，瑞獸之門，又作怡神亭，與諸狎客、婦人日夜酣飲其中。」張唐英蜀檮杌卷上：「（乾德）三年……五月，作宣華苑成，延袤十里，……土木之功，窮極奢巧。衍數於其中為長夜之飲，嬪御雜坐，舄履交錯。嘗召嘉王宗壽赴宴，宗壽因持杯諫衍宜以社稷為念，少節宴飲，其言慷慨，激切流涕，衍有愧色。佞臣潘在迎、顧珣、韓昭等奏曰：『嘉王從來酒悲，不足怪也。』乃相與諧謔戲笑。」又五代史記前蜀世家：「衍……好裹尖巾，其狀如錐，而後宮皆戴金蓮花冠，衣道士服，酒酣免冠，其髻鬒然，更施朱粉，號醉粧。」又曰：「衍……嘗與太后、太妃遊青城山，宮人衣服皆畫雲霞，飄然望之若仙。衍自作甘州曲，述其仙狀，上下山谷，衍常自歌而使宮人皆和之。」五國故事卷上：「衍之末年，率其母后等同幸青城，至成都山上清宮，隨駕宮人皆衣畫雲霞道服。衍自製甘州曲辭，親與宮人唱之，曰：『畫羅裙，能結束，稱腰身，柳眉桃面不勝春，薄媚足精神，可惜許淪落在風塵。』宮人皆應聲而和之。」

源遣石敬瑭屯陝州（河南省陝縣），養子從珂屯河中（山西省永濟縣）。魏王將兵東還，至渭南，將士不附，自縊而死，其眾皆降於敬瑭，嗣源乃即帝位，改元天成，是為後唐明宗。

◆ 明宗的政施

明宗蕃名邈佶烈，無姓氏，少以騎射事晉王克用父國昌，轉隸晉王帳下，賜姓名李嗣源。明宗入洛，有司議即位禮，群臣或請自建國號，明宗曰：「予年十三事獻祖，以予宗屬，愛幸不異所生，事武皇三十年，……冒刃血戰，體無完膚，何艱險之不歷？武皇功業即予功業，先帝天下即予天下也，兄亡弟紹，于義何嫌？」（五代史後唐明宗紀）莊宗殂年四十二，明宗年已六十，明宗謂兄亡弟紹，蓋謂紹述武皇，又謂獻祖愛幸不異所生，則明宗似自謂國昌養子，通鑑及歐陽修五代史皆謂明宗為武皇養子，未知孰是。

明宗即位後，即減罷宮人伶官，惟量留後宮百人、宦官三十人，廢內藏庫，悉以四方貢物歸之有司；以任圜、馮道、崔協為相，以安重誨、孔循為樞密使；廢租庸使，復鹽鐵、戶部、度支三司以總天下征賦，命宰臣一人專判；聽郭崇韜歸葬，以慰民望，前所籍沒財貨、田宅皆歸還之。廢鄴都復為天雄軍，以石敬瑭為天雄節度使。

明宗以宰相任圜判三司，圜憂國如家，簡拔賢俊，杜絕僥倖，朞年之間，公私皆足。圜早歲與明宗同事莊宗，自恃與明宗有舊，勇於敢為，頗以天下為己任，而為樞密使安重誨所忌。圜嘗因事與重誨爭論於明宗前，聲色俱厲，明宗以為圜輕己，私心憾之，圜由是罷相，致仕居磁州（河北省磁縣），復為重誨所譖，遂賜死，時論惜之。

---

❷　陶岳五代史補卷二莊宗能訓練兵士條：「莊宗之嗣位也，志在渡河，但恨河東地狹兵少，思欲百練其眾以取必勝於天下，乃下令曰：『凡出師，騎軍不見賊不許騎馬，或步騎前後已定，不得越軍分以避險惡，其分路並進，期會有處，不得違晷刻，並在路敢言病者皆斬之。』故三軍懼法而戮力，皆一當百，故朱梁舉天下而不能禦，卒為所滅，良有以夫。初，莊宗為公子時，雅好音律，又能自撰曲子詞，其後凡用軍，前後隊伍，皆以所撰詞授之，使揭聲而唱，謂之御製。至於入陳，不論勝負，馬頭纔轉，則眾聲齊作，故凡所戰鬥，人忘其死，斯亦用兵之一奇也。」

　　重誨少事明宗，明宗以重誨為中門使，委信無閒。明宗即位，重誨以佐命元勳與孔循俱為樞密使。重誨既傾任圜，復出循為忠武節度使，獨縉大任，宰相具位而已。

　　時孟知祥為西川節度使，董璋為東川節度使，皆擁兵據險，陰有割蜀自立之志，重誨恐其久而難制，每加裁抑，以泗州防禦使李嚴為西川監軍，欲以制知祥，知祥大怒，即日斬嚴。重誨又割閬、果（四川省南充縣北）二州置保寧軍，以李仁矩為節度使以制董璋，於是璋與知祥並反，發兵攻殺仁矩。吳越王錢鏐割據一方，自梁以及莊宗，常異其禮以羈縻之。鏐嘗貽重誨書，稱吳越國王致書於某官執事，不敘寒暄，重誨怒其無禮，因事奏請明宗下制削其官爵，於是吳越遂絕於唐。

　　明宗養子潞王從珂時為河中節度使，重誨以從珂非明宗子，陰欲圖之，數毀於明宗，明宗不聽，重誨乃矯明宗命，諭河中牙內指揮使楊彥溫逐之。從珂出城閱馬，彥溫勒兵閉門拒之，從珂問彥溫何以反，彥溫謂非敢反，受樞密院宣請從珂入朝。從珂知為重誨所構，馳入洛陽以自明，明宗為重誨責從珂，坐是罷鎮歸第。重誨數諷宰相奏治從珂失守之罪，又自論奏之，明宗不許。明宗以西都留守索自通代從珂為河中節度使，重誨復諷自通籍軍府甲仗之數上聞，誣為從珂所私造，賴王德妃居中保護，得免於難。

　　重誨既久專大權，中外嫉之者眾，時王德妃用事，復數譖重誨於明宗，重誨內懷憂懼，三上表求解樞務，明宗不許。長興元年（西元九三○年）九月，詔天雄節度使石敬瑭征蜀，重誨請自臨督戰。重誨至鳳翔，鳳翔節度使朱弘昭素詣事重誨，重誨為弘昭泣謂為讒人所構，幾不免於禍。重誨既去，弘昭即上奏重誨怨望，不可令至行營，恐奪敬瑭兵柄，明宗乃詔徵重誨還，罷為護國節度使。長興二年（西元九三一年）五月，以太子太師致仕，詔保義節度使李從璋代為護國節度使，誅重誨於河中私第，並殺其二子。

◆ 遼太祖之殂及契丹南侵

　　自同光以來，契丹強盛，東北諸夷多臣屬之，獨勃海未服。勃海本號靺鞨，與女真同種。宋人洪皓著松漠紀聞，謂其男子智勇出他國之右，至有三人勃海當一虎之諺。其君曰大諲譔，自勃海首君大榮祚建國，至是歷十五世，二百餘年。

其疆域四至，南有今朝鮮北部，北至黑龍江，東至烏蘇里江，西與契丹接境，有五京十五府六十二州，為遼東大國。其君常居忽汗城，即高句麗故都平壤，號中京顯德府。勃海既與契丹為鄰，境壤相接，易起糾紛，故自立國之初，即築扶餘城（遼寧省昌圖縣），屯勁旅以備契丹。

　　遼太祖既敗於望都，知中國強盛，欲傾國南侵，恐勃海制其後，乃決計伐之，以除後顧之憂。遼天贊四年（唐莊宗同光三年，西元九二五年）十二月，遼太祖下詔親征勃海，述律后、皇太子倍及次子德光皆從征。翌年春，平勃海，俘其王大諲譔，改勃海為東丹國，更忽汗城為天福城，立皇太子倍為人皇王以鎮之，大赦，改元天顯。

　　唐明宗天成元年（遼天顯元年，西元九二六年）七月，遼太祖自東丹還師至扶餘，得病而殂，述律后攝軍國事，率其眾返臨潢，捨人皇王倍而立德光，是為遼太宗。是年，契丹盧龍節度使盧文進帥其眾十餘萬以平州降唐，唐以文進為義成節度使。

　　天成三年（遼太宗天顯三年，西元九二八年），契丹陷平州。時契丹數犯塞，唐兵屯於幽、易之間，與義武節度使王都漸成猜阻，都陰謀叛唐，唐以歸德節度使王晏球為北面招討使，率諸道兵討之，都求救於契丹，遼太宗命其酋禿餒將萬騎救定州，與唐軍戰於曲陽（河北省曲陽縣），契丹大敗，走保定州。都復糾集契丹援軍與晏球戰於曲陽城南，晏球率騎兵奮擊，大破之，契丹死者過半，都與禿餒復還保定州，契丹餘眾北走，為唐盧龍節度使趙德鈞所邀擊，殺戮殆盡。晏球乘勝進圍定州，天成四年（遼太宗天顯四年，西元九二九年），破定州，都舉族自焚，擒禿餒及契丹二千人。唐以晏球為天平節度使，斬禿餒於大梁市。是年四月，契丹攻雲州，不克，五月，復攻雲州，又不克。

　　契丹東丹王倍既不得立，帥數百騎欲奔唐，為邏騎所遏，遼太宗徙之於遼陽（遼寧省遼陽縣），置衛士陰伺其動靜。明宗聞之，遣人跨海持書密召倍。長興元年（遼太宗天顯五年，西元九三〇年），倍攜其妃高美人及部曲數十人載書浮海自登州（山東省蓬萊縣）奔唐，明宗以天子儀衛迎之，賜姓名東丹慕華，後更賜姓名李贊華，授義成節度使，鎮滑州（河南省滑縣），為選朝廷佳士為僚屬以輔之，贊華但優遊自奉，不預政事。

◆ 後蜀的建國

後蜀建國者孟知祥，邢州龍岡（河北省邢臺縣）人，尚武皇弟克讓女瓊華長公主。莊宗為晉王，知祥為中門使，薦郭崇韜以自代，莊宗以知祥為馬步都虞候，莊宗建號，為太原尹北都留守，唐兵滅蜀，為成都尹劍南西川節度副大使知節度事。

知祥既帥西川，陰有據蜀之志，時董璋鎮東川，亦有異圖，唐明宗用安重誨謀，以李嚴監西川軍，又分東川立保寧軍以制之，知祥因與董璋合縱以拒唐。

長興元年（西元九三〇年）九月，董璋攻拔閬州，殺唐保寧節度使李仁矩，唐命石敬瑭帥大軍自散關入蜀以討之，克劍門（四川省劍閣縣北），知祥遣其將趙廷隱將萬人會東川軍守劍州（四川省劍閣縣），唐軍攻之不克，還屯劍門。長興二年（西元九三一年），西川兵攻拔遂州（四川省遂寧縣），唐武信節度使夏魯奇自殺，敬瑭燒營北歸，西川兵迫至利州，唐昭武節度使李彥琦棄城走。知祥以其將李仁罕為武信留後，李肇為昭武留後。

唐兵既退，知祥欲與璋復歸唐，璋不聽。長興三年（西元九三二年），璋大會諸軍謀襲成都，攻克漢州，與西川兵戰於彌牟鎮（四川省新都縣北），東川兵大敗，璋還保梓州（四川省三臺縣），西川兵圍之，璋將潘稠斬璋以降。知祥自領東川節度使，以其將趙季良為武泰留後，張業為寧江留後，復置保寧軍於閬州，以趙廷隱為保寧留後，知祥遂據有全蜀之地，復稱藩於唐。詔劍南自節度使以下，知祥得自除授。長興四年（西元九三三年），知祥以武泰留後趙季良、武信留後李仁罕、保寧留後趙廷隱、寧江留後張業、昭武留後李肇為本鎮節度使，唐以知祥為東西川節度使，封蜀王。其冬，唐明宗殂，唐閔帝應順元年（西元九三四年）正月，知祥即帝位於成都，國號大蜀，是為後蜀高祖，其秋七月，蜀主知祥殂，太子昶即位，是為後主。

◆ 潞王入立及後唐的滅亡

明宗有四子，長從審，次秦王從榮，次宋王從厚，又次許王從益。明宗即位，從審已死，從榮於諸皇子為嫡長。從榮性驕縱，不為朝臣所附。長興四年（西元九三三年）十一月，明宗罹傷寒，病甚，從榮恐不得為嗣，謀以兵入侍，宣徽使

孟漢瓊白明宗以兵討之，殺從榮，明宗聞從榮死，悲駭幾絕，病轉劇，未幾而殂。宋王從厚即皇帝位，是為閔帝，翌年，改元應順。

　　時明宗養子潞王從珂為鳳翔節度使，從珂子重吉為控鶴都指揮使，掌禁兵，明宗婿石敬瑭為河東節度使。應順元年（西元九三四年），出重吉為亳州團練使以奪其兵權，徙敬瑭為成德節度使，潞王為河東節度使。潞王疑懼，遂發兵反。唐以西都留守王思同為帥，將禁旅會護國、山南西道、武定、彰義、靜難五鎮之兵以伐鳳翔，山南西道裨將楊思權攻逐節度使張虔劉，率諸軍降於潞王，唐軍遂潰。潞王整眾長驅入洛，閔帝帥五十騎夜出玄武門北走。是年四月，閔帝至衛州東，遇敬瑭自河東入朝，與俱入衛州驛。敬瑭問知諸軍盡叛，遣牙內都指揮使劉知遠盡殺閔帝左右及其從騎，遂趣洛陽降於潞王，閔帝尋為衛州刺史王弘贄所弒。是月，潞王即帝位於洛陽，改元清泰，是為後唐廢帝。

　　廢帝本姓王，鎮州平山（河北省平山縣）人。明宗為武皇騎將，略地至平山，掠得之。時廢帝年十餘，明宗養為己子，賜名從珂。敬瑭之先本出於西夷，父曰臬捩雞，事武皇為洺州刺史。臬捩雞生敬瑭，始姓石，世不知其得姓之始。敬瑭為人沈厚，尚明宗女晉國長公主。廢帝與敬瑭皆以勇力事明宗，雖有郎舅之親而內不相能。廢帝即位，敬瑭不得已而入朝，明宗既葬，不敢言歸。時敬瑭久病，衰弱羸瘠，廢帝雖疑其必反而不以為虞，復以為河東節度使。

　　清泰三年（西元九三六年），唐徙敬瑭為天平節度使，敬瑭不奉詔，遂反。唐命武寧節度使張敬達討之，營於晉安鄉（在晉陽南），築長圍以攻晉陽。敬瑭遣閒使稱臣求救於遼太宗，請以父禮事之，約事成之日，割盧龍及雁門以北諸州為酬。遼太宗將騎兵五萬自陽武谷（山西省崞縣西）南下，敗唐軍於汾曲，唐軍走保晉安寨，敬瑭與契丹引兵圍之。唐遣天雄節度使范延光、盧龍節度使趙德鈞、樞密使趙延壽將兵分三道援晉安。延光屯於遼州（山西省遼縣），延壽至西唐店（山西省沁縣西北），與德鈞遇，以兵屬之，北屯團柏谷（山西省祁縣東南）。是年十一月，遼太宗冊敬瑭為大晉皇帝，建元天福，是為後晉高祖，割幽（河北省大興縣）、薊（河北省薊縣）、瀛（河北省河間縣）、莫（河北省任丘縣）、涿（河北省涿縣）、檀（河北省密雲縣）、順（河北省順義縣）、新（察哈爾省涿鹿縣）、媯（察哈爾省懷來縣）、儒（察哈爾省延慶縣）、武（察哈爾省宣化縣）、雲（山西省大同縣）、應（山西省應縣）、寰（山西省朔縣東）、朔（山西省朔縣）、蔚（察哈爾省蔚縣）

十六州於契丹，仍許歲輸帛三十萬匹。

延壽為德鈞之子，尚唐明宗女興平公主，故廢帝深倚重之。德鈞至團柏谷逾月，按兵不戰，陰遣使請遼太宗更立己為帝，遼太宗不許。晉安寨被圍數月，芻糧俱竭，而援兵竟不至，敬達將楊光遠殺敬達，帥其軍降遼，遼太宗取其戰馬鎧仗而以唐降軍授晉高祖，南攻團柏谷，德鈞、延壽棄軍奔潞州，唐軍大潰，遼太宗、晉高祖迫至潞州，德鈞父子出降，遼太宗遷之於遼，德鈞自是鬱鬱不多食，逾年而卒。遼太宗以延壽為幽州節度使，封燕王，尋改幽州為南京，以延壽為南京留守。

晉高祖將發潞州，遼太宗遣契丹五千騎衛送之，並與之約，俟洛陽既定始北還，若有急則馳救之。晉高祖長驅至河陽，河陽節度使萇從簡迎降。高祖慮唐廢帝西奔鳳翔，遣契丹騎阸澠池（河南省澠池縣）以斷其路，唐廢帝與曹太后、劉皇后、皇子重美等攜傳國寶登玄武樓自焚，召義成節度使李贊華俱死，贊華不從，唐廢帝遣皇城使李彥紳就其第殺之，高祖遂入洛陽。

贊華自奔唐之後，雖身在異國，常思其親，問安之使不絕於道，明宗常優容之。及廢帝入立，贊華自唐遣使上書遼太宗，請乘其亂出兵討之，至是遂及於難。晉高祖入洛，喪服臨哭，遣使護送其喪歸國，遼太宗葬之於醫巫閭山，諡曰文武元皇王，遼世宗即位，諡讓國皇帝，遼興宗重熙間，增諡文獻欽義皇帝，廟號義宗。贊華好學，喜醫巫閭山山水明秀，於其絕頂築室，名曰望海堂，市書萬卷藏之。贊華通音律及蕃漢文字，善畫本國人物，所作畫如雙騎圖、獵騎圖、雪騎圖、藩騎圖、人騎圖、千角鹿圖、吉首並騎圖、射騎圖、女真獵騎圖皆入宋秘府，並見宣和畫譜。

四、後晉、後漢的迭興

◆ 後晉世系

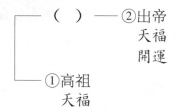

後晉自高祖建國，至出帝為契丹所滅，凡二世二君，歷十一年（西元九三六年至西元九四六年）。

◆ 晉高祖政施

晉高祖既即位，以馮道、桑維翰為相，又以維翰兼樞密使，軍國之政，一以委之。以魏州為廣晉府，復建為鄴都。高祖以大梁為舟車所會，便於轉漕，天福三年（西元九三八年）十月，以汴州為東京開封府，自洛陽徙都之，改洛陽為西京，廢唐西都京兆府為晉昌軍節度。

高祖以契丹有援立之功，而晉國基未固，內飭邊備，外敦信好。天福三年（西元九三八年）八月，以宰相馮道及尚書左僕射劉昫為冊禮使，上尊號於遼太宗及其母述律太后。晉高祖奉事契丹甚謹，稱遼太宗為父皇帝，每契丹使至，於別殿拜受詔敕，除歲輸帛三十萬匹外，吉凶慶弔，歲時贈遺，絡繹於道，乃至述律太后及南北面諸大臣，皆有賂遺，小有不如意，輒遣使來責讓，高祖常卑詞遜謝，朝野咸以為恥，而高祖事之無倦意，故終高祖之世，與契丹無隙。其後遼太宗屢令高祖毋上表稱臣，但令為書稱兒皇帝，如家人禮。

天福二年（西元九三七年），天雄節度使范延光據廣晉反，翌年，為侍衛馬步軍都指揮使楊光遠所平，晉因以光遠為天雄節度使，徙西京留守兼河陽節度使。光遠圍廣晉時，多所奏請，宰相兼樞密使桑維翰常以法裁抑之，以是與光遠有隙。及平廣晉，光遠密表論維翰過失，高祖畏光遠之強，罷維翰樞密使，尋廢樞密院，以院事委宰相分判。天福四年（西元九三九年），光遠復上疏論維翰，維翰因罷相，

出為彰德節度使。天福五年（西元九四〇年），光遠入朝，徙平盧節度使，封東平王。

◆ 契丹滅晉

天福七年（西元九四二年）六月，高祖殂。宰相馮道與侍衛馬步都虞候景延廣以高祖子重睿年幼，國家多難，宜立長君，乃共立高祖兄子齊王重貴為帝，是為出帝。出帝以延廣有定策功，拔以為相兼侍衛馬步軍都指揮使，委以朝政。出帝用延廣謀，告哀於契丹，致書稱孫而不稱臣，遼太宗遣使責讓，延廣答語不遜，於是晉與契丹交惡。

契丹置回圖使往來販易於晉，延廣囚其使喬榮，既而遣歸，謂今天子為中國自冊，為鄰為孫則可，不可以為臣，又言晉有十萬橫磨劍，翁若怒則來戰，他日為孫所敗，無貽後悔。榮歸，以告遼太宗，遼太宗大怒。晉出帝開運元年（遼太宗會同七年，西元九四四年），遼太宗自將大軍伐晉，出帝自將禦之，大戰於澶州城北，兩軍死者不可勝數。遼太宗引兵北歸，出帝亦引軍返大梁，出延廣為西京留守，復置樞密院，徵桑維翰為中書令兼樞密使。是歲，晉平盧節度使楊光遠叛，欲引契丹為援而契丹援兵不至，晉命泰寧節度使李守貞討平之。

開運二年（遼太宗會同八年，西元九四五年），遼太宗復自將伐晉，與晉軍戰於陽城（河北省清苑縣東南），契丹大敗，遼太宗坐大奚車走十餘里，晉追兵急，獲一橐駝乘之而奔，至幽州，散兵稍集，晉兵亦引歸。

是歲，出帝以戶部侍郎馮玉為樞密使以分維翰之權。出帝自陽城之捷，謂天下無虞，驕侈日甚，維翰屢切諫而玉善承上意，於是玉益有寵而維翰日疏。出帝嘗有疾，維翰遣中使入問起居，因達意於太后，請為皇弟重睿擇師傅以教導之，出帝疑維翰欲行廢立，出維翰為開封尹，以宰相兼判三司李崧代為樞密使，與玉對掌機密，維翰自是稱疾，杜絕賓客，不敢復言國事，於是朝政日衰。

開運三年（遼太宗會同九年，西元九四六年），遼太宗與其南京留守趙延壽將大軍二十萬南伐，晉以天雄節度使杜威為將，發諸鎮兵三十萬禦之，與契丹相持於滹沱河之中渡（河北省正定縣東南），遼太宗自將精騎潛由他渡濟滹沱河，出晉軍之後，攻下欒城（河北省欒城縣），切斷晉軍糧道及歸路，晉軍食盡勢窮，威舉軍降於契丹。時晉禁兵皆在威麾下，宿衛空虛，遼太宗遣晉降將張彥澤先發取大

梁，自將大軍自邢、相而南，威將晉降兵以從。是年十二月，彥澤至大梁，自宣
陽門破關而入，出帝奉降表出降，彥澤遷之於開封府舍，縱軍大掠，都城為之一
空。

　　出帝謀為自全之計，思桑維翰在相位，屢獻和親之謀，慮遼太宗窮究其事則
彰己過，令彥澤殺維翰以滅口。遼太宗至相州，遣數千騎至河陽捕景延廣，欲送
之北上，延廣自扼其吭而卒。是月，遼太宗進次赤岡（開封東北二十里），明年正
月，入大梁，遂滅晉。廢出帝為負義侯，遷於黃龍府（遼改扶餘府為黃龍府）。

◆ 南唐代吳及滅閩

　　晉高祖天福二年（西元九三七年），吳主溥禪位於其臣李昇，是為南唐烈祖。
晉出帝開運二年（西元九四五年），南唐滅閩。

　　梁太祖開平二年（西元九〇八年），吳王渥為其將張顥所弒，弟隆演立，政權
旁落其將徐溫之手。吳以徐溫為鎮海、寧國節度使，封齊國公，鎮潤州。溫以子
知訓居廣陵輔政，養子知誥鎮金陵（江蘇省江寧縣）。知訓淫暴驕倨，為吳將朱瑾
所殺，溫以知誥代知訓居廣陵。梁末帝貞明五年（西元九一九年），吳王隆演建國
稱制，是為吳宣王，以溫為大丞相，都督中外諸軍事，鎮金陵，遙執朝政。翌年，
宣王殂，弟溥立，唐明宗天成二年（西元九二七年），溥即皇帝位，國號吳，是為
吳睿帝，加知誥都督中外諸軍事。是歲，溫卒。唐明宗長興二年（西元九三一年），
知誥出鎮金陵，總錄朝政，如溫故事。唐廢帝清泰二年（西元九三五年），吳以知
誥為太師、大元帥，進封齊王，知誥乃更名誥，改金陵為江寧府，百官制度，皆
如吳朝。晉高祖天福二年（西元九三七年），吳睿帝下詔禪位於齊，齊王誥乃即帝
位於金陵，國號齊。吳自楊行密以唐昭宗景福元年（西元八九二年）再入揚州，
歷傳四主，凡四十六年而亡。

　　知誥徐州（江蘇省銅山縣）人，本姓李，少孤貧，流寓於濠（安徽省鳳陽縣）、
泗（安徽省泗縣）之間，為楊行密所得，以賜其將徐溫，溫養以為子，遂冒姓徐，
名知誥。知誥事溫勤孝，器度英偉，溫奇愛之。及即位，復姓李，改名。昇自云
為唐憲宗子建王恪之裔，晉高祖天福四年（西元九三九年），改國號曰唐，史稱南
唐，是為南唐烈祖。烈祖在位六年而殂，子璟立，是為南唐元宗。

　　唐莊宗同光三年（西元九二五年），閩王審知卒，子延翰嗣，翌年，自稱大閩

國王，是為閩嗣主。延翰驕侈淫暴，為其弟延鈞所殺，唐因封延鈞為閩王。唐明宗長興四年（西元九三三年），延鈞即皇帝位，國號大閩，更名鏻，是為閩惠宗。惠宗晚年得風疾，其后陳氏與其臣李可殷通，閩皇城使李倣殺可殷，并弒惠宗而立閩世子繼鵬，更名昶，是為閩康宗。康宗猜忍驕侈，誅戮宗室，閩控鶴軍都指揮使連重遇因眾怒弒之而立閩惠宗弟延羲為帝，更名曦，是為閩景宗。景宗荒淫無度，誅戮勳舊，人人惴恐，其弟富沙王延政鎮建州（福建省建甌縣），數以書諫，景宗不聽，由是兄弟轉相猜恨。晉出帝天福八年（西元九四八年），延政稱帝於建州，國號大殷，遣兵伐泉州（福建省晉江縣），泉州牙將留從効斬其刺史黃紹頗降，殷主延政以從子繼勳為泉州刺史，以從効為都指揮使，漳（福建省龍溪縣）、汀（福建省長汀縣）二州亦奉表降。是歲，閩拱宸都指揮使朱文進弒閩景宗，遣使奉表稱藩於晉，晉以文進為閩國王。殷主延政遣其將吳成義率舟師攻福州，南唐元宗聞閩中亂，遣樞密副使查文徽將兵伐殷，屯於建陽（福建省建陽縣）。成義聞南唐兵至，詐云南唐遣兵欲助殷攻福州，閩人大恐，斬文進以降殷。

　　晉出帝開運二年（西元九四五年），殷主延政改國號閩，是為閩天德帝，以福州為南都，遣從子繼昌都督南都諸軍事以鎮之。繼昌嗜酒，不恤將士，福州牙將李仁達因眾怒殺繼昌及吳成義，奉表稱藩於南唐，南唐以仁達為威武節度使同平章事，賜名弘義，編之屬籍。是歲，南唐兵圍建州，克之，閩天德帝降，汀、泉、漳等州亦相繼降於南唐，南唐以建州為永安軍。閩自王潮以唐昭宗景福二年（西元八九三年）據有福建五州之地，歷七主五十三年，至是為南唐所滅。

　　晉出帝開運三年（西元九四六年），泉州都指揮使留從効廢其刺史王繼勳，上表稱臣於南唐，南唐以泉州為清源軍，以從効為節度使。是歲，南唐元宗徵威武節度使李弘義入朝，弘義拒命，南唐發兵會漳、泉之軍攻福州，弘義乃自稱威武留後，權知閩國事，更名達，奉表稱臣求援於吳越，吳越王弘佐遣兵救之。翌年，吳越兵自海道登岸救福州，南唐兵大敗，死者二萬餘人，遂解福州之圍，達因以福州降於吳越，漳、泉兵亦引歸。

◆ 遼太宗之殂

　　遼會同十年（後漢高祖天福十二年，西元九四七年）二月初一日，遼太宗服漢衣冠，御正殿，受蕃漢百官朝賀，建國號大遼，改元大同。是月，晉河東節度

使劉知遠即帝位於晉陽，未建國號，稱天福十二年，是為漢高祖。

　　遼太宗既滅晉，以晉降將張彥澤驕橫殘暴，斬之於大梁北市，用翰林學士張
礪為相，以晉故相李崧為樞密使，馮道為太傅，令晉降卒分番屯戍南邊，遷其妻
子於恆（晉改鎮州為恆州）、定、雲、朔之間以防其變。

　　遼太宗伐晉之初，本欲以趙延壽代晉為帝，及滅晉，受晉遺臣推戴，乃即帝
位。時河東未服，群盜大起，遂議北歸。是年三月，遼太宗廢汴京為宣武軍，以
述律太后兄子蕭翰為節度使。翰妹為遼太宗后，遼人呼為國舅，及將為節度使，
李崧為製姓名曰蕭翰，契丹后族姓蕭自翰始。

　　遼太宗發大梁，晉文武諸司從者數千人，盡載晉府庫寶貨以行，自黎陽津渡
河，過相州，屠其城而去，行至欒城殺胡林（河北省欒城縣北），病瘧而殂，遼人
破其腹，去其腸胃，以鹽沃之，載而北去，晉人謂之帝羓。

　　遼太宗既殂，趙延壽自稱權知軍國重事，率軍入恆州。時人皇王倍子永康王
兀欲亦從征，遼諸將陰欲奉以為主。永康王妻素以兄事延壽，因詐謂其妻新自遼
來，召延壽往見，遂械之，於是遼諸將奉永康王即皇帝位，是為遼世宗，既而復
釋延壽，以為樞密使，將兵北歸。

　　是年六月，漢高祖自太原取道陝州入洛陽，遼宣武節度使蕭翰立唐明宗子許
王從益為帝，留燕兵千人為宿衛，自將遼兵北歸。從益貶帝號，稱梁王權知軍國
事，遣使奉表稱臣於漢高祖，高祖命鄭州防禦使郭從義入汴，殺從益，遂入大梁，
復以汴州為東京，改國號漢，晉之藩鎮，相繼來降。

◆ 後漢世系

　　①高祖 ── ②隱帝
　　天福　　　乾祐
　　乾祐

　　後漢自高祖建國至隱帝遇弒，歷二世二君，凡四年（西元九四七年至西元九
五○年）而亡。

◆ 後漢政治

　　漢高祖亦沙陀部人，初與晉高祖俱事唐明宗為偏將。明宗與梁軍戰於德勝渡，

晉高祖為梁軍所襲，馬甲斷，漢高祖以所乘馬授之而取晉高祖馬以自乘，殿後而還，晉高祖德之。晉高祖即位，累遷河東節度使北京留守，晉出帝立，拜中書令，封北平王。及契丹滅晉，即帝位於晉陽，更名暠。

漢高祖既定天下，委信宰相蘇逢吉、蘇禹珪，時號二蘇。逢吉精神俊爽，敏於政事，善伺人主顏色，每以天下為己任，高祖尤信愛之。然逢吉性喜殺戮，好納賄，市權鬻官，無所顧避，又性豪侈，好鮮衣美食，鄙中書所供膳而不食，命家廚供饌，務盡甘珍，謗者譁然，以高祖方倚信之，莫有敢言。

乾祐元年（西元九四八年）正月，高祖殂，二月，子隱帝承祐立，不改元。隱帝委政於宰相兼樞密使楊邠、侍衛親軍馬步都指揮使史弘肇及三司使王章，二蘇備位而已。邠、章出身胥吏，而弘肇起自行伍，皆昧於為政，故乾祐政治並不佳於高祖之世。邠常言治國佀須府廩實，甲兵強而已，文章禮樂，皆是虛事，故其為政務為苛細煩碎，人情大擾，又驕倨跋扈，隱帝嘗戒邠每施行一事，當勿使民有閒言，邠應對不遜，隱帝意不能平。章不喜文士，嘗謂文士不知會計，於國事何益？時關中叛漢，用兵西陲，章恣為掊克之政以供軍費，物議紛然而章不恤，又嚴鹽、礬、酒榷之禁，民犯者無多少皆論死，吏緣為姦，天下由是重困。弘肇尤殘忍，民有犯罪者，不問輕重皆腰斬之，又為斷舌、決口、斮筋、折脛之刑，群情惴恐，莫敢辯訴。

隱帝末年，頗昵近小人，邠、章、弘肇屢裁抑之。隱帝既除三年之喪，始聽樂，賜伶官錦袍玉帶，弘肇以士卒守邊苦戰，賞猶未遍，而伶官獨得賜，大怒，盡奪所賜以還官。隱帝厭為大臣所制，與太后弟李業及內諸司使後匡贊等密謀誅邠等。乾祐三年（西元九五〇年）十月，隱帝伏甲士數十人於永福殿，伺邠、章及弘肇入朝，殺之於東廡下，並夷其族。

◆ 郭威篡漢

乾祐元年（西元九四八年），護國節度使李守貞據河中，趙思綰據永興（漢改晉昌為永興軍），王景崇據鳳翔，連兵叛漢，漢遣樞密使郭威督諸軍討之，翌年，其亂悉平。

乾祐三年（西元九五〇年），漢以遼軍屢侵河北，以郭威為鄴都留守、天雄軍節度使，鎮鄴都以禦契丹，仍領樞密使，河北兵甲錢穀，許便宜調度。

隱帝既誅楊邠、王章、史弘肇，以宰相蘇逢吉權知樞密院事。隱帝以郭威與邠、弘肇親善，而侍衛步軍都指揮使王殷時鎮澶州，弘肇待之尤厚，恐其連兵叛變，遣使齎密詔詣澶州及鄴都，令鎮寧節度使李洪義殺殷，鄴都馬軍都指揮使郭崇威、步軍都指揮使曹威殺威及監軍王峻。威、峻家在開封，隱帝誅之，無少長皆死。

使者至澶州，洪義不敢發，以密詔示王殷，殷遣使以詔密示郭威，威遂發兵反，留養子榮鎮鄴都，自率大軍而南，至澶州，殷以所部兵從威渡河，與漢軍戰於開封北郊，漢軍大潰。時隱帝自出勞軍，與蘇逢吉及從官數十人奔還大梁，開封尹劉銖閉門不納，隱帝西北走趙村，追兵至，下馬匿於民室，為亂兵所弒，逢吉自殺，威遂入大梁，奏請漢太后臨朝聽政，遣太師馮道往徐州迎高祖弟河東節度使劉崇子武寧節度使贇為帝，以王峻為樞密使，殷為侍衛親軍馬步軍都指揮使，朝廷大權皆總於威。既而鎮、邢二州奏遼軍入寇，漢太后敕威將大軍擊之。

乾祐三年（西元九五〇年）十二月，威軍至澶州，將士譁變，共立威為帝，裂黃旗以被威體，擁之南行。時贇已至宋州（河南省商邱縣），峻、殷聞澶州軍變，遣軍往宋州拒之，漢太后乃下詔廢贇為湘陰公，以威為監國。翌年正月初五日，漢太后下詔禪國於威，威即皇帝位於崇元殿，建國號大周，改元廣順，是為後周太祖。

五、後周時代

◆ 後周世系

①太祖 —— ②世宗 —— ③恭帝
　廣順　　　顯德　　　顯德
　顯德

後周自太祖建國至恭帝禪國於宋，凡三世三君，歷九年（西元九五一年至西元九五九年）而亡。

◆ 太祖政施

太祖邢州堯山（河北省唐山縣）人，幼喪父母，隨其姨母居潞州，應募為晉安義節度使李繼韜軍卒，轉隸唐莊宗麾下，為從馬直軍士，以通書計補軍吏。唐明宗時，晉高祖召置麾下，晉高祖即位，復以隸漢高祖，漢高祖尤親愛之，由是得預心腹之寄，及漢高祖即位，以為樞密使，漢隱帝立，擢為樞密使。

太祖既即位，以馮道、王峻、范質、李穀為相，仍以峻兼樞密使，質參知樞密院事，穀判三司，道則以先朝重臣為相，百司庶務，罕有關預，政事皆總於峻等。罷鄴都，但以為天雄軍，以侍衛親軍馬步軍都指揮使王殷為天雄節度使同平章事，鎮撫河北，領侍衛親軍如故。

漢時法令苛嚴，民盜竊一錢以上，或私藏牛皮一寸者皆抵死，又罪非反逆，往往族誅籍沒，民動輒觸禁，皆惴恐不安。太祖知其病民，廢盜竊抵死之律，非反逆大罪不得誅及親族及籍沒其家貲，聽民間買賣牛皮，惟禁售於敵國。又唐末於宿兵所在，無論邊疆腹地，皆置營田以耕曠土，其後又募富戶輸課佃之，戶部別置營田務總領，不隸籍於州縣，或丁多無役，或容庇姦盜，州縣不能詰；梁太祖嘗擊淮南，掠得牛數千萬頭，以給東南諸州農民，令歲輸租於官，謂之租牛課，民雖受惠一時，自是歷數十年，牛死而租不除，轉為民患。太祖素知其弊，乃罷戶部營田務，以其民隸所在州縣，其田廬、耕牛、農器並賜見佃者為永業，於是民之繫籍者增三萬餘戶，又除租牛課以濟民困，民皆稱便。

◆ 北漢的建國

廣順元年（西元九五一年），河東節度使劉崇聞太祖篡漢，即帝位於晉陽，仍用乾祐年號，遣使求援於遼世宗，以叔父禮事之，遼世宗頗幸中國多故，遣其貴臣述軋報聘，冊崇為帝，仍國號漢，以紹漢統，改名旻，是為北漢世祖。

是歲，周殺湘陰公贇於宋州。於是北漢主旻以其次子劉承鈞為招討使，發兵攻克晉州，又攻隰州（山西省隰縣），不克，北漢兵死傷者甚眾，乃引去。

旻遣使請兵於遼，遼世宗欲引諸部兵會之，至新州火神淀，為其臣述軋所弒，遼諸部共攻殺述軋，奉立遼太宗子壽安王述律為帝，是為遼穆宗。

旻自將兵二萬自陰地關（山西省靈石縣西南）復攻晉州，遼穆宗遣騎兵五萬

會之，軍於晉州城北，晝夜攻之，遊騎至於絳州（山西省新絳縣），太祖以樞密使王峻為行營都部署，將諸道兵救之。峻引兵進據蒙阬之險（山西省曲沃縣北四十里），遼軍與北漢兵久攻晉州不克，值大雪，民相保聚，野無所掠，軍乏食，遼軍思歸，聞峻軍至蒙阬，燒營夜遁。峻入晉州，遣輕騎追之，及於霍邑（山西省霍縣），周軍奮擊，北漢兵及契丹士馬死者什三四，旻自是不敢復議南伐。

◆ 南唐滅楚

後唐明宗天成二年（西元九二七年），封楚王馬殷為楚國王，許自開國，是為楚武穆王。楚王殷以判官高郁為謀主，郁教殷聽境內民自採茶賣於北客，征其稅以贍軍，又教殷不征商旅，由是四方商旅輻輳。楚地多鉛鐵，郁教殷用鉛鐵鑄錢，行於境內，商旅出境無所用，皆易他貨而去，故能以境內所餘之物易天下百貨。楚民初不事蠶桑，郁復命民輸稅者皆以帛代錢而民間機杼大盛，湖南由是富足。

後唐明宗長興元年（西元九三〇年），楚武穆王殷卒，子希聲立，稱遺命去建國之制，復以藩鎮之禮事唐，唐以希聲為武安、靜江節度使，加兼中書令。後唐明宗長興三年（西元九三二年），希聲卒，弟希範立，後唐閔帝應順元年（西元九三四年），封楚王，是為楚文昭王，後晉高祖天福四年（西元九三九年），加希範天策上將軍，開府承制，如楚武穆王殷故事。希範性奢侈，宮圍服御，務為靡麗，作會春園、嘉宴堂，極棟宇之盛，其費鉅萬，又作九龍殿，刻沈香為八龍，飾以金寶，長十餘丈，抱柱相向，希範居其中，自謂一龍。後漢高祖天福十二年（西元九四七年），希範卒，弟希廣立，仍受漢封為楚王，是為楚廢王。希廣兄希萼為武平節度使鎮朗州（湖南省常德縣），漢隱帝立，遣使詣大梁求漢別加官爵，稱藩於漢，隱帝不許，希萼怒，稱藩於南唐，舉兵攻潭州，不克。楚王希廣遣其將劉彥瑫率舟師萬餘人，張暉率兵萬人自陸路會攻朗州，潭州兵大敗，希萼乘勝率軍攻入潭州，殺希廣，自立為楚王。時南漢主在位，乘楚內亂，遣兵攻取桂林管內諸郡，楚所有者但潭、朗等十州而已。後周太祖廣順元年（西元九五一年），希萼遣掌書記劉光輔入貢於南唐，並求冊命，南唐封希萼為楚王。光輔密言於南唐主璟，謂楚民疲主驕，可取而有之，璟乃命其將邊鎬將兵屯袁州（江西省宜春縣），潛圖進取。

是歲，希萼將王進逵、周行逢自潭州叛歸朗州，推辰州刺史劉言權武平留後，

稱藩於周，而希萼弟希崇與楚舊將徐威等謀作亂，乘府宴執希萼，幽之於衡山（湖南省衡山縣），立希崇為武安留後。希崇縱酒荒淫，楚人不附，楚廢王希廣故將彭師暠乃奉希萼為衡山王，以衡山為行府，遣使求援於南唐，希崇懼，亦遣使請兵於南唐，南唐主璟命邊鎬自袁州率眾入潭州，希崇迎降，盡遷馬氏之族於金陵，以邊鎬為武安節度使，封希萼為楚王，遷於洪州（江西省南昌縣），升舒州（安徽省潛山縣）為永泰軍，以希崇領永泰節度使，居揚州，於是馬氏遂滅。楚自武穆王殷以唐昭宗乾寧三年（西元八九六年）自立於湖南，歷二世五主，凡五十六年而亡。

◆ 周行逢據楚

南唐武安節度使邊鎬既平湖南，務為苛斂，楚人失望。後周廣順二年（西元九五二年），武平留後劉言遣王進逵、周行逢等率軍攻潭州，鎬驕不為備，兵遂大潰，乃棄城走，進逵分遣諸將攻略湖南諸州未下者，南唐守將聞潭州陷，相繼遁去，言遂據有楚嶺北潭、朗等十州故地，移帥府於朗州，遣使奉表稱臣於周。

廣順三年（西元九五三年），周以言為武平節度使，制置武安、靜江等軍事，以進逵為武安節度使。言畏進逵兵強，謀欲伐之，為進逵所殺。世宗顯德元年（西元九五四年），進逵升衡州（湖南省衡陽縣）為武清軍，以行逢為武清節度使知潭州事。顯德三年（西元九五六年），進逵將岳州團練使潘叔嗣引兵襲朗州，殺進逵，遣使往潭州迎行逢為帥，行逢至朗州，斬叔嗣以徇，自領武平、武安兩鎮留後，遣使奉表於周，世宗以行逢為朗州大都督、武平節度使，制置武安、靜江等軍事，遂代進逵據有湖南十州之地。

行逢本朗州農家子，性猜忍而多智略，果於殺戮。既總帥湖湘，乃矯前人之弊，留心民瘼，除馬氏橫賦，擇廉平良吏為刺史、縣令，將吏恃功驕慢則以法繩之，一境畏服。

◆ 世宗的文治武功

顯德元年（西元九五四年）正月，太祖殂，晉王榮即位，不改元，是為後周世宗。

世宗本姓柴，邢州龍岡（河北省邢臺縣）人，器度英偉，沈厚寡言，其姑即

太祖聖穆柴皇后。柴后本後唐莊宗嬪御，後唐明宗立，遣歸其家，太祖聞其賢而聘之，並養世宗為己子。太祖即位，以世宗為鎮寧節度使，封太原郡侯，廣順三年（西元九五三年），為開封尹，封晉王。

世宗與後唐莊宗俱稱五代英主，然莊宗善用兵而不知為政，故能以弱晉勝強梁，亦不免為優伶所弒，世宗則明達政事，五代諸主皆不能及。

自南北朝以來，士民佞佛者眾，至五代而佛教大盛，仕女多捨身為僧尼，有虧孝道，遊食者眾而務農者寡，世宗乃令天下寺院非敕額者盡廢之，無父母伯叔之命不得私度為僧尼，於是天下寺院廢者三萬餘所。世宗又以民間多銷錢為佛像而患錢少，敕除寺觀外，民間佛像並輸官銷鑄為錢。世宗嘗謂侍臣勿以毀佛為疑，佛志在利人，雖頭目猶可捨施，若朕身可以濟民，亦非所惜。然世宗為政，傷於太察，自即位之初，政無大小，皆親決之，百官受成而已。河南府推官高錫上書切諫，謂為政之要，在於因才任使，何必降君尊而代臣職，屈貴位而親賤事，世宗不能從。及其末年，頗用寬典以濟前失，留心農事，刻木為耕夫蠶婦，俾民知所勸勉，又欲均定天下賦稅以紓民困，志未酬而殂。

顯德元年（西元九五四年），北漢主旻聞周太祖殂，復謀入侵，遣使乞兵於遼，遼穆宗遣其將楊袞將萬騎赴之，旻自將兵三萬，會遼軍出團柏以圍潞州，世宗自將禦之，與北漢兵戰於高平（山西省高平縣），旻見周軍少，悔召遼軍，遼軍怒而引去，北漢兵大敗，旻乘黃騮帥百餘騎自雕窠嶺（山西省長子縣西南）間道馳去，僅得入晉陽。於是周世宗休軍於潞州，斬不用命諸將樊愛能、何徽及所部軍校七十餘人以肅軍政，軍威大振，進圍晉陽，遼穆宗復發騎兵數萬救之，會大雨，士卒疲病，遂引兵還。是年十一月，旻殂，遼穆宗遣使冊立旻子承鈞為帝，更名鈞，是為北漢孝和帝。孝和帝性孝謹，勤政愛民，境內粗安，每上表於遼穆宗自稱男，遼穆宗賜之詔，謂之兒皇帝。

顯德二年（西元九五五年），世宗以鳳翔節度使王景為西南行營都招討使，將兵規取秦、鳳諸州。周軍自散關趨秦州，蜀軍據馬嶺寨（陝西省鳳縣西）、白澗（陝西省鳳縣境）及黃花谷（陝西省鳳縣北）以拒周師，蜀兵敗於黃花谷，馬嶺、白澗之兵皆潰，後蜀雄武節度使韓繼勳棄秦州奔成都，秦、成（甘肅省成縣）、階（甘肅省武都縣）三州皆降於周，周軍進圍鳳州，拔之，擒後蜀威武節度使王環及其將士五千人，於是秦、成、階、鳳四州皆為周有。

　　時南唐以淮水與周為界，世宗既取秦、鳳諸州，遂議南伐。顯德二年（西元九五五年）十一月，以宰相李穀為都部署，督諸軍渡淮攻壽州（安徽省壽縣），南唐清淮節度使劉仁贍多方備禦，周軍不能克。顯德三年（西元九五六年），世宗自至壽州督戰，以侍衛親軍馬步軍都指揮使李重進代穀為將，晝夜攻城，別遣軍攻拔滁（安徽省滁縣）、和（安徽省和縣）、泰（江蘇省泰縣）、光（河南省潢川縣）、舒（安徽省潛山縣）、蘄（湖北省蘄春縣）諸州。周軍圍壽州數重，自正月至於四月，久攻不克，會淫雨彌旬，淮、淝暴漲，周軍糧運不繼，死者甚眾，世宗乃渡淮北歸，留重進將大軍圍壽州，南唐主璟命其弟齊王景達率大軍救之，復取淮南為周所陷諸州。

　　顯德四年（西元九五七年）正月，南唐齊王景達將大軍屯濠州，遣將率軍數萬泝淮救壽州，列砦於紫金山（安徽省鳳臺縣東南）下。三月，世宗復將大軍渡淮，急擊南唐紫金山砦，大破之，殺獲萬餘人，餘眾沿淮東走，周軍追至渦口（安徽省懷遠縣東北），南唐兵戰溺而死者幾四萬人。齊王景達聞紫金山軍潰，自濠州奔歸金陵。劉仁贍時病甚，副使孫羽以壽州降周，周軍遂克壽州，仁贍亦卒。壽州故治壽春，世宗以其城堅難克，徙治下蔡（安徽省鳳臺縣）。

　　是冬，世宗復自將南伐，大破南唐舟師於渦口，攻拔濠、泰、揚諸州。顯德五年（西元九五八年），周軍攻拔楚州（江蘇省淮安縣）、海州（江蘇省東海縣），耀兵江上，南唐主璟遣使奉表稱藩，請劃江為界，世宗許之。璟乃去帝號，稱國主，奉周正朔，凡天子儀制，皆有降損，於是南唐淮南之地皆入於周。

　　世宗既平淮南，乃思北伐以復舊疆。時遼穆宗在位，好畋獵飲酒，不恤國事，每夜酣飲達旦，晝則常睡，國人謂之睡王。顯德六年（西元九五九年），世宗命侍衛親軍馬步軍都虞候韓通將水陸軍先發，自滄州入遼境，浚治水道以通瀛、莫，分命諸將水陸俱下。世宗御龍舟，循永濟渠故瀆沿流而北，至獨流口（河北省靜海縣西北十八里），泝流而西，攻拔淤口關、益津關。自益津關以西，水路漸隘，世宗乃捨艦陸行，命侍衛親軍馬步軍都指揮使李重進將大軍為後繼，獨與殿前都指揮使趙匡胤將親軍五百人逕取瓦橋關，遼瀛、莫二州亦降，於是瓦橋關以南之地悉平。

　　世宗駐蹕瓦橋關，與諸將議取幽州，軍未發而遇疾，乃於瓦橋關置雄州（河北省雄縣），以益津關為霸州（河北省霸縣），命將屯戍，自雄州南返。至汴梁，

遷韓通為侍衛親軍馬步軍副都指揮使，趙匡胤為殿前都點檢，出殿前都點檢張永德為鎮寧節度使同平章事，於是匡胤遂掌殿前軍。

◆ 周宋禪代

周顯德六年（西元九五九年）六月，世宗殂。宰相范質受顧命，立世宗子梁王宗訓為帝，不改元，是為後周恭帝。

顯德七年（即宋太祖建隆元年，西元九六〇年）正月，鎮、定二州言北漢結遼軍入寇，詔殿前都點檢趙匡胤將兵禦之，次陳橋驛（河南省開封縣東北四十里），其夜，將士譁變，宣言欲立匡胤為天子，匡胤起出視，軍士以黃袍被匡胤身，皆羅拜呼萬歲，擁之南行入汴梁，侍衛馬步軍副都指揮使韓通謀禦之，為軍校王彥昇所殺。匡胤退居殿前都點檢公署，諸將擁宰相范質等至，質等計無從出，乃降階列拜，召文武百僚，掖匡胤詣崇元殿行禪代禮，文武列班已定，翰林學士承旨陶穀於袖中出恭帝禪位制書，宣徽使引匡胤就庭北面拜受，宰相扶匡胤升殿，服衰冕，即皇帝位，改元建隆，建國號宋，是為宋太祖。自後梁太祖滅唐建國，歷後唐、後晉、後漢、後周，凡五十三年（西元九〇七年至西元九五九年），史稱五代時期。

第二十章　宋遼對峙

一、北宋立國規模

◆ 北宋世系

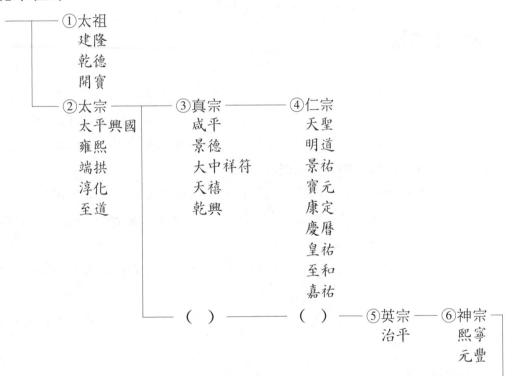

①太祖
　建隆
　乾德
　開寶

②太宗
　太平興國
　雍熙
　端拱
　淳化
　至道

③真宗
　咸平
　景德
　大中祥符
　天禧
　乾興

④仁宗
　天聖
　明道
　景祐
　寶元
　康定
　慶曆
　皇祐
　至和
　嘉祐

（　）──────（　）──⑤英宗──⑥神宗
　　　　　　　　　　　　治平　　　熙寧
　　　　　　　　　　　　　　　　　元豐

⑦哲宗
　元祐
　紹聖
　元符

```
└──⑧徽宗 ───────── ⑨欽宗
      建中靖國            靖康
      崇寧
      大觀
      政和
      重和
      宣和
```

　　宋自太祖建國至欽宗為金所滅，凡七世九君，歷一百六十七年（西元九六〇年至西元一一二六年）。

◆ 宋太祖得國

　　太祖初事後周世宗，累功為殿前都點檢、歸德節度使，遂受周禪。後周中央軍主力有二系統，即侍衛親軍及殿前軍，各置都指揮使為其長官。後周顯德三年（西元九五六年），復於殿前都指揮使上置殿前都點檢，為殿前軍最高長官。

　　太祖代張永德為殿前都點檢，年僅三十四。永德為周世宗婿，位望、勳業皆在太祖上，周世宗對太祖不次拔擢，可能有下列三因：

一、太祖從世宗征淮南，攻下滁州，太祖父弘時為馬軍副都指揮使，夜率兵經滁州，命開門，太祖曰：「父子固親，啟閉王事也。」（宋史太祖紀）不從，天明乃得入，世宗嘉之。

二、淮南既平，或誣太祖從征劫得巨贄，世宗因命人檢視其行囊，所載唯書籍而已。

三、南唐主璟畏太祖威名，欲間其君臣，遣使賂太祖白金三千兩，太祖悉輸之內府 ❶。

　　太祖藉陳橋兵變而得位，史家多以陳橋兵變為一有計畫的預謀，其說有三：

　　其一、鎮、定上言契丹、北漢連兵入寇，此後更無消息，惟一可解釋者為契丹、北漢自動退兵，但此事可疑者有三：一、契丹入寇之事，何以遼史不載？二、遼與北漢皆無內憂，兵既出，無故而退，似非常理。三、周世宗新殂，主少國疑，北兵正宜乘時進攻，不應反而撤兵。故鎮、定上言似係偽託，俾藉此以集中兵權。

　　其二、黃袍非臣下所有，倉卒不可得，而陳橋兵變，軍中備有黃袍，必係早

❶　見吾師方杰人先生著宋史第二章第一節。

有預謀。

其三、太祖入汴，翰林學士承旨陶穀即時取其禪位詔，則穀可能參預此次陰謀，亦可能對此次陰謀早有所聞，故預為草詔以邀寵於新君❷。

太祖即位後，後周將領不願歸附者有昭義節度使李筠及淮南節度使李重進。筠勾結北漢，建隆元年（西元九六〇年）四月據潞州反，三月後為宋所平，筠蹈火而死；重進於後周恭帝時出鎮淮南，建隆元年九月據揚州反，求援於南唐，為南唐所拒，三月後亦為宋所平，重進舉家赴火自焚。

◆ 中央集權及其流弊

五代以來，天子多為軍士所擁立。太祖既以掌握兵權而得國，亦恐其後為他將所篡奪，遂決意徹底改革之。

宋初立國規模，悉出於趙普。太祖龍潛，普事太祖為歸德掌書記，太祖即位，為樞密直學士，遷樞密副使，建隆三年（西元九六二年），拜樞密使，乾德二年（西元九六四年），擢以為相。太祖嘗問普，何以五代五十三年間，更易五朝八姓，使天下爭戰不息，生民塗炭。普對云其弊在於方鎮之權太重，君弱臣強，如欲矯其弊，但須稍奪方鎮之權，制其錢糧而收其精兵，則君強臣弱，天下自安❸。太祖大悟，遂用普計，實施下列改革：

一、罷諸宿將兵權。太祖召後周宿將石守信、王審琦等飲宴，諷守信等解兵權以長保富貴，諸將皆懼，求解兵權❹。於是悉解諸宿將兵權，代以新

---

❷　參見杰人師著宋史第二章第二節及蔣蔚堂先生著宋代一個國策的檢討。杰人師且以為陳橋兵變之策劃者實宋太祖本人，說詳杰人師著宋史第二章第二節。

❸　李燾續資治通鑑長編卷二：「初，上既誅李筠及重進，一日，召趙普問曰：『天下自唐季以來，數十年間，帝王凡易八姓，戰鬥不息，生民塗地，其故何也？吾欲息天下之兵，為國家長久計，其道何如？』普曰：『陛下之言及此，天地人神之福也。此非他故，方鎮太重，君弱臣強而已。今所以治之亦無他奇巧，惟稍奪其權，制其錢穀，收其精兵，則天下自安矣！』語未畢，上曰：『卿無復言，吾已喻矣！』」

❹　續資治通鑑長編卷二：「時石守信、王審琦皆上之故人，各典禁衛，普數言於上，請授以他職，上不許。普乘間即言之，上曰：『彼等必不吾叛，卿何憂？』普曰：『臣亦不憂其叛也，然熟觀數人者皆非統御才，恐不能制伏其下，苟不能制伏其下，則軍伍間萬一有作孽者，彼臨時亦不得自由耳！』上悟，於是召守信等飲，酒酣，屏左右謂曰：『吾非汝曹

進將領，以便控御。

二、立禁軍更戍法。太祖集天下勁卒二十萬於中央，號曰禁軍，而地方無復可用之兵。太祖以其十萬駐京師，以十萬分戍各地，並輪番調防，使將不專兵，兵不專將。

三、削奪方鎮之權。召諸方鎮節度使入朝，賜第京師，給以厚祿，不遣之鎮，於是節鎮皆成寄祿虛號而無實權，另命朝臣出守列郡，號知某州事，於是方鎮跋扈現象不復見。

四、設置通判。太祖初移藩鎮於京師，一部分藩鎮因限於時勢未能遽去，乃遣文臣為通判以監其政，並為文臣知州先備。通判初設，既非州之副貳，亦非州之屬官，有監郡之權，凡事得專達於天子，郡中文書，須經通判連署，方許行下，於是節鎮之權分而地方無復有割據稱雄者。

五、收地方財賦以歸朝廷。宋於諸路置轉運使以主地方財賦，又置發運使以總兩浙、淮南、江南東西、荊湖南北六路財賦，令諸州酌留度支經費外，悉輸朝廷，不得占留，自唐末以來方鎮財權至是盡為朝廷所奪。

於是地方權力大削，政權、兵權、財權皆集中於朝廷，此即宋代強幹弱枝的中央集權政策。

強幹弱枝的集權政策，結束五代動盪不安的政治，亦造成宋代的積弱。所謂積弱，謂其積漸而成，非一朝一夕所致。因宋代積弱，與中央集權政策有關，可於下列諸端見之。

一、猜防武臣，不令武臣有所展布，又使文臣統兵以制武人，不能盡兵之用。

之力，不得至此，念汝曹之德，無有窮盡。然天子亦大艱難，殊不若為節度之樂，吾終夕未嘗敢安枕而臥也。」守信等皆曰：『何故？』上曰：『是不難知矣，居此位者，誰不欲為之？』守信等皆頓首曰：『陛下何為出此言？今天命已定，誰敢復有異心？』上曰：『不然，汝曹雖無異心，其如麾下之人欲富貴者一旦以黃袍加汝之身，汝雖欲不為，其可得乎！』皆頓首涕泣曰：『臣等愚不及此，惟陛下哀矜，指示可生之途。』上曰：『人生如白駒之過隙，所為好富貴者不過欲多積金錢，厚自娛樂，使子孫無貧乏耳！汝曹何不釋去兵權，出守大藩，擇便好田宅市之，為子孫立永遠不可動之業，多置歌兒舞女，日飲酒相懽以終其天年，我且與汝曹約為婚姻，君臣之間，兩無猜疑，上下相安，不亦善乎！』皆拜謝曰：『陛下念臣等至此，所謂生死而肉骨也。』明日，皆稱疾請罷，上喜，所以慰撫賜賚甚厚。」

二、強幹弱枝，歸重朝廷，郡政因而不舉。其一、以文臣出知州政，不與州郡實銜，州郡官銜專以授武臣，徒擁虛號而無實權，於是名實不符，以收控馭之效，兼以宋出知諸郡者，多為罷政老臣，作為優禮養老之所，或為得罪朝臣，作為遷謫之地，何能求其為治？其二、宋以通判牽制郡政，事得專達，雖可分州郡之權，使不致跋扈，州郡政事亦因而不舉。太祖初置通判，本欲以為文臣知州先備，但自真宗以後，諸州皆以文臣出守，武臣不復赴任，而通判之制因襲不廢，徒為掣肘而無補於郡政。其三、宋於諸州以上設路，置監司統攝一路之政，宋又常以重臣故相出守諸州，位望在監司上，輕視監司，以故監司不能稱職。

三、冗費過多，財用匱乏。太祖既收諸路財賦以歸朝廷，府庫理宜充盈，不虞匱乏，實則宋自仁宗以後，即感財用不足，其因有三：其一、官俸之費過濫。宋以高官厚祿換取武臣兵權，又以文臣制其上，亦須厚其俸祿以提高其地位，於是造成宋代官俸之濫，恩賞之厚，為歷代所未有。其二、冗官多而費廣。宋武臣但擁虛銜而不赴任，享厚祿而不治事，又以任子寵待文武百僚，於是職官之外，又有冗官，其數與代俱增而費用日廣；真宗封禪泰山，建玉清、昭應等宮以祀天書，窮極工巧瑰麗，天下為之虛耗。

四、重文輕武，影響軍人鬥志，於是戰鬥力減弱而常感兵不足用，則募兵以益之，兵愈多而愈冗，愈冗而愈感不足，於是兵額日廣而軍費支出日繁。太祖時，有兵二十萬，征討四方，綽然有餘，而仁宗時增至一百二十餘萬，猶感不足，此即兵冗之弊。仁宗寶元中，天章閣待制賈昌朝言：「江淮歲運糧六百餘萬，以一歲之入，僅能充朝廷之用，三分之二在軍旅，一在冗食。」（續資治通鑑長編卷一二三）軍費的支出成為宋代財政最大負擔，宋代財賦，大半耗於養兵。

以上流弊為宋代積弱不振的原因，莫不直接或間接與強幹弱枝的中央集權政策有關。

◆ 宋太宗的繼立

開寶九年（西元九七六年），太祖崩❺，弟晉王光義立，是為太宗。太祖兄弟

王光濟及幼弟光贊皆早卒，太祖在位，惟二弟尚存，即太宗及魏王廷美。太祖有四子，長滕王德秀，次燕王德昭，次舒王德林，又次秦王德芳。德秀、德林皆早卒，太祖既崩，不傳子而傳弟，故後世對太宗得位，頗有譏誚。太宗得位傳說甚多，或謂為杜太后遺命，或謂為太祖之意，或謂為太宗所篡奪，而以篡奪之說最膾炙人口。此說見於李燾續資治通鑑長編，燾據吳僧文瑩湘山野錄，謂太祖臨崩，

---

❺ 太祖知人善任，長於御下，拔才德，棄浮躁，故人盡其用，朝無遺賢。羅從彥豫章集卷一：「太祖聰明英睿，善知人，下位中有一行可觀，一才可稱者，皆自聖知，不次拔擢。嘗以中牟令李鶴為國子監丞，延州錄事參軍段從革為贊善大夫，定州錄事參軍郭思齊為太子中允，河南節度判官石雄為補闕，萊蕪令劉琪為拾遺，安丘縣尉張邈為將作監丞，鄭州防禦判官李搏為監察御史。當時州縣無滯才，朝廷稱得人焉。」永樂大典引續資治通鑑長編開寶九年十二月庚午：「國初，并、益、廣南各僭大號，荊、湖、江表上通貢奉，西戎、北狄皆未賓伏，太祖垂意將帥，分命（李）漢超及（郭）進等控御西北，其家族在京師者撫之甚厚，所部州縣筦榷之利悉與之，恣其回圖貿易，免所過征稅，許令召募驍勇以為爪牙，凡軍中事悉聽便宜處置。每來朝，必召對命坐，賜以飲食，錫賚殊異，遣還，由是邊臣皆富於財，得以養士用間，洞見蕃夷情狀，時有寇鈔，亦能先知，預備設伏掩擊，多致克捷。故終太祖世無西北之憂，諸叛以次削平，武功蓋世，斯乃得壯士以守四方，推赤心置腹中之所致也。」續資治通鑑長編卷十一：「（陶）穀文翰冠一時，自以久次，意希大用，然為人傾側很媚。魏仁浦在中書，穀自言出於魏氏，以舅事仁浦，每見，輒望塵下拜。妻孫氏淫恣，穀不能制。上素薄之，選置宰輔，未嘗及穀，穀不能平。一日，使其黨因事風上，言穀在詞禁，宣力實多。上笑曰：『我聞學士草制，皆檢前人舊本稍改易之，此乃諺所謂依樣畫胡盧爾，何宣力之有乎！』穀因作詩題翰林壁，頗怨望，上益薄之，遂決意不用。」儒林公議卷上：「李漢超將勁兵五千駐高陽關以捍兵戎，漢超常患兵少，因遣子弟奉章詣闕求益兵。太祖逆謂之曰：『汝父使汝來求益兵邪！』乃賜其子食，已而謂曰：『汝父不能辦吾事，則候契丹斬汝父頭，吾當別有能辦事者，兵則吾不益也。』遂解寶帶及以金帛厚賜焉。漢超乃自奮勵，終能北禦強寇，不內侵軼。議者曰：『太祖以天威神略，戡削多亂，夷狄懾縮，不敢內侵，然亦由將之得人也。漢超以寡禦強，未嘗挫勢，亦由兵精而任專也。』今之沿邊者，兵益冗，勢益敗，國用已殫，而戎患方熾，誠可浩歎哉！」又曰：「李漢超帥師於高陽關，貸民財而不歸之，民樞鼓登聞上訴，太祖乃謂之曰：『爾之鄉里亦嘗為契丹所掠乎？』曰：『然。』上曰：『自漢超帥後有之乎？』曰：『無之。』上曰：『昔契丹掠爾不來訴，今漢超貸爾乃來訴邪！』怒而遣之。乃密召漢超母謂之曰：『爾兒有所乏，不來告我而取於民乎！』乃賜白金三千兩，自是漢超奮必死之節矣！」

召晉王囑以後事，左右皆不得聞，但見燭影下，晉王或時離席，若有所避，既而太祖引柱斧戳地，大聲謂晉王曰：「好為之。」（長編開寶九年十月）是為燭影斧聲之說。

　　燭影斧聲之說幾直謂太宗以篡弒得位。太宗為晉王時，頗蓄養死士，勾結禁衛，陰謀篡奪，當時朝廷內外，皆其黨羽，衡以當時形勢，太宗儘可以其他方法篡位，似不至於親刃其兄。長編又據司馬光涑水紀聞，謂太祖既崩，宋皇后命內侍王繼恩出召秦王德芳，繼恩不召德芳而召晉王，與俱入，宋皇后聞繼恩與晉王至，愕然，既而泣謂晉王曰：「吾母子之命，皆託於官家。」（長編開寶九年十月）此說似得其實，然宮廷事秘，世莫得其詳。

　　太祖子德昭及弟廷美皆為太宗所迫而死。太平興國四年（西元九七九年），太宗征幽州，德昭從征，太宗軍敗，軍中不知其所在，或謀立德昭，太宗知而不悅。及歸，久不行賞，德昭以為言，太宗怒曰：「待汝自為之，賞未晚也。」（長編卷二〇）德昭退而自刎。太平興國七年（西元九八二年），或告廷美將有陰謀，太宗出廷美留守西京，宰相盧多遜與廷美相結，太師王溥劾多遜及廷美大逆不道，多遜奪官流徙，廷美降封涪陵王，以憂而卒。

◆ 削平列國

　　當太祖即位時，五代列國存在者尚有七國，即荊南、湖南、後蜀、南漢、南唐、吳越、北漢。建隆三年（西元九六二年），武平節度使周行逢卒，子保權嗣，行逢故將張文表舉兵自衡州入據潭州，將取朗州，保權乞師於宋。乾德元年（西元九六三年），太祖以山南東道節度使慕容延釗為將，率軍赴之。宋軍至江陵，荊南節度使高繼沖納土出降，宋以繼沖為武寧節度使，遷於京師。宋軍入湖南，文表已為保權所平，宋軍遂入朗州，遷保權於京師，荊南、湖南皆平。

　　乾德二年（西元九六四年），太祖以忠武節度使王全斌為將，督諸軍分路伐蜀，蜀軍望風而潰，蜀後主孟昶出降，遷於京師，封秦國公，後蜀亦平。

　　太祖既滅後蜀，遂謀伐北漢。開寶元年（西元九六八年），北漢主鈞殂，少主繼恩立，太祖命昭義節度使李繼勳率諸軍討之，既而繼恩為其臣郭無為所弒，弟繼元襲位，求援於契丹。開寶二年（西元九六九年），太祖自將擊北漢，圍攻晉陽，不克而還。時南漢主鋹在位，南漢自劉巖建號稱帝，傳子玢，是為南漢殤帝，玢

傳弟晟，是為南漢中宗，晟傳子鋹，是為南漢後主。鋹性酷虐，淫侈無度，作燒煮、剝剔、刀山、劍樹之刑，委政閹官，繁賦重斂，人不聊生。開寶三年（西元九七〇年），太祖命潭州防禦使潘美率兵討之，翌年，鋹出降，遷於京師，封恩赦侯。

建隆二年（西元九六一年），南唐主璟殂，子煜立，是為南唐後主。宋既滅南漢，煜大懼，自貶國號曰江南，奉宋正朔。開寶七年（西元九七四年），太祖徵煜入朝，煜稱疾不至，太祖以宣徽南院使義成節度使曹彬為將，會吳越兵討之，翌年，克金陵，煜出降，遷於京師，封違命侯。

吳越王錢鏐卒於後唐明宗長興三年（西元九三二年），子元瓘嗣，是為吳越文穆王。元瓘卒，以次傳子忠獻王弘佐、忠遜王弘倧、忠懿王弘俶。弘俶事宋恭謹。南唐既滅，弘俶常不自安，太宗太平興國三年（西元九七八年），弘俶獻其地入宋，宋封為淮海王，遷於京師，於是太宗乃致全力以討北漢。

太平興國四年（西元九七九年），太宗自將大軍北伐，北漢主劉繼元求救於遼，遼景宗命南府宰相耶律沙率兵往援，與宋軍戰於石嶺關（山西省忻縣南四十里）之南，宋軍奮擊，遼軍大敗遁歸，北漢外援遂絕。宋軍乘勝進圍太原，繼元出降，遷於京師，封彭城郡公。自五代以來，列國並立，至是復告統一。

太宗既滅北漢，乃毀太原城，移郡治於故城東北三十里，即今陽曲縣。

二、宋遼和戰

◆ 高梁河之戰

宋太宗時代，正當遼景宗之世。遼景宗名賢，為遼世宗次子，世宗遇弒，景宗年僅四歲，遼穆宗即位，撫養如己子。穆宗殘忍好殺，常手刃群臣，左右悚懼。遼應曆十九年（宋開寶二年，西元九六九年），穆宗獵熊於懷州，飲醉，為其近侍所弒，景宗率兵平亂，遂即帝位，改元保寧。

太平興國四年（遼乾亨元年，西元九七九年），宋滅北漢，遂決計乘勝伐遼，收復石晉為契丹所陷北方諸州。時宋軍新平北漢，將士疲弊，人人皆希賞賜，不願北征，然無敢言者。是年七月，宋軍進圍幽州，城內空虛，形勢危殆，遼幽州

守將耶律學古擬棄城北歸，遼景宗命南府宰相耶律沙率軍赴援，與宋軍戰於幽州城外高梁河，遼軍敗卻，遼景宗復命惕隱耶律休哥將北院兵，南院大王耶律斜軫將南院兵，合力往救。方沙敗時，休哥及斜軫之兵適至，分左右兩翼橫擊宋軍，宋軍大敗，死者萬餘人，宋軍南走，遼軍追至涿州而還。宋大軍既集，覓太宗不得，諸將方議立太祖子德昭，而太宗適乘驢車遁歸。是役宋損失輜重、兵器、財貨不可勝數。高梁河之戰關係宋遼二國國運甚大，當時幽州岌岌可危，旦夕將下，設遼援軍復敗，宋或可乘勢恢復幽燕，但高梁河一戰，耶律休哥竟扭轉此一危局，宋朝從此喪失北塞之險。

太平興國五年（遼乾亨二年，西元九八〇年），遼景宗命其將韓匡嗣、耶律沙率眾南伐，宋太宗復自將北上禦敵，擬乘勝平定幽薊。宋軍敗遼軍於滿城（河北省滿城縣），兵鋒直抵瓦橋關，又為耶律休哥所敗。宋軍南奔，休哥追至莫州而還，以功拜于越。

遼乾亨四年（宋太平興國七年，西元九八二年），景宗崩，子聖宗隆緒立。聖宗初封梁王，自此遼主皆由梁王繼統，凡儲君必居其位。聖宗立時年十二，景宗皇后蕭氏攝政，改翌年為統和元年，上尊號曰承天太后，以南院樞密使韓德讓為政事令，以耶律斜軫為北院樞密使，委以軍國重事，以于越耶律休哥總南面軍務。

◆ 岐溝關之戰

雍熙三年（遼統和四年，西元九八六年）三月，太宗分兵三道北伐遼，以報高梁河、瓦橋關之恨。以天平節度使曹彬、河陽節度使崔彥進節制諸軍，與彰化節度使米信統東路軍出雄州，靜難節度使田重進統中路軍出飛狐，忠武節度使潘美統西路軍出雁門，其戰略係以東路軍為主力，以中、西二路為東路軍聲援，俟取山後諸州，會師與東路軍合力進取幽州。

宋軍既出，曹彬、崔彥進、米信之軍連下新城（河北省新城縣）、涿縣（河北省涿縣）、固安（河北省固安縣），潘美軍亦連下寰、朔、應諸州。遼聖宗與承天太后至幽州北郊，遣耶律休哥率兵禦彬、彥進、信等軍，耶律斜軫率兵禦美軍。四月，美攻陷雲州，彬帥眾北渡拒馬河，進抵幽州南郊，與休哥對峙，列營六七里。休哥遣別軍攻下涿州、固安，切斷宋軍歸路。五月，休哥與彬、彥進、信等戰於岐溝關，岐溝關在易州拒馬河北，迫近幽州南郊。宋軍大敗，南奔至拒馬河，

蹂藉墜溺而死者不可勝計，餘眾潰奔至高陽（河北省高陽縣），復為遼軍衝擊，死者又數萬人。

　　是時重進軍自飛狐口進至蔚州，七月，斜軫與重進戰於蔚州，宋軍大敗，遼軍乘勝逐北至飛狐口，宋軍被迫南走，遼軍乘勝攻克寰州，宋將楊業自雲州南下以援重進，至狼牙村，距朔州三十里，遇伏戰敗，為斜軫所擒，不食而死。業本北漢驍將，北漢亡，降宋，屢立戰功。宋軍聞業死，守雲、應諸州者皆棄城而遁，宋所得山後諸州又為遼有。

　　岐溝關之敗，其主因為宋多步卒而少騎兵，騎兵利於平原馳突，步卒利於險阻步戰，故中路、西路宋軍得藉山險掩蔽，長驅直進，河北平野，不能當遼騎衝擊，曹彬不自量力，輕進趨利，終為所乘。岐溝關潰敗以後，宋遂為遼人所輕。遼承天太后為報宋人北伐之恨，常遣兵侵擾宋邊，每破一城，輒縱兵大掠，殺其丁壯，俘其婦孺，收其降卒。遼統和六年（宋端拱元年，西元九八八年），遼分宋降卒為七指揮，號曰歸聖軍。

　　自高梁河之戰後至真宗景德元年（遼統和二十二年，西元一○○四年），其間凡十八年，宋遼二國常在備戰狀態。太宗自岐溝關戰敗，於淳化五年（遼統和十二年，西元九九四年）曾再遣使至遼議和，皆為遼所拒。在此期間，遼出兵西平党項，撫循西夏，封西夏主李繼遷為西平王，又東伐高麗，高麗乞降，自是高麗亦為遼屬國。

◆ 澶淵之盟

　　至道三年（遼統和十五年，西元九九七年），太宗崩❻。子恆嗣，是為真宗，

---

❻　太宗深知為政之要。豫章集卷二：「雍熙三年，太宗謂宰相曰：『中書、樞密院，朝廷政令所出，治亂根本，繫之於茲，卿等當各竭公忠以副任用。大凡常人之理，未免姻故之情，苟才不足稱，遺之財帛可也，公家之事，不可曲徇。朕亦有親舊，若才用無取，未嘗假以名器也。』」太宗又力倡文治，宋代文治之盛，雖肇於太祖而成於太宗。儒林公議卷上：「自朱梁至郭周五十餘年，凡五易姓，天下無定主，文武大臣，朝比肩，暮北面，忠義之風蕩然矣！太祖皇帝……開端創制，事未成就，遂厭區夏，太宗皇帝以新邸勳望，紹有大統，深懲五代之亂，以刷滌污俗，勸人忠義為本，連闢禮闈，收采時俊，每臨軒試士，中第者不下數百人，雖俊特者相踵而起，然冗濫亦不可勝言，當時議者多以為非古選士之法。……然太宗滌污革舊，一新簪笏，則明者亦默知其意焉。」

翌年改元咸平。

遼統和二十一年（宋咸平六年，西元一○○三年），遼南京統軍使蕭撻凜率軍侵宋，與宋軍戰於望都，獲宋雲州觀察使王繼忠。繼忠驍勇善戰，為遼承天太后所重。遼統和二十二年（宋景德元年，西元一○○四年），承天太后與其貴臣韓德讓奉遼聖宗率眾南伐，自幽州緣恆山山麓南至望都，東趨瀛州，南歷冀州（河北省冀縣）、貝州（河北省清河縣）、魏州，陷德清軍（河北省清豐縣），直抵澶州北郊，宋朝大震，真宗集大臣議遷都，宰相寇準力請親征禦敵，真宗從之。澶州時治德勝，跨黃河為治，有南北二城，真宗至澶州南城，宋群臣畏契丹強盛，請駐蹕南城以觀形勢，真宗亦不願北渡，惟寇準力主渡河，真宗終納準議，渡河至澶州北城，與契丹相持，並遣使求和。

時王繼忠亦從遼聖宗南征，真宗遣崇儀副使曹利用至遼營議和，並密賜繼忠弓矢，令促成和議，適遼將蕭撻凜率輕騎略陣，中伏弩而卒，和議遂成。澶州有大澤曰澶淵，史稱澶淵之盟。

澶淵之盟內容要點有三：

一、宋遼結為兄弟之國，宋主以叔母禮事遼太后，遼主以兄禮事宋主。

二、宋歲輸銀十萬兩、絹二十萬匹於遼。

三、二國嚴守疆界，不得新築防禦工事或招誘對方盜賊亡命。

此盟約之締訂，為宋朝屈辱於遼之始。曹利用受命求和時，曾面請歲幣之數，真宗云不得已，百萬亦可，寇準密飭利用所許歲幣不得逾三十萬。及和議成，利用還報，真宗方進食，遣內侍問歲幣之數，利用示以三指，內侍以三百萬入奏，真宗嘆曰：「太多。」既而曰：「姑了事，亦可耳。」（長編卷五八）及知為三十萬，不覺甚喜。

◆ 遼聖宗時代政治

遼聖宗時代政治，約可分為二時期，統和時代為承天太后執政時期，開泰以後為聖宗親政時期。承天太后為遼朝最英明的女主，統和時代為遼朝最富強的盛世。承天太后對遼朝最偉大的貢獻是積極漢化，提倡文教，獎用漢人，創辦科舉，吸收漢人優良的政治制度。承天太后為政以恤民為主，常親自決獄錄囚，務使獄無冤滯，屢詔諸道親民官吏留心民瘼，旌揚孝道，禁止民間子弟與父母別籍分居。

又提倡慈祥忠主之風，前此契丹風俗，蓄奴者得擅殺其奴婢，官府不得干預，奴婢亦常告發主人陰私，以陷其主於罪，統和二十四年（宋景德三年，西元一〇〇六年），承天太后詔非謀逆大罪，奴婢不得告發其主，奴婢有罪當死，許其主送官究治，不得擅殺。經承天太后的悉心經營，遼朝政治日益清明。

　　承天太后善於用人，故群臣皆能才盡其用，而蔚為統和之治。統和時代名臣甚多，室昉、韓德讓、耶律休哥、耶律斜軫於安內攘外尤著功績。昉累官北府宰相，有理劇才，長於決獄，統和初，與德讓、斜軫同輔政。德讓為延徽之孫，匡嗣之子，遼景宗時，為南京留守，宋太宗伐燕，景宗遣耶律學古將兵入燕助德讓守禦。高梁河之戰，宋軍大敗，德讓以守燕功授南院樞密使，與南院大王耶律斜軫同受顧命輔立聖宗，兼政事令，與北府宰相室昉同秉國政。昉致仕，以德讓兼北府宰相，斜軫卒，以德讓為大丞相，兼總南北二院樞密事。統和二十二年（宋景德元年，西元一〇〇四年），從承天太后伐宋，封晉王，賜姓名耶律隆運，隸籍皇族。德讓有智略，明治道，能進賢退不肖，統和之治，德讓之功居多。休哥事遼景宗為惕隱，高梁河之戰，力挽危局，瓦橋關之戰，又擊敗宋軍，以功拜于越。聖宗立，承天太后以休哥為南京留守，委以南疆軍國重事。休哥守燕，均戍兵，立更休法，勸課農桑，整飭武備，邊境大治。岐溝關之役，休哥功第一，封宋國王。休哥智略宏遠，算無遺策，每戰勝，常推功諸將，故群下樂為之用，為統和時代第一名將。斜軫於遼景宗時為南院大王，景宗崩，與德讓同受遺命輔政。統和初，以斜軫為北院樞密使，專掌兵權，宋分軍三道伐遼，斜軫受命為山西路兵馬都統，擊敗宋中路及西路之兵，擒其名將楊業。

　　統和二十七年（宋大中祥符二年，西元一〇〇九年），承天太后崩，韓德讓繼秉大政。統和二十九年（宋大中祥符四年，西元一〇一一年），德讓卒，聖宗始親政，翌年改元開泰。聖宗為政，能秉承承天太后遺教，慎刑恤獄。前此契丹與漢人互毆致死，量刑輕重不均，至是一體科罪，以示公允，無蕃漢種族之別；又舊制節度使以上貴宦之家子孫犯罪，雖受徒杖，得免黥面，至是詔貴戚之家，犯罪當黥，亦按律同科。凡此措施皆有助於消弭種族界限及政權的鞏固。聖宗又常親自決獄錄囚，遣使至諸道平決獄訟，務使無冤。於是國無倖免之民，獄無冤濫之囚，綱紀修舉，官吏奉職，人皆自愛，不敢犯法，開泰五年（宋大中祥符九年，西元一〇一六年），諸道獄空，有刑措之風，故聖宗之世，實為遼朝政治最清明時代。

三、遼朝制度與習俗

◆ 北面官

遼朝疆域既伸展於長城以南，統治多數漢人，為適應蕃漢風俗，其官制亦分北面、南面。北面官即契丹官，以契丹習俗統治契丹及諸蕃，南面官即漢官，以漢制統治漢人。朝廷重要北面官員有下列諸號：

北府宰相、南府宰相：北府、南府各置左右宰相，總知軍國之事，或並置，或不並置。契丹制度，皇族耶律氏世預北府宰相之選，后族蕭氏世預南府宰相之選。此一現象，似為古代母系社會舅權的遺痕。

北院樞密使：掌兵籍、武銓、群牧之政。

南院樞密使：掌文銓、吏民之政。

北院大王、南院大王：掌契丹部族之政。遼太祖時，析迭剌部為二部，即五院部、六院部，五院建牙於大內帳殿之北，亦稱北院，六院建牙於大內帳殿之南，亦稱南院。

北院宣徽使、南院宣徽使：掌御前供奉祗應。

夷离畢：掌刑辟。

大林牙：掌文翰。

大惕隱：掌皇族政教。

敵烈麻都：掌儀禮。

大于越：位在百僚上而無職掌。

以上除大于越外，皆置官屬。

部族酋長曰夷离堇，太宗以後改稱大王，各置官屬，主本部軍民之政。

武職最高者為元帥，以太子或親王總軍政稱天下兵馬大元帥，以重臣主軍政稱大元帥，以大將主軍政則稱兵馬都元帥。諸路設統軍司，名稱不一，如統軍司、都部署司、都招討使司、都指揮使司等。

此外，文武官署多設置詳穩，為監治長官。

◆ 南面官

遼太祖始置漢兒司以總漢人之政，其後模仿唐制，陸續增置，官稱大抵沿襲唐舊而略加改變。

遼亦置三師、三少、三公之官，以授有勳德重臣，無職掌，政事總於樞密院與三省。

樞密院：掌漢人軍馬之政，其初兼攝尚書政事，長官曰樞密使、樞密副使，或曰知樞密院事、同知樞密院事。

中書省：又曰政事省，興宗重熙十三年（宋慶曆四年，西元一○四四年），定名為中書省，長官曰中書令或政事令，或曰大丞相或左右丞相，不並置。

門下省：長官曰侍中。

尚書省：長官曰尚書令，其副曰左右丞。

三省長官共綰大政，下有六部尚書，分掌政務。

御史臺：長官曰御史大夫、御史中丞，司監察。

翰林院：有翰林學士承旨、翰林學士、知制誥、翰林林牙、南面林牙等，掌文翰。

國史院：長官曰監修國史，為宰相兼職。

宣徽院、內侍省：宣徽院長官曰宣徽使、宣徽副使，內侍省長官曰黃門令，掌天子私務。

另有諸寺（如太僕寺）、監（如秘書監）、衛（如金吾衛），略如唐制。

遼朝盛時，建五京六府：

上京臨潢府：臨潢即今熱河省林西縣，太祖建都於臨潢，稱皇都，太宗時稱上京。

東京遼陽府：遼陽即今遼寧省遼陽縣，太祖平勃海，建為南京，號東平府，太宗改為東京，號遼陽府。

南京析津府：太宗既得後晉所獻北方十六州，以幽州為南京，號析津府，後改曰大興府。

中京大定府：大定即今熱河省平泉縣，聖宗統和間建為中京，號大定府。

西京大同府：大同本曰雲州，興宗建為西京，號大同府。

黃龍府：太祖平勃海，崩於扶餘，有黃龍出現，因建為黃龍府，即今遼寧省昌圖縣。

景宗保寧七年（宋開寶八年，西元九七五年），廢黃龍府，興宗重熙十年（宋慶曆元年，西元一○四一年），以霸州為興中府，即今熱河省朝陽縣，仍為六府。

遼於五京置留守司，所屬官員曰京官，以別於朝廷的朝官，其主要官員為左右丞相及平章政事，下設諸使司，如鹽鐵使司、度支使司、轉運使司、城隍使司等，分掌庶政，另設總管府以統諸路軍政。遼於五京設道，如上京道、中京道、南京道，分統諸州。州有五等，即節度州（置節度使）、觀察州（置觀察使）、團練州（置團練使）、防禦州（置防禦使）、刺史州（置刺史），下統諸縣。

◆ 捺缽政治

契丹政治另一特色為四時各有遊牧之所，稱為捺缽，國家大政皆決於捺缽而不決於五京，故捺缽實為遼政所出。

春捺缽在長春州（吉林省農安縣北）北三十五里，地名鴨子河灤。灤東西二十里，南北三十里，鵝群萃集，每春至遼主輒戈獵於此。

夏捺缽亦稱涼淀，無常所，惟常在吐兒山、子河及西山。吐兒山在黑山東北三百里，黑山在慶州（熱河省林西縣西北）北十三里。吐兒山上有廣池，池中有金蓮。子河在吐兒山東北三百里，西山在懷州（懷州今地未明，當在遼寧省境），遼於西山築殿避暑，曰清涼殿。夏季為遼主議政季節，遼主每歲於上列三地卜一地避暑，於五月下旬或六月上旬至夏捺缽，與南北群臣商議國政，暇則遊獵，至七月中旬首途赴秋捺缽。

秋捺缽在伏虎林，伏虎林在永州西北五十里，遼主於每年七月中旬自涼淀赴伏虎林射虎、射鹿，射鹿時令鹿人於夜間吹笛效鹿鳴聲以誘鹿，謂之呼鹿，至冬月赴冬捺缽避冬。

冬捺缽在廣平淀，或曰白馬淀，在永州東南三十里，距秋捺缽甚近。廣平淀東西二十餘里，南北十餘里，地平坦，多砂磧，木多榆柳，冬月甚暖，故遼主常於此避冬。冬捺缽為遼主議政及接見宋、夏、高麗等國使臣之所，天暖時則外出校獵講武。

遼主四時皆在捺缽，罕在都城。遼主巡狩時，契丹大小文武朝官皆從，漢官

則宣徽院使及其所屬官員從行，又樞密院都承旨、副都承旨及令史十人、中書省宰相一員、令史一員、御史臺及大理寺各遣一人從行，其餘漢官皆在京留守，凡漢人一切公事皆由宰相權宜差遣，謂之堂帖，然後遣使至捺缽奏聞取旨。

四、北宋中期政治及對外關係

◆ 真宗的靡費

澶淵之盟，宋輸遼歲幣占宋歲出比率為數甚微，即以當時郊祀一項費用而論，每三年郊祀之費即達一百五十萬，然對國體而言則為恥辱。澶淵之盟以後，寇準自以為功高，真宗亦頗以此自得，知樞密院事王欽若獨以澶淵之盟為奇恥大辱，謂準與虜為博，以陛下為孤注❼。真宗自此鬱鬱不樂，問欽若雪恥之方，欽若乃為真宗畫策，謂戎狄之性畏天而信鬼神，欲使契丹畏服，當托神道以自重，真宗從之。

大中祥符元年（遼統和二十六年，西元一○○八年）正月，宋君臣偽稱天書降於皇城左承天門闕上，書大中祥符四字，謂趙宋受命於天，世祚永昌，遂改元大中祥符。是年六月，又偽稱天書降於泰山，諸郡亦同時偽奏芝草、嘉禾、瑞木出現。是年十月，真宗率群臣封禪泰山，耗費達八百三十萬緡，又造玉清、昭應、崇禧、景靈等宮奉祀天書，日役數萬人。以玉清宮而言，自經始至告成凡十四年，規模壯麗，前古未有❽。大中祥符四年（遼統和二十九年，西元一○一一年），又

❼ 續資治通鑑長編卷六二：「契丹既和，朝廷無事，寇準頗矜其功，雖上亦以此待準極厚，王欽若深害之。一日會朝，準先退，上目送準，欽若因進曰：『陛下敬畏寇準，為其有社稷功耶！』上曰：『然。』欽若曰：『臣不意陛下出此言。澶淵之役，陛下不以為恥，而謂準有社稷功，何也？』上愕然曰：『何故？』欽若曰：『城下之盟，雖春秋時小國猶恥之，今以萬乘之貴而為澶淵之舉，是盟於城下也，其何恥如之？』上愀然不能答。初，議親征，未決，或以問準，準曰：『直有熱血相潑耳！』於是譖者謂準無愛君之心，且曰：『陛下聞博乎，博者輸錢欲盡，乃罄所有出之，謂之孤注。陛下，準之孤注也，斯亦危矣！』由是上顧準稍衰。」按宋史寇準傳，以博為喻亦欽若語。

❽ 儒林公議卷上：「真宗建玉清宮，自經始及告成凡十四年，其宏大瓌麗不可名似。遠而望之，但見碧瓦凌空，聳耀京國。每曦光上浮，翠彩照射，則不可正視。其中諸天殿外，

祀后土於汾陰（山西省榮河縣北故汾陰城），於是太祖、太宗二朝蓄積，一時耗盡，至於諸路有水旱，人民有流亡，皆不能救濟。

◆ 仁宗的政治

乾興元年（遼太平二年，西元一○二二年），真宗崩，子仁宗禎立，真宗章獻明肅劉皇后臨朝聽政。仁宗為李宸妃所生，章獻皇后無子，養為己子，撫視甚篤，宸妃不敢言。宸妃生仁宗時，位為順容，及病革，始進位宸妃，仁宗明道元年（遼重熙元年，西元一○三二年）卒，時年四十六。章獻皇后本欲以宮嬪之儀葬宸妃，宰相呂夷簡力請葬以后禮，及仁宗親政，始知為宸妃子，疑喪禮未盡善，啟棺改葬，見宸妃冠服如皇太后，由是信重夷簡。

仁宗天聖、明道二朝凡十一年，為章獻皇后稱制時期，明道二年（遼重熙二年，西元一○三三年），章獻皇后崩，仁宗始親政。仁宗在位四十一年，為宋朝政治最清明時代。仁宗為政，以仁慈為本，清心省事，務以德化民，天下刑獄有疑而情有可憫者皆從輕，未嘗濫用刑辟。對遼則堅守盟約，不輕啟邊釁。仁宗一朝名臣特多，如王曾、呂夷簡、范仲淹、韓琦、富弼，皆能建立功業，垂範後世。曾德行尤純，清正儉樸，朝野感化，人莫敢以私事干之❾。

二十八宿亦各一殿，梗枏杞梓，搜窮山谷，璇題金榜，不能殫紀，朱碧藻繡，工色巧絕，覺拱攣櫨，全以金飾。入見驚忙褫魄，迷其方向，所費鉅億萬，雖用金之數亦不能會計，天下珍樹怪石，內府奇寶異物，充牣襞積，窮極侈大。餘材始及景靈、會靈二宮觀，然亦足冠古今之壯麗矣！議者謂玉清之盛，開闢以來未之有也。……天聖歲六月中宵，暴雨震電，咫尺語不相聞，俄而光照都城如晝，黎明宮災無餘，大像穹碑悉墜煨爐，見者無不駭歎。」

❾ 續資治通鑑長編卷一二二：「曾姿質端厚，眉目如刻畫，盛服屹然，入朝進止有常處，平居寡言，自奉廉約，人莫敢干以私。」儒林公議卷上：「王曾僕射有台宰之量，每進擢時材，不欲人歸恩在己。……范仲淹……嘗贊之曰：『久當朝柄，未嘗樹私恩，此人之所難也。』公曰：『恩若自樹，怨使誰當？』識者以為明理之言。」豫章集卷五：「曾德器深厚而寡言，當時有得其品題一兩句者莫不榮之。」又曰：「曾嘗語人曰：『昔楊億有言，人之操履，無若誠實，竊欽佩之。苟執之不渝，夷險可以一致。』及當國，內外親戚可任者言之於上，否者厚恤之以金帛，終不以名器私所親。」

◆ 宋遼畫界交涉

　　宋仁宗親政期間，略與遼興宗同時，宋遼又發生畫界糾紛。遼聖宗崩於太平十一年（宋天聖九年，西元一○三一年），子宗真立，改元景福，是為遼興宗，興宗生母法天皇后臨朝稱制，囚興宗嫡母齊天皇后於上京，逼令自殺，母子由是不睦。法天皇后謀廢興宗而立次子重元，重元以其謀告興宗，興宗勒兵廢法天皇后，囚之於慶州。

　　時遼朝國力殷盛，興宗每念周世宗略取瓦橋關以南十縣之地，常慨然有南伐之志。慶曆元年（遼重熙十年，西元一○四一年）十二月，宋於北邊增設關防，修治壕塹，遼興宗乃以宋違背盟約為藉口，徵諸道兵集於燕京，準備南伐。

　　遼重熙十一年（宋慶曆二年，西元一○四二年），興宗遣南院宣徽使蕭特末、翰林學士劉六符使宋，索取瓦橋關以南十縣之地。宋仁宗用宰相呂夷簡謀，建大名（漢改廣晉府為大名府）為北京，以示抵抗決心，另遣富弼赴遼交涉，幾經折衝，宋增歲幣絹十萬匹、銀十萬兩，合前共五十萬匹兩。

　　澶淵之盟，宋歲幣曰輸，至是遼興宗堅持曰獻，否則曰納，弼不許，仁宗以西疆多事，不願啟釁，終許曰納。

　　遼重熙二十四年（宋至和二年，西元一○五五年），興宗崩，子洪基嗣立，是為道宗，改元清寧。道宗在位五十七年，凡五改元，即清寧、咸雍、太康、大安、壽昌。道宗貌似威重而內實昏庸，易受群小諂惑。然其在位之初，政績頗有可觀，如：一、求直言極諫之士；二、興學養士，提倡文治；三、慎刑恤獄；四、平抑賦稅，勸課農桑；五、獎勵蕃漢通婚，消弭種族界限。

　　熙寧七年（遼咸雍十年，西元一○七四年），宋遼又發生疆界糾紛，即代北蔚、應、朔三州重畫疆界交涉。遼藉口宋於邊界增修戍壘，侵入蔚、應、朔三州界內，遣林牙蕭禧至宋，謂應以三州分水嶺為界。分水嶺不止一處，對疆界推移出入甚大，故議久不決。至熙寧八年（遼太康元年，西元一○七五年），宋遣沈括報聘，括於樞密院檢出原先地界書，與遼所指分水嶺南北相去少者三十餘里，多者或至百餘里。括至遼，以圖為證，遼雖知而堅持不讓，至以絕和好為要脅，宋相王安石不願啟釁，乃以遼所指分水嶺為界，東西沿邊失地凡數百里。此次畫界交涉，遼所得土地有限，然聲勢迫人，不得不休，宋一屈於慶曆增幣，再屈於熙寧失地，

每引為奇恥大辱，故金人崛起，即與金聯盟伐遼，以為報復。

◆ 宋夏和戰

西夏遠祖拓跋思恭，本党項羌。唐僖宗時思恭為夏州刺史，助平黃巢有功，授定難軍節度使，世有夏（陝西省橫山縣西）、銀（陝西省米脂縣西北）、綏（陝西省綏德縣）、宥（陝西省靖邊縣東）、靜（陝西省米脂縣西）五州之地，賜姓李。思恭三傳至彝昌，國內亂，為部將高從益所殺，夏州將士擁立彝昌族叔李仁福，仁福傳子彝超，彝超傳弟彝興，彝興傳子繼筠，繼筠傳弟繼捧。宋太宗太平興國七年（遼乾亨四年，西元九八二年），繼捧率其族人入朝，並以所統夏、銀、綏、宥、靜五州地歸宋，宋授繼捧彰德軍節度使以寵之。

繼捧降宋，其從弟繼遷扇惑夏人，起而叛宋，屢為邊患，宋發兵討之，不能克，復以繼捧為定難軍節度使，使撫繼遷，賜繼捧姓名曰趙保忠，繼遷姓名曰趙保吉。繼遷復誘繼捧叛宋，宋遣兵討之，擒繼捧，繼遷降遼，遼聖宗妻以義成公主，封夏國王，改封西平王，繼遷乃倚遼為援，侵擾宋邊。真宗時，繼遷盡有銀、夏、綏、宥、靜五州之地，又西取靈州（寧夏省靈武縣）以為國都，號曰西平府。

真宗咸平五年（遼統和二十年，西元一○○二年），繼遷率軍攻吐蕃六谷部，陷其都西涼府（甘肅省武威縣），六谷部酋潘羅支偽降，乘其不備，糾眾擊之，繼遷中流矢，遁還靈州而卒，子德明嗣立。德明在位三十年，兼受宋、遼二朝冊封而實自帝其國。時夏之西為吐蕃、回鶻所據，吐蕃據涼州（甘肅省武威縣），回鶻據甘州（甘肅省張掖縣），與夏接境。宋仁宗天聖六年（遼聖宗太平八年，西元一○二八年），德明遣子元昊攻克甘、涼二州，甘、涼素產名馬，夏國力由是益強。德明卒，子元昊嗣，國力大盛。元昊不願臣事宋、遼，於宋仁宗寶元元年（遼重熙七年，西元一○三八年）自即帝位，國號大夏。夏本無文字，元昊即位，始仿漢字自製文字，教國人記事，又譯孝經、爾雅、四書為西夏文以倡文教，於是粗備立國規模。

時夏約有兵五十餘萬，元昊分其兵七萬人於遼夏邊境以備契丹，以十萬人屯宋夏邊境以備宋，以三萬人屯甘州以備吐蕃、回鶻，另以十七萬人屯賀蘭山、靈州及興州（寧夏省寧夏縣）以固根本，餘兵則自將以從征伐，西伐回鶻，東侵宋境，仁宗以夏竦、范雍、夏守贇等經略陝西，皆無功，乃起用韓琦、范仲淹。宋

以琦、仲淹為陝西經略安撫副使，輔竦以禦夏，而以仲淹知延州（陝西省延安縣）。琦與仲淹戰略不同。琦主張速戰速決，深入進討，仲淹則以為國家昇平既久，邊備弛廢，民不知兵，不宜與敵決戰，宜先屯田勵兵，固本自強以待敵之弊，敵若入侵，則堅壁清野以困之。當時夏騎戰鬥力甚強，宋軍不能敵，以客觀形勢而言，仲淹戰略較為正確，故西夏屢攻延州而不能克，然仲淹戰略並未為琦所接受。慶曆元年（遼重熙十年，西元一○四一年），琦集兵數萬，以大將任福將之，深入敵後，至好水川（甘肅省隆德縣東），為夏軍所敗，宋軍死者數萬，任福戰歿。

自好水川敗後，韓琦用仲淹戰略，為清野固本困敵之計，同心協力，恩威並濟，和輯邊人，邊境漸安，二人皆名重一時。夏軍雖較宋軍善戰，終不能大得志，且受堅壁清野戰略所困，進無所掠，國力漸感不支。慶曆四年（遼重熙十三年，西元一○四四年），終以和議了事，由宋歲賜夏銀、茶、絹共二十五萬五千兩斤匹，夏則對宋稱臣，受宋封為夏國王。夏雖對宋稱臣，仍時出兵侵掠宋境，直至神宗之世，宋夏仍交兵不已。神宗頗思恢復，因先對夏用兵。熙寧間，宋屢敗夏軍，拓地西至蘭州（甘肅省皐蘭縣），然宋軍戰死者亦眾，所耗軍費不可勝計。宋、夏最後一次大戰在徽宗宣和元年（遼天慶九年，金天輔三年，西元一一一九年），宋遣大將劉法將兵伐夏，為夏軍所敗，宋軍死者二萬，劉法戰歿。

五、北宋變法與黨爭

◆ 慶曆變法

仁宗時，由宋初集權政策所生的流弊日漸顯著，諸如武備廢而不修，兵額多而冗劣，靡費廣而財用匱，賦斂急而民力乏，於是有慶曆變法運動，主其事者為參知政事范仲淹。

宋自開國以來，累朝重用文人，士大夫地位日益提高。士大夫榮譽既高，責任感隨之加重，雖然大部分士大夫在此種優容寬縱的政策下養成苟且偷安的習氣，另一部分有自覺性的士大夫仍自認為文物衣冠所寄，而能以天下興亡為己任。此輩有自覺性的士大夫可以范仲淹為代表。仲淹嘗云：士當「先天下之憂而憂，後天下之樂而樂。」（岳陽樓記）仁宗本為一賢明君主，兼以身受外患侵迫之痛，深

知宋朝積弊所在。天聖四年（遼聖宗太平六年，西元一〇二六年），仲淹在應天府學，即上書倡言改革。慶曆三年（遼興宗重熙十二年，西元一〇四三年），仁宗以仲淹為參知政事，責以改革之任，仲淹乃上疏條陳改革意見，此即聞名的十事疏（以下所引十事疏見長編卷一四三）。仲淹所上十事，約可歸納為澄清吏治、富國強兵及推行法治三類。

關於澄清吏治者五事：

一、明黜陟　仲淹疏云：「今文資三年一遷，武職五年一遷，謂之磨勘，不限內外，不問勞逸，賢不肖並進，……故不肖者素殄尸祿，安然而莫有為也。雖愚暗鄙猥，人莫齒之，而三年一遷，坐至卿監丞郎者歷歷皆是，誰肯為陛下興公家之利，救生民之病，去政事之弊，葺綱紀之壞哉！……臣請特降詔書，今後兩地臣僚，有大功大善則特加爵命，……其理狀循常而出者祇守本官，……如此則因循者拘考績之功，特達者加不次之賞，然後……人人自勸，天下興治。」其目的在嚴考績之法，拔擢賢才以進賢退不肖。

二、抑僥倖　仲淹疏云：「自真宗皇帝以太平之樂，與臣下共慶，恩意漸廣，大兩省（散騎常侍、給事中、諫議大夫）至知雜御史以上，每遇南郊並聖節，各奏一子充京官，……每歲奏薦，積成冗官，假有任學士以上官經二十年者則一家兄弟子孫出京官二十人，仍接次升朝，此濫進之極也。今百姓貧困，冗官至多，授任既輕，政事不舉，俸祿既廣，刻剝不暇，審官院常患充塞，無闕可補。臣請特降詔書，此後兩府並兩省官（兩省官謂左右正言、司諫以上官附兩省班籍者）等遇大禮，許奏一子充京官，如奏弟姪骨肉，即與試銜（試銜謂秘書省校書郎、正字等，有選集得同進士出身），每年聖節，更不得陳乞。」此事係針對蔭任而發，以杜絕倖進。冗官繁多為宋代優容士大夫的結果，積弊已久，故仲淹僅能奏減其數以減其弊，而不能盡免。當時外官任提刑以上差遣者每歲皆得任子，仲淹奏請必須在任二年以上方得乞任一人，若在任不足二年調遷者，則許以年資並計，三年乞任一人。如此雖不能盡免冗官，而減損甚多。

三、精貢舉　仲淹疏云：「國家專以詞賦取進士，以墨義取諸科士，皆捨大方而趨小道，雖濟濟盈庭，求有才有識者十無一二。況天下危困，乏人如此，固當教以經濟之業，取以經濟之才，庶可救其不逮。……臣請……進士先策論而後詩賦，諸科墨義之外，更通經旨，使人不專詞藻，必明理道，則天下講學必興，浮

薄知勸。」其目的在求治國真才，重實用之學以革浮華文風。

四、擇官長　仲淹疏云：「今之刺史、縣令，即古之諸侯，一方舒慘，百姓休戚，實繫其人，故歷代盛明之時，必重此任。今乃不問賢愚，不較能否，累以資考，升為方面，懦弱者不能檢吏，得以蠹民，強幹者惟是近名，率多害物，邦國之本，由此凋殘，朝廷雖至憂勤，天下何以蘇息？其轉運使、提點刑獄按察列城，當得賢於眾者。……則諸道官吏庶幾得人，為陛下愛惜百姓，均其徭役，寬其賦斂，各使安寧，不召禍亂。」宋自開國以來，即注重朝廷官員而忽視地方官吏，地方官的良否影響民生甚大，故仲淹以為言。

五、均公田　仲淹疏云：「聖人養民，……必先養賢，養賢之方，必先厚祿，厚祿然後可以責廉隅、安職業也。……真宗皇帝思深謀遠，復前代職田之制，使中常之士，自可守節，……能守節者始可制奸贓之吏，鎮豪猾之民，法乃不私，民則無枉。近日屢有臣僚乞罷職田，以其有不均之謗，有侵民之害。臣謂職田本欲養賢，緣而侵民者有矣，比之衣食不足，壞其名節，不能奉法，以直為枉，以枉為直，眾怨思亂而天下受弊，豈止職田之害耶！……臣請……外官職田有不均者均之，有未給者給之，使其衣食得足，婚嫁喪葬之禮不廢，然後可以責其廉節，督其善政，……且使英俊之流樂於郡邑之任，則百姓受賜。又將來升擢，多得曾經郡縣之人，深悉民隱，亦致化之本也。」其目的在厚給地方官俸祿以杜貪枉。

關於富國強兵者四事：

六、厚農桑　仲淹疏云：「養民之政，必先務農，農政既修則衣食足，衣食足則愛膚體，愛膚體則畏刑罰，畏刑罰則寇盜自息，禍亂不興。……臣請每歲之秋，降敕下諸路轉運司，令轄下州軍吏民各言農桑可興之利，可去之害，……並委本州軍選官計定工料，每歲於二月間興役，半月而罷，仍具功績奏聞。如此不絕，數年之間，農利大興，……此養民之政，富國之本也。」此事主藏富於民，民富則重犯禁，重犯禁則社會安定而國強。

七、修武備　仲淹疏云：「我祖宗以來，罷諸侯權，聚兵京師，衣糧賞賜，常須豐足，經八十年矣！雖已困生靈，虛府庫，而難於改作者，所以重京師也。今西北強梗，邊備未撤，京師衛兵多遠戍，或有倉卒，輦轂無備，此大可憂也。……今民生已困，無可誅求，或連年凶饑，將何以濟？……臣請……先於畿內並近輔州府，召募強壯之人，充京畿衛士，得五萬人以助正兵，足為強盛。使三時務農，

……一時教戰，……此實強兵節財之要也。候京畿、近輔召募衛兵已成次第，然後諸道仿此，漸可施行。」此乃寓兵於農政策，其後王安石保甲法，係師其法意而行。

八、減徭役　仲淹疏云：「臣觀西京圖經，唐會昌中，河南府有一十九萬四千七百餘戶，置二十縣，今河南府主（地主）客（佃客）戶七萬五千九百餘戶，仍置一十九縣。鞏縣七百戶，偃師一千一百戶，逐縣三等而堪役者不過三百家，而所役人不下二百，新舊循環，非鰥寡孤獨不能無役。臣請……遣使先往西京併省諸邑為十縣，所在邑中役人……可減省歸農，候西京併省稍成倫序，則行於大名府，然後遣使諸道，依此施行。」宋承五代弊法，州縣居民皆須服差役，民少而役繁，故仲淹主張減併戶口稀少之縣以舒民困。

九、覃恩信　仲淹疏云：「臣竊睹國家……肆赦，……曰……敢以赦前事言者以其罪罪之。……今大赦每降，天下歡呼，一兩月間，錢穀司督責如舊，桎梏老幼，籍沒家產，至於寬賦斂，減徭役，存恤孤寡，振舉滯淹之事，未嘗施行，使天子及民之意盡成空言，有負聖心。……臣請特降詔書，今後赦內宣布恩澤有所施行而三司、轉運司、州縣不切遵稟者，並從違制例徒二年斷，情重者當行刺配。」此事在杜絕官吏急功求進，俾國家恩澤得普及於下而不失信於民。

關於推行法治者一事：

十、重命令　仲淹疏云：「國家每降宣敕，條貫煩而無信，輕而弗懷，上失其威，下受其弊，蓋由朝廷采百官起請，率爾頒行，既昧經常，即時更改。……臣請特降詔書，今後百官起請條貫，令中書、樞密院看詳會議，必可經久，方可施行。」朝令夕改，則民無所適從，為治之弊，莫甚於此，故仲淹以此為請。

仲淹之意，以為欲求攘外必先安內，欲求強兵必先富民，欲求裕民必先澄清吏治，故所提十事，澄清吏治措施得其五。仁宗對仲淹條陳改革意見全部接受，但遭受大部分士大夫的反對，因芸芸眾生之中，能如仲淹以天下為己任者究屬少數，宋自國初以來對士大夫的優容寬縱，已將士大夫培養成特權階級，仲淹欲一手加以推翻，自易引起強大的反抗。

范仲淹以慶曆三年八月任參知政事，四年六月，出為河東陝西宣撫使，執政未及一年，其所提改革方案，實施者僅精貢舉、擇官長二事，仲淹去位未久，又恢復原制，其餘諸事或未及施行，或甫有端緒，皆告擱置，而修武備一事，因朝

臣反對劇烈，始終未付諸實行。

◆ 熙寧變法

　　嘉祐八年（遼清寧九年，西元一〇六三年）三月，仁宗崩❿。仁宗無子，太宗孫濮安懿王允讓子曙嗣立，是為英宗，翌年，改元治平。英宗初即位，由仁宗慈聖光憲曹皇后攝政，治平元年（遼清寧十年，西元一〇六四年）五月，反政於英宗。治平四年（遼咸雍三年，西元一〇六七年），英宗崩，子頊立，是為神宗，翌年改元熙寧。自慶曆變法失敗以後，政治積弊日益深重，神宗乃拔王安石為相，屬行變法⓫。

　　王安石，撫州臨川（江西省臨川縣）人，仁宗時，即以道德文章享譽天下，嘗上書於仁宗，力言當時積弊，大意謂天下財力日益困窮，在於理財不得其法，理財不得其法，在於人才缺乏，故欲使天下治安，國家豐阜，其法不外二端，一在培養人才，二在理財。安石以為人才缺乏，在於才無素養，教之、養之、取之、任之皆不得其法。學者重文輕武，不習武事，遂致疆場之任付託非人，此教之不得其法；俸祿微薄，不足養廉，而風俗奢靡，士困於財而捐廉恥，此養之不得其法；以詩賦取士，次則取於恩蔭子弟，不察其道藝行義，所取皆非治國之才，此取之不得其法；用人不專，學非所用，如以文學進者使之理財，既使理財，又轉而使之典獄，且不使久於其任，此任之不得其法；今欲救其弊，須反其道而行，亦即教之、養之、取之、任之皆得其道。教之之道在於廣設學校，使士皆習於學，教以文武之事；養之之道在於饒之以財、約之以禮、裁之以法，饒之以財則士知

---

❿　宋史仁宗紀贊：「仁宗恭儉仁恕，出於天性，一遇水旱，或密禱禁庭，或跣立殿下。有司請以玉清舊地為御苑，帝曰：『吾奉先帝苑囿，猶以為廣，何以是為？』……大辟疑者皆令上讞，歲常活千餘。……每諭輔臣曰：『朕未嘗罟人以死，況敢濫用辟乎！』……在位四十二年之間，吏治若媮惰而任事蔑殘刻之人，刑法似縱弛而決獄多平允之士，國未嘗無弊倖而不足以累治世之體，朝未嘗無小人而不足以勝善類之氣。……傳曰：『為人君，止於仁。』帝誠無愧焉。」豫章集卷四：「仁宗嘗謂近臣曰：『人臣雖以才適於用，要當以德行為本，苟懷不正，挾偽以自蔽，用心雖巧而形迹益彰。朕以此觀人，洞見邪正。』」

⓫　薩本炎先生曰：「大抵開國之君皆英武過人，三數傳後，嗣君常流於荒怠。宋自太祖開國至神宗已傳五世，而神宗猶能奮起變法圖強，此因英宗本自藩侯入立，英宗入立時，神宗年已十七，故能周知民隱，非自幼生長宮庭者可比。」

廉恥，約之以禮則士重操守，裁之以法則士知儆懼；取之之道在於詳審其道藝行義，因才而用之；任之之道在於專其責職，久其任期，考其治績以為黜陟，如是則士知所勸。理財之法在於因天下之力以生天下之利，取天下之財以供天下之費，如是則不患不足。安石以為財貨皆出於地，何以有時而足，有時而不足，其所以不足，乃理財不得其術；欲理財而得其術，當法先王之政，師其法意而立法❷。

❷　王安石上仁宗皇帝言事書：「天下之財力日以困窮而風俗日以衰壞，四方有志之士諰諰然常恐天下之久不安，此其故何也？患在不知法度故也。今朝廷法嚴令具，無所不有，而臣以謂無法度者何哉？方今之法度多不合乎先王之政故也。……夫以今之世去先王之世遠，所遭之變所遇之勢不一，而欲一二修先王之政，雖甚愚者猶知其難也。然臣以謂今之失患在不法先王之政者，以謂當法其意而已。……法其意則吾所改易更革不至乎傾駭天下之耳目，囂天下之口，而固已合乎先王之政矣。雖然，以方今之勢揆之，陛下雖欲改易更革天下之事合於先王之意，其勢必不能也。……何也？以方今天下之人才不足故也，……豈非陶冶而成之者非其道而然乎！……然則方今之急在於人才而已。……人之才未嘗不自人主陶冶而成之者也，所謂陶冶而成之者何也，亦教之、養之、取之、任之有其道而已。所謂教之之道何也？古者天子諸侯自國至於鄉黨皆有學，博置教導之官而嚴其選，朝廷禮樂刑政之事皆在於學，士所觀而習者皆先王之法言德行治天下之意，其材……苟可以為天下國家之用者則無不在於學，此教之之道也。所謂養之之道何也？饒之以財，約之以禮，裁之以法也。何謂饒之以財？人之情不足於財則貪鄙苟得，無所不至，先王知其如此，故其制祿……使其足以養廉恥而離於貪鄙之行，……又推其祿以及其子孫，謂之世祿，使其生也既於父子兄弟妻子之養、昏姻朋友之接皆無憾矣，其死也又於子孫無不足之憂焉。何謂約之以禮？人情足於財而無禮以節之則又放僻邪侈，無所不至，先王知其如此，故為之制度，婚喪祭養燕享之事，服食器用之物，皆以命數為之節而齊之以律度量衡之法，其命可以為之而財不足以具則弗具也，其財可以具而命不得為之者不使有銖兩分寸之加焉。何謂裁之以法？先王於天下之士教之以道藝矣，不帥教而待之以屏弃遠方終身不齒之法；約之以禮矣，不循禮則待之以流殺之法，……以為不如是不足以一天下之俗而成吾治。夫約之以禮，裁之以法，天下所以服從無抵冒者又非獨其禁嚴而治察之所能致也，蓋亦以吾至誠懇惻之心力行而為之倡。……夫上以至誠行之而貴者知避上之所惡矣，則天下之不罰而止者眾矣！故曰此養之之道也。所謂取之之道者何也？先王之取人也，必於鄉黨，必於庠序，使眾人推其所謂賢能書之以告於上而察之，誠賢能也，然後隨其德之大小才之高下而官使之。所謂察之者非專用耳目之聰明而聽私於一人之口也，欲審知其德問以行，欲審知其才問以言，得其言行則試之以事，……考其能者以告於上而後以爵命祿秩予之，……此取之之道也。所謂任之之道者何也？人之才德高下厚薄不同，其所任有宜有不宜，……其德厚而才高者以為之長，德薄而才

下者以為之佐屬，又以久於其職則上狃習而知其事，下服馴而安其教，賢者則其功可以至於成，不肖者則其罪可以至於著，故久其任而待之以考績之法，夫如此故智能才力之士則得盡其智以赴功而不患其事之不終、其功之不就也，偷安苟且之人雖欲取容於一時而顧僇辱在其後，安敢不勉乎！若夫無能之人，固知辭避而去矣，居職任事之日久，不勝任之罪不可以幸而免故也。……取之既已詳，使之既已當，處之既已久，至其任之也又專焉，而不一二以法束縛之而使之得行其意，……此任之之道也。夫教之、養之、取之、任之之道如此，……此其人臣之所以無疑而於天下國家之事無所欲為而不得也。方今州縣雖有學，取牆壁具而已，非有教導之官長、育人才之事也，唯太學有教導之官而亦未嘗嚴其選，朝廷禮樂刑政之事未嘗在於學，……學者之所教，講說章句而已，講說章句固非古者教人之道也，近歲乃始教之課試之文章，夫課試之文章非博誦強學窮日之力則不能，及其能工也，大則不足以用天下國家，小則不足以為天下國家之用，故雖白首於庠序，窮日之力以帥上之教，及使之從政則茫然不知其方者皆是也。蓋今之教者非特不能成人之才而已，又從而困苦毀壞之，使不得成才者，何也？夫人之才成於專而毀於雜，……今士之所宜學者天下國家之用也，今悉置之不教而教之以課試之文章，使其耗精疲神，窮日之力以從事於此，及其任之以官也，則又悉使置之而責之以天下國家之事。夫古之人以朝夕專其業於天下國家之事而猶才有能有不能，今乃移其精神，奪其日力，以朝夕從事於無補之學，及其任之以事，然後卒然責之以為天下國家之用，宜其才之足以有為者少矣！臣故曰非特不能成人之才，又從而困苦毀壞之，使不得成才也。又有甚害者，先王之時，士之所學者文武之道也，……今之學者以為文武異事，吾知治文事而已，至於邊疆宿衛之任則推而屬之於卒伍，往往天下姦悍無賴之人，苟其才行足以自託於鄉里者亦未有肯去親戚而從召募者也。……今孰不知邊疆宿衛之士不足恃以為安哉，顧以為天下學士以執兵為恥而亦未有能騎射行陣之事者，則非召募之卒伍孰能任其事者乎！夫不嚴其教、高其選，則士之以執兵為恥而未嘗有能騎射行陣之事固其理也，凡此皆教之非其道故也。方今制祿，大抵皆薄，……而欲士之無毀廉恥，蓋中人之所不能也。……夫士已嘗毀廉恥以負累於世矣，則其偷惰取容之意起而矜奮自強之心息，則職業安得而不弛？治道何從而興乎？……此所謂不能饒之以財也。婚喪奉養服食器用之物皆無制度以為之節，而天下以奢為榮，以儉為恥，……故富者貪而不知止，貧者則強勉其不足以追之，此士之所以重困而廉恥之心毀也，凡此所謂不能約之以禮也。……臣於財利固未嘗學，然竊觀前世治財之大略矣，蓋因天下之力以生天下之財，取天下之財以供天下之費，自古治世未嘗以不足為天下之公患也，患在治財無其道耳！今天下不見兵革之具而元元安土樂業，人致己力以生天下之財，然而公私常以困窮為患者，殆以理財未得其道而有司不能度世之宜而通其變耳！誠能理財以其道而通其變，臣雖愚，固知增吏祿不足以傷經費也。方今法嚴令具，所以羅天下之士可謂密矣，然而亦嘗教之以道藝而有不帥教之刑以待之乎？亦嘗約之以制度而有不循理之刑以待之乎？亦嘗任之以職

事而有不任事之刑以待之乎？夫不先教之以道藝誠不可以誅其不帥教，不先約之以制度誠不可以誅其不循理，不先任之以職事誠不可以誅其不任事。此三者先王之法所尤急也，今皆不可得誅，而薄物細故非害治之急者為之法禁，月異而歲不同，為吏者至於不可勝記，又況能一二避之而無犯者乎？此法令所以玩而不行，小人有幸而免者，君子有不幸而及者焉，此所謂不能裁之以刑也，凡此皆治之非其道也。方今取士，強記博誦而略通於文辭謂之茂才、異等、賢良、方正，茂才、異等、賢良、方正者公卿之選也；記不必強，誦不必博，略通於文辭而又嘗學詩賦則謂之進士，進士之高者亦公卿之選也；夫此二科所得之技能不足以為公卿不待論而後可知，而世之議者乃以為吾常以此取天下之士而才之可以為公卿者常出於此，……然而不肖者苟能雕蟲篆刻之學以此進至乎公卿，才之可以為公卿者困於無補之學而以此絀死於嵓野蓋十八九矣，……此朝廷所以多不肖之人而雖有賢智往往困於無助不得行其意也；……其次九經、五經、學究、明法之科，朝廷固已嘗患其無用於世而稍責之以大義矣，然大義之所得未有以賢於故也。今朝廷又開明經之選以進經術之士，然明經之所取亦記誦而略通於文辭者則得之矣，彼通先王之意而可以施於天下國家之用者顧未必得預於此選也；其次則恩澤子弟，庠序不教之以道藝，官司不考問其才能，父兄不保任其行義，而朝廷輒以官予之而任之以事，……夫官人以世而不計其才行，……治世之所無也；又其次曰流外，朝廷固已擯之於廉恥之外而限其進取之路矣，顧屬之以州縣之事，使之臨士民之上，豈所謂以賢治不肖者乎？……凡此皆取之非其道也。方今取之既不以其道，至於任之又不問其德之所宜而問其出身之後先，不論其才之稱否而論其歷任之多少，以文學進者且使之治財，已使之治財矣又轉而使之典獄，已使之典獄矣又轉而使之治禮，是則一人之身而責之以百官之所能備，宜其人才之難為也。……設官大抵皆當久於其任，而至於所部者遠，所任者重，則尤宜久於其官而後可以責其有為，而方今尤不得久於其官，往往數日輒遷之矣。夫取之既已不詳，使之既已不當，處之既已不久，至於任之則又不專，而又一二以法束縛之不得行其意，……故雖賢者在位，能者在職，與不肖而無能者殆無以異。夫如此故朝廷明知其賢能足以任事，苟非其資序則不以任事而輒進之，雖進之，士猶不服也；明知其無能而不肖，苟非有罪，為在事者所劾，不敢以其不勝任而輒退之，雖退之，士猶不服也。彼誠不肖無能然而士不服者何也？以所謂賢能者任其事與不肖而無能者無以異故也，臣前以謂不能任人以職事而無不任事之刑以待之者蓋謂此也。夫教之、養之、取之、任之有一非其道則足以敗天下之人才，又況兼此四者而有之，則在位不才苟簡貪鄙之人至於不可勝數而草野閭巷之間亦少可用之才，固不足怪。……豈特行先王之政而不得也，社稷之託，封疆之守，陛下其能久以天幸為常而無一旦之憂乎？……臣願陛下鑒漢唐五代之所以亂亡，懲晉武因循苟且之禍，明詔大臣，思所以陶成天下之才，慮之以謀，計之以數，為之以漸，期為合於當世之變而無負於先王之意，則天下之人才不勝用矣，……則陛下何求而不得，何欲而不成哉！……臣又觀朝廷異時欲有所施為變革，其始計利害未嘗熟也，顧

安石言事書並未受仁宗重視。安石與韓維相友善，維兄億，仁宗時參知政事，為當世巨室。神宗在藩邸，維為記室參軍，每為神宗稱述安石才能，維每有所贊說建議，為神宗所稱許，必云，此非維之說，維友王安石之說也。故神宗常心儀安石。及即位，召安石為翰林學士，日與安石論事。神宗問安石，今日若欲有所設施，當以何者為先？安石云變風俗，立法度，乃當今所急。神宗本銳意於改革，深以安石之說為是，乃委以政事，任其所為，自翰林學士歷參知政事而至宰相。

安石以熙寧二年（遼咸雍五年，西元一○六九年）二月為參知政事，三年（遼咸雍六年，西元一○七○年）十二月為相，七年（遼咸雍十年，西元一○七四年）四月罷相，八年（遼太康元年，西元一○七五年）二月復相，九年（遼太康二年，西元一○七六年）十月又罷，自是不復預政。在其執政期間，新法次第施行，其重要者有下列諸項：

一、制置三司條例司　掌經畫邦計，議變舊法以通天下之利，熙寧二年（遼咸雍五年，西元一○六九年）二月置，熙寧三年（遼咸雍六年，西元一○七○年），判大名府韓琦言條例司所頒條例，不關中書而徑自行下，是於中書之外，又一中書，請罷之。是年五月罷，其職權歸於中書。

二、均輸法　熙寧二年（遼咸雍五年，西元一○六九年）七月，立淮浙江湖（兩浙、淮南、江南東、西、荊湖南、北）六路均輸法，欲以通天下之貨，制其輕重斂散之權。均輸法目的有二：其一、市有滯貨則官為斂之，俟缺貨時平價售出；其二、諸路每歲上供，雖有豐儉，不得增損，有司責之於民，因成重斂，而富商大賈恃其財力，賤斂貴售，是輕重斂散之權不在有司而在商賈。今令六路發運使制其賦入，調查諸路出產，預知京師庫藏所需，便宜蓄買，以待上令，如是則輕重斂散之權歸於有司，富賈不得擅其利，農民免於重斂，州縣得省勞費（物儉則多方搜求，故勞費廣），國用可足而民財不匱。然此法迄未能行。

三、青苗法　熙寧二年（遼咸雍五年，西元一○六九年）九月立常平給斂法，

有一流俗儉倖之人不悅而非之則遂止而不敢。夫法度立則人無獨蒙其幸者，故先王之政雖足以利天下而當其承弊壞之後，儉倖之時，其剏法立制未嘗不艱難也。以其剏法立制而天下儉倖之人亦順悅以趨之，無有齟齬，則先王之法至今存而不廢矣，惟其剏法立制之艱難而儉倖之人不肯順悅而趨之，故古之人欲有所有，未嘗不先之以征誅而後得其意，……以為不若是不可以有為也。」

元祐元年（遼大安二年，西元一○八六年）八月罷。宋因唐制，有常平會法，於歲豐穀熟時，由常平司增價收糴，以免傷農，歲儉穀貴時平價出糶，以平物價。安石以此法不盡善，改以常平司錢穀貸於農民而取其息。其法令農民自由請貸，以十人聯保。第一等戶所貸不得過錢五十貫，以次遞減。每歲分夏、秋二次貸放，取息二分，俟穀熟併本息還官。大抵以正月貸放夏料而斂秋料，五月貸放秋料而斂夏料，如遇荒歉許展至次料豐熟時補納。貸放時或錢或穀，任農戶請貸，然農戶大多借錢還穀，官亦利農戶還穀以供軍糧。此法係仿陝西青苗錢而創，故謂之青苗法。自慶曆陝西軍興，戍兵多而食不足，陝西轉運司乃令民自度穀麥收穫之數，預貸以官錢，俟收穫以穀麥償官，謂之青苗錢。當時民間利息極高，至有倍息，安石因創此法，使農民免受富戶剝削，故為地主階級所反對。

四、農田水利法　熙寧二年（遼咸雍五年，西元一○六九年）十一月，頒農田水利約束，以諸路提舉常平司領其事，講求土地種植之法及陂塘溝洫利弊，民欲興水利者則以常平錢穀貸之，若公田則責之有司，縣力不能辦者交之於州，事關數州者則具奏取旨。至熙寧九年（遼太康二年，西元一○七六年），凡闢田三十六萬餘頃。

五、保甲法　熙寧三年（遼咸雍六年，西元一○七○年）十二月立保甲法，元豐八年（遼大安元年，西元一○八五年）七月罷。

保有家保及教閱保，其制以十家為保，選有幹力者一人為保長，五十家為一大保，選一人為大保長，十大保為一都保，選為眾所服者為都保正及副都保正。凡家有二丁以上選一人為保丁，兩丁以上有餘丁勇壯者亦充保丁，內則保任譏察，外則追捕盜賊，是為家保，首行於畿輔，以次推行於全國。熙寧四年（遼咸雍七年，西元一○七一年），詔畿輔保丁練習武事，於每歲農隙定期舉行會試，既而推行於秦鳳、永興、河北東、西及河東五路，是為教閱保。家保屬於民防組織，教閱保則列入作戰系統，至元豐四年（遼太康七年，西元一○八一年），秦鳳、永興等五路（秦鳳、永興、河北東、西、河東）教閱保丁約七十萬人。安石意欲因教閱保丁漸復民兵，與募兵相參並用，以矯募兵驕冗耗費之弊❸。保留部分禁軍缺

---

❸　安石謂神宗曰：「募兵未可全罷，民兵可漸復。」（長編卷二一三）又安石謂神宗曰：「募兵多浮浪不顧死亡之人，則其喜禍亂，非良農之比。然……募兵不可全無，……有事則可使為選鋒，又令壯士有所羈屬，亦所以弭難也。」（長編卷二一八）

額費，稱為封樁禁軍缺額錢，移充訓練教閱保丁費用。

甲係與青苗法相因而設，合稅戶三十戶為一甲，由三等戶以上人更迭充任甲頭，負責向官府承取青苗錢，交本甲各戶所屬保正長散放，並負責摧納本甲租稅，其後免役法行，又負責摧納免役錢。保與甲同屬民間自治組織，凡納稅戶皆被納入此二種組織中，保為保防組織，甲為斂放青苗及收稅單位，甲的組織介於保與保之間，同甲未必同保，同保亦未必同甲。

六、貢舉法　熙寧四年（遼咸雍七年，西元一〇七一年）二月，更貢舉法。宋舊有明經、進士二科，文辭以為華，記誦以為博，安石以為道不在此，廢明經，但存進士科。進士科本以試詩賦為主，至是廢詩賦，但試經義、策論，以通經有文采者為合格。熙寧八年（遼太康元年，西元一〇七五年），又頒三經（詩、書、周禮）新義於學官，為經義考試標準。另設明法科，試律令及刑統大義，以待不能業進士者。

七、免役法　熙寧四年（遼咸雍七年，西元一〇七一年）十月頒募役法，元祐元年（遼大安二年，西元一〇八六年）三月罷。自五代以來，民皆須於所屬州縣服差役，役有輕重，民有貧富，物力高者，差役亦重。差役最重者為衙前，典府庫及輦運官物，有損失則責令賠償，服此役者往往破產。其他諸役，亦常妨農時，兼以胥吏與豪民相結，因緣為姦，富者役或反較貧者為輕，役益不均。民為避役，常出家掛籍為僧，或棄田獻於免稅之家，或析族而居以減戶等。宋制凡單丁、女戶、寺觀、品官之家皆免役，至有父子二人，子當服衙前之役，其父自縊，俾子就單丁以免役。故安石創為此法，按物力高低分民戶為十等，令坊郭戶自五等以上，鄉戶自四等以上，按等輸錢，由官募役以代差役，謂之募役法。民本當役而今出錢免役，謂之免役錢，亦謂之免役法；單丁、女戶、寺觀、品官之家本無役，其物力在坊郭五等戶以上、在鄉四等戶以上亦令出錢助役，謂之助役錢，亦謂之助役法。其後又於應輸免役、助役錢加二分以備水旱欠闕（水旱得視災情輕重酌量豁免），謂之免役寬剩錢。

八、太學三舍法　宋於京師設國子監，備釋奠，並為品官子弟取解之所，有名無實。國子監生初僅二百人，神宗即位，累增至九百人。熙寧四年（遼咸雍七年，西元一〇七一年）十月，安石創立太學三舍法，分太學生為外舍、內舍、上舍三等，就學者仍限品官子弟。始入學為外舍生，初無定額，後限七百人，漸增

至二千人。由外舍升內舍以二百人為額，後增至三百人，由內舍升上舍以百人為限。三舍月有月考，年有總考，上舍生考得高第得薦於中書，授以官職，中等者免進士禮部試，下等者免取解。欲以學校逐漸代替貢舉，此外，又令各郡立學，每郡給學田十頃，又設武學、律學、醫學三科。

　　九、市易法　熙寧五年（遼咸雍八年，西元一○七二年）三月行市易法，元豐八年（遼道宗大安元年，西元一○八五年）十二月罷。青苗法以利農民，市易法則以利商旅。商旅販貨至京師，京師豪商巨賈常明抑其價，俟其極賤收購，然後高價售出，往往取數倍之息，而商旅則無所牟利，由是貨運不至，京師貨少而價昂，豪商巨賈乘時射利，產地貨滯而難銷，生產因而停頓。市易法於京師置市易務，設官提舉，凡四方貨運至京師，貨賤不售，許至市易務投賣，由市易務稍增其價收購，以利商販，俟物稀價昂則少損其價售出，令不至害民，如是則富商巨賈無所居奇，利歸於上而商旅暢通，民生不困而國用饒足。若商旅不欲售貨於市易務，得估其物價以為抵押，向市易務賒取官物，半年為期出息一分，一年為期出息二分，過期不輸則息外每月更加息錢二釐。

　　十、保馬法　熙寧五年（遼咸雍八年，西元一○七二年）五月行保馬法，元豐八年（遼大安元年，西元一○八五年）十二月罷。凡畿輔及秦鳳、永興、河北東、西、河東五路義勇保甲願養馬者以監牧官馬給之，或官給直使自市，每戶一匹，物力高者得養二匹，不得強與。養官馬之戶，三等以上戶十戶為一保，四等以下戶十戶為一社，故有保馬、社馬之別。官歲一閱其肥瘠，若有病死，保馬由馬主獨償，社馬由馬主償其半，社人共償其半。寓馬政於民間以省公家雜費。

　　十一、方田均稅法　熙寧五年（遼咸雍八年，西元一○七二年）八月立方田均稅法，元豐八年（遼大安元年，西元一○八五年）十一月罷。其法於每歲九月由州縣官遣吏丈量土地，按田畝肥瘠分為五等以定賦稅，消除豪強隱匿田賦之弊，減輕貧民負擔，增加國庫收入。丈量之法，以東西南北各千步為一方，定稅等以均田賦，故曰方田均稅法。

　　十二、軍器監法　舊制諸州自造軍器，數量雖多而窳劣不可用。熙寧六年（遼咸雍九年，西元一○七三年）六月，始置軍器監於京師，設官提舉，募良工為匠以精製兵器。

　　以上新法，農田水利、均輸、青苗、免役、市易、方田均稅、編甲諸項為富

國措施，保伍、保馬、軍器監諸項為強兵措施，貢舉、太學三舍諸項為培養人才措施。此外，有名為新法而為他人所建議，或為安石第一次去位所施行者凡四事：

一、置將法　宋太祖立更戍法，遣禁軍分番更戍邊城，議者以為將不知兵，兵不知將，緩急恐不可恃。安石為相，力主省兵，欲漸以民兵代之，然未議及置將。熙寧七年（遼咸雍十年，西元一○七四年），安石去位，神宗用蔡挺議，於諸路置將以統禁旅，使兵知其將，將練其士。初於畿輔及河北置三十七將，及安石再相，又於陝西置四十二將，元豐四年（遼太康七年，西元一○八一年），又於東南置十三將，總為九十二將。

二、免行錢法　京師百物皆有行，官司所取，皆以責辦，吏因緣為奸，多方追擾，極為民病。熙寧六年（遼咸雍九年，西元一○七三年），用呂嘉問議，令諸行納錢，由官自辦，是為免行錢。免行錢取之於民，本非善政，然較之官司追擾，亦可云利。熙寧七年（遼咸雍十年，西元一○七四年），鄭俠極言其弊而罷。

三、手實法　免役法行，令民依戶等出錢，民多隱匿物力，出錢不均。熙寧七年（遼咸雍十年，西元一○七四年），呂惠卿請令民自占丁口及田宅之價於官府，謂之手實法。其法不動產五當蓄息之錢一，官府按民所占，依物力高低分民戶為五等以定輸錢之數，若所占不實，為人所告，以其財產三分之一充賞。熙寧八年（遼太康元年，西元一○七五年），鄧綰言其不便，罷之。

四、三司會計司　熙寧七年（遼咸雍十年，西元一○七四年），用韓絳議置三司會計司，令各路各州皆立會計式，調查各路各州戶口、人丁、稅務、場務、礦冶、河渡、房園每年租額及每年錢穀出入之數，取收支有餘者補貧瘠路、州收入之不足。

◆ 新法得失

新法既行，當世名彥如韓琦、富弼、文彥博、歐陽修、范純仁、司馬光等皆起而反對，拒絕與安石合作。新法法意本甚完美，其中青苗、市易、免役、保甲諸法關係國計、民生尤大，然若奉行不當則不免於流弊。如青苗貸款本出自願，然民利於舉貸而困於還債，官恐貧者逋負而令貧富相保，貧者無可償而逃亡，富者須代償數家逋欠，於是貧者流散，富者怨恨。市易本在市賤糶貴以平物價，然官專其估，既少改良，價亦未賤，雖利國仍不免病民。免役最稱良法，自免役法

行，民不復知差役之患，雖代之以免役錢，而按戶等輸納，貧者所輸無多，舊派君子如蘇軾亦力言其不可廢。然免役法由官雇役，所雇多浮浪之徒，輕於犯禁，官物不免為其盜用。保甲法意雖善，惟自中唐以來，府兵法廢，代之以募兵，農民無兵役之擾者數百年，習以為安，安石遽欲以保甲代之，自不免於擾民。

以上流弊皆為反對者所藉口，安石以為凡此皆非法制本身之弊，自不可因噎廢食，故不顧朝臣反對，毅然行之。若以經濟學觀點而論，新法近於統制經濟政策，舊派之反對新法，似在維護自由經濟政策，而無關法制本身利弊。統制經濟利於整頓財政，易收富國之效，自由經濟利於民間經濟的發展，易收藏富於民之效。

新法實行的結果，確使宋朝國力轉弱為強，故熙寧中，宋軍屢克西夏，收復熙河，拓疆直抵蘭州，宋朝財政亦由不足而轉為富庶，熙寧、元豐中，用兵西夏，開五溪蠻，南征交阯，軍實未嘗缺乏，至徽宗時，國庫充盈，聯金滅遼之役，資運絡繹，不絕於道。

◆ 新舊黨爭

王安石得君甚專，故能排除眾議，屬行新法。安石既不得舊派群賢之助，不得不引用贊成新法人士如呂惠卿、曾布、陳升之、章惇、蔡確等，號為新黨。新黨諸臣大多有過人才智而操守不足。安石最信任惠卿，及安石復相，惠卿亦見知於神宗，惠卿思欲自得政，千方百計以陷安石，朝士見惠卿得君，皆比附惠卿以傾安石，安石卒以此罷政，於是新黨益為舊派群賢所惡，新法亦益為舊派所詆，宋朝乃分成新黨、舊黨二派，形成規模甚大，歷時甚久的黨爭。舊黨反對新法最大的理由為破壞祖宗成法，而未能就新法利弊提出改進的意見，故不為安石所重視。安石勇於任事，然性倔強而剛愎，其錯誤在於只知推行法制而忽略人事，其所創新法雖能收富國強兵之效，而忽略輿論對推行新法可能發生的阻礙。安石只知起用一批才智之士助其推行新法，而無暇顧及其操守，終為群小包圍，喪失輿論支持，不得不引身而退。安石雖罷，神宗變法意志並未動搖，直至神宗崩，哲宗立，宣仁聖烈皇后高氏（英宗后）攝政，起用司馬光為相，遂盡罷一切新法。

神宗以元豐八年（遼大安元年，西元一○八五年）崩，子哲宗煦立，五月，以司馬光為門下侍郎，自此至元祐八年（遼大安九年，西元一○九三年）宣仁聖

烈皇后崩，為舊黨執政時期，史稱元祐時代。光以元豐八年五月為門下侍郎，元祐元年（遼大安二年，西元一〇八六年）閏二月為左僕射，是年九月病卒。自元豐八年五月至元祐元年九月為光執政時代❶。在此期間，悉罷重要新法。元豐八年七月罷保甲法，十一月罷方田均稅法，十二月罷市易法及保馬法，元祐元年三月復差役法，八月罷青苗法，惟農田水利法及太學三舍法未罷，亦徒具其名而無實。光罷新法時，舊黨諸賢亦不盡以為然，如光罷免役復差役時，范純仁及蘇軾皆以為差役擾民，不可遽復，光不從。光薨，呂公著、呂大防、范純仁等相繼執政，統稱元祐舊人。元祐諸公執政期間，盡斥逐新黨呂惠卿、曾布、章惇、蔡確以下重要朝臣四十人。

元祐諸公執政期間，舊黨內部亦分裂為三派，即蜀黨、洛黨、朔黨。蜀黨以蘇軾為首，洛黨以程頤為首，朔黨以劉摯、梁燾、王巖叟、劉安世等人為首，各有黨羽，而朔黨聲勢尤盛。朔黨無交訌之事可考，蜀、洛二黨則互相攻訐甚烈。宋制，天子御席與侍講、侍讀講論經史，謂之經筵。頤在經筵（頤為崇政殿說書），動引古義，軾戲薄之，由是有隙。會軾擬學士院試館職題云：「欲師仁祖之忠厚而患百官有司不舉其職，或至於媮；若法神考之勵精而恐監司守令不識其意，流入於刻。」（長編卷三九三）洛黨乃攻訐軾譏誚先朝之政，蜀黨起而反擊，力辨其誣。

元祐八年（遼大安九年，西元一〇九三年），宣仁聖烈皇后崩，哲宗親政。哲宗素不滿元祐諸公所為，以宣仁聖烈皇后故，不能有所發抒，既親政，以紹述神宗新法為志，改元紹聖，以章惇為相，起用新黨，呂惠卿、曾布等皆居要津。惇、布等乃定元祐黨人為三十二人，生者竄逐，歿者奪謚，凡元祐所罷新法，一時俱復。

元符三年（遼壽昌六年，西元一一〇〇年）正月，哲宗崩，無子，弟佶嗣，

---

❶　劉摯曰：「國朝承五代之敝，太祖、太宗肇基帝業時，則有若趙普，文武兼資，識時知變，輔相兩朝，成太平之基。真宗時，海內無事，則有若李沆、王旦，沈機先物，偉識宏度，左右承弼。仁宗時，則有若王曾、呂夷簡，簡重方嚴，鎮撫內外，以才謀識略平治四方，晚年得富弼、韓琦，付囑大事，世以永寧。臣以為祖宗以來一百三十餘年，未嘗一日無宰相也，然其為人稱道，顯功陰德若此六七人者亦無幾耳！以祖宗之明，歷年之久，選用宰相，其難如此。今者陛下……擢司馬光以為執政，未幾用為上相，天下之人，無智愚，無賢不肖，莫有一人以為不可者，光之素履信于人也。」（續資治通鑑長編卷三七二）

是為徽宗。神宗欽聖獻肅向皇后垂簾聽政，以文彥博為相，起用舊黨，於是舊黨勢復盛。欽聖獻肅向皇后聽政七月而返政於徽宗，徽宗親政次年，改元建中靖國，以舊黨韓忠彥、新黨曾布並相，欲以消弭朋黨。布引蔡京為助以排忠彥。次年，徽宗改元崇寧，以紹述熙寧新政，未幾布為京所排，罷為觀文殿大學士，京於是獨綰大政。

　　京既當國，盡逐元祐舊臣，又奏請立黨人碑於汴京端禮門，御筆刻石，列舊黨重要人士一百二十人於碑上，載其罪狀，以司馬光為首，目為姦黨，頒於天下，又詔宗室不得與元祐姦黨聯姻。崇寧三年（遼乾統四年，西元一一〇四年），又重定元祐、元符以來黨人為三百九人。京日導徽宗為奢侈淫靡以固權寵。

◆ 徽宗政治

　　徽宗朝大臣多為後世目為奸回人物，如蔡京、京子攸、王黼、朱勔及內侍梁師成、童貫等皆為徽宗所信任。徽宗委京父子及黼以大政，委貫以兵權。師成則居中操縱，凡在朝執政者皆奔走其門下，否則難久安其位，黼至父事之。黼府第與師成邸宅相連，穿便門往來，每見師成，必稱恩府先生，權勢顯赫，陰奪人主之權。自崇寧元年（遼乾統二年，西元一一〇二年）至宣和七年（遼乾統五年，西元一一二五年），京凡四入相。崇寧元年，京為相，崇寧五年（遼乾統六年，西元一一〇六年）罷，大觀元年（遼乾統七年，西元一一〇七年）復入相，官至太師，大觀三年（遼乾統九年，西元一一〇九年）致仕，政和二年（遼天慶二年，西元一一一二年）復入相，總領三省，宣和二年（遼天慶十年，西元一一二〇年）致仕，宣和六年（遼保大四年，西元一一二四年）再領三省，翌年，以昏老不能視事而罷，其得君之專可見。京既久在相位，植黨擅權，內外群臣無敢言其罪。京在位，務以奢侈淫巧以惑徽宗，神宗以來蓄積，揮霍幾盡。黼亦京所援引，與京朋比為姦，京當政，大興工役，民不聊生，及黼代京為相（宣和二年，京罷，黼獨相），陽順民心，悉反京所為，而陰為姦邪，置應奉司以總天下貢獻之物，引朱勔為助，四方貢獻奇珍異物多入其家。徽宗好花石，黼投其所好，令官吏博取江浙奇石異草，綱運入京，所載輒數百舟，號花石綱。凡民間有一花一木之美，則覆以黃帕，指為御前之物，或護視不周而致凋損，則加以大不恭之罪。運走時，必倒牆毀屋，人民因此破產者甚眾，故民家或有嘉木異卉，皆目為不祥之物，除

去惟恐不及。胥吏因緣為姦，發屋掘墓，無所不至，其取奇石，雖臨不測之淵，亦百計取之，人民大擾❶。童貫、師成與京、黼相表裏，朝政大亂。京為相，實貫所引進，貫亦賴京之援而久典兵權。貫累官至太師、領樞密院事，威福自恣，不恤將士，賞罰不明，紀律弛廢，其家僕役皆居顯官，林園池沼之勝甲於京師。黼賜第於相國寺東，累奇石為山，高十餘丈，府第周迴數里，於後庭起高樓大閣，又於後園列里巷，曲折幽迴如村落之狀，窮極奢侈。

　　徽宗末年，因政治腐敗，民變屢起，其變亂較大者有宋江及方臘之亂。

　　宋江為淮南劇盜，創亂於宣和二年（遼天慶十年，西元一一二○年）二月，初起時僅三十六人，縱橫於河淮流域，官軍遇之輒敗，宣和三年（遼保大元年，西元一一二一年），為知海州張叔夜所招撫。方臘為睦州青溪（浙江省淳安縣）人，自號魔教教主。時江浙人民困於花石，怨聲載道，附之者極眾。臘乘民怨而起，北陷杭州，南陷衢州（浙江省衢縣），復進陷無為軍（安徽省無為縣）、壽州，兵鋒直抵淮南。徽宗命童貫率劉延慶、劉光世、辛企宗、宋江等軍凡二十餘萬討之，至宣和四年（遼保大二年，西元一一二二年），其亂始平，被兵者凡六州五十二縣，人民因亂死者二百餘萬人。此外，東京民張萬仙聚眾五萬，山東民賈進聚眾十萬，河北民高托天聚眾三十餘萬，然不久皆受官方招撫。

　　徽宗性格溫文儒雅，文學字畫造詣均佳，若欽逢盛世，可為太平天子，不幸承宋代累朝積弱，為群小所蠱惑，昧於政事，輕啟釁端，終至亡國。

---

❶　三朝北盟會編卷五二：「政和初，童貫承蔡京意，大啟苑囿，以娛樂導上為遊幸之事。貫率楊戩、賈詳、藍從熙、和詵共五大閹……築延福宮。五閹各有分地，自為制度，務尚華侈，不相沿襲。樓殿相望，築山引水，草木怪石，巖壑優勝。又跨舊城取濠外池作景龍江、芙蓉城、蓬壺閣、擷芳園、曲江池，各有復道以通宮禁。又為鹿砦、鶴莊、文禽、孔翠諸柵，多聚遠方珍怪蹄尾，動數千以實之，……總名曰艮嶽，後又曰壽岳。……有絳霄樓，金碧相間，勢極高峻，聳在雲表，盡工藝之巧，無以出此。」又曰：「貫又引朱勔取江浙花石，皆隸貫主之。凡士庶之家，有一花一木之美，悉以黃帕覆之，名曰御前之物，不問墳墓之間，盡皆發掘，所載動數百舟，號花石綱。所過州縣，莫敢誰何，諸路大騷，以至於亂。宣和間，都下秋風夜靜，禽獸之音四徹，宛若深山大澤陂野之間，識者以為不祥也。」

六、宋金聯盟與遼的滅亡

◆ 遼政的衰亂

遼道宗晚年昏憒，用人不能取其才，凡有所任使，輒令群臣各擲骰子，以得勝采者官之，政治由是大亂。道宗對沿邊諸部亦以姑息為治，常擇柔順無幹才者為邊疆大吏，於是諸部漸至跋扈。道宗又佞佛，僧尼多致顯位，又廣建佛寺，遍於州縣，民出家為僧尼者甚眾，不事生產，坐盡國用。太康四年（宋元豐元年，西元一〇七八年）七月，諸道飯僧尼達三十六萬人。

太康元年（宋熙寧八年，西元一〇七五年），道宗廢殺宣懿皇后，並殺太子濬。宣懿皇后為法天皇后弟南院樞密使蕭惠之女，美姿容，工詩書，能自製歌詞，兼善琵琶。法天皇后嘗欲廢興宗，興宗弟重元發其謀，興宗德之，立重元為皇太弟。興宗崩，不傳重元而傳道宗，重元慽之。清寧九年（宋嘉祐八年，西元一〇六三年），重元反，為南院樞密使耶律仁先及知北院事耶律乙辛所平，自是乙辛得道宗寵信，朝臣爭相諂附，獨宣懿后族不肯相下，乙辛心慽之，命人作十香詞，誣為宣懿皇后所作，云后私通於伶官趙惟一，因作詞以寄意。道宗大怒，遂賜后死。乙辛復構陷太子，誣以謀反，道宗廢之，囚於上京，乙辛遣人殺之，以病死聞，朝臣坐謀反罪而死者甚眾。

太子濬死後，道宗哀悼，謚曰昭懷。道宗嘗欲召太子妃問太子死狀，乙辛復殺之以滅口，道宗由是疑乙辛之奸。太康五年（宋元豐二年，西元一〇七九年），道宗避暑至黑山，見乙辛扈從盈道，於是放乙辛及其黨羽於外，不使預朝政。太康六年（宋元豐三年，西元一〇八〇年），封昭懷太子子延禧為梁王。太康九年（宋元豐六年，西元一〇八三年），乙辛謀奔宋，事覺，為道宗所殺。壽昌七年（宋建中靖國元年，西元一一〇一年），道宗崩，遺詔梁王延禧即皇帝位，改元乾統，是為天祚帝。

天祚帝荒淫殘暴，逾於歷代遼主。天祚帝有一后三妃，即皇后、德妃、文妃、元妃。元妃為德妃之妹，二妃皆有殊色。天祚帝信任元妃兄蕭奉先、嗣先，以奉先為北院樞密使，居中輔政，嗣先為東北路都統，鎮攝女真。奉先外寬內忌，險詐讒佞，兄弟本無治才，但以女寵柄國。天祚帝好遊獵，不恤國事，而東北部女

真逐漸強大。天慶二年（宋政和二年，西元一一一二年），天祚帝幸混同江鉤魚。遼舊制，遼主至混同江鉤魚，女真諸部酋長在千里以內者皆朝於行在，並次第歌舞以娛遼主。至阿骨打，但端立直視，辭以不能，天祚帝密飭奉先殺之，奉先曲為譬解，得以不死。

天慶四年（宋政和四年，西元一一一四年），阿骨打稱兵叛遼，屢敗嗣先之兵，奉先懼嗣先為天祚帝所誅，勸天祚帝肆赦，謂不然敗軍懼誅，將潰而為盜，天祚帝從之，於是將士皆謂戰則有死而無功，退則有生而無罪，軍無鬥志，遇敵輒潰。遼軍既屢敗，天祚帝猶畋獵無度，文妃嘗作歌諷諫，奉先銜之，欲師耶律乙辛故智以陷文妃。文妃生晉王敖盧斡，保大元年（宋宣和三年，金太祖天輔五年，西元一一二一年），奉先使人上變，謂文妃與妹丈耶律余睹陰謀立晉王為帝，天祚帝賜文妃自盡，余睹聞變，率千餘騎叛附於金。保大二年（宋宣和四年，金天輔六年，西元一一二二年），金人克中京，天祚帝避兵至鴛鴦濼（察哈爾張北縣西），余睹引金兵至，奉先勸天祚帝殺晉王以絕余睹之望，天祚帝從之，賜敖盧斡自盡。其後天祚帝敗入夾山（綏遠省薩拉齊縣西北），始悟奉先誤國，逐之，為金人所得，解送入金，途間為遼軍所奪，送歸天祚帝，亦賜死。

◆ 金朝的建立

女真古稱靺鞨，與勃海同種，附屬於遼。女真分數種，其一曰熟女真，遼太祖時遷之於遼陽，著籍於遼。其二曰生女真，散居於松花江以北山谷之間，諸部並立，自推酋豪為治而不著籍於遼。其三曰東海女真，在遼東北極邊，濱東海而居。另有黃頭女真，鬚髮皆黃，史謂為女真別種，實則種族不同而習俗相似。

阿骨打為生女真完顏部部長，女真語曰勃極烈，滿洲語曰貝勒，即勃極烈轉音，其發祥地在僕幹水（牡丹江）一帶，其後建都於按出虎水（阿什河）附近，號上京（吉林省阿城縣東南），後建為會寧府。阿骨打祖父烏古迺，遼任為生女真節度使，自是始為生女真諸部共主，役屬諸部朝貢於遼。烏古迺傳子劾里鉢，以次傳於諸弟，至幼弟揚割，復返位於劾里鉢子烏雅束，烏雅束傳弟阿骨打，即金太祖。時當遼末政衰，阿骨打併吞諸部，日益強大。女真東北濱海有五國部，產名鷹海東青，遼主每歲令女真發兵入五國部懸崖取之，女真人深以為苦。遼使每至，輒命擇美女侍寢，不問有夫否或門戶高低，故女真諸部皆怨，陰附阿骨打以叛遼。

阿骨打既見疑於遼，於遼天慶四年（宋政和四年，西元一一一四年）發兵反，

集諸部兵於淶流河（拉林河），得二千餘騎，大破遼軍於寧江州（吉林省扶餘縣東南）。遼天慶五年（宋政和五年，西元一一一五年），阿骨打即皇帝位，國號大金，建元收國，是為金太祖，攻陷黃龍府，屢破遼軍。金太祖收國二年（宋政和六年，遼天慶六年，西元一一一六年），攻拔遼東京遼陽府，盡取勃海故地。金太祖天輔二年（宋重和元年，遼天慶八年，西元一一一八年），遼遣使與金議和，冊金太祖為東懷國王，金太祖大怒。翌年，金太祖自將伐遼，拔遼上京。

◆ 金朝世系

　　金自太祖建國至哀宗為蒙古所滅，凡五世九主，歷一百二十年（西元一一一五年至西元一二三四年）而亡。

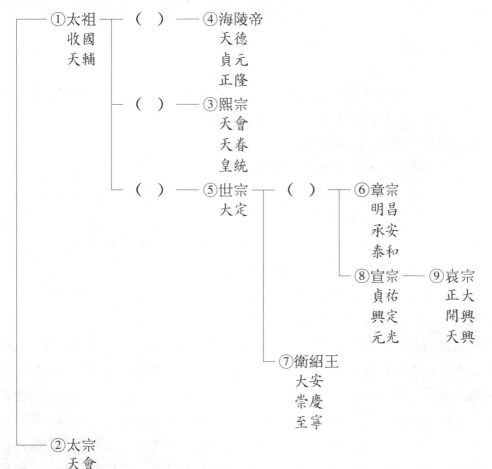

◆ 宋金聯盟滅遼

政和元年（遼天慶元年，西元一一一一年），宋遣鄭允中、童貫使遼，燕人馬植潛見貫於途中，獻聯結女真夾攻遼朝之策，貫攜植俱歸，奏聞其事，徽宗納之，賜植姓名趙良嗣，始議與金聯盟。

重和元年（金天輔二年，遼天慶八年，西元一一一八年），宋遣趙良嗣浮海使金，約聯盟攻遼。金許之，遣勃海人李善慶為使，與良嗣赴宋報聘。

宣和二年（金天輔四年，遼天慶十年，西元一一二○年），宋復遣良嗣赴金議夾攻遼朝事項：

一、宋、金夾攻遼朝，金取中京，宋取燕京。

二、事定後，以燕京一帶漢地歸宋，宋以輸遼歲幣五十萬兩匹與金。

三、西京道俟金俘獲天祚帝後歸宋。

四、遼平州路原屬燕京地方，亦以歸宋。

五、金兵自松亭（河北省遷安縣西北）趨古北口，宋兵自雄州趨白溝，二軍夾攻，不可違約，違約則難依已定之約。

良嗣又與金將粘罕約定六事：

一、宋兵不得過松亭、古北、榆關（即渝關）。

二、宋、金二國略取遼地，以松亭、古北、榆關為界。

三、不得單獨與遼講和。

四、宋軍先取西京道蔚、應、朔三州，餘州俟俘獲天祚帝歸還。

五、宋取燕京，金不得取燕京係官錢物。

六、事定之後，於榆關東置榷場。

粘罕為金太祖從弟，善用兵而好殺。

宋徽宗宣和四年（遼保大二年，金天輔六年，西元一一二二年），金人攻取遼中京及西京，遼天祚帝避兵入夾山，遼林牙耶律大石與奚王蕭幹及百官擁立天祚帝從叔南京留守耶律淳，即位於燕京，號天錫皇帝，改元建福。時金屢勝遼軍，多殺遼人，天祚帝乃立怨軍，欲使之報怨，然怨軍未嘗報怨，且乘隙為亂，天祚帝與群臣謀誅怨軍除患，怨軍乃殺其首領降於幹。淳既立，改怨軍為常勝軍，仍命幹統之，委幹及大石以軍旅之事，貶天祚帝為湘陰王，據有全燕之地，史稱北

遼，而以天祚王朝為殘遼。淳遣使報宋，許除歲幣，約共禦金，時宋與金約共攻遼，不許，並集大軍十五萬於宋遼邊境，以太師領樞密院事童貫為陝西河東河北路宣撫使，少保蔡攸副之，欲乘機一舉恢復燕雲。

是年五月，貫至雄州，部署大軍為東、西二路，以种師道總東路軍，辛興宗總西路軍，會攻燕京。淳命幹與大石將兵禦之，師道與大石戰於白溝，興宗與幹戰於范村（河北省涿縣西南），宋軍二路皆敗，遼軍追至雄州而還。徽宗聞北伐軍敗，甚懼，詔班師，令諸將分屯。會淳殂，幹立其妃蕭氏權主軍國事，號皇太妃，改建福元年為德興元年。七月，宋宰相王黼聞淳殂，復命貫、攸進兵，遼常勝軍大將郭藥師以涿、易二州降宋，淳妻蕭氏亦奉表納款。徽宗大喜，詔以幽州為燕山府，合薊、涿、檀、易、景（景州自薊州分置）、平、營諸州為燕山府路，又以雲州為雲中府，合媯、儒、應、寰、朔、蔚、奉聖（遼以新州為奉聖州）、歸化（遼以武州為歸化州）等州為雲州府路，實則除涿、易二州外，但立虛名而已。

貫、攸以遼衰微，欲乘勢滅之。是年十月，復自雄州進兵，以劉延慶為都統制，總兵二十萬攻燕。延慶兵至新城，遣郭藥師領常勝軍間道襲燕京。時蕭幹將兵拒延慶於外，燕京空虛，宋兵遂入燕，大殺遼人，蕭后聚兵入子城拒守，密召幹自城外統兵入援，藥師俟援兵不至，遂敗退。延慶進軍至盧溝河，去燕京城二十里，為幹所襲，既而聞藥師兵敗，燒營而遁，宋軍大潰，幹追宋軍至白溝，宋軍復大敗，自相蹈藉而死者無數，軍實委棄滿野，自熙寧、元豐以來蓄積幾盡喪於是役。

貫攻燕，再敗於遼軍，懼得罪，遣使請金出師攻燕。十二月，金太祖自將伐遼，自居庸關入。蕭后聞居庸失險，留宰相左企弓守燕，自與耶律大石夜率契丹奔夾山依天祚帝，天祚帝取蕭后殺之，蕭幹率奚、勃海諸軍入奚，其後為郭藥師所破，兵敗而死。金兵遂入燕，宋遣趙良嗣至金軍前請燕雲地，金太祖以宋軍不能如約夾攻，不依原約。宋自知理屈，且以國力不敵，乃於宣和五年（金天輔七年，遼保大三年，西元一一二三年）春，遣良嗣與金另訂新約：

一、以輸遼歲幣銀絹五十萬兩匹與金。

二、宋另歲輸燕京代稅錢一百萬緡與金。

三、除宋已得涿、易二州外，金以燕京及檀、順、薊、景四州歸宋。

是夏四月，宋軍入燕，然燕京子女玉帛職官皆為金取去，宋所得者空城而已。

金人又索取糧十萬石，作為金攻取西京賞軍費，宋亦與之，金雖許將西京歸宋，然遲遲未交割。金太祖自居庸出關，改平州為南京，以張覺為南京留守，命粘罕將兵駐雲中以備邊。是年八月，金太祖崩於渾河（桑乾河上游，今山西省渾源縣北）之北，弟太宗吳乞買立，改元天會。

是歲，夏國王李乾順請遼天祚帝幸其國，天祚帝許之，既渡河，復悔，又渡河東還，居於呂突不部。遼保大四年（宋宣和六年，金天會二年，西元一一二四年）春，金兵攻之，復棄營北走，得陰山室韋援兵，兵勢復振，遂欲出師恢復燕雲，耶律大石諫之不聽，大石因率所部西去，立國於西域，是為西遼。遼保大五年（宋宣和七年，金天會三年，西元一一二五年），天祚帝率諸軍出夾山，與金人戰，復敗，走至應州新城東六十里，為金將完顏婁室所俘，遼朝遂亡。

第二十一章　宋金對峙

一、北宋滅亡與南宋的建立

◆ 北宋滅亡

　　金太宗為太祖母弟，性果決有度量，太祖起兵，太宗內則參決大計，外則親冒矢石，協調將帥。金太祖時，以太宗為諳班勃極烈，諳班之義為大，金朝諸帝皆由諳班勃極烈繼統，凡儲君必居其位。

　　宋金聯盟之初，金以宋為大國，頗為重視，然宋兵伐遼，每戰輒敗，漸引起金人的輕侮。金太祖平燕，盡取其財帛人民，但以空城遺宋，燕人安土重遷，乃說金帥粘罕，謂燕為形勝之地，豈可與人？粘罕然之。遼遺臣亦恨宋背盟，遼相左企弓嘗上金太祖詩云：「君王莫聽捐燕議，一寸山河一寸金。」（徐夢莘三朝北盟會編卷一四引馬擴茅齋自敘）故金太祖時，金諸將已有背盟之意。金使每至宋，宋輒誇示以富庶，由是益啟金人覬覦之心。

　　金人伐宋，係以宋容納叛將張覺為藉口。覺本平州裨將，遼末，平州軍亂，擁覺領州事，金人入燕，以覺為平州節度使。金人遷燕人北歸，燕人不勝悲苦，道過平州，群訴於覺，請覺以平州附宋，遣燕人歸，俾燕人得免流徙。覺乃殺遼故相左企弓，盡遮取燕人北遷者以叛金。宋宣和五年（金天輔七年，西元一一二三年）六月，覺以平州附宋，欲倚宋為援，宋貪得平州，納之，以覺世襲平州節度使，遣覺弟齎詔敕，又命燕山府宣撫司輸銀絹數萬兩匹往平州犒軍。覺出迎，金人知之，金將斡离不率千騎突襲平州，覺不及入城，遂奔燕京，匿於郭藥師家，覺母、弟及宋朝誥命俱為金人所得。金人圍平州，平州將士奉覺從弟及姪以拒金，宋但坐視不敢救，金人遂破平州，索覺不得，乃移文至燕山宣撫司責宋誘納叛亡，有違盟誓，徽宗命宣撫司斬一人貌似覺者與之，金人知其詐，求索愈急，宋不得已，斬覺與金。藥師與覺皆遼人，覺死而藥師不自安，陰有叛宋之意。

　　斡离不乘機索取叛亡入宋戶口，又借糧二十萬石，宋皆不與，金人大怒。及

金太祖卒，遼降臣耶律余睹、蕭慶、劉彥宗、時立愛等皆勸太宗南伐，謂宋軍怯弱，師不必眾，可一戰而定，太宗然之。

宋徽宗宣和七年（金天會三年，西元一一二五年）十月，金太宗下詔伐宋，以皇弟諳班勃極烈斜也兼領都元帥，粘罕為左副元帥，斡离不為右副元帥，率軍二道南侵。粘罕軍自雲州取太原，期克太原而後南取洛陽，與斡离不會師攻汴，是為西軍；斡离不率軍自平州入燕山，取道鎮、定南攻汴京，是為東軍。

時宋領樞密院事童貫宣撫河東，駐兵太原，遣辛興宗、馬擴至粘罕軍前議割蔚、應二州，粘罕已嚴兵待發，遣使至童貫軍前責宋渝盟，命速割河北、河東於金以求和，貫聞之氣奪，不知所為，知太原府事張孝純勸貫會諸路將士合力守禦，貫不從，遂遁歸。

粘罕引兵下朔州，圍太原，孝純竭力固守，金兵不能克。自宋宣和七年（金天會三年，西元一一二五年）十二月至靖康元年（金天會四年，西元一一二六年）九月，凡固守二百六十日而後陷。

斡离不軍至三河（河北省三河縣），郭藥師率常勝軍與戰，敗而降金，金遂盡陷燕山所屬州縣。斡离不既得常勝軍，兵力大增，又盡知宋朝國防虛實，以藥師為嚮導，懸軍深入。十二月，越中山府（河北省定縣），南趨汴梁。徽宗禪位於太子桓，是為欽宗，詔諸路軍勤王，改明年為靖康元年，徽宗自稱道君皇帝。靖康元年（金天會四年，西元一一二六年）正月朔，詔中外臣僚直言得失。時宋主屢下直言之詔，然事少緩則又沮抑之，言路遂塞。是月，斡离不擊潰宋黃河守軍，渡河圍汴，欽宗議幸襄、鄧，兵部侍郎李綱力主堅守，欽宗從之，擢綱為尚書右丞御營京城四壁守禦使，部署汴京防務，命知樞密院事李梲為計議使，至金軍前議和。斡离不以西軍未至，東軍勢孤，乃許和，提出下列條款：

一、宋輸黃金五百萬兩、銀五千萬兩、表緞及絹各一百萬匹、牛馬騾各一萬頭、駱駝一千匹。

二、割太原、河間、中山三鎮，以此為二國疆界。

三、歸燕人之在宋者。

四、以親王宰相為質。

五、宋主尊金主為伯父，文書往來依伯姪禮儀。

六、金軍還，宋軍不得邀擊。

　　時宋諸路勤王之師雲集汴京城外，號二十萬，兵勢頗振，而斡离不圍汴者不過六萬。宋以援軍雲集，對金所提條款猶豫不決。

　　欽宗以种師道為河北河東京畿宣撫使，姚平仲為宣撫司都統制。師道及平仲皆陝西驍將，久歷戎陣，勤王兵皆歸其節制。二月初一日夜，平仲率步騎七千劫金人寨，中伏大敗，平仲亡去，欽宗乃罷綱及師道，以宇文虛中為簽書樞密院事，往金軍前乞和，下詔割三鎮與金，並以太宰張邦昌及皇弟肅王樞為質，金兵乃退。是役汴京被圍凡三十三日。

　　斡离不之能懸軍深入，迫宋訂城下之盟，郭藥師之功居多。斡离不以常勝軍一叛天祚，再叛宋朝，反覆無常，歸燕後即奪其兵器，遣回遼東，至松亭關，無老少皆殺之，獨以藥師為南京留守。

　　當李綱及种師道罷時，太學生陳東等上書請復用綱及師道，軍民不期而集者數萬人，於是綱、師道皆起復。及金兵退，宋君臣復悔割三鎮。欽宗以綱知樞密院事，師道為河東河北宣撫使，姚古為河東制置使，將兵六萬出河東，師道弟師中為河北制置副使，將兵九萬出河北，分兵二道以援太原。靖康元年（金天會四年，西元一一二六年）五月，師中自真定出平定軍（山西省平定縣），進抵胡林，去榆次（山西省榆次縣）三十里，為金兵所乘，宋軍大潰，師中戰死。古自河東出威勝軍（山西省沁縣），與金軍戰於盤陀（山西省太谷縣南盤陀鎮），宋軍復潰，古遁去。宋復罷師道，以綱代為宣撫使，出屯懷州，分軍三路援太原，以王淵、劉鞈出平定軍，解潛、折彥質出威勝軍，張灝、折可求出汾州，既而三路兵皆潰，太原失守，因罷綱宣撫使，出知揚州。

　　金太宗以宋悔割三鎮，復令粘罕、斡离不率軍南伐。是年八月，斡离不率軍自燕京南下，十一月，渡河圍汴，分兵於汴京外圍遏宋援軍，由是援兵不至。粘罕於八月赴太原軍前，九月，攻陷太原，十一月，南下澤州、懷州，渡黃河，是月三十日，粘罕與斡离不會師圍汴。汴城廣大，守軍不滿十萬❶，而种師道已死，城中無復有知兵宿將。金軍合圍以後，即展開猛烈攻擊，至閏十一月廿五日汴京城陷，守禦凡二十六日。

---

❶　靖康元年正月种師道入對：「京城周圍八十里，如何可圍？城高數十丈，粟支數年，不可攻也。」（會編卷三〇）又鄧肅靖康行：「帝城周遭八十里。」（會編卷一〇〇）又會編卷六六靖康元年閏十一月四日乙未：「時京師兵不滿十萬而勤王之師迄無至者。」

　　金人克汴後，遣使索取財物無度，欽宗盡括汴城公私金銀縑帛以予之。金又索騾馬及少女，欽宗盡括御馬以下七千匹及民女、宮嬪與之，宮嬪不肯出宮就敵，赴池水而死者甚眾。除金銀、財寶、騾馬、美女外，舉凡禮物、法器、秘閣圖籍、百官工匠，皆被搜括一空。徽宗收藏古玩文物甚豐，亦盡為劫掠，華人男女被驅北去者十餘萬人。金人既歸，營中遺留殘物甚多，秘閣圖籍狼藉，金帛遍地，踐之如糞土，寶貨、表緞、米麥、豬羊流散不可勝計，宋代百餘年府庫蓄積為之一空。

　　金天會五年（宋靖康二年，西元一一二七年）二月六日，金遷宋二帝、后妃、諸王、宗室於軍中。三月初七日，金二帥選立宋太宰張邦昌為帝，國號大楚，都於金陵，統治黃河以南宋朝舊疆，為金朝附庸，歲向金納銀十五萬兩、絹十五萬匹。邦昌要求金不毀趙氏陵廟，罷括金銀，存汴京樓櫓，借東都三年，乞金兵班師，金皆許之。

　　是年四月一日，金人脅徽宗、欽宗、皇后、太子、親王、妃嬪、宗戚及大臣何㮚、孫傅、張叔夜、秦檜等凡三千餘人北去，至燕京，金封徽宗為昏德公，欽宗為重昏侯，其餘親王、宗戚、士族，皆充作奴婢，供應役使。

　　宋以中原大國，經熙寧變法，國力殷盛，然一年之中，國都二次被圍，終於城破國亡，推究其因，可得下列數端：

一、用事者如蔡京、王黼、童貫、梁師成等，皆貪昧小人，但知謀身，不知謀國。

二、軍隊冗弱，徒費廩糧，盡耗國本，如伐燕之役，劉延慶將大軍十餘萬，蕭幹縱萬騎擊之，一戰而潰。延慶為陝西宿將，北伐軍皆當時禁旅精銳，猶且如此，其餘可知。

三、官吏擾民，以花石綱為例，民因此而破產者甚眾。

四、宮廷生活豪侈，民力困竭，不知修政恤民，徒以富有誇敵，適足以啟敵人覬覦之心。

五、宋人好議論而無定見，和戰之議不決，事急則詔求直言，事緩則閉塞言路，故民心離散，與敵以可乘之機。

六、君臣昧於大勢，貪求小利，不自量國力強弱，輕背盟約，納張覺之降，終予金人以藉口，而招致靖康之禍。

◆ 南宋的建立

張楚的建立，主要因金人立國基礎未固，驟得中原，自度力不足以統治，又憤宋朝屢次敗盟，乃決意滅之而立異姓以收拾殘局。金人飭立邦昌命令甚急，金二帥限宋朝遺臣於三日內擁立邦昌，否則屠城。邦昌即位後，不受朝賀，不用天子禮儀，金人來則易天子服以見之。及金人退兵，邦昌乃自去帝號，迎立元祐皇后垂簾聽政，仍自稱太宰，遣使向康王勸進，以俟復辟，總計邦昌被立為帝凡三十二日。

元祐皇后諡號曰昭慈聖獻皇后，孟氏，為哲宗皇后。哲宗寵劉婕妤，婕妤陰欲奪嫡，屢譖孟后於哲宗，於是哲宗廢孟后，出居瑤華宮，號華陽教主玉清妙靜仙師，立劉婕妤為皇后，久而哲宗悔之，詔孟后復位，時人號劉后曰元符皇后，孟后曰元祐皇后。徽宗即位，復廢孟后居瑤華宮，靖康初，徙居延寧宮，又出居相國寺前私第。金人陷汴京，虜徽、欽二帝北去，六宮有位號者皆北遷，孟后以廢獨存，至是邦昌迎之聽政，仍號元祐皇后。

康王名構，徽宗第九子。金兵第一次圍汴，索親王、大臣為質，欽宗遣康王詣金營，康王舉止從容，金人疑非親王，另索肅王樞為質，放康王歸。靖康元年（金天會四年，西元一一二六年）八月，金兵二次南侵，復索康王為質，欽宗詔康王復出使北上。十一月，康王至磁州，知磁州宗澤勸康王勿復北上，康王遂留磁州。閏十一月，金人圍汴，欽宗遣使齎蠟丸書命康王為河北兵馬大元帥，以知相州汪伯彥及宗澤為副元帥，命號召諸路兵入援，兵未至而汴京已破，康王乃駐節於南京（河南省商邱縣南），遣宗澤統兵萬人駐澶州。靖康二年（金天會五年，西元一一二七年）五月一日，康王受宋遺臣勸進，即位於南京，是為南宋高宗，改靖康二年為建炎元年，上元祐皇后尊號曰隆祐太后。

宋高宗即位之初，頗思恢復，起用李綱為相，委以大政，以宗澤為汴京留守，委以恢復之任。高宗用綱議，貶張邦昌於潭州，尋賜死。綱在相位，頗上疏言時政得失，如修軍政、變士風、裕財用、寬民力、改弊法、省冗官等。既而高宗畏金人之逼，乃罷綱，綱為相凡百日而罷。

◆ 南宋世系

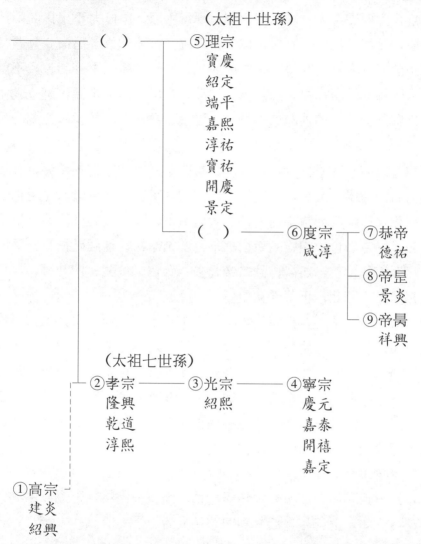

南宋自高宗繼統至恭帝國滅，凡七世七主，歷一百五十年（西元一一二七年至西元一二七六年），若至帝昺崖山覆亡，凡九主，歷一百五十三年（西元一一二七年至西元一二七九年）。

◆ 金人南侵

建炎元年（金天會五年，西元一一二七年）十一月，金左副元帥粘罕以宋殺張邦昌為藉口，復糾諸酋分道伐宋。粘罕自將西路軍，自雲中下太行，至河陽渡河攻河南；右副元帥窩里嗢（是年斡离不薨，以窩里嗢代為右副元帥）與其弟兀朮將東路軍，自燕山由滄州渡河攻山東，分兵取淮南；以萬戶婁室為陝西先鋒都統，自河東渡河攻陝西。高宗知金兵必出，南幸揚州以避敵。

粘罕既渡河，進據氾水關以攻汴京，宗澤堅守不能下，粘罕令其將銀朮可分兵攻拔鄧（河南省鄧縣）、陳（河南省淮陽縣）、汝（河南省臨汝縣）、蔡（河南省汝南縣）諸州，窩里嗢攻陷青（山東省益都縣）、濰（山東省濰縣）諸州，於是淮河以北州縣，除汴京外，相繼為金軍所破。婁室自慈、隰引兵南至河中府，宋軍阨守大河西岸，金軍不得渡，乃引軍循河北上，自河津（山西省河津縣）乘夜渡河，破韓城（陝西省韓城縣），攻陷同州（陝西省大荔縣）、華州（陝西省華縣），分兵東陷潼關，西破長安、鳳翔。

建炎二年（金天會六年，西元一一二八年）七月，宗澤卒，以杜充為汴京留守，粘罕復對宋發動攻擊，與窩里嗢會師於黎陽，合力伐宋，期必得宋高宗，滅宋另立藩輔。金軍自黎陽渡河，攻陷濮州，連陷大名、開德（河北省濮陽縣）、東平（山東省東平縣）、濟南（山東省歷城縣）、泰安（山東省泰安縣）諸郡。高宗時駐蹕揚州，以黃潛善、汪伯彥為相，潛善、伯彥無治劇才，而大盜李成乘亂為盜於江淮間。潛善、伯彥探報不明，以金軍為李成餘黨，無足為慮。金人知揚州無備，每偽稱李成餘黨以緩宋師。

建炎三年（金天會七年，西元一一二九年）正月，金軍自山東南下破徐州，韓世忠屯淮陽軍（江蘇省邳縣），畏金人之逼，退屯鹽城（江蘇省鹽城縣）。二月初，金兵迫臨天長軍（安徽省天長縣），高宗自揚州渡江至京口，民隨高宗渡江而南者甚眾。金兵猝至瓜洲（江蘇省江都縣南瓜洲鎮），民未渡江者尚十餘萬，為金兵所蹙，溺水而死者不可勝計，金兵遂入揚州，既而自揚州退軍。高宗南幸杭州，以州治為行宮，改杭州為臨安府。命呂頤浩守江寧，劉光世守京口，張俊守吳江（江蘇省吳江縣），張浚守秀州（浙江省嘉興縣），罷黃潛善、汪伯彥，以朱勝非為相。是年三月，以宿將王淵簽書樞密院事，御營副都統制苗傅、劉正彥以怨望

而反，殺淵，脅高宗傳位於太子旉。旉時僅三歲，傅、正彥脅隆祐太后垂簾聽政，於是光世、頤浩、浚、世忠皆起兵討之。光世、頤浩與浚會軍於秀州，傅、正彥兵敗。四月，高宗復辟，以頤浩為相，浚知樞密院，傅為淮西制置使，正彥副之。傅、正彥畏罪，率軍南走，高宗命世忠擒斬之。

　　高宗既復辟，改江寧府為建康府，還駐建康。是年七月，東京留守杜充棄汴京歸。閏八月，高宗復南幸吳越避兵，以光世為江東宣撫使，屯江州（江西省九江縣），世忠為浙西制置使，屯江陰（江蘇省江陰縣），杜充為建康留守，盡護守江諸將。是年十月，金以兀朮為帥，統兵南侵。兀朮分兵二道，一道自和州（安徽省和縣）攻江東，一道自蘄（湖北省蘄春縣）、黃（湖北省黃岡縣）攻江西。兀朮自將大軍自和州渡江攻建康，杜充率步騎六萬與兀朮戰於建康城西二十里，宋軍大潰。充渡江北走，兀朮遂克建康，遣使誘充降，於是宋江防盡撤。高宗聞充敗，大恐，宰相呂頤浩進航海之策，以為金多騎兵，不習舟楫，必不能乘舟襲我，且江浙地熱，勢難久留，俟其退兵，還復兩浙，彼出我入，彼入我出，此用奇制敵之術。高宗從之，自越州（浙江省紹興縣）趨明州（浙江省鄞縣）入海至溫州（浙江省永嘉縣），駐蹕江心寺。

　　兀朮既克建康，自廣德軍（安徽省廣德縣）入獨松關（浙江省吉安縣南），進克杭州，遣精騎追高宗，至越州，高宗已幸明州，金兵復自越州趨明州。建炎四年（金天會八年，西元一一三○年）正月初二日，金兵攻克明州，高宗已自海道避去，金兵窮追至昌國縣沈家門（浙江省定海縣東南九十里），度不能及，乃還。

　　金兵另道入江西者連敗宋兵，所至輒克，遂屠洪州（江西省南昌縣），轉掠袁州（江西省宜春縣）、瑞州（江西省高安縣），沿途焚掠，城鎮為墟。轉兵入湖南，攻破潭州，屠其城。

　　是年二月，兀朮自杭州退兵，行前縱兵大掠，大火三日不絕。時宋浙西制置使韓世忠屯兵鎮江，兀朮自帥大軍十萬北上，世忠以兵阨於江口，金兵不得渡，遂自鎮江乘舟泝流西上，世忠亦率舟師緣北岸泝流以阨之。世忠力戰，其妻梁紅玉親執桴鼓，宋軍士氣大振，金人不習水戰，不能得志。兀朮軍至黃天蕩（江蘇省江寧縣東北八十里），掘老鸛河故道以通秦淮水，自建康渡江北去。世忠率舟師追之，兀朮命軍以火箭射世忠舟，舟皆著火，宋軍焚死及溺斃者不可勝數。兀朮遂渡江，屯於六合（江蘇省六合縣），高宗亦北返杭州。是役宋軍雖敗，而金軍為

宋軍所阨不得渡江者凡四十八日❷，對宋軍士氣頗收激揚之效。

　　婁室所將金軍自建炎元年（金天會五年，西元一一二七年）入陝西，陝西名府大邑幾盡為金兵所破，然金兵去則復為宋守。建炎三年（金天會七年，西元一一二九年）六月，宋以張浚為江淮荊湖川陝宣撫處置使，將兵入陝。浚至興元府（陝西省南鄭縣），聞兀朮渡江南下，乃返兵入衛，至房州（湖北省竹山縣），聞金兵已北歸，復將兵入陝。兀朮慮婁室勢孤，亦率軍入陝援之。

　　建炎四年（金天會八年，西元一一三〇年）八月，張浚謀復長安，與兀朮戰於富平（陝西省富平縣）。浚合熙河、涇原、秦鳳、環慶、鄜延諸路軍凡四十萬、騎兵七萬，軍容甚盛，婁室率金軍直前擊環慶軍，環慶經略使趙哲率軍先遁，諸路軍皆潰，浚乃收軍退屯興州（陝西省略陽縣），命吳玠扼守大散關（陝西省寶雞縣西南），陝西五路遂陷於金。玠有智略，善用兵，富平之戰，玠知鳳翔府，臨戰說浚宜據高阜以阻敵騎的衝突，浚以為宋軍數倍於金軍，又前臨葦澤，非騎兵所利，不聽。及戰，婁室令軍囊土填淖而過，宋軍出不意，遂敗潰，浚歸罪於趙哲，斬之以徇。紹興元年（金天會九年，西元一一三一年）十月，兀朮復率兵攻和尚原（和尚原在大散關東），玠與弟璘大破之，川中賴以保全。

---

❷　宋史韓世忠傳云：「撻辣在濰州，遣字菫太一趨淮東以援兀朮，世忠與二酋相持黃天蕩者四十八日，太一孛菫軍江北，兀朮軍江南。」然按要錄所載，兀朮以建炎四年三月丁巳（十五日）至鎮江，始與世忠相持於江上，四月癸未（十二日），世忠敗金人於黃天蕩，戊子（十七日），捷奏至行在，丙申（二十五日），兀朮敗世忠於江中，絕江而去。自三月丁巳至四月丙申，世忠與兀朮相持江上凡四十。又要錄卷三二建炎四年三月丁巳注云：「宗弼至京口不得其日，案世忠碑（趙雄撰）云相持四十有八日，而趙甡之遺史，世忠以四月丙申敗於建康，逆數之，其初與宗弼相遇當在三月戊申、己酉之間。據諸書，宗弼以三月癸卯去平江，壬子陷常州，則到鎮江又必在壬子之後數日，以時計之，疑是三月十八日（庚申）。」按李心傳推算，兀朮若果以三月十八日到鎮江，至四月二十五日兀朮敗世忠北去，則兩軍相持於江上僅三十七日。

二、南宋初期安內與攘外

◆ 偽齊一現

建炎四年（金天會八年，西元一一三〇年）七月，金遣西京留守高慶裔冊立知東平府劉豫為子皇帝，國號大齊，統治淮水以北、黃河以南及關陝等地。九月，豫即位於大名，建元阜昌。豫景州阜城（河北省阜城縣）人，世業農，登宋元符中進士，宣和末，為河北西路提刑按察使。金人南侵，豫棄官避亂儀真（江蘇省儀徵縣），建炎二年（金天會六年，西元一一二八年），起復知濟南府，豫以北方擾亂，請易東南一郡，宋朝不許，金左監軍撻懶攻濟南，豫遂以濟南降金，金以豫知東平府，豫子麟知濟南府。時金亟謀滅宋，另立藩輔為金附庸，金將撻懶鎮山東，豫父子謹事之，重賂以求封，豫由是用撻懶之薦而得冊立。

紹興二年（金天會十年，西元一一三二年），豫遷都汴京，仍以大名為北京，以東平為東京，降宋南京應天府為歸德府。以張孝純為宰相，弟益為北京留守，以子麟為尚書，總攬政事，宋遣臣失節歸附者甚眾。南宋以國基未固，頗畏之，待以敵國之禮。

當時淮水流域多為劇盜所據，宋不能平之，因授以官爵，羈縻而已。此輩劇盜一面受宋官爵，一面陰與齊通聲氣，兼用紹興、阜昌年號，挾以自重，宋深受其擾。紹興元年（金天會九年，西元一一三一年），大盜李成為宋將張俊所破，走附劉豫。紹興三年（金天會十一年，西元一一三三年），豫遣成攻陷宋鄧、唐（河南省唐河縣）、隨（湖北省隨縣）、郢（湖北省鍾祥縣）等州，又攻陷襄陽府。金遣使至宋求長江以北之地以益封齊，宋不許。紹興四年（金天會十二年，西元一一三四年），宋將岳飛收復郢州及襄陽，進復唐、隨、鄧等州，成遁走，於是豫請援於金，金調勃海、漢軍五萬人以援之。金太宗以兀朮嘗渡江，習知江南險易，命兀朮將前軍。豫與金兵分道渡淮，金軍至天長，與宋將韓世忠戰於大儀鎮（江蘇省江都縣西七十里），世忠大破之，史稱南宋中興武功第一。

大儀之戰後，金軍為宋軍所扼，不得進者累月。兀朮屯兵天長，是冬大雨雪，糧道不通，野無所掠，至殺馬而食，會金太宗病篤，兀朮乃引兵歸，齊軍亦北還。

紹興五年（金天會十三年，西元一一三五年），金太宗崩，熙宗亶立，仍用天會年號。紹興六年（金天會十四年，西元一一三六年），劉豫上表於金，請立其子麟為太子，金不許，轉令伐宋以建功。於是豫征鄉兵三十萬，號七十萬，分三道大舉侵宋。是年九月，豫以子麟將中軍，由壽春犯廬州（安徽省合肥縣），以姪猊將東軍，出渦口（安徽省懷遠縣東北渦水入淮之口）犯定遠（安徽省定遠縣），以劇盜孔彥舟將西軍，由光州（河南省潢川縣）犯六安（安徽省六安縣）。宋以宰相張浚視師江上，開督府於建康，督諸路軍以禦之。當時宋之兵力，集中於防淮，以韓世忠駐楚州（江蘇省淮安縣），劉光世屯廬州，張俊屯盱眙，岳飛屯襄陽。是冬十月，猊引兵至淮東，阻世忠之兵，不敢進，復引兵還順昌（安徽省阜陽縣）。麟引兵渡淮，克壽春，進逼廬州，光世棄廬州，欲渡江而東，浚遣使止之於采石（安徽省當塗縣西北二十里），督光世復還廬州。俊發兵拒麟，浚遣大將楊沂中率兵援之。

　　猊聞麟已克壽春，又自順昌欲犯建康，與沂中之軍遇於藕塘（安徽省定遠縣東六十里），猊據險列陣，沂中軍少，恐為所乘，率軍直前，力戰奮擊，猊軍大潰，遁去。麟在廬州，聞猊軍潰，走歸壽春，彥舟圍光州未下，亦引兵歸，中原大震。

　　劉豫自藕塘失利，金乃謀欲廢之。紹興七年（金天會十五年，西元一一三七年），豫復上表於金，乞發兵助齊以侵江淮，金熙宗陽許之，命兀朮偽稱南伐，實以襲齊。兀朮將至汴，先召劉麟議事，麟至，為兀朮所執，遂將親兵馳入汴京，迫豫出見，廢為蜀王，囚於金明池（在汴京城西），遷其家屬於臨潢府。

◆ 削平群盜

　　南宋初期，國用窘乏，賦斂急迫，民多流亡，加以潰兵為患，所在盜賊嘯聚，北起河、淮，南至閩、浙、嶺南，皆為盜區。建炎、紹興間，群盜勢力之大者，襄漢有桑仲，湖南有鍾相、孔彥舟、劉忠，湖北有張用，福建有范汝為，長江有邵青，洞庭有楊么，而李成尤強悍，據江淮湖湘十餘州，連兵數萬，有席捲東南之意。桑仲初據淮安（江蘇省淮安縣），西陷襄陽、均（湖北省均縣）、房（湖北省竹山縣）諸郡，欲西入蜀就食，為王彥所破。鍾相初據武陵（湖南省常德縣），以左道惑眾，自稱楚王，其後為孔彥舟所破，劉豫僭立，彥舟往投之。邵青初起楚、泗間，眾至數萬，聚舟船往來江中，沿江諸郡，大受其擾，朝廷不能制。劉

忠初起山東，勇悍善戰，自黥其面，號花面獸，其後進據潭、岳（湖南省岳陽縣）之間。張用初與曹成、馬友、李宏等並起於河南，受撫於京城留守宗澤，既而復反，杜充為留守，復受撫。充畏其勢盛，遣軍襲之，用等遂去充，轉掠河淮荊襄之間。用屯確山（河南省確山縣），下徹光、壽等州，據千里之地，以其眾多，時號張莽蕩。曹成、馬友、李宏等與用別軍，受撫於知鄂州李允文，既而復反，南寇湖南，破孔彥舟於潭州，彥舟北走依劉豫，於是友據潭州，宏據岳州，成據道州。

　　紹興元年（金天會九年，西元一一三一年），以張俊為江淮招討使，與通泰鎮撫使岳飛討李成。成時屯江州，其將馬進據筠州（江西省高安縣）、臨江軍（江西省清江縣），俊以飛為先鋒，與進戰於筠河，大破之，遂復筠州、臨江軍，進奔江州與成合軍，俊進擊，復大破之，成走蘄州（湖北省蘄春縣），與俊戰於黃梅（湖北省黃梅縣），復為俊所破，走附劉豫。時張用擁眾五萬屯於瑞昌（江西省瑞昌縣），俊既擊破李成，使岳飛招之，用遂降，俊親揀其精銳為軍，遣其老弱。而浙西安撫大使劉光世亦招降長江水寇邵青，以青為樞密院水軍總制。

　　是歲，范汝為據建州（福建省建甌縣）反，以韓世忠為福建江西荊湖宣撫副使，將兵討之。紹興二年（金天會十年，西元一一三二年），世忠破建州，汝為自焚死，汝為將葉諒率所部犯邵武軍（福建省邵武縣），世忠擊斬之，餘眾悉平。時曹成在道州，詔以岳飛權湖東安撫使，與世忠並討湖南諸寇。成進犯嶺南，飛進擊，破之於賀州（廣西省賀縣）境上，成率餘眾走廣西，飛追擊輒破之，成北走邵州（湖南省寶慶縣），會世忠引兵至豫章（江西省南昌縣），遣其將董旼往招之，成以其眾降。世忠將兵入湖南，李宏引兵入潭州，殺馬友，並將其眾降於世忠，世忠盡併其軍，進討劉忠，破之於岳州之臥龍岡，復破之於潭州之白面山，忠聚眾走淮西，為世忠將解元所襲，敗走附劉豫，於是劇盜僅存者為洞庭楊么。

　　紹興五年（金天會十三年，西元一一三五年），湖北荊襄潭州制置使岳飛奉命剿湖寇楊么。

　　飛字鵬舉，相州人，少負氣節，以應募從軍。建炎初，隸河北招撫使張所麾下，從招撫司都統制王彥轉戰河北，後隸京城留守杜充，充以飛為統制❸。充為

❸　宋史岳飛傳：「岳飛字鵬舉，相州湯陰人，世力農。父和，能節食以濟饑者，有耕侵其地，割而與之，貸其財者不責償。飛……少負氣節，沈厚寡言，家貧力學，尤好左氏春秋、

建康留守，飛隨充屯建康。金人渡江，飛從都統制陳淬將兵禦之，充軍潰，飛引所部入茅山，移屯廣德軍之鍾村，復移屯宜興（江蘇省宜興縣）。建炎四年（金天會八年，西元一一三〇年），金人焚建康府北去，飛引所部邀擊，破之於靜安，遂入建康，以功授通泰鎮撫使，屯泰州（江蘇省泰縣）。金人入侵，飛率軍渡江，屯於江陰。紹興元年（金天會九年，西元一一三一年），從張俊討李成，成敗奔劉豫。

孫吳兵法。生有神力，未冠，挽弓三百斤，弩八石，學射於周同，同死，朔望設祭於其家，父義之，曰：『汝為時用，其殉國死義乎！』宣和四年，真定宣撫劉韐募敢戰士，飛應募。相有劇賊陶俊、賈進和，飛請百騎滅之，遣卒偽為商入賊境，賊掠以充部伍。飛遣百人伏山下，自領數十騎逼賊壘，賊出戰，飛陽北，賊來追之，伏兵起，先所遣卒擒俊及進和以歸。康王至相，飛因劉浩見，命招賊吉倩，倩以眾三百八十人降，補承信郎，以鐵騎三百往李固渡嘗敵，敗之。從浩解東京圍，與敵相持於滑南，領百騎習兵河上，敵猝至，飛麾其徒曰：『敵雖眾，未知吾虛實，當及其未定擊之。』乃獨馳迎敵。有梟將舞刀而前，飛斬之，敵大敗。遷秉義郎，隸留守宗澤，戰開德、曹州，皆有功，澤大奇之，曰：『爾勇智才藝，古良將不能過，然好野戰，非萬全計。』因授以陣圖。飛曰：『陣而後戰，兵法之常，運用之妙，存乎一心。』澤是其言。康王即位，……歸詣河北招討使張所，所待以國士，借補修武郎，充中軍統領。所問曰：『汝能敵幾何？』飛曰：『勇不足恃，用兵在先定謀。欒枝曳柴以敗荊，莫敖采樵以致絞，皆謀定也。』所矍然曰：『君殆非行伍中人。』飛因說之曰：『國家都汴，恃河北以為固，苟馮據要衝，峙列重鎮，一城受圍，則諸城或撓或救，金人不能窺河南而京師根本之地固矣！招撫誠能提兵壓境，飛唯命是從。』所大喜，借補武經郎，命從王彥渡河，至新鄉，金兵盛，彥不敢進，飛獨引所部鏖戰，奪其纛而舞，諸軍爭奮，遂拔新鄉。翌日，戰侯兆川，身被十餘創，士皆死戰，又敗之。夜屯石門山下，或傳金兵復至，一軍皆驚，飛堅臥不動，金兵卒不來。食盡，走彥壁乞糧，彥不許。飛引兵益北，戰于太行山，擒金將拓跋耶烏。居數日，復遇敵，飛單騎持丈八鐵槍刺殺黑風大王，敵眾敗走。飛自知與彥有隙，復歸宗澤，為留守司統制。澤卒，杜充代之。』要錄云飛相州安陽人，又未言嘗隸宗澤，與宋史異。要錄卷八建炎元年八月乙亥：「先是河北招撫使張所……招來豪傑，以忠翊郎王彥為都統制，效用人岳飛為準備將。……飛，安陽人，嘗為人庸耕，去為市游徼。……上之在相州也，飛以效用從軍，至北京，……至是投所軍中。」又卷一八建炎二年十一月己酉：「初，河北制置使王彥既渡河，其前軍準備將岳飛無所屬，遂以其眾千人附於東京留守杜充。時种師道小校桑仲為潰卒所推，亦降於充，充皆以為將。」會編卷一二〇建炎三年正月十六日乙未：「岳飛者，初隸張所營効用，繼隨都統制王彥往太行山，遂自為一軍，後歸京城留守司，杜充用飛為統制。」以要錄、會編考之，飛蓋初隸元帥府於相州，從至大名，既而投効河北招撫司，從王彥轉戰河北，其後別為一軍，歸京城留守杜充，充擢為統制。

紹興二年（金天會十年，西元一一三二年），權湖東安撫使，將所部與韓世忠擊湖南群盜，以功授武安軍承宣使，鎮江州。紹興三年（金天會十一年，西元一一三三年），授鎮南軍承宣使江西制置使，改江西舒蘄制置使，置司江州。紹興四年（金天會十二年，西元一一三四年），兼黃復州漢陽軍德安府制置使，率軍北伐，收復郢州、襄陽，進復唐、隨、鄧等州，以功授清遠軍節度使湖北荊襄潭州制置使，進屯鄂州，至是（紹興五年）奉命討湖賊。

　　時楊么嘯聚洞庭，阻固累年，每春夏盛潦則出耕耘，秋冬水落則收糧於湖寨，遣其眾四出為暴，官軍雖討之，無敢深入。飛既出軍，進屯鼎州（湖南省常德縣），遣人招賊。飛素有威望，賊大驚，賊將楊欽將所部三千人降，飛乘勢攻其水寨，大破之，么窮蹙赴水死，飛將牛皋擒斬之。么黨夏誠據山寨固守，寨三面臨水，背負峻山，飛親往測其淺處，陰使眾運草木放之上流，至淺處則棄瓦石壓之，一旦填滿。飛率軍踏淺而過，大破誠眾，執誠，湖寇悉平 ❹。

　　自群盜平，南宋兵勢益振 ❺。

---

❹ 　要錄卷九〇紹興五年六月癸丑：「是日，荊湖制置使岳飛破湖賊夏誠。飛既降楊欽，率統制官牛皋、傅選、王剛乘勝攻擊水寨，賊將陳瑫內變，刲偽太子鍾子儀釭護金龍交林與龍鳳篝等詣飛降，楊太窮蹙，赴水死，餘黨劉衡等相繼皆降。飛入水寨，殺賊眾殆盡，惟夏誠寨固守。寨三面臨大江，背依峻山，官軍陸攻則入湖，水攻則登岸，至是飛親往測其淺處，乃擇善罵者二十人，夜往罵之，且悉眾運草木放之上流。賊聞罵聲，爭擲瓦石擊之，草木為瓦石所壓，一旦填滿。飛長驅入寨，遂執誠，湖寇悉平。」會編卷一六八紹興五年六月：「飛親往測其淺處，悉眾運草木放之上流，至淺處，則棄瓦石壓之，一旦填滿。」以會編與要錄較之，會編似得其實。又宋史岳飛傳：「么負固不服，方浮舟湖中，以輪激水，其行如飛，旁置撞竿，官舟迎之輒碎。飛伐君山木為巨筏，塞諸港汊，又以腐木亂草浮上流而下，擇水淺處遣善罵者挑之，且行且罵，賊怒來追，則草木壅積，舟輪礙不行。飛亟遣兵擊之，賊奔港中，為筏所拒，官軍乘筏張牛革以蔽矢石，舉巨木撞其舟盡壞，么投水，牛皋擒斬之。飛入賊壘，餘酋驚曰：『何神也！』俱降。飛親行諸砦慰撫之，縱老弱歸田籍，少壯為軍。」么即太。按飛傳以草木壅賊舟，其說與會編、要錄填淺渡軍異，恐為一事之兩傳。

❺ 　王夫之曰：「紹興諸大帥所用之兵，皆群盜之降者也。高宗渡江以後，弱甚矣！張俊、岳飛受招討之命，韓、劉繼之，於是而范汝為、邵青、曹成、楊么之眾皆降而卒伍乃以復振；走劉豫，敗女真，風聞驚竄之情因以有定。蓋群盜者，耐寒暑，攖鋒鏑，習之而不驚，甲仗具，部隊分，仍之而無待，故足用也；不然，舉江南廂軍配囚脆弱之眾，惡足

◆ 金人再度南侵與紹興和議

金熙宗為金太祖嫡子繩果之子，蕃名合剌，金太宗天會十年（宋紹興二年，西元一一三二年），立為諳班勃極烈。女真自劾里鉢以來，兄終弟及，弟盡而後返位兄子。太宗初以母弟斜也為諳班勃極烈，斜也、繩果皆先金太宗而卒，合剌以次當立，而金太宗子蒲盧虎亦求為儲君，金太宗以此不能決者累年。天會十年，左副元帥粘罕、右副元帥窩里嗢、右監軍希尹入朝，與金太祖庶長子斡本共請立合剌，其議始定。

金天會十三年（宋紹興五年，西元一一三五年），金熙宗即位，以斡本為太傅，粘罕為太保，蒲盧虎為太師，同領三省事。是歲窩里嗢卒，以左監軍撻懶為右副元帥。天會十五年（宋紹興七年，西元一一三七年），粘罕卒，以撻懶為左副元帥，兀朮為右副元帥。劉豫既廢，撻懶與兀朮俱領行臺尚書省，鎮河南，建行臺於汴京。

紹興八年（金天眷元年，西元一一三八年），高宗定都於臨安。

粘罕、窩里嗢既卒，撻懶總攬軍權，而蒲盧虎以太師領三省為上相，專擅朝政。撻懶、蒲盧虎以金宋久戰不決，共議欲以陝豫等地還宋，畫河為守，兀朮諫之不從。金天眷二年（宋紹興九年，西元一一三九年），金撤河南行臺，以陝豫地

當巨寇哉！……用群盜者，大利大害之司也，受其歸者有權，收其用者有制。光武收銅馬而帝，曹操兼黃巾而強，唐昭用朱溫而亡，理宗撫李全而削，盜固未可輕用也。以弱而受彊則賓欺其主，以彊而受彊則相角以機，以彊而受弱則威生其信。無故而來歸者，詐也；挫於彼而歸於此者，弗能為助者也；以名相服而無其實者，乍合而終離也；故欲撫群盜者，必先制之以剿。……惟紹興諸帥之知此也，風馳雨驟而急與之爭，一敗之，再敗之，無不可敗之盜，而後無不可受；群盜豈徒畏我哉，抑信其可恃為吾主而可無衄折死亡之憂矣！……紹興諸帥用群盜而廢其長，張用、曹成僅得生全，范汝為、楊么皆從斬馘，李成、劉忠寧使之北降劉豫而不加收錄，則根既拔者枝自靡，垢已滌者色以新；人皆吾人也，用惟吾用也，指臂相使之形成，以搏擊有餘力矣！宋之撫有江淮，貽數世之安在此也。瀦滌盡則民力裕，戰勝頻則士氣張，大憝誅則叛逆警，部曲眾則分應周，控制專則進退決，故以走劉豫，挫兀朮，而得志於淮汴，垂及異日，完顏亮猶不能以一葦杭江而逞，皆諸帥決於滅賊之功也。非高宗之志變，秦檜之姦售，宋其興矣！」（宋論卷十）

歸宋，撻懶、兀朮自河南入朝，兀朮為金熙宗言撻懶、蒲盧虎主割地，必有陰謀，奏請誅之。是年七月，金以謀反罪誅蒲盧虎，復置行臺於燕京，出撻懶為行臺左丞相，以兀朮為都元帥。撻懶至燕京，心不自安，會有人上書告撻懶謀反，金熙宗詔兀朮領行臺尚書省事，往燕京誅撻懶。撻懶自燕京欲南亡入宋，兀朮追殺之於祁州（河北省無極縣），於是兀朮獨攬大權，復議南侵。

紹興十年（金天眷三年，西元一一四〇年）五月，金復下詔攻取宋河南、陝西等地，以都元帥兀朮將大軍自黎陽渡河趨汴京，右副元帥撒离喝自河中府入陝西。撒离喝自河中渡河，六月，攻陷長安，西趨鳳翔，與宋將吳璘相持於陝右。兀朮至河南，遣孔彥舟取汴京，李成取洛陽，自將精兵十餘萬陷嵩（河南省登封縣）、汝（河南省臨汝縣）等州，進攻順昌府，別遣軍攻取陳州。時岳飛自武昌北伐，次德安府（湖北省安陸縣），劉錡屯順昌府，劉光世屯和州，韓世忠屯楚州，張俊屯盧州。

是年六月，兀朮自將大軍攻順昌，錡大破之於順昌城下。是役，兀朮集其勁卒攻城，號鐵浮屠，被重鎧，三人為伍，以皮索相連，後有拒馬子，人進一步，移馬子一步，示不反顧，又以鐵騎為左右翼，號拐子馬，錡遣死士持刀斧入陣猛斫，金兵遂敗。飛亦敗金人於陳、蔡之間。閏六月，飛復潁昌府（河南省許昌縣）及淮寧府（河南省淮陽縣），克鄭州（河南省鄭縣）。七月，飛自德安府進克西京。飛進軍至郾城（河南省郾城縣），兀朮率眾來戰，飛揮軍奮擊，兀朮敗走，飛將王貴復與兀朮戰於潁昌，再敗金軍，兀朮引軍退屯汴京。飛方欲麾軍北上，會詔書不許深入，乃自郾城引軍還屯武昌，而潁昌、淮寧、蔡、鄭諸郡皆復為金人所取。

紹興十一年（金皇統元年，西元一一四一年）正月，兀朮復糾集大軍入淮西，陷壽春府，二月，陷盧州，進逼和州，既而退屯柘皋鎮（安徽省巢縣西北六十里），宋將張俊、劉錡、楊沂中會師禦之。柘皋一望平原，金人謂為騎兵之利，兀朮率精騎十餘萬分左右翼而陳，俊遣其將王德率軍先進，兀朮復以拐子馬偪王德軍，宋軍奮戰破之，兀朮引兵退屯壽春紫金山。

時宋軍數捷，而高宗久歷憂患，心頗厭戰，遣使謀和於金，金許之。是歲三月，高宗召諸將班師。紹興十二年（金皇統二年，西元一一四二年），宋金和議成，其重要條款如下：

一、兩國疆界，東以淮水中流為界，自淮而西，以唐鄧二州界南四十里為界，

西以大散關為界。

二、宋對金奉表稱臣，受金冊封為帝。

三、宋歲貢銀絹各二十五萬兩疋，每歲春季運至泗州交納。

四、金主生辰及正旦，宋遣使致賀。

五、金歸宋徽宗梓宮及宋高宗母韋太后。

宋金和議，宋始終主其議者為秦檜。檜於建炎間自金逃歸，紹興元年（金天會九年，西元一一三一年），高宗擢以為相。紹興二年（金天會十年，西元一一三二年）罷，紹興八年（金天眷元年，西元一一三八年）復相。南宋兵權，實操於劉光世、韓世忠、張俊、岳飛之手，號稱中興四大將。高宗厭戰，亟謀求和，檜乃力主和議以迎合高宗之意，而世忠、飛則以為非計。飛知書傳，尤恤民下士，故時譽翕然歸之，檜患其終梗和議，乘柘皋之捷，召諸大將赴行在，解其兵權，論功行賞，以世忠、俊為樞密使，飛為副使，改諸大將屯兵為御前諸軍，於是兵權復歸朝廷。飛雖解兵柄，於檜未稍降意，檜益銜之。紹興十一年（金皇統元年，西元一一四一年）十二月，檜誣飛謀反，下飛於大理寺獄，死於獄中 ❻。

飛御軍，所過於民無犯，為當世名將。曾敏行獨醒雜志云：「紹興六帥皆果毅忠勇（六帥謂光世、世忠、俊、飛及吳玠、楊沂中），視古名將。岳公飛獨後出，而一時名聲幾冠諸公。身死之日，武昌之屯至十萬九百人，皆一可以當百。余嘗訪其士卒，以為勤惰必分，功過有別，故能得人心。異時嘗見其提兵征贛之固石洞，軍行之地秋毫無擾，至今父老語其名，輒感泣焉。蓋其每駐軍，必自從十數騎周遭巡歷，惟恐有一不如紀律者。」又李心傳建炎以來繫年要錄云：「飛知書，善待士，且濟人之貧。用兵秋毫無犯，民皆安堵，不知有軍，至今號為賢將。」飛性至孝，「母卒，水漿不入口者三日。」（宋史岳飛傳）或問天下何時太平？飛曰：「文臣不愛錢，武臣不惜死，天下平矣！」（宋史岳飛傳）後世傳為名言。

❻ 王夫之曰：「帥臣之得令譽也有三：嚴軍令以禁掠奪，為頓語以慰編氓，則民之譽歸之；修謙讓以謹交際，習文辭以相酬和，則士之譽歸之；與廷議而持公論，屏姦邪以交君子，則公卿百僚之譽歸之。岳侯之死，天下後世胥為扼腕而稱道之弗絕者，良繇是也。」（宋論卷十）錢賓四先生曰：「朱子語類，門人問中興將帥還有在岳侯上者否？朱子凝神良久，曰，次第無人。武穆卒時，朱子已二十餘歲，豈有見聞不確。武穆對高宗曰，文官不愛錢，武官不怕死，天下自平。能道此十字，武穆已足不朽矣！」（國史大綱第三十四章）

三、金海陵帝南侵與宋金再和議

◆ 金海陵帝

金熙宗既誅蒲盧虎、撻懶，以斡本、兀朮輔政，斡本卒，兀朮獨縉大政，拜太師，封梁王，領三省事。皇統八年（宋紹興十八年，西元一一四八年），兀朮卒，熙宗始親政，以斡本子迪古乃為右丞相，兼都元帥，尋拜太保，領三省事。迪古乃漢名亮，自以父本金太祖長子，遂懷覬覦，引用權貴子孫，邀求人望，因為熙宗所忌，出為領行臺尚書省，未至復召還為平章政事，亮由是心懷危懼，陰謀弒逆。熙宗晚年，酗酒濫殺。皇統九年（宋紹興十九年，西元一一四九年），殺皇后裴滿氏及妃烏古論氏、夾谷氏、張氏，由是上下惴恐。熙宗嘗因事杖左丞相唐括辯、右丞相完顏秉德及小底大興國，辯、秉德密謀廢立，亮因與合謀，勾結興國。是年十二月九日夜，興國盜取符鑰開門，矯詔召亮入，又將熙宗佩刀投於榻下，亮與辯等將衛士直入寢殿，熙宗求刀不得，遂為亮所弒，辯等擁亮即位，是為金海陵帝，改皇統九年為天德元年，殺宗室、重臣不附己者百餘人。

海陵帝有威嚴，多智數，矯飾險詐，善於立威，風度端整，神情閑遠，外若寬和而城府深沈，人莫測其喜慍。又通中國經史，好中華衣冠，金朝傾慕漢化，海陵帝實啟其端。時金朝國土南至淮水，海陵帝以北地民風樸實而事簡，南方距京師遠而事繁，恐鞭長莫及，於貞元元年（宋紹興二十三年，西元一一五三年），自上京遷都燕京，號中都大興府，以汴京開封府為南京，中京大定府為北京，東京遼陽府、西京大同府皆因遼舊。貞元二年（宋紹興二十四年，西元一一五四年），廢上京，但稱會寧府。

海陵帝素有統一中國大志，時金疆域雖廣，而南有宋，東有高麗，西有夏，每以不能混一寰宇為憾，謀先滅宋，繼平西夏、高麗。海陵帝以倖臣李通為謀主，通揣知其意，與文臣張仲軻、宦者梁玨及諸近習奢言江南富庶以動其心 ❼。

---

❼　金史李通傳：「海陵恃累世強盛，欲大肆征伐以一天下，嘗曰：『天下一家然後可以為正統。』通揣知其意，遂與張仲軻、馬欽、宦者梁玨、近習群小輩盛談江南富庶、子女玉帛之多，逢其意而先道之。海陵信其言，以通為謀主，遂議興兵伐江南。」又張仲軻傳：「海

◆ 海陵帝南侵及其敗亡

紹興二十九年（金正隆四年，西元一一五九年），海陵帝以宋納金叛亡及於邊境盜買戰馬為藉口，詔徵諸道兵侵宋，得女真、契丹、奚諸部及漢軍步騎共數十萬，又令工部尚書蘇保衡於通州（河北省通縣）造舟，編練水軍。紹興三十一年（金正隆六年，西元一一六一年）六月，海陵帝自燕京遷都大梁，是年九月，以太子光英留守汴京，自將三十二總管兵凡五十萬，號稱百萬，分四道南侵❽。

一、以太原尹劉萼為漢南道行營兵馬都統制，濟南尹僕散烏者副之，自蔡州（河南省汝南縣）進取信陽（河南省信陽縣）。

二、以河中尹徒單合嘉為西蜀道行營兵馬都統制，平陽尹張中彥副之，由鳳翔進攻大散關。

三、以工部尚書蘇保衡為浙東水軍都統制，益都尹完顏鄭家奴副之，由海道趨臨安。

四、由海陵帝自將，由汴渡淮南下，為金軍主力。分為左右兩軍：左軍以樞密使奔睹為左領軍大都督，尚書右丞李通副之，自盱眙進攻揚州；右軍以尚書左丞紀石烈良弼為右領軍大都督，大宗正烏延蒲盧渾副之，自盧州進攻和州。海陵帝將細軍五千人為親衛居中，駐於壽春。海陵帝以奔睹宿將，有人望，命兼總諸軍，而實以李通為謀主，用兵謀略，一以咨之。

金軍容極盛，鉦鼓之聲不絕於道，宋朝大震，部署諸軍以應敵：

一、以劉錡為江淮浙西制置使，駐節揚州，節制諸軍，王權副之，屯兵盧州。

陵與仲軻論漢書，謂仲軻曰：『漢之封疆不過七八千里，今吾國幅員萬里，可謂大矣！』仲軻曰：『本朝疆土雖大而天下有四主，南有宋，東有高麗，西有夏，若能一之，乃為大耳！』海陵曰：『彼且何罪而伐之？』仲軻曰：『臣聞宋人買馬、修器械、招納山東叛亡，豈得為無罪？』海陵喜曰：『向者梁琠嘗為朕言，宋有劉貴妃者，姿質艷美，蜀之華藥、吳之西施所不及也，今一舉而兩得之，俗所謂因行掉手。江南聞我舉兵，必遠竄耳！』既而曰：『朕舉兵滅宋，遠不過二三年，然後討平高麗、夏國，一統之後，論功遷秩，分賞將士，彼必忘勞矣！』」

❽ 海陵南侵兵數，諸書所載不一，此據陶晉生先生所考（詳見陶晉生：金海陵帝的伐宋與采石戰役的考實）。

二、以歸義人李寶為浙西路馬步副總管，率舟師以禦金浙東道水軍，駐於江陰。

三、以吳璘為四川宣撫使，禦金西蜀道之師。

其中以淮南諸軍為主力，當海陵帝自將南下之軍。時有宿遷人魏勝起兵以應宋，聚義士數百人攻取海州（江蘇省東海縣），連敗金兵，各地豪傑群起響應，聚眾至數十萬，遣使報命於李寶，寶承制以勝知海州，令牽制金軍。寶率舟師循海道北上，山東豪傑王世修等糾集義勇，多者至數萬人，皆與寶通聲氣。金軍中操舟者皆中原宋遺民，寶舟師至石臼島（山東省日照縣東南海中），金操舟者詔金兵入舟中，使不知宋軍猝至。寶舟師既遶山岬，以火箭攻金戰艦，金兵出不意，戰艦著火而焚者數百艘，遂敗潰，金水軍多中原遺民，皆乞降，殺其副都統制完顏鄭家奴，捷聞，宋軍士氣為之一振。金西蜀道之師為吳璘扼於大散關，而無大進展。

海陵帝別留精兵於淮東以禦劉錡，自將大軍入淮西，宋建康都統制王權屯盧州，懼金兵勢盛，退屯和州。錡時進兵至楚州，迫於金兵，復還揚州，既而自揚州渡江退守鎮江。宋以知樞密院事葉義問督師江淮，中書舍人虞允文參軍事，池州都統制李顯忠代王權守和州。時顯忠屯軍蕪湖（安徽省蕪湖縣），軍未發而權自和州退守江東。

是年十月，金東京留守完顏雍自即帝位於東京，改正隆六年為大定元年，入據中都，是為金世宗。十一月，海陵帝自將大軍直下滁、和，迫臨采石磯，別遣軍以爭瓜洲渡。葉義問命虞允文急往蕪湖召顯忠，並道經采石犒守軍。允文至采石，權已遁而顯忠兵未至，金兵已至對岸，宋軍潰散，允文召諸將，勉以忠義，於是潰軍復集，扼采石為守。

海陵帝以勸農使完顏元宜為浙西道都統制，刑部尚書郭安國副之，令諸軍剋日渡江。金兵多騎士，不習舟楫，見大江風浪洶湧，皆有懼意。海陵帝遣一總管率舟先濟，金舟底闊不穩，且不諳江道，擱淺不得進，宋軍乘海鰍船擊之，金兵先濟者盡沒江中，其半濟生還者悉為海陵帝所殺。於是海陵帝自和州移兵至瓜洲渡，期以是月廿七日渡江，而將士得知金世宗已立，皆欲亡歸，遂決計於元宜，陰謀弒逆。海陵帝所將細軍五千人，武藝精絕，諸將謀叛，以細軍護衛嚴密，不敢發，因唆使細軍自請往取泰州，海陵帝許之，於是宿衛空虛。是月廿七日黎明，

元宜與諸將率兵萬餘人，直趨御營，海陵帝聞亂，遽起攬衣，方欲取弓，中矢仆地，遂遇弒，李通亦為亂軍所殺。元宜自領左軍副大都督，遣使殺太子光英於南京，與左領軍大都督奔睨率大軍北還，宋軍乘機收復兩淮所陷州縣，進取唐、鄧、海、泗等州，金西蜀道之軍亦北歸，宋軍乘勢攻取秦（甘肅省天水縣）、隴（甘肅省隴縣）等州，兵勢頗振。

◆ 宋金再和議

金世宗既即位，於宋紹興三十一年（金大定元年，西元一一六一年）十二月遣使以登位罷兵告諭宋朝，宋以淮南、陝西等地獲捷，欲乘機收復失地，與金脫離主從關係，於紹興三十二年（金大定二年，西元一一六二年）三月，遣洪邁赴金報聘，賀金世宗登基，書詞不依舊式，不稱臣，不奉表，用敵國禮，並請歸還河南故地。邁以六月至金，爭持數日不決，金世宗不納，遣邁歸。

是年六月，高宗禪位於孝宗，翌年，改元隆興。孝宗名眘，為太祖少子秦王德芳六世孫。高宗太子旉早卒，因立眘為太子。孝宗有恢復之志，即位後，追復岳飛官爵，以張浚為江淮宣撫使，都督江淮軍事，開府建康。是年冬，金世宗以宋不還舊疆，不奉歲貢，下詔伐宋。以右丞相都元帥僕散忠義總統戎事，駐節南京，節度諸將，左副元帥紇石烈志寧駐軍睢陽。

隆興元年（金大定三年，西元一一六三年），金都元帥僕散忠義命紇石烈志寧移牒於宋宣撫使張浚，責宋歸還舊疆，歲幣如昔，可免奉表稱臣，許世為姪國，浚不從。時忠義聚兵十萬於河南，揚言將取兩淮，浚屯兵於盱眙、濠（安徽省鳳陽縣）、泗（安徽省泗縣東南）以備之。志寧遣軍攻取蔡、穎二州，而宋主管殿前司公事李顯忠攻克靈壁、虹縣（安徽省泗縣），金河南都統奚撻不也叛入於宋，顯忠遂陷宿州（安徽省宿縣），意氣驕盈，日與撻不也置酒高會。志寧率精騎萬餘，自睢陽疾趨宿州，顯忠聞金兵僅萬騎，有輕敵之色。志寧設疑兵於宿州之西，遣別軍攻宿州之南，自將大軍扼宿州東南以斷宋軍歸路。時宋軍分統於顯忠及建康都統制邵宏淵，顯忠名出宏淵之上，浚令宏淵聽顯忠節制，宏淵不悅，浚復令二人同節制，於是號令不相統一。顯忠與宏淵二軍並集於宿州城下，合丁夫共十餘萬眾，顯忠誤以金軍主力在西，悉眾出擊，志寧率軍衝之，宋軍大敗，金軍追擊至宿州城下。明日，顯忠復盡率其眾出戰，志寧麾軍奮擊，宋軍復大敗，金軍追

至宿州城北之符離集，宋軍大潰，步騎死者數萬人，器甲資糧，委棄殆盡。浚方督師於盱眙，聞訊，急渡淮退入揚州，引咎辭職，宋所得淮北舊疆，又盡為金人所有。

符離潰師後，孝宗復遣使與金議和，議久不決。隆興二年（金大定四年，西元一一六四年），僕散忠義遣兵渡淮，兵鋒直抵滁、和，宋朝大震。乾道元年（金大定五年，西元一一六五年），和議遂定，另訂和款如下：

一、金宋為叔姪之國，宋國書稱「姪宋皇帝某謹再拜致書於叔大金聖明仁孝皇帝闕下」；金復書稱「叔大金皇帝致書於宋皇帝」，不名，不稱謹再拜，不稱宋主尊號，不稱闕下。

二、宋輸歲幣銀絹各二十萬兩匹，文書不稱貢。

三、疆界與紹興、皇統時同。

四、二國互稱國書，金不稱下詔，宋不稱奉表。

五、歸被俘人，惟叛亡者不與。

自是二國信使不絕。自乾道六年（金大定十年，西元一一七〇年）至淳熙元年（金大定十四年，西元一一七四年），金宋之間復有受書禮的交涉。紹興和議，金宋為君臣之國，金使至，捧書升殿，北面跪御榻前以進，宋主降御榻受書以授內侍，乾道和議，宋金國書往還，仍用舊禮，孝宗深以為恥。乾道六年，宋遣范成大為祈請使，請更定受書禮，金世宗拒之。淳熙元年，宋復遣張子顏使金祈請，仍為金世宗所拒。

四、南宋與金中葉內政與外交

◆ 金世宗為政

金世宗蕃名烏祿，金右副元帥窩里嗢之子，歷任會寧府尹、中京留守、濟南府尹、東京留守等職，深知民瘼所在及吏治得失，即位後頗能慎選守令，勸課農桑，國富民安，蔚為金朝盛世，史稱大定之治。

金世宗為政，尚誠樸，崇法治，勤政恤民，不憚改過。是時女真上下多習漢俗，至於女真文字語言，或不通曉，世宗常以為憂，屢戒太子勿忘女真純真之風。

世宗又以勤政慎獄為治國之要，乃勤選良吏，節用減賦，嚴懲奸贓，而歸本於愛民，故大定時期，諸道常奏獄空。

金世宗又以求賢納諫為治安之本，故其為政，首重薦賢，廣開言路。由於金世宗求賢若渴，納諫若虛，故大定朝，群賢輩出，如石琚、紇石烈良弼、僕散忠義、紇石烈志寧、徒單克寧，皆為一代名臣。

琚初事金世宗為吏部尚書，典選十年，貫通銓法，號為詳明。歷參知政事、尚書右丞、左丞、平章政事至右丞相。良弼初事金海陵帝為尚書左丞，世宗知其賢，復任以政事，歷平章政事、右丞相至左丞相。良弼秉政既久，練達政事，勤恪忠正，能謀善斷，薦舉人才，常若不及。世宗有所諮訪，知無不言，多稱愜帝意。忠義初事金世宗為尚書左丞，累官右丞相兼都元帥，督諸軍伐宋，宋人乞和，入拜左丞相。忠義謙和禮下，善御將士，得其死力，其為相則獻可替否，言無不盡。志寧娶梁王兀朮女，為金姻親。世宗即位，拜左副元帥，統兵伐宋，捷於符離，入拜平章政事，轉樞密使，進拜右丞相。克寧資質渾厚，持正明達，善騎射，有勇略，大定間，歷樞密副使、平章政事至左丞相。

由於金世宗留心吏治，故大定時代，政治修明，家給人足，倉廩盈溢，戶口滋殖。大定初，金全國戶數僅三百餘萬，至大定十七年，增至六百七十餘萬戶，四千四百七十萬餘口。

金大定廿五年（宋淳熙十二年，西元一一八五年），皇太子允恭薨，翌年十一月，立允恭子原王璟為皇太孫。大定廿九年（宋淳熙十六年，西元一一八九年），世宗崩，皇太孫璟立，是為金章宗，遺詔左丞相徒單克寧兼尚書令輔政。翌年，改元明昌。

◆ 南宋光宗、寧宗時代政治

孝宗為南宋賢君，即位以來，力行恭儉，若在閭里，不以得位為樂，惟以不克紹述為懼，未嘗一日忘外。孝宗雖以遠宗入承大統，事高宗至孝。淳熙十年（金大定廿三年，西元一一八三年）十月，高宗崩於德壽宮，孝宗哀慕甚切，遂退居德壽宮而委政於太子惇，更名德壽宮為重華殿。孝宗欲終喪制，於淳熙十六年（金大定廿九年，西元一一八九年）二月，內禪於太子惇，惇即位，是為光宗。

光宗即位，尊孝宗為至尊壽皇聖帝，孝宗成肅皇后謝氏為壽成皇后。光宗慈

懿李皇后性悍而妒，光宗為太子時，李后嘗因事受責於高宗，心中不懌；孝宗亦屢誡李后，宜以皇太后為法，李后疑孝宗所誡出於太后（高宗憲聖慈烈吳皇后）意，心尤懷忿。會光宗得心疾，孝宗購得良藥，欲因光宗至宮授之，宦者訴於李后，謂太上皇合藥欲以害光宗，李后覘藥實有，心以為然。及內宴，李后請於孝宗，願立所生嘉王擴為太子，孝宗未許。李后怨憤，出言不遜，孝宗大怒。李后退而泣訴於光宗，謂壽皇有廢立意，光宗惑之，遂不朝壽皇。

李后性極妒，光宗嘗於宮中洗手，見宮人手白，悅之。他日，李后遣人送食盒於光宗，光宗啟視，乃所悅宮人兩手。光宗又嘗寵貴妃黃氏，李后殺之，以暴卒聞。光宗疾日重，不能視朝，政事咸取決於李后，李后由是益驕恣。未幾光宗疾愈，於壽皇亦疏遠，內外疑懼，朝臣連章進諫，光宗悟，命駕欲朝孝宗，為李后所阻。紹熙五年（金明昌五年，西元一一九四年）六月，孝宗崩，光宗、李后皆不臨喪。

時知樞密院事趙汝愚及知閤門事韓侂冑密謀立嘉王。侂冑為韓琦曾孫，高宗聖憲慈烈吳皇后姨姪，而侂冑女又為嘉王元妃。侂冑以立嘉王議密啟太皇太后，太皇太后許之。群臣奏請太皇太后垂簾主喪，太皇太后乃於梓宮前宣光宗手詔，內禪於嘉王擴，是為寧宗。改翌年為慶元元年，立元妃韓氏為皇后，即恭肅韓皇后。

汝愚為宋宗室，以定策立宋寧宗進位右丞相，侂冑則以懿親出入宮掖，居中用事。汝愚既居相位，薦引大儒朱熹侍講經筵。南渡以後，宋儒提倡伊洛之學，號稱道學，而熹即當時道學領袖 ❾。於是道學派君子如彭龜年、呂祖謙、黃度、李祥、楊簡等皆進用，一時中外望治。熹察侂冑頗竊弄威柄，勸汝愚以厚賞酬其勞而奪其權，不使預政，汝愚不以為意。度謀欲劾侂冑，謀洩，為侂冑所排而去職。熹奏侂冑之奸，侂冑怒，使優伶峨冠闊袖，象大儒戲於寧宗前以辱之，熹憤而去職。侂冑日夜謀排汝愚，用其黨人計，奏汝愚以宗室居相位，將不利於社稷，

---

❾ 周密齊東野語卷十一道學：「伊洛之學行於世，至乾道、淳熙間盛矣，其能發明先哲旨意，溯流徂源，論者講解，卓然自為一家者，惟廣漢張氏敬夫、東萊呂氏伯恭、新安朱氏元晦而已。朱公尤淵洽精詣，蓋其以至高之才，至博之學，而一切收斂歸諸義理，其上極於性命天人之妙，而下至於訓詁名數之末，未嘗舉一而廢一。蓋孔孟之道，至伊洛而始得其傳，而伊洛之學至諸公而始無餘蘊。」

乞罷其政，寧宗惑之。慶元元年（金明昌六年，西元一一九五年）二月，汝愚罷相貶衡州，死於貶所，於是朝政大權盡歸侂胄。侂胄欲根絕異己，遂倡偽學之禁，指道學為偽學，凡不附己者盡逐之，斥為偽學，南宋道學至是為之一挫，知名之士，貶竄殆盡。

嘉泰元年（金泰和元年，西元一二○七年），以韓侂胄平章軍國重事。侂胄欲稍更張以消弭中外之議，翌年遂解偽學之禁，追復趙汝愚為資政殿學士，黨人尚在者均先後復官。

◆ 開禧用兵與嘉定和議

韓侂胄既排趙汝愚，獨掌國政，累封至平原郡王，加太師，宰執具位而已。或勸侂胄權位既高，宜立蓋世功名以自固，而宋淮西轉運使鄧友龍亦屢言金困弱可取之狀。

金章宗時代政治，約可分為二期，明昌為一期，當宋光宗紹熙元年至寧宗慶元元年（西元一一九○年至西元一一九五年），承安、泰和為一期，當宋寧宗慶元二年至嘉定元年（西元一一九六年至西元一二○八年）。明昌上承大定之治，政績甚美，民生殷富，戶口滋衍，為金朝國力最殷盛時代。承安以後，內則李元妃干政，外則胥持國擅權，金政漸衰。元妃出身微賤，其家於大定末以罪沒入宮籍監為官奴，元妃以監戶女子入宮執掃，章宗以其美慧，納之為妃，明昌五年（宋紹熙五年，西元一一九四年），封淑妃，承安四年（宋慶元五年，西元一一九九年），晉封元妃，位勢顯赫，與皇后等。元妃兄弟皆居要津，勢傾朝野，趨炎附勢之徒輻輳其門，群邪爭鳴，朝政日非。持國出身經童，柔佞有智術，知章宗好色，常賂遺元妃左右，以博其歡心。元妃亦以門第低微，欲樹立黨援，故與持國深相結，常稱譽持國於章宗，由是得章宗寵任，拜參知政事，進尚書右丞，與元妃相表裏，離間宗室，竊弄威柄，故鄧友龍屢言金困弱可取之狀。

侂胄決議伐金，引廝役蘇師旦為腹心，下詔追封岳飛為鄂王，激勵將士，以知興州吳曦為興州都統制，練兵於西蜀。開禧元年（金章宗泰和五年，西元一二○五年），以侂胄為平章軍國事，班在丞相上，凡事專決，未嘗稟奏。金章宗聞宋將敗盟，命平章政事僕散揆為河南宣撫使，聚軍於南京以備之。揆至汴，整飭軍旅，移牒責宋敗盟，宋否認，揆奏聞於朝，金乃罷河南宣撫司。

開禧二年（金泰和六年，西元一二〇六年），以吳曦為四川宣撫副使兼陝西、河東招撫使。宋軍自兩淮進入金境，金章宗復命僕散揆領河南行省，節度諸軍。是年十月，揆分兵九道南侵，戰線自兩淮綿延西至秦隴。時金軍攻兩淮者凡四道：

一、僕散揆統兵三萬出潁州、壽春。

二、紇石烈子仁統兵三萬出渦口。

三、完顏匡統兵二萬五千出唐、鄧。

四、紇石烈執中統兵二萬出清口（江蘇省淮陰縣南，清水入淮之口）。

攻秦隴者凡五道：

一、完顏充統兵一萬出陳倉。

二、蒲察貞統兵一萬出成紀（甘肅省天水縣）。

三、完顏綱統兵一萬出臨潭（甘肅省臨潭縣）。

四、石抹仲溫率步騎五千出鹽川（甘肅省漳縣西北）。

五、完顏璘率軍五千出來遠（甘肅省寧遠縣）。

金雖出兵九道，而戰事重心仍在兩淮。揆率軍至淮，密測水道，惟八叠灘（安徽省鳳臺縣西南）可濟，揚言欲出下蔡（安徽省鳳臺縣），潛師自八叠灘渡淮。宋軍出不意，皆潰走，自相衝突，死者不可勝數，於是金軍進圍和州。紇石烈子仁之軍亦克滁州、真州，進取揚州，紇石烈執中渡淮圍楚州，完顏匡則連破棗陽（湖北省棗陽縣）、襄陽、隨州，進圍德安府，兩淮名郡皆淪於金。

吳曦為璘之孫，璘與兄玠相繼守蜀，甚得蜀人愛戴。金知曦陰有異志，欲離間之，遣使持詔書金印封曦為蜀王，於是曦與金連和，即位於興州，署置百官，遣將引金兵入鳳州，割西和（甘肅省西和縣）、階、成諸州於金為酬，分兵下嘉陵江，聲言欲與金兵夾攻襄陽。宋開禧三年（金章宗泰和七年，西元一二〇七年）二月，曦為其將安丙、楊巨源等所誅。宋以楊輔為四川宣撫使，安丙副之，既而召輔入朝，以丙代之。

宋軍既敗，韓侂胄乃遣使至金議和，金提出下列議和條款：

一、割讓兩淮。

二、增歲幣銀絹各五萬兩匹。

三、遣還歸附人。

四、輸犒軍銀一千萬兩。

五、取韓侂冑首級。

侂冑大怒，復議用兵。會恭肅韓皇后崩，寧宗議立新后，楊貴妃、曹美人皆有寵，侂冑以曹美人柔順，勸寧宗立以為后，寧宗竟立楊妃，是為恭聖仁烈楊皇后。楊后深銜侂冑，與禮部侍郎史彌遠密謀欲誅之。是年十月，寧宗密詔罷侂冑平章軍國事。翌日，侂冑入朝，彌遠伏兵於道，殺侂冑及其黨蘇師旦，於是宋復遣使詣金乞和，重議和款如下：

一、金宋改為伯姪之國。

二、宋輸歲幣銀絹各三十萬兩匹。

三、宋輸犒軍銀三百萬兩。

四、函送韓侂冑、蘇師旦之首於金。

五、金以淮南侵地歸宋。

嘉定元年（金泰和八年，西元一二〇八年）四月，宋送韓侂冑、蘇師旦之首於金，金懸其首於中都通衢，和議始定。寧宗以史彌遠為右丞相兼樞密使，軍國之務，一以委之，於是南宋政權入於史彌遠之手。

五、南宋蒙古聯盟滅金

◆蒙古成吉思汗的興起

蒙古為唐時室韋部落之一，立國於今黑龍江上游一帶，稱蒙古室韋，五代以後，逐漸強大，世貢於遼、金。其中以乞顏部及泰亦赤烏二部為最強，二部部長常迭為蒙古可汗，成吉思汗帖木真之先即世為乞顏部部長。宋孝宗淳熙十六年（金大定廿九年，西元一一八九年），帖木真被推為蒙古可汗，札只剌部部長札木合及客列部部長王汗不服，帖木真起兵擊敗之，殺札木合，王汗逃入乃蠻，為乃蠻哨兵所殺。

乃蠻立國於今阿爾泰山一帶，其王為太陽汗。太陽汗驕而無謀，聞帖木真滅王汗，遣使糾合鄰部，欲起兵伐之，帖木真乃起兵伐乃蠻，乃蠻兵大敗，太陽汗戰死，諸部悉降，帖木真乃統一大漠南北。

宋寧宗開禧二年（金泰和六年，西元一二〇六年）冬，帖木真大會諸部於斡

難河（鄂嫩河），諸部共上尊號曰成吉思汗。成吉思蒙語為大，意即大汗，是為元太祖。

◆ 蒙古世系

蒙古自成吉思汗統一蒙古諸部，即大汗位，至忽必烈汗建國號元，歷三世五主，凡六十五年（西元一二○六年至西元一二七○年），下接元朝。

◆ 蒙古伐金

金章宗崩於泰和八年（宋嘉定元年，成吉思汗三年，西元一二○八年），章宗無子，傳位於叔父衛紹王允濟，是為金廢帝。章宗崩時，宮嬪范氏、賈氏皆有娠，章宗傳位於衛紹王，本有託孤之意，遺詔若范氏、賈氏生男，則立為儲君。及衛紹王立，殺章宗李元妃而立己子從恪為太子。

時蒙古帖木真已自立為大汗。金衛紹王大安三年（宋嘉定四年，成吉思汗六年，西元一二一一年），成吉思汗自將伐金，敗金兵於烏沙堡（察哈爾省張北縣西北），再敗之於野狐嶺（察哈爾省萬全縣東北），復破之於會河堡（察哈爾省懷來縣東北），乘勝攻破居庸關，遊騎直抵中都，中都戒嚴，金朝精兵良將，大半喪於是役。

金衛紹王至寧元年（宋嘉定六年，成吉思汗八年，西元一二一三年），金咸平路（金東北境）契丹作亂，衛紹王命右副元帥紇石烈執中將三千人屯中都通玄門外以備賊，執中叛，自通玄門將兵入城，幽衛紹王於衛王故邸，遣宦者李思中弒之，迎立金世宗太子允恭庶長子珣，改元貞祐，是為金宣宗。

是歲，蒙古復分軍三道伐金，成吉思汗自將中軍自飛狐入紫荊關（河北省易縣北），陷易州，攻破金中都外圍諸郡，自河北南下，軍鋒直抵山東，泰安、濟南、益都等郡皆陷；右軍循太行山而南，直抵黃河，復自山右北上，攻陷澤、潞、太原、忻、代等郡；左軍則攻入遼西，於是黃河以北，河東以東，除中都、大名、

東平三府外，其餘名都大邑，悉為蒙古所破。

金貞祐二年（宋嘉定七年，成吉思汗九年，西元一二一四年），金遣使與蒙古約和，以衛紹王公主及童男女各五百人、馬三千匹以犒蒙軍，蒙古軍始自居庸關撤退。宣宗以河北殘破，中都失居庸之險，於是年五月遷都南京。成吉思汗聞金南遷，復將兵南伐。金貞祐三年（宋嘉定八年，成吉思汗十年，西元一二一五年）五月，蒙古攻陷金中都，河北諸郡相繼陷落，未幾復撤兵北歸，然河北經二次侵掠，邑聚成墟，田野荒蕪，民不聊生，而潰軍豪強侵暴於後，僅存遺民，復遭凌虐。時金國勢已衰，乃畫河為守。

◆ 蒙古西征

成吉思汗既滅乃蠻，太陽汗子屈出律率殘部奔西遼，西遼主耶律直古魯妻之以女，委以國政，屈出律乃陰謀復國。成吉思汗九年（宋嘉定四年，金大安三年，西元一二一一年），屈出律與花剌子模王模罕默德起兵擊滅西遼，瓜分其地，花剌子模得西遼西部，屈出律得西遼東部，包括今天山南路一帶。屈出律殘虐天山南路回教徒，成吉思汗遣哲別、速不臺二將征之，屈出律兵敗而死，於是今伊犁及天山南路一帶皆入蒙古版圖，與花剌子模接境。

時花剌子模疆域極廣，為中亞強國。成吉思汗滅屈出律後，遣使與花剌子模連好，國書稱視花剌子模王如愛子，模罕默德大怒，召蒙古使者痛責，於是兩雄相猜，各有鬥意。會有蒙古商隊百餘人，行至花剌子模國境訛答剌城，為其守將所殺，成吉思汗遣使質問，花剌子模王殺其使者，成吉思汗大怒，乃謀西征。

成吉思汗十四年（宋嘉定十二年，金興定三年，西元一二一九年），成吉思汗自將大軍西征，分其軍為四路，一軍進攻訛答剌城，為西征軍主力，二軍攻略錫爾河沿岸諸城，一軍遮擊花剌子模援軍。蒙古軍猛攻訛答剌城凡五月，破其外城，其守將率殘軍退守子城，又相持一月，死傷幾盡，城遂陷，其守軍、人民皆為蒙古所殺，訛答剌城被夷為平地。

蒙古兵勢極盛，每克一城，輒屠其民。蒙古於屠城之初，每集居民於城外廣場，令自獻財寶，然後無少長盡殺之，既而縱火大掠，所至城邑為墟。

成吉思汗十五年（宋嘉定十三年，金興定四年，西元一二二〇年），成吉思汗將四路大軍會攻花剌子模國都撒馬爾干，破之，盡誅其老弱而驅其丁壯以供軍役。

時模罕默德在舊都兀龍格赤，成吉思汗遣大將速不臺將別軍迫之。模罕默德聞撒馬爾干陷落，與王子札闌丁自兀龍格赤出奔，至裏海阿比思渾島而死。於是成吉思汗集大軍十餘萬猛攻兀龍格赤，兀龍格赤一稱花剌子模城，跨阿姆河兩岸，形勢雄勝。城中堅守凡六閱月，力竭而降，蒙古軍盡驅居民出城，掠其財物，選工匠十萬人送返東方，婦孺充作奴婢，其餘男子無老壯皆為蒙古所殺。

模罕默德死後，王子札闌丁繼位，自阿比思渾輾轉至其舊封哥疾寧，號召諸部，得精兵七萬騎，軍勢復振。成吉思汗率大軍追擊，札闌丁率眾迎戰蒙古前鋒三萬騎於巴魯安，蒙古軍大敗，得脫者無幾，札闌丁所屬諸部亦因分鹵獲物內訌，各率其眾散去，札闌丁乃率所部數千騎向印度河畔南走。

成吉思汗十六年（宋嘉定十四年，金興定五年，西元一二二一年），蒙古軍追札闌丁，及於印度河畔，圍之數重。成吉思汗欲生得札闌丁，令軍中不許放矢，以故札闌丁得以久戰。時蒙古軍三面合圍，一面懸崖，下臨印度河，札闌丁突圍不能出，乃易健馬，脫甲負盾，手執大纛，自懸崖躍馬投河，截流而去。

速不臺將別軍追模罕默德不獲，沿裏海西岸，踰大和嶺（高加索山），攻克欽察（烏拉山以西，裏海以北），大破俄羅斯諸侯聯軍於阿里吉河（喀爾喀河）濱，剽掠俄羅斯南境，平定康里（鹹海、裏海以北，西界欽察，南接花剌子模）而還。

成吉思汗既定西域，於新征服地區各設達魯花赤（地方治民官）以統治之，自花剌子模率大軍班師。成吉思汗二十年（宋寶慶元年，金正大二年，西元一二二五年），返抵蒙古土剌河（即圖拉河，在外蒙古土謝圖汗中部）畔，自西征至是凡七年之久。

成吉思汗有四子，長朮赤，次察哈台，次窩闊台，幼拖雷。成吉思汗以蒙古帝國分封四子，拖雷得蒙古舊疆；窩闊台得乃蠻故地，建立窩闊台汗國；察哈台得西遼舊壤，建立察哈台汗國；朮赤得欽察、康里及花剌子模一帶之地，建立欽察汗國。

成吉思汗西征時，嘗徵兵於夏，夏不從。夏自金初乾順在位，五傳至夏主德旺，見金朝微弱，常出兵侵擾其邊境。及成吉思汗平定花剌子模，夏主德旺恐為蒙古所伐，於金哀宗正大二年（宋寶慶元年，成吉思汗二十年，西元一二二五年），與金議和，約為兄弟之國，共禦蒙古侵迫，成吉思汗乃謀滅夏。

成吉思汗二十一年（宋寶慶二年，金正大三年，西元一二二六年），成吉思汗

自將伐夏，是冬，圍夏都中興府，夏主德旺驚悸而卒，國人立其姪睍為王，翌年六月，睍力屈而降，遂滅夏。是年七月，成吉思汗以疾崩於薩里川哈老徒行宮（克魯倫河附近），葬於起輦谷（克魯倫河西南），享壽六十六歲。

成吉思汗臨崩，預畫假道滅金之策，謂左右曰：「金精兵在潼關，南據連山，北限大河，難以遽破，若假道於宋，宋金世讎，必能許我，則下兵唐、鄧，直擣大梁，金急必徵兵潼關，然以數萬之眾，千里赴援，人馬疲弊，雖至弗能戰，破之必矣！」（元史太祖紀）

◆ 金朝的滅亡

金既南遷汴京，成吉思汗委其萬戶木華黎以經略中原之任，金河北、河東、山東等地區相繼淪陷，國土日蹙，賦斂繁重，率常三倍於舊，金宣宗又好刑名之術，獎用胥吏以抑士大夫，任用朮虎高琪為相，高琪出身護衛，喜吏惡儒，君臣俱尚威刑，由是吏權大盛，深文傅致，政風慘刻。宋以金國勢削弱，遂絕歲幣。寧宗嘉定十年（金興定元年，成吉思汗十二年，西元一二一七年），金宣宗以宋歲幣不至，而蒙古大軍西征，河南粗安，乃命將分道南侵，宋京湖制置使趙方敗之於棗陽（湖北省棗陽縣）。次年，金遣使議和，宋朝不納。時金國力已弱，戰事連年不決，互有勝負，金軍雖攻破蘄、黃諸州，而傷亡極多，未幾復棄而北去，金朝兵財多喪於是役。金史完顏合達傳云：「宣宗南伐，士馬折耗，十不一存。」食貨志亦云金宣宗「貪淮南之蓄，謀以力取，致樞府武騎，盡於南伐。」其國力損耗可知。

金元光二年（宋嘉定十六年，成吉思汗十七年，西元一二二三年）十二月，宣宗崩，子哀宗守緒立，翌年，改元正大。哀宗頗知勤政愛民，即位後即召回南征軍，編練軍隊，激勵將士，挑選諸路精兵，直隸樞密院，號曰忠孝軍，為正大新編精銳。

金哀宗略與宋理宗同時。宋寧宗無子，養太祖十世孫貴和為子，改名竑。貴和疾史彌遠專權，呼彌遠為新恩，謂他日不流新州（廣東省新興縣）則流恩州（廣東省陽江縣），彌遠聞而惡之，密謀廢貴和而立嗣沂王貴誠。貴誠亦太祖十世孫，本宗室希瓐之子，出繼為宋寧宗弟沂靖惠王柄後。嘉定十七年（金正大元年，成吉思汗十九年，西元一二二四年），寧宗崩，彌遠矯詔立貴誠為帝，更名昀，是為

理宗，改翌年為寶慶元年，封貴和為濟王，出居湖州（浙江省吳興縣），彌遠陰遣人縊殺之。

　　自寶慶元年（金正大二年，成吉思汗二十年，西元一二二五年）至紹定六年（金天興二年，蒙古窩闊台汗五年，西元一二三三年），為史彌遠獨相時代。彌遠為相，頗信任群小，理宗以其有擁立之功，雖臺諫屢言其姦，皆置不問。紹定六年十月，彌遠薨，理宗始親政。彌遠執政時代最重大的政施，為與蒙古聯盟以滅金。

　　紹定元年（金正大五年，成吉思汗崩後一年，西元一二二八年），蒙古軍入侵大昌原（甘肅省寧縣境），金將完顏陳和尚率忠孝軍四百人出戰，大破蒙古八千之眾，自金與蒙古作戰以來，始有此捷，金諸軍倚以為援。

　　紹定二年（金正大六年，窩闊台汗元年，西元一二二九年），蒙古召開忽里勒台（宗親大會），遵成吉思汗遺命，推戴窩闊台繼立為蒙古大汗，是為元太宗。次年，窩闊台汗自將伐金，擊破金陝西砦堡六十餘所，金集大軍扼守潼關。紹定四年（金正大八年，窩闊台汗三年，西元一二三一年）五月，窩闊台汗避暑於九十九泉（甘肅省武山縣境），議分軍三道伐金。窩闊台汗自將中軍，由碗子城（山西省晉城縣南）南渡河；皇弟拖雷將右軍，自寶雞渡渭，假道於宋，出漢水以攻唐、鄧，斡陳那顏將左軍，由濟南西進，三道大軍期以明年會師於汴。蒙古軍既出，遣使者速不罕假道於宋四川制置使桂如淵，如淵時守興元，遣人導蒙古軍入武休關（陝西省鳳縣東南），既而速不罕為宋將張宣所殺，拖雷大怒，率軍西入仙人關（陝西省鳳縣西南），攻破鳳州、洋州（陝西省洋縣），分兵略地至西水（四川省南部縣西北）而還。

　　是年十二月，拖雷攻破饒風關（陝西省石泉縣西北），自金州（陝西省安康縣）循漢水而東，至光化（湖北省光化縣）硝石灘，浮騎渡漢水。金平章政事完顏合達、樞密副使移剌蒲阿率大軍入守鄧州。紹定五年（金天興元年，窩闊台汗四年，西元一二三二年）正月，拖雷率大軍自唐州趨汴京，時窩闊台亦自河清縣（河南省孟縣東南）渡河，屯軍鄭州，遣將率軍南迎拖雷。完顏合達、移剌蒲阿將步騎十五萬追躡，及於三峰山（河南省禹縣東南）。會大雨雪，泥淖沒脛，拖雷與河北軍合圍奮擊，金軍困憊乏食，遂大潰，合達及完顏陳和尚皆戰歿，蒲阿被擒，不屈而死，幾無一人得脫，金自正大以來編練精銳，盡喪於是役。

窩闊台汗以都元帥速不臺總諸道兵圍攻汴京，自是年三月至四月，未能下，乃稍退卻，金哀宗遣使至蒙古軍前乞和。七月，窩闊台汗遣使入汴京見金哀宗，令自至軍前商議和款，蒙古使者出言不遜，金侍衞度和議終不能成，乘夜殺蒙古使者及隨從三十餘人，和議遂絕。

當蒙古與金使者往返議和時，蒙古軍仍攻城不已。蒙古以石砲及火炮攻城，每城一隅，置石砲百餘座，更迭發炮，晝夜不息，數日後砲石與城齊。火炮名震天雷，炮擊中處則火起，其聲如雷。蒙古又張厚牛皮以蔽弓矢，直至城下，掘地為龕，金軍亦以鐵繩懸震天雷而下，至掘城處引發，人與牛皮皆碎。如是攻城，汴京內外死者以百萬計。汴京城堅，不可即下，蒙古乃詐云講和以緩金師，攻略汴京周圍城邑，於是汴京與外郡交通斷絕。及和議破裂，金復徵汴京民兵固守，自八月至十二月，汴京糧盡援絕。金哀宗將親軍突圍，時自汴京以西三百里間，廬舍皆毀，人煙俱無，遂東走歸德。

是歲，蒙古遣王檝為使，與宋議聯盟伐金。蒙古提出三條款：一、蒙古軍得假道宋境；二、宋軍攻唐、鄧以牽制一部分金軍；三、事成以陳、蔡之地歸宋。宋許之。

紹定六年（金天興二年，窩闊台汗五年，西元一二三三年）正月，金哀宗走至歸德。是月，金汴京裨將崔立殺金汴京留守完顏奴申，以汴京降於蒙古，金親王、宗室盡為蒙古所殺。是年六月，金哀宗以歸德勢危，復走蔡州。

其秋，蒙古復遣王檝使宋，約共伐金。時史彌遠已歿，宋以鄭清之為相，以彌遠姪嵩之為京湖安撫制置使兼知襄陽府，委以邊事。時宋將孟珙已克鄧州，軍威頗振，嵩之乃命孟珙、江海二將帥軍二萬，運米三十萬石赴蒙古之約，與蒙古大將塔察兒共攻蔡州。是冬，宋軍與蒙古軍會圍蔡州，宋軍屯蔡州城南，蒙古軍屯蔡州西北。十二月，蒙古軍決汝水灌城，宋軍決柴潭之水灌城，遂破其郛。端平元年（金天興三年，窩闊台汗六年，西元一二三四年），金哀宗傳位於其將完顏承麟，是為金末帝。次日，群臣朝賀畢，承麟即外出禦敵，而宋軍破南城而入，城中巷戰，金軍不能抗，哀宗自縊於幽蘭軒。承麟退保子城，聞哀宗崩，率群臣入臨上諡，祭奠未畢而城陷，近侍舉火焚哀宗尸，承麟亦為亂兵所殺，金朝遂亡。

六、金朝制度及女真習俗

◆ 政治制度

　　金人初起，庶事草創，官制極簡。諸部酋長皆稱勃極烈，統理一部軍民之政，其上有諳版勃極烈、國論勃極烈、忽魯勃極烈諸號。諳版勃極烈之位最尊，太宗、熙宗皆居此位為儲君；國論勃極烈義猶輔相，佐大汗總理國政；兼統數部者曰忽魯勃極烈，忽魯義猶總帥。以上官稱，至熙宗時皆廢。

　　金朝官制，承遼、宋之舊。金初置樞密院於廣寧府（遼寧省北鎮縣），以遼故相左企弓為樞密使，掌文銓吏民之政，不典武事，猶遼南院樞密使之職，其後始仿宋制，專典兵政。金太宗天會年間，始建中書、門下、尚書三省，以三省長官為宰相，若重臣秉政則領三省事。海陵帝正隆五年（宋紹興三十年，西元一一六〇年），罷中書、門下省，止置尚書省，於是尚書省獨擅大政。

　　尚書省置尚書令、左丞相、右丞相各一員，平章政事二員，掌丞天子平章萬機，皆宰相之任；又置左丞、右丞各一員，參知政事二員，掌佐治省事，皆副相之任，號稱執政。下設吏、戶、禮、兵、刑、工六部，分掌庶政。故金朝相職，於宋、遼、金三朝最為複雜。其餘重要官署，有御史臺、勸農司、國史院、翰林學士院、宣徽院。御史臺掌糾察彈劾，勸農司掌勸課農桑，翰林學士院掌詞命文翰，宣徽院掌朝會燕享，又有諸寺（如大理寺）、監（如秘書監）、衛（如殿前衛），略如宋制。

　　金復仿遼制置都元帥府以掌四方征伐，有都元帥、左副元帥、右副元帥、左監軍、右監軍、左都監、右都監等官，有兵事則置，事罷輒省。金初以爭戰得國，元帥、監軍、都監皆國之宗戚重臣，統兵之外，兼掌兵政，權任極重，海陵帝以後，其權漸為樞密院所奪。

　　金朝盛世，凡置一都五京：

　　中都大興府：本遼南京析津府，遼末入宋，為燕京燕山府，金仍之，海陵自會寧徙都燕京，建為中都大興府。

　　上京會寧府：為金興王之地，初稱會寧州，太宗以建都升為會寧府，熙宗時，建為上京，海陵都燕，削上京之號，止稱會寧府，世宗時，復為上京。

北京大定府：本遼中京，海陵帝改為北京。

南京開封府：本北宋都城，入金稱汴京，海陵帝改為南京。

東京遼陽府、西京大同府：因遼之舊。

金於大興府置尹，兼領本路兵馬都總管府事；餘四京各置留守，帶本府尹，兼本路兵馬都總管。金全盛時，分全國為十九路：上京路、咸平路、東京路、北京路、西京路、中都路、南京路、河北東路、河北西路、山東東路、山東西路、大名府路、河東北路、河東南路、京兆府路、鳳翔路、鄜延路、慶原路、臨洮路。每路各置總管府，由本路一府尹兼領本路兵馬都總管，分統諸郡，郡有府、節度州、防禦州及刺史州，府置尹，節度州置節度使，防禦州置防禦使，刺史州置刺史，下統諸縣。

◆ 軍事組織

金朝兵制以猛安、謀克為基礎。金人初起，全民皆兵。部長稱勃極烈，行兵則稱猛安、謀克，兵將之間，義猶一家，故將勇而志一，兵精而力齊。

猛安、謀克初無統屬關係及尊卑之別，所統部眾多則稱猛安，少則稱謀克。金太祖即位第二年，命以三百戶為一謀克，十謀克為一猛安，猛安、謀克始納入軍事編制而有統屬關係。凡諸部來降者，視其所將戶口多寡，分別以猛安、謀克授其酋豪，部伍其眾。及滅遼，收漢及契丹降卒編為猛安、謀克，以契丹百三十戶為一謀克，漢人六十五戶為一謀克，征其丁壯以從征伐。

猛安、謀克為金軍作戰單位，猛安之上有萬戶，謀克之下有什伍。作戰時，伍長戰死，四人退卻，則四人皆斬，什長戰死，伍長退卻，則伍長皆斬；反之，能勇戰卻敵，負死者之屍而歸，可得死者家貲之半。凡有戰鬥，為將者執旗而麾，眾視旗之所向而進退。

自女真占據中原後，慮漢人懷貳，乃創置屯田軍，以女真、契丹及奚人為猛安、謀克，徙居中原，回易屯田，駐防各地，無事耕作訓練，有事出征，暗合以兵寓農之意。

自金海陵帝、世宗以後，此種原為軍民合一制度漸變為純粹軍事制度。世宗不欲猛安、謀克之眾與民雜處，令猛安、謀克自為保聚，其土田與民相錯者互易之，頗類清朝駐防各地旗人城邑。其駐防區域，自燕京以南，淮隴以北，近者數

里一寨，遠者數十里一寨，星羅碁布，築砦堡於村落之間，各據形勢之地，以控御被統治漢人。

金朝中葉以前，猛安、謀克為女真控御中原及諸蕃部的基本力量，及其末葉，漸流於驕縱，屯田不能自耕，往往賃民耕作而收其租課，甚者伐桑棗為薪，私鬻田宅，日益貧乏，戰鬥力亦隨之低落。

◆ 女真習俗

契丹、女真、蒙古三族之中，契丹與蒙古皆遊牧民族，習俗相近，女真則築寨而居，經營原始農業，農隙則時出狩獵，屬於定居民族。

女真初起所居邑聚，或稱村，或稱寨，宋人則統稱為寨。每寨有酋長一人，即勃極烈，或稱勃董，皆一音之轉。女真寨落皆聯木為柵，不築土垣，其屋宇高僅數尺，無瓦，覆以木板，或覆以樺皮，或覆以茅草，牆壁亦以木板造成，門皆東向。女真國主所居曰乾元殿，制度較雄偉，異於常制，屋上覆瓦，以木為鴟吻，屋中懸帷幕，屋前有階，階前有壇，正殿兩廂列小屋。

女真為農耕民族，故其食物有蔥韭瓜蒜，糜粥稗飯，且知釀酒，不限於肉食。

女真寨居生活另一特色為炕床設備。環屋壁築土為炕，天寒時爇火其中，起居其上，天暖時則閉火門，陰涼如初。炕床為女真民族特有文化，以其地寒，非寢於炕上不足以取暖，其後女真入據中原，炕床亦隨之流行於中國。

此外，在女真初期，仍有若干原始奇異風俗：

一、以青草紀年：以草一青為一歲。

二、以物易物：以初起時尚無錢幣。

三、呼鹿：呼鹿為女真特技，遼盛時，秋狩射鹿，常以女真人從行，效鹿鳴聲，呼鹿而射之。

四、圍獵：女真狩獵，常多人合圍，謂之打圍。

五、燒飯：死者不具棺槨，貴者取其生時所寵奴婢及所愛之物俱焚之，謂之燒飯。

六、尚巫：其俗尚巫祝，病時無醫藥，但以巫祝治病。

七、剺面：有親人死則以刀剺面，謂之送血淚，示悼亡之意。

八、烝報：女真舊俗，父死則妻其後母，兄死則妻其嫂，叔伯死則妻其嬸姆，故無論貴賤，人皆有數妻。

第二十二章　宋代制度

一、官　制

◆ 官制紊亂

宋代官制，大體仍襲唐舊，然授官之法，較唐代為複雜。宋代厲行中央集權政策，為防止臣下擅權，內外諸司，類以他官主判，謂之差遣，雖有正官，非別敕不治本司事，而造成官制紊亂的現象。

宋代官人之法，有官、有職、有差遣，官以寓祿敘位，職以待文學之選，別為差遣以治內外之事，故士大夫不以官位高低為榮滯，而以差遣要劇為貴途。

官有正官、散官、檢校官之別，皆承唐制。正官本為有職掌官員，散官為冗散閑員，檢校官為恩典加官，無職掌，於官號之上加檢校二字。宋制正官不治本司事，故正官亦成虛號，與散官無別。

職包括諸殿（如端明殿）館（如昭文館）閣（如龍圖閣）學士、館職與貼職。凡入館閣未除學士者稱直學士或直某館、某閣，謂之館職，以他官兼館職者為貼職，皆以勵行義文學之士，高者備顧問，其次預議論、典校讎，選擇甚精。宋朝尚文，崇敬文臣，得者為榮。

差遣為實際執行政務的官員，茲舉二例如下：蘇軾以朝奉郎端明殿學士知定州，朝奉郎為官（散官），端明殿學士為職，知定州為差遣。王安石以吏部尚書觀文殿大學士知江寧府，吏部尚書為官（正官），觀文殿大學士為職，知江寧府為差遣。官、職、差遣各不相屬，故差遣罷而官、職尚存，職落而官如故。

凡差遣有行、守、試、領、視、知、判諸稱。徽宗宣和以前，凡差遣職事官，高一品為行，下一品為守，下二品為試；宣和以後，官高於差遣曰領，官卑於差遣曰視。凡朝臣出守列郡曰知，二品以上官及帶中書、樞密、宣徽使等職事出守者曰判，如王安石再罷相，以左僕射出為鎮南軍節度使判江寧府。

◆ 元豐官制

　　神宗元豐三年（西元一〇八〇年），以官制紊亂，詔重釐訂官制，至元豐六年（西元一〇八三年），新官制成，史稱元豐官制。元豐以前，官但寓祿敍位而無職掌，元豐官制以階易官，雜取唐宋以來官稱，制文官為二十四階，武官為五十二階以寄祿，令百官各還本職，以正百官職守。如舊制以左右僕射為寄祿官，以同平章事為相職，元豐官制改左右僕射為特進以寄祿，復同平章事為左右僕射為相職。元豐以前散官，至是悉納為階，至徽宗政和末，文官累增至三十七階。

◆ 相職

　　宋初沿襲唐制，宰相不專任三省長官，尚書、門下二省並列於外，別置中書於禁中，號政事堂，為大政所出，以同平章事為真相之任。同平章事無定員，若一人則獨相，二相或三相並置則分日知印，其上相例加昭文館大學士監修國史，次相加集賢院大學士，故亦稱昭文相或集賢相，若三相並置則昭文館大學士、監修國史、集賢院大學士以次除授。此外，又置參知政事為副相，號稱執政，若宰相缺則代執大政。大抵合宰相、執政最多不過五人，若兩相則三參，三相則兩參。元豐官制於三省設侍中、中書令、尚書令，皆虛銜不除人，而以尚書左右僕射為宰相，左僕射兼門下侍郎，右僕射兼中書侍郎，行侍中、中書令職事，別置門下及中書侍郎為之副，故名為三省並置而相權實集於左右僕射之手。徽宗政和中，改左右僕射為太宰、少宰，仍各兼門下、中書侍郎，欽宗靖康中，詔依元豐舊制，復為左右僕射。南宋高宗建炎中，以門下併入中書，稱中書門下，詔左右僕射並加同中書門下平章事，改二省侍郎為參知政事。孝宗乾道中，改左右僕射為左右丞相，廢侍中、中書令、尚書令，以左右丞相充其位，三省官制至是復合為一。

　　與宰相同官而異稱者有平章軍國重事及同平章軍國事，哲宗元祐中置，以授文彥博、呂公著，位在宰相上。又有總三省事，徽宗時以授蔡京、王黼，位亦在宰相上。寧宗時，韓侂冑為相，欲重其權，稱平章軍國事，去重字，示所任者廣，去同字，示所任者專；其後賈似道為相，亦稱平章軍國事。凡置總三省事或平章軍國事，則宰相不復知印，此官蓋以授宿望重臣而非常制。

◆ 相權

宋代官制雖云沿襲唐舊，而實則不甚相同。以宰相職權而論，唐代相權甚大，宰相得草擬詔書，君主僅有同意權，故宰相實為政治中樞；宋代宰相須先擬箚子呈天子取決，依天子意旨草詔。唐代宰相得下堂帖，處分百司，宋初尚襲其舊風，其後詔中書不得下堂帖，改用箚子指揮，以減輕宰相威勢；太宗時，又詔中書行下箚子須先奏聞，至南宋寧宗時，天子常自下手諭以代箚子，名曰御札，相權益輕。唐代宰相於事無所不統，宋代宰相但主民政，至於兵政、財政、考課、刑審之權則為樞密院、三司、考課院、三班院、審刑院所奪。

宋代中書與樞密對掌文武二柄，號稱二府。兵機之事，專任樞密，又置三司以總財政。三司者，戶部司掌常賦，鹽鐵司掌專賣，度支司掌預算。於是兵政、財政皆脫離相權而出，宰相不復預聞，所謂中書治民，樞密主兵，三司理財。仁宗時，范鎮嘗云：「唐宰相兼鹽鐵轉運，或判戶部，或判度支。……今中書主民，樞密主兵，三司主財，各不相知，故財已匱而樞密院益兵無窮，民已困而三司取財不已，中書視民之困而不知使樞密減兵、三司寬財以救民困者，制國用之職不在中書也。」（長編卷一七九）

宋太宗置審官院、考課院以主百官銓選，置審刑院以覆按大獄，熙寧時，分審官院為東西院，東院主文選，西院主武選，於是宰相考課、銓衡之權亦削。

此種措施，自不免疊床架屋之弊，如兵政在樞密則兵部為虛設，財政在三司則戶部為虛設，審官、考課院立則吏部之權分，審刑院立則刑部之職奪。此外，宋代諫諍、封駁之權亦與唐代不同。唐代諫官分屬門下、中書二省，為宰相屬官，專以諫天子為職，宋代另設諫院，諫官皆出宸選，不屬宰相，轉以彈糾宰相為事，宰相每欲有所作為，輒受掣肘，無所展布；唐制給事中、中書舍人掌草制封駁之權，號稱給舍，亦宰相僚屬，宋代以學士、知制誥掌草制之權，以通進銀臺司掌封駁之權，於是草制封駁之權亦不屬宰相。

◆ 學士及館閣

宋重文士，故翰林學士及諸殿館閣學士資望甚峻，不屬宰相，直隸天子，無吏守職掌，惟出入侍從，備顧問。翰林學士院有翰林學士承旨、翰林學士、知制

誥、直學士院、翰林權直，掌制誥撰述之事。宋制以學士與知制誥對掌詔敕文書，號稱內外制，翰林學士為內制，知制誥為外制❶。翰林學士以親近天子，位尊而權重，自唐以來，號稱內相。

諸殿館閣名號甚多，資望尤高者有觀文殿大學士、學士、資政殿大學士、學士、端明殿學士及三館、三閣。三館即昭文館、集賢院及史館，置直館、直院；三閣即龍圖閣、天章閣、寶文閣，皆置學士、直學士、待制。觀文殿大學士例以寵待舊相，凡為相罷政始得加之，資政殿大學士亦以授宰執罷政者，端明殿學士則以授諸殿閣學士之資深者。

◆ 郡縣

就正式制度而言，宋代地方政區為二級制：府、州、軍、監統稱曰郡，其長官曰守臣，總理一郡兵民之政，郡下置縣，統理一縣兵民之政。

府、州、軍、監雖同名為郡，不相統屬，但府地位較尊，所統屬縣亦較多；州視所轄屬縣及戶口多寡分上、中、下三等；軍設於軍事衝要之地，所轄多者三縣，少者一縣；監則僅轄一縣，凡礦冶及工業區則設監以監理其事。

宋代郡縣制度與前代不同者有二：

其一、郡縣長官皆由朝廷派京朝官充任，曰知某府、某州、某軍、某監、某縣事，如以二品以上重臣及帶中書、樞密、宣徽使等職銜出守者則曰判。真正地方官如府尹、節度使、團練使、防禦使、刺史、縣令非特敕不得預政，故嚴格而言，宋代僅有京朝官暫攝郡縣政務，而無真正地方官，其目的在收地方政權以歸朝廷。

其二、郡設通判監督郡政，以防守臣擅權。宋初通判本為權宜而設，其後遂

---

❶ 趙彥衛雲麓漫鈔卷五：「翰林學士司麻制批答為內制，中書舍人六員分房行詞為外制。」
趙升朝野類要卷二：「翰林學士官謂之內制，掌王言、大制誥、詔令、敕文之類，中書舍人謂之外制，亦掌王言、誥詞之類。」內制皆大處分，用白麻，不宣付中書，外制用黃麻，下中書宣讀，故分房行詞。朝野類要卷四：「文武百官聽宣讀者，乃黃麻紙所書制可也，若自內降而不宣者，白麻紙也，故曰白麻。」注云：「自元和初，凡敕書、德音、立后、建儲、大誅討、拜免三公宰相、命將曰制書，並用白麻，不用印。」不用印謂不用中書印，以不宣付中書，故不用。

為定制。大郡置通判二員，餘置一員，郡不及萬戶者不置。若武臣及內諸司使、副使知州者雖小郡亦特置。凡一郡兵民錢穀戶口賦役獄訟，皆須通判簽署，方許行下，出則按行屬縣，有兵事則專任錢穀之責，權任甚重。

◆ 路

宋於諸郡之上設路。宋太宗至道三年（西元九九七年），定全國為十五路，即：京東路、京西路、河北路、河東路、陝西路、兩浙路、淮南路、江南路、荊湖南路、荊湖北路、福建路、西川路、峽西路、廣南東路、廣南西路。其後屢經分析，至元豐八年（西元一〇八五年），更定全國為二十三路，即：京東東路、京東西路、京西南路、京西北路、河北東路、河北西路、河東路、永興軍路、秦鳳路（永興軍、秦鳳二路析陝西路而置）、兩浙路、淮南東路、淮南西路、江南東路、江南西路、荊湖北路、荊湖南路、福建路、成都府路、梓州路（成都府、梓州二路析西川路而置）、利州路、夔州路（利州、夔州二路析峽西路而置）、廣南東路、廣南西路。仁宗皇祐五年（西元一〇三五年），嘗以開封府及畿輔置京畿路，至和二年（西元一〇五五年）罷，徽宗崇寧四年（西元一一〇五年）復置，及滅遼，又置雲中府路及燕山府路，凡二十六路，然雲中府路始終為金人所據，燕山府路亦旋陷於金。

南宋析兩浙路為兩浙東路及兩浙西路，改梓州路為潼川府路，中原以北及河東、陝西等地悉陷於金，宋所有但兩浙西路、兩浙東路、江南東路、江南西路、淮南東路、淮南西路、荊湖南路、荊湖北路、京西南路、廣南東路、廣南西路、福建路、成都府路、潼川府路、利州路、夔州路等十六路而已。

宋初但於諸路置轉運司，其後陸續於諸路設置安撫司、提刑司、常平司及茶鹽司。轉運司又稱漕司，安撫司在陝西、河東、河北及廣南等路者則帶經略，稱經略安撫司，又稱帥司，提刑司又稱憲司，常平、茶鹽司又稱倉司。其職掌大抵如下：

轉運司：長官曰轉運使，掌經度一路財賦，監督州郡，斂其錢穀以輸朝廷，並有舉刺官吏之權；其受命兼總數路財賦者曰都轉運使，權任尤重，若軍興則置隨軍轉運使。都轉運使及隨軍轉運使皆非常制，蓋權宜而置。

安撫司：長官曰安撫使，由該路知府事或大州知州兼任，總一路兵民之政，

聽其獄訟，稽其錢穀甲械出納之名籍及舉刺官吏，如係二品以上大臣出守則稱安撫大使，其廣南、陝西等路帶經略者則稱經略安撫使，或簡稱經略使。

提刑司：長官曰提點刑獄公事，掌一路獄訟而平其曲直及舉刺官吏，初為轉運使屬官，稱某路轉運司提點刑獄，真宗時始別為一司。

常平司及茶鹽司：長官曰提舉常平司及提舉茶鹽司，前者掌一路斂散賑恤及河渡水利之法，平物價，惠農民，並兼舉刺官吏；後者掌茶鹽專賣以佐國用。南宋以後，併茶鹽司於常平司，長官稱提舉常平茶鹽公事。

以上所舉諸路劃分皆以轉運司設置為主，提刑、常平、茶鹽諸司或不遍置。安撫司則為軍事需要而設，其轄區稱安撫司路，而有轉運司路及安撫司路之別。如陝西初為一路，後析置為永興軍及秦鳳二路，是為轉運司路，復於永興軍、秦鳳二路分置永興軍、鄜延、環慶、秦鳳、涇原、熙河六路，各置經略安撫使，是為安撫司路。

轉運、安撫、提刑、常平、茶鹽諸司長官皆遣朝官充任，以監刺地方行政 ❷ 及專掌某項政令，而非地方官，故宋代地方政治，僅為郡縣二級制。

南宋時，因戰事需要，常以見任宰相充都督，總綰諸路兵權，又置宣撫使或制置使，品秩高者則稱大使，總轄數路兵民錢穀之政，如四川宣撫使或四川制置使，總轄成都府、潼川府、利州、夔州四路，權任益重，下開元代行省政制的先聲。

二、兵　制

◆ 禁軍與廂軍

禁軍為天子衛兵，由諸州募兵之勇壯者選充，總統於殿前司及侍衛司，內以守衛京師，外以備征戍。宋太祖初，有禁軍二十萬人，太宗時增至六十六萬，仁宗時增至一百二十五萬。太祖創更戍法，以禁軍之半駐京師，另以其半分番更戍邊城，使習勤苦，均勞逸，將帥不隨兵易防，故將不專兵，兵不驕惰。因循既久，

---

❷　漕、帥、憲、倉皆有刺舉官吏之權，又稱外臺。朝野類要卷三：「安撫、轉運、提刑、提舉實分御史之權，亦似漢繡衣之義而代天子巡狩也，故曰外臺。」

雖無復難制之患，而更戍交錯，議者以為徒使兵不知將，將不知兵，緩急恐不可恃。神宗熙寧七年（西元一○七四年），用樞密副使蔡挺議，行置將法，於河北、京畿、京東、京西及陝西部分諸將以統禁旅，於河北四路（大名府路、高陽關路、真定府路、定州路）置第一將至第十七將，於京畿置第十八將至第二十四將，於京東路置第二十五將至三十三將，於京西路置第三十四將至第三十七將，而陝西五路另置四十二將，計鄜延九將，涇原十一將，環慶八將，秦鳳五將，熙河九將。元豐二年（西元一○七九年），復於東南諸路置十三將，淮南東路為第一將，淮南西路為第二將，兩浙西路為第三將，兩浙東路為第四將，江南東路為第五將，江南西路為第六將，荊湖北路為第七將，荊湖南路、潭州為第八將，全（廣西省全縣）、邵（湖南省寶慶縣）、永（湖南省零陵縣）州應援廣西為第九將，福建路為第十將，廣南東路為第十一將，廣南西路、桂州（廣西省桂林縣）為第十二將，邕州（廣西省邕寧縣）為第十三將。總全國為九十二將，使兵知其將，將練其士，有訓厲而無番戍之勞。哲宗元祐元年（西元一○八六年），司馬光請罷置將，復更戍法，以杜將帥擅兵之弊，詔陝西、河東、廣南將兵不更戍，其餘將兵更互出戍，而置將之法終未盡罷。

廂軍為諸州鎮兵，自本州馬步軍都指揮使以下隸本州都監而總於侍衛司。廂軍或一軍分隸數州，或一州所管兼屯數軍，皆選充禁軍所餘老弱，若禁軍老弱亦汰為廂軍，罕教閱，不任戰，惟給役使而已❸。

❸　大抵廂軍皆不任征戍，但以捕逐寇賊，繕完城壘，並以處汰弱之禁軍。然京東、京西二路廂軍亦有教閱者，其制始於皇祐中，是為教閱廂軍。文獻通考卷一五六兵考八郡國兵：「仁宗皇祐中，京東安撫使富弼上言：『臣頃因河北水災，農民流入京東者三十餘萬。臣既憫其濱死，又防其為盜，遂募尤健者以為廂兵，既而選尤壯者得九指揮，教以武技，已類禁軍。今止用廂兵俸稟而得禁軍之用，可使效死戰鬥而無驕橫難制之患，此當世大利也。』詔以騎兵為教閱騎射、威邊，步兵為教閱壯武、威勇，分置青、萊、淄、徐、沂、密、淮陽七州軍，征役同禁軍。初，弼請刺教閱字，帝不許，止加於軍額。嘉祐四年，復詔西路於鄆、濮、齊、兗、單州置步軍指揮六，如東路法。於是東南州軍多置教閱廂軍，皆以威勇、忠果、壯武為號，訓肄如禁軍，免其他役。」

◆ 鄉兵與蕃兵

宋於禁軍、廂軍以外，復有鄉兵、蕃兵。鄉兵即民兵，或由招募，或由徵調，團結訓練以補禁軍之不足。後周太祖廣順中，徵秦州（甘肅省天水縣）稅戶充保毅軍，宋因其制。宋太宗咸平四年（西元一○○一年），令陝西稅戶家出一丁，號曰保毅，給其廩糧，使分番戍守。咸平五年（西元一○○二年），陝西沿邊丁壯充保毅軍者至六萬八千餘人。其後復於諸邊陸續建置鄉兵，名號繁多，如忠順、強壯、義勇、護塞、弓箭手等是，而以河北、河東、陝西三邊為最著。仁宗慶曆初，河北路義勇多達十八萬九千餘人，河東路七萬七千餘人，哲宗治平初，陝西路義勇凡十五萬六千餘人。

蕃兵為邊塞內附外族兵，宋團結之使備邊，訓練廩給之制與鄉兵同。

三、賦役與笘榷

◆ 賦役

宋承唐制，行二稅法，賦稅分二期輸納，夏稅五月起納，無過八月；秋稅九月起納，無過次年正月。宋代賦稅分四種，即田租、丁稅、城郭之稅與雜變之稅。田租以賦田畝，丁稅以賦人丁，城郭之稅以賦城邑人民資產園地，雜變之稅以賦牛革、鹽鹽之類，此外復有差役。丁口、城郭、雜變之稅及差役皆五代弊法，非唐兩稅舊制，宋因之。宋二稅猶唐兩稅，本已包括租、庸、調，今復有丁口、城郭、雜變之賦及力役之征，是於庸外取庸，調外取調。

宋因國用不足，常賦之外，又巧立名目以科取於民，折變、支移尤為民病。折變謂折價改輸，如以錢折絹，以絹折草，復以草折錢；支移謂移近輸遠，不欲行者則按道里遠近另納腳費。徽宗宣和間，言者謂四川初稅錢三百折絹一匹，草十圍計錢二十，今不令輸絹，每匹折草一百五十圍，每圍折錢一百五十，於是三百錢之稅輸至二萬二千五百錢，民破產者甚眾；哲宗元祐間，不欲支移者每年納腳費五十六錢，略當神宗元豐正稅之數，復反覆折變，民至鬻牛馬田產而不能輸，時人極言其弊。宋制於春乏絕時，預以官府庫錢貸民，令穀熟輸粟備邊，謂之和

羅，或鹽事畢輸絹供軍，謂之和市，民既獲利，官亦用足，然幾經折科，遂為民病。此外又有蠶鹽，由官貸鹽與民，俟蠶事畢隨夏秋二稅輸其直於官，謂之蠶鹽錢，其後罷給蠶鹽而令輸蠶鹽錢如故，轉成弊賦。

◆ 筦榷

宋代筦榷，有鹽、茶、酒、麴、醋、香、礬等，約占全國歲入總額之半，為利至溥，其中以鹽、茶、酒三項與民生關係尤大。

宋代食鹽有顆鹽、末鹽二種，顆鹽即池鹽，出於解州解、安邑二池，又稱解鹽，墾畦沃水風乾而成。末鹽有井鹽、海鹽二種，井鹽出於四川鹽井，煮鹽水而成；海鹽出於河北、京東、淮東、兩浙、福建、廣南等路沿海諸州，煮海水而成，其中以淮東產量最多，通（江蘇省南通縣）、泰（江蘇省泰縣）二州產量尤豐，號稱通泰鹽。

榷鹽分官鬻、通商二種，官榷區曰禁鹽地，又稱禁榷地，由官設市易務直接售鹽於民戶，別無競爭，故得上下其估以獲暴利，售價昂而鹽質劣。通商區曰通商地，由商人向官府承購而銷售於民戶，由於商人競銷，鹽質較佳，售價亦較賤。

商人取鹽之法有二，其一由商人入錢於京師榷貨務換取鹽鈔，其二由商人入錢及芻粟或他物於沿邊九折博務換取鹽鈔，謂之入中。商人持鈔至指定產鹽區取鹽，運銷於指定通商區。

宋代產茶區，一在東南，一在四川。宋制惟川茶、廣南茶聽民自買賣，仍禁出境，餘悉由官榷。榷茶之法，官於產茶區置場，名曰山場，凡種茶園戶皆隸之。所採茶除折稅外，悉售於官，不得私販，故官得購賤鬻貴以專其利。商賈欲販易者入錢及金帛於京師榷貨務，或於沿邊入中換取茶引，持引至山場取茶。

榷酒之法有二，其一官釀官賣，於州縣置酒務，遣官監理，收其稅課以充軍費；其二民釀民賣，由商人向官府認納一定稅額，許其釀酒出售，謂之酒戶。神宗熙寧四年（西元一○七一年）以前，酒課歲有定額，熙寧四年以後，改用撲買法，由認稅額最高商人承釀。

四、科舉與學校

◆ 貢舉與制舉

宋代科舉亦襲唐制，分貢舉及制舉二種，貢舉為常科，制舉為特科。

貢舉由禮部主辦，分進士、九經、五經、開元禮、三史（史記、漢書、後漢書）、三禮（周禮、儀禮、禮記）、三傳（左傳、穀梁傳、公羊傳）、學究（學究一經）、明經、明法等科。諸科皆試帖經墨義，進士科另試詩賦論策。士經州考及格，由州貢於朝廷，謂之發解。士均以秋發解，各集京師，來春應禮部試，及格者復經天子殿試以定名次。

殿試始於太祖開寶六年（西元九七三年），前此凡經禮部試及格者即為及第，是歲太祖以知貢舉李昉甄選不精，訴訟者眾，乃御殿覆試，遂為定制。宋初貢舉每歲舉行，太宗太平興國三年（西元九七八年）以後，改為間一年或間二年一貢，英宗即位，始定為三年一貢。唐制及第舉子尚須應吏部試，及格後始得除官，宋代舉子凡殿試及格，即由朝廷授以官職，不必復經吏部試，待遇較唐代為優❹。

宋代貢舉科目雖多，惟重進士，若明經諸科則不為時人所重，朝廷亦特重進士科，考時必設香案，主考官與舉子互拜，並賜茶湯，試經生不賜茶湯，渴則飲硯水，每出場脣吻皆墨黑，是以人皆以業進士為榮。太宗時，分進士為三等，謂之三甲，真宗時分為五等，上二等曰進士及第，三等曰賜進士出身，四等、五等曰賜同進士出身。

神宗熙寧間，王安石執政，以貢舉取士，或記誦經籍、或專攻詞賦，世事皆所不習，力主改革，獨存進士科，廢詩賦帖經墨義，專以經義論策取士，別立明

❹ 儒林公議卷上：「太宗臨軒放榜，三五名以前皆出貳郡符，遷擢榮速。陳堯叟、王曾初中第，即登朝領太史之職，賜以朱轂。爾後狀元登第者，不十餘年皆望柄用，人亦以是為常，謂固得之也。每殿廷臚傳第一，則公卿以下無不聳觀，雖至尊亦注視焉。自崇政殿出東華門，傳呼甚寵，觀者擁塞通衢，人摩肩不可過。錦韉繡轂，角逐爭先，至有登屋而下瞰者，士庶傾羨，謹動都邑。洛陽人尹洙，意氣橫躒，好辯人也，嘗曰：『狀元登第，雖將兵數十萬，恢復幽薊，逐強虜於窮莫，獻捷太廟，其榮亦不可及也。』」

法科以待不能業進士者，又廣設學校，擴充太學生員，創立太學三舍法，諸生自外舍以次升入內舍、上舍，上舍畢業優等者授以官職，中等者得免禮部試，下等者得免發解。

自安石罷政，貢舉法數變。哲宗元祐間，罷明法科，立經義、詩賦二科，經義進士專試經義論策，詩賦進士試詩賦，兼試經義論策，於是士習詩賦者多而專經者少，紹聖復罷詩賦，專試經義。徽宗崇寧中，詔罷科舉，州縣悉行三舍法，專以學校取士，然未幾復以科舉取士，罷州縣三舍法。南宋取士，仍兼用經賦，然舉子仍貴賦而輕經。

制舉無常科，所以待天下英傑之士，由天子親臨策試。太祖始置賢良方正能直言極諫、經學優深可為師法及詳閑吏理達於教化三科，品官吏民皆許應制，對策三千言，詞理俱優則中選。真宗景德中，增置博通墳典達於教化才識兼茂、明於體用武足安邊洞明韜略、運籌決勝軍謀宏遠材任邊寄等科，合為六科。仁宗天聖中，重釐制舉為十科，一曰賢良方正能直言極諫科，二曰博通墳典明於教化科，三曰才識兼茂明於體用科，四曰詳明吏理可使從政科，五曰識洞韜略運籌帷幄科，六曰軍謀宏遠材任邊寄科，七曰書判拔萃科，八曰高蹈丘園科，九曰沈淪草澤科，十曰茂材異等科，以待天下之士。神宗以進士試策，與制科無異，遂罷制舉，哲宗元祐間復之，紹聖中復罷，既而改置宏詞科以收文學博異之士，惟須進士及第者始得應制。徽宗大觀中，改宏詞科為詞學兼茂科。高宗紹興間，復置賢良方正能言極諫科及博學宏詞科，理宗嘉熙中，改博學宏詞科為詞學科，淳祐初罷，景定間復置，然宋人重進士科，於制舉少有應者。

◆ 學校

宋代官學，京師有國子監及太學，州縣有州縣學。

宋初僅有國子監，收七品以上官員子弟為生員，此輩生員皆可由蔭任出身，不必經由學校或科舉，故多繫籍不至，有名無實。仁宗慶曆中，范仲淹為參知政事，始立太學，選八品以下官員子弟及庶民之優秀者為生員。神宗時，王安石為相，創太學三舍法，擴建校舍，太學生增至二千四百人，其中外舍生二千人，內舍生三百人，上舍生一百人。徽宗時，用宰相蔡京議，大舉興學，於開封城南建辟雍為外學，立四講堂，分百齋，一齋可容三十人，增太學上舍生至三百人，內舍生六百人，外舍生三千人。上舍生及內舍生居太學諸齋，外舍生則就學於辟雍，

俟其行藝中率，然後升諸太學。合三舍諸生凡三千九百人，為宋代太學極盛時代。

南宋高宗建炎中，併國子監於禮部，徒存其名而無生員。紹興中，始建太學，仍用三舍法，上舍生三十人，內舍生一百人，外舍生五百七十人，其後累增至千人。寧宗嘉定中，外舍生增至一千四百人，南宋太學，以此為極盛。

太學置祭酒一員，以國子監祭酒兼任，司業一人，輔祭酒掌理學務，博士若干人，掌分經教授，下置學正、學錄、學諭若干人，掌助博士講授，自學正以下以上舍生兼任。諸生有廩給，日供飲膳，為禮甚豐。

宋初州縣學甚少，仁宗慶曆間，用范仲淹議，詔諸郡各自立學，學者二百人以上許更置縣學，於是州縣學始盛。州學由教授主之，以經術行義訓導諸生，掌其課試之事而糾其不如規者，初令轉運司就其屬官選充，神宗熙寧以後，改由朝廷任命。元豐初，全國置教授者凡五十三郡，以掌當地官學，哲宗元祐以後，諸郡州學皆置教授。

州學生員由鄉黨父老推擇其子弟有志於學者充之，或由縣學升補。州學生學業優者得貢於辟雍，以次升入太學。

◆ 書院

宋代書院亦甚發達。書院之稱始於唐，然唐代書院專典圖書，而宋代書院則為講學之所。宋代書院有官立，有私立，官立書院經費取給於官府，私立書院則得之於私人捐助。書院得自訂教材，不受官府規章約束，此為書院與官學最大分別。

宋初學校未修，士子無講習之所，故書院講學之風甚盛。書院講學，德行與學業並重，主講者多為一代碩儒。宋初著名書院有六，即廬山白鹿洞書院、衡陽石鼓書院、商邱應天書院、長沙嶽麓書院、嵩山嵩陽書院及江寧茅山書院。嵩陽、茅山書院其後無聞，故世以白鹿洞、石鼓、應天、嶽麓並稱宋初四大書院。未幾朝廷提倡科舉，加以官學漸盛，士為名利所誘，相率離去，書院乃日趨衰微，至徽宗崇寧末而盡廢。

南宋時，書院講學之風又盛，至南宋末期，全國書院可考者多達四十餘所。南宋書院復興原因有三：其一，官學衰微，經費不足，書院因代之而興。其二，南宋屢有偽學之禁，理學家不得不託書院以傳其學。其三，南宋末期，政治敗壞，賢士大夫無意於政治，多遯跡書院以避世。

第二十三章　宋代理學、文學及史學

一、理　學

◆ 理學派別

　　宋代理學在我國思想史中獨成系統，對思想界影響不惟宋代而已。理學宋史本稱道學，有道學傳四卷，而宋儒則多倡言性理，故後世亦稱其學為理學。宋代理學演進可分三期，周敦頤（濂溪）、張載（橫渠）、邵雍（康節）為創始期，程顥（明道）、程頤（伊川）、朱熹（文公）為發揚期，陸九淵（象山）為轉變期。

　　宋代理學主要在演繹道家及佛家「有無」「空有」之說以解釋儒家經籍中心、性、理、氣等概念，以濂、洛、關、閩四派為主。周敦頤為濂學開創者，二程為洛學領袖，張載為關學始祖，朱熹為閩學宗師。自宋代以下，學者常以周子、程、朱之學為正統。朱子之學，直溯濂洛，旁及張邵，實集宋代理學大成，至陸九淵別創新說，宋代理學開始轉變，下開元明心學。今但略舉周子、二程、朱子及象山學說以見宋代理學梗概。

◆ 周子學說

　　宋代理學以周子為先導，周子字茂叔，北宋道州營道（湖南省道縣）人，晚年築室廬山蓮花峰下，前有溪合於溢江，取營道故居濂溪為名，學者稱為濂溪先生，稱其學為濂溪學派。

　　周子之學，見於其所著太極圖說及通書，前者解釋宇宙的演進，後者言性命道德修己治人之道。

　　太極圖說係演繹道藏太極先天之圖及周易之義而成，倡無極而太極之說。極者，宇宙萬有的終極，即宇宙的本體，普遍無外，不為名相所限，故曰「太極本無極」。由太極而生動靜，動靜而生陰陽，陰陽循環而生五行，五行順布而生四時，四時變化而生萬物❶。周子創為此說，旨在發揚儒家「天人合一」的哲學理論，

謂人類心靈的活動亦如宇宙萬有的衍化運行。周子謂人秉陰陽二氣而具形（軀體）神（心靈），神化為道德而生五性（仁義禮智信），五性見之於用有當否，故道德行為有善惡，道德的最高標準為中正仁義，中正仁義的極致謂之人極。欲致人極必須主靜，聖人能主靜而致人極，故其德與宇宙冥合而為一。周子以為人道與天道一一相應，人德的仁義猶天道的陰陽，陽為剛、為仁、為動，陰為柔、為義、為靜；天道有終始，猶人道有死生，終始更迭，死生交續，物理人生之變皆盡於是，是為天人合一之說❷。

　　通書本名易通，係演繹周易之說以講性命道德陰陽動靜之學，與天人合一之說相發明。周子謂誠原自乾元，乾元為萬物所資始，誠亦為性命道德的本原，純粹至善，不誠則五性百行皆不得其當，若所為以誠為本而執持不失者則為賢人，能洞察幽微，躬行實踐而不見於形跡者則為聖人❸。

　　周子對道德哲學亦有獨特見解。謂動而正曰道，用而和曰德，德合於道則當，不合於道則否❹。德有當否，故有善惡，如義、直、猛、隘為剛，慈、順、懦、佞為柔，義、直、慈、順為當為善，猛、隘、懦、佞為否為惡。道德行為必須去惡向善，善的極致謂之中，亦即誠的表現❺。

---

❶　周子曰：「無極而太極，太極動而生陽，動極而靜，靜而生陰，靜極復動，一動一靜，互為其根。分陰分陽，兩儀立焉。陽變陰合而生水火木金土，五氣順布，四時行焉。五行一陰陽也，陰陽一太極也，太極本無極也。」（太極圖說）

❷　周子曰：「乾道成男，坤道成女，二氣交感，化生萬物，萬物生生而變化無窮焉。惟人也得其秀而最靈，形既生矣，神發知矣，五性感動而善惡分，萬事出矣，聖人定之以中正仁義，而主靜立人極焉。故聖人與天地合其德、日月合其明、四時合其序、鬼神合其吉凶，君子修之吉，小人悖之凶。故曰：『立天之道曰陰與陽，立地之道曰柔與剛，立人之道曰仁與義。』又曰：『原始反終，故知生死之說。』大哉易也，斯其至矣。」（同上）

❸　周子曰：「誠者聖人之本，大哉乾元，萬物資始，誠之源也。乾道變化，各正性命，誠斯立焉，純粹至善者也。故曰一陰一陽之謂道，繼之者善也，成之者性也，元亨誠之通，利貞誠之復。大哉易也，性命之源乎。」（通書誠上第一）又曰：「聖，誠而已矣；誠，五常之本，百行之源也。」（通書誠下第二）又曰：「誠無為，幾善惡。德愛曰仁，宜曰義，理曰禮，通曰智，守曰信。性焉安焉之謂聖，復焉執焉之謂賢，發微不可見、充周不可聞之謂神。」（通書誠幾德第三）

❹　周子曰：「動而正曰道，用而和曰德，匪仁匪義匪禮匪智匪信悉邪也，邪動辱也，甚焉害也，故君子慎動。」（通書慎動第五）

　　周子的政治哲學思想亦歸本於誠。周子謂國家治亂繫於人君的仁暴，仁則治，暴則亂，仁以誠為本，必先誠而後能仁❻。人君本誠之心，設師道以求賢才，施刑政以弭爭訟，布禮樂以宣教化，此之謂仁政，如是則國可治。

　　周子以思維與實踐為治學之本。周子云思則通微，通微則無不通，故治學首在於思❼；又云實勝善也，名勝恥也，故主實踐，不務空談❽。周子謂文以載道，猶車以載物，物賴車而轉輸，道賴文而流傳，不闡道而工文，猶不載物而飾車，虛而不實，俱不足貴❾。此說既出，遂為理學家所宗，自宋代而下，理學家皆重道而輕文。

◆ 二程學說

　　宋代理學雖創始於周子，而慎思明辨，發其奧旨，確定宋代理學地位者則為二程。二程即河南程顥、程頤兄弟。顥字伯淳，世稱明道先生，頤字正叔，世稱伊川先生。

　　二程學說以仁為本，謂仁與道冥合為一，渾然一體，與物無對，故萬物皆備於我❿。道即理，即性，皆本於天⓫；又云心者道之所寄，謂之道心，道心公正，

❺　周子曰：「性者，剛柔善惡中而已矣。」又曰：「剛善為義、為直、為斷、為嚴毅、為幹固，惡為猛、為隘、為強梁；柔善為慈、為順、為巽，惡為懦弱、為無斷、為邪佞。惟中也者，和也，中節也，天下之達道也，聖人之事也，故聖人立教，俾人自易其惡，自至其中而止矣。」（以上通書師第七）

❻　周子曰：「治天下觀于家，治家觀身而已矣。身端，心誠之謂也；誠心，復其不善之動而已矣。不善之動妄也，妄復則无妄矣，无妄則誠矣。」（通書家人睽復无妄第三十二）

❼　周子曰：「洪範曰：『思曰睿，睿作聖。』……無思而無不通為聖人，不思則不能通微，不睿則不能無不通，是則無不通生於通微，通微生於思，故思者聖功之本而吉凶之機也。」（通書思第九）

❽　周子曰：「實勝善也，名勝恥也，故君子進德修業，孳孳不息，務實勝也，德業有未著則恐恐然畏人知，遠恥也。」（通書務實第十四）

❾　周子曰：「文所以載道也，輪轅飾而人弗庸，徒飾也，況虛車乎！文辭藝也，道德實也，篤其實而藝者書之，美則愛，愛則傳焉，賢者得以學而至之是為教，故曰『言之無文，行之不遠』。然不賢者雖父兄臨之，師保勉之，不學也，強之不從也。不知務道德而第以文辭為能者，藝焉而已。」（通書文辭第二十八）

❿　程子曰：「學者須先識仁，仁者渾然與物同體，義禮智信皆仁也，識得此理，以誠敬存之

無私欲，惟人心有私欲，人須去私欲以存天理⓬；又云窮理則盡性，盡性則知天命⓭。故理、性、道、心實相通而為一，凡事窮極其理，則無不通，其說仍在闡揚天人合一之義。

伊川又本天人合一之義，創無端無始之說。明道云天地萬物出於一源，無絕對獨立本性，如有無、動靜，實無絕對分別，伊川演繹其義，謂動本於靜而靜復本於動，陰始於陽而陽復本於陰，故動靜無端，陰陽無始；天人關係亦然，人不離乎天，天亦不離乎人，如是循環不已⓮。

二程治學，兼重求知與涵養，以大學「致知在格物」為求知之方，謂須窮至事物之理而後能致知⓯；以主敬為涵養之要。伊川云：「主一之謂敬」（程氏遺書伊川先生語一）「無適之謂一」（同上）「一者之謂誠」（同上語十），一即專一。按伊川之說，凡事以誠為本，心無旁騖，即謂之敬。誠為內觀之知，敬為誠見於實

而已，不須防檢，不須窮索，若心懈則有防，心苟不懈，何防之有？理有未得，故須窮索，存久自明，安待窮索？此道與物無對，大不足以名之，天地之用，皆我之用。孟子言萬物皆備於我，須反身而誠，乃為大樂，若反身未誠，則猶是二物有對，以己合彼，終未有之，又安得樂？」（程氏遺書二先生語二上）

⓫ 明道曰：「道即性也。」（程氏遺書二先生語一）又曰：「天者理也。」（程氏遺書明道先生語一）伊川曰：「性即是理。」又曰：「在天為命，在義為理，在人為性，主於身為心，其實一也。」（以上程氏遺書伊川先生語四）

⓬ 伊川曰：「人心私欲也，道心正心也。」（程氏遺書伊川先生語五）又曰：「人心私欲故危殆，道心天理故精微，滅私欲則天理明矣！」（程氏遺書伊川先生語十）

⓭ 伊川曰：「理也，性也，命也，三者未嘗有異。窮理則盡性，盡性則知天命矣，天命猶天道也。」（程氏遺書伊川先生語七下）

⓮ 明道曰：「言有無則多有字，言無無則多無字，有無與動靜同，如冬至之前天地閉，可謂靜矣，而日月星辰亦自運行而不息，謂之無動可乎！但人不識有無動靜爾。」（程氏遺書明道先生語一）伊川曰：「動靜無端，陰陽無始。」（近思錄一引伊川經說）朱子釋曰：「動靜無端，陰陽無始，天道也；始於陽，成於陰，本於靜，流於動，人道也；然陽復本於陰，靜復根於動，其動靜亦無端，其陰陽亦無始。則人蓋未離乎天，而天亦未始離乎人也。」（近思錄一注）

⓯ 伊川曰：「致知在格物，……格猶窮也，物猶理也，猶曰窮其理而已也。窮其理然後足以致之，不窮則不能致也。格物者適道之始，欲思格物，則固已近道矣。」（程氏遺書伊川先生語十一）

踐的精神作用，亦即實行之知。

◆ 朱子學說

　　朱子字元晦，一字仲晦，南宋徽州婺源（安徽省婺源縣）人，其學上承二程，溯及周子、張、邵諸家而集其大成，為南宋最偉大理學家。朱子生於延平尤溪（福建省尤溪縣），晚居建陽考亭（福建省建陽縣西南），故學者尊為考亭學派，亦曰閩學。

　　朱子以太極理氣為其形而上哲學思想的中心概念。朱子謂極者，道理的極至，如君以仁為極，臣以敬為極，天地萬物莫不有至理存在，是謂太極❶⑥。太極為理，為形而上，陰陽為氣，為形而下；理化而為氣，氣凝聚而為質，天地萬物由是而形成❶⑦。朱子又云：「性者心之理」，「理者天之體」（朱子語類五性理二），謂心與理與性合而為一，理無不善，故心亦無不善。心靜止時謂之中，無偏無倚，心動則發而為意、為情、為志。朱子云：「心者一身之主宰，意者心之所發，情者心之所動，志者心之所之。」（朱子語類五性理二）心為體，故無不善，意、情、志為用，故有善否。心之與情、意，猶理之與氣，太極之與陰陽，如是天人相應，渾然為一體。

　　朱子對道德哲學思想立論亦有發明。朱子曰：「道者人之所共由，德者己之所獨得。」（朱子語類六性理三）道為德的規範，德為行道所得的合理行為。此說蓋本周子「動而正曰道，用而和曰德」（通書慎動第五）而立論，而精闢過之。

　　朱子治學，兼重求知與涵養，窮理屬知，涵養屬行❶⑧。朱子論學，謂論先後以致知為先，論輕重以力行為重，蓋不知則不能行，知而不行則知淺，知而行之則知益明❶⑨。朱子以為欲窮理致知，必先立志，然後本吾心之知以窮究事物之理，

⑯　朱子曰：「極是道理之極至，總天地萬物之理，便是太極。」又曰：「或曰，如君之仁、臣之敬，便是極。曰，此是一事一物之極，總天地萬物之理，便是太極。」（以上性理大全書一太極圖解注）

⑰　朱子曰：「太極只是一個理字。」「理形而上者，氣形而下者。」「陰陽是氣，五行是質。」「有是理，後生是氣。」「有理便有氣流行，發育萬物。」（以上朱子語類一理氣上）

⑱　朱子曰：「學者工夫，唯在居敬窮理二事，此二事互相發，能窮理則居敬工夫日益進，能居敬則窮理工夫日益密。」又曰：「涵養中自有窮理工夫，窮其所養之理，窮理中自有涵養工夫，養其所窮之理，兩項都不相離。」（朱子語類九學三）

持續推廣，用力既久，一旦豁然貫通，則眾物表裏精粗無不到，而吾人所知，遂無不盡，此謂「物格」。又謂涵養之要在敬，持敬則心常虛靜，收發如意，命物而不命於物。

◆ 象山學說

陸九淵字子靜，號存齋，撫州金谿（江西省金谿縣）人，與朱子同時。九淵晚年築室於貴溪（江西省貴溪縣）象山，學者稱為象山先生。象山於理學別創新說，建立所謂心學，為陽明學說導其先路。

象山倡吾心即理之說，撥去物欲之蔽，直窺心的本相，一切求諸我心，謂心即理，理即心，心理為一，不容有二[20]。此說無疑深受禪學影響。象山演繹心與理關係，可歸納為下列數端：

一、道即理，道為遍在，故理亦為遍在。

二、理在人曰心，故心即理（天人合一論），良知、良能皆由此理而生。

三、此理或此心乃天所賦與，我固有之，故良知、良能亦我所固有，亦即我之本心。

象山謂治學之道至為簡易，要在存心而已。存心即存此本心，因心即理，故存心即明理[21]。象山云：「學苟知本，六經皆我注腳」（象山全集三十四語錄上），

---

[19] 朱子曰：「論先後知為先，論輕重行為重。」又曰：「方其知之而行未及之則知尚淺，既親歷其域則知之益明。」（朱子語類九學三）

[20] 象山曰：「心一心也，理一理也，至當歸一，精義無二。此心此理實不容有二，故夫子曰：『吾道一以貫之。』孟子曰：『夫道一而已矣。』」又曰：「孟子曰：『所不慮而知者其良知也，所不學而能者其良能也，此天所與我者，我固有之，非由外鑠我也。』故曰萬物皆備於我矣，反身而誠，樂莫大焉。此吾之本心也。」（以上象山全集一與曾宅之書）

[21] 象山曰：「古人教人，不過存心、養心、求放心。此心之良，人所固有，人惟不知保養而反戕賊放失之耳！」（象山全集五與舒西美書）又曰：「洪範曰：『思曰睿，睿作聖。』孟子曰：『心之官則思，思得得之，不思則不得也。』……又曰：『君子之所以異於人者，以其存心也。』又曰：『非獨賢者有是心也，人皆有之，賢者能勿喪耳！』又曰：『人之所以異於禽獸者幾希，庶民去之，君子存之。』去之者，去此心也，故曰『此之謂失其本心』；存之者，存此心也，故曰『大人者不失其赤子之心』。四端者即此心也，天之所以與我者即此心也，人皆有是心，心皆具是理，心即理也，故曰『理義之悅我心，猶芻豢之悅我口』，所貴乎學者為其欲窮此理、盡此心也。」（象山全集十一與李宰書二）

象山所謂「本」，蓋指存心而言。按象山之說，知為內在，不必外求，此與程、朱窮理以致知之說大相逕庭，故象山自謂其學為簡易，譏程、朱之學為支離。

象山對本體的解釋亦與朱子不盡相同。朱子謂太極為理，陰陽為氣，理為本體，為形而上，氣為形器，為形而下；象山據易大傳「一陰一陽謂之道」「形而上者謂之道」之說，謂陰陽亦為形而上，與太極俱為本體，不得謂之為形器。

象山之學，經楊簡的發揚而益盛。簡字敬仲，浙東慈谿（浙江省慈谿縣）人，晚歲築室於德潤湖（在慈谿縣北十里）上，更其名曰慈湖，學者稱慈湖先生。慈湖上承象山之說，力倡本心論，謂宇宙萬象皆由己我而生，亦即以心為萬有本體。慈湖又據象山吾心無二之說，譏大學正心誠意修身齊家治國平天下及格物致知為支離分析，又以中庸中和之說將吾心分裂，皆有違孔子吾道一以貫之之義；程、朱則表彰大學、中庸為前賢論學寶典，以格物致知為求學之方，以中和為明心之本，於是朱、陸之學分路揚鑣，陸學譏朱學破碎支離，朱學則譏陸學流入於禪。

二、文　學

◆古文

自唐末至宋初，駢文復盛，古文轉歸沈寂。宋初最負盛名的駢文家為楊億、劉筠及錢惟演，所作詩文，務極艷麗雕琢，億等有西崑酬唱集傳世，故世號其詩文為西崑體。

首先提倡古文，反對駢文者為石介，介作怪說，斥駢文為淫巧侈麗，浮華纂組，柳開、孫復、穆修諸人繼之，均以古文相尚，然收效未宏。至歐陽修出，始轉變時人觀念，為古文奠定不可動搖的基礎。

歐陽修不但為宋代的古文大家，亦為詩、詞、駢、賦的能手，在政治上及學術上均有崇高的成就，故能得當代士子的崇仰。修手校昌黎文集，推崇韓愈，鼓吹古文，文風因而大變。修又好獎掖後進，門下士曾鞏、王安石、蘇洵及洵子軾、轍皆曾受其延譽，顯名當世。古文運動經曾、王及三蘇的推行而大盛，唐的韓、柳及宋的歐陽、曾、王、三蘇是為唐宋古文八大家，後世學者為文，大多不能離其窠臼。

◆ 詩

宋初的詩，多承晚唐遺風，務為華艷，西崑體領袖楊億、劉筠、錢惟演為當時最著名的詩人。及歐陽修、王安石、蘇軾等人出，詩風始為之一變。歐詩崇尚韓愈而明淺通達過之，一掃西崑派華艷浮靡的詩風；王詩追蹤韓、歐，雅麗精絕，意境高妙；蘇詩才思橫溢，舒卷自如，通達無礙，不著痕跡❷。此外，蘇門文士如黃庭堅、秦觀、晁補之、張耒等亦皆善詩，號蘇門四學士。其中以庭堅詩最為傑出，其詩薈萃諸家，兼善模擬，意味雋永。庭堅江西修水人，世稱其詩為江西體。自歐、蘇以後，宋代詩壇幾盡為江西詩派所支配，南宋名家如陸游、楊萬里、范成大諸人，莫不深受其影響。

南宋詩人以陸游、楊萬里、范成大、尤袤、蕭德藻諸家為最著。尤、蕭詩多散佚，傳者甚少，由前人議論觀之，大抵尤詩平淡，蕭詩峻澀。陸游早期詩風豪宕奔放，氣象宏渾，晚年轉入閒適恬淡，接近田園詩體。楊、范詩風清新雅淡，直追陶潛，均屬於寄情山水的田園詩人。

◆ 詞

詞為宋代特出的文學，世稱宋詞，與唐詩並稱。詞雖起源於唐，至五代而後盛，前蜀後主王衍、後蜀後主孟昶、南唐元宗李璟、後主李煜及馮延巳皆以詞稱❷。李煜、延巳尤為一代詞宗，煜詞哀怨淒艷，堪稱獨步千古，延巳詞纏綿悱惻，下

---

❷ 歐陽修答杜相公惠詩：「藥苗本是山家味，茶具偏於野客宜；敢以微誠將薄物，少資清興入新詩。言無俗韻精而勁，筆有神鋒老更奇；二寶收藏傳百世，豈惟榮耀詫當時。」又和陸子履再遊城西李園：「京師花木類多奇，常恨春歸人不歸；車馬喧喧走塵土，園林處處鎖芳菲。殘紅已落香猶在，羇客多傷涕自揮；我亦悠然無事者，約君聯騎訪郊圻。」王安石夢長：「夢長隨永漏，吟苦雜疏鍾，動蓋荷風勁，沾裳菊露濃。」又西太乙宮樓：「草際芙蕖零落，水邊楊柳欹斜，日暮炊煙孤起，不知魚網誰家？」

❷ 南唐元宗攤破浣溪紗：「菡萏香銷翠葉殘，西風愁起碧波間，還與容光共憔悴，不堪看。細雨夢迴清漏永，小樓吹徹玉笙寒，漱漱淚珠多少恨？倚欄干。」後主李煜相見歡：「林花謝了春紅，太忽忽，無奈朝來寒雨晚來風。胭脂淚，留人醉，幾時重？自是人生長恨水長東。」馮延巳歸國謠：「江水碧，江上何人吹玉笛？扁舟遠送瀟湘客，蘆月千里山月白。傷行色，明朝便是關山隔。」

啟歐、晏詞風。

　　詞至宋而進入極盛時代。宋初詞家以歐陽修、晏殊及殊子幾道為巨擘，詞風溫馨婉約，追蹤南唐❷。中期詞家以張先、柳永、蘇軾、秦觀、周邦彥為代表，在此期間，詞風數變。張、柳首創慢詞，慢詞即長詞，亦即慢聲而歌的長調。五代宋初的詞，多為小令，至是慢詞遂盛，詞風為之一變。張、柳喜用俚詞俗語描寫男女情態，故其詞雖未脫五代宋初的哀婉香艷，已不復有歐、晏含蓄高雅的風格。蘇詞奔放豪邁，不拘舊式，於是詞風再變。然詞本以入樂，尚柔媚，重音律，而蘇詞雄渾，且不協律，以此為詞家所譏。秦觀、周邦彥為北宋最傑出的詞家，其詞婉轉柔膩而不淺俗，飄逸清脫而協音律，後世譽為詞家正宗❷。南宋詞家以李清照、辛棄疾、陸游、姜夔、張炎為翹楚。李詞多傷感幽怨之作，為宋代最偉大的女詞人❷。辛、陸詞不重音律，其作品以悲壯蒼涼見稱，間亦有哀艷、放達之作，為蘇派詞人的代表；姜、張詞以協律鍊句取勝，格調高遠，工麗精巧，為周派詞人的代表。

三、史　學

◆ 前代史的修撰

　　宋代所修正史有新唐書、舊五代史及新五代史記。後晉時，詔宰相劉昫監修唐書，凡二百卷，即世傳劉昫舊唐書。宋仁宗以舊唐書卑弱淺陋，詔翰林學士歐

---

❷　歐陽修清平樂：「雨晴煙晚，綠水新池滿。雙燕飛來垂柳院，小閣畫簾高捲。黃昏獨倚朱欄，西南初月眉彎。砌下落花風起，羅衣特地春寒。」晏殊清平樂：「金風細細，葉葉梧桐墜。綠酒初嘗人易醉，一枕小窗濃睡。紫薇朱槿花殘，斜陽卻照欄干。雙燕欲歸時節，銀屏昨夜微寒。」

❷　秦觀南歌子：「玉漏迢迢盡，銀潢淡淡橫。夢回宿酒未全醒，已被鄰雞催起怕天明。臂上妝猶在，襟間淚尚盈。水邊燈火漸人行，天外一鉤殘月帶三星。」周邦彥玉樓春：「桃溪不作容住，秋藕絕來無續處。當時相候赤闌橋，今日獨尋紅葉路。煙中別岫青無數，雁背夕陽紅欲暮。人如風後入江雲，情似雨點黏地絮。」

❷　李清照醉花陰：「薄霧濃雲愁永晝，瑞腦噴金獸。佳節又重陽，玉枕紗廚，半夜涼初透。東籬把酒黃昏後，有暗香盈袖。莫道不消魂，簾捲西風，人比黃花瘦。」

陽修、端明殿學士宋祁重修唐書二百二十五卷，是為新唐書。舊五代史修於宋太祖時，宰相薛居正監修，凡一百五十卷，歐陽修據之另撰新五代史記七十五卷，藏稿於家，後人簡稱新五代史。歐陽修既歿，宋神宗詔取其書付國子監刊行，後世並列為正史。修長於為文，故所修史文約而事該，然其論史，重褒貶而疏於考證，以此為時人所譏。

　　編年史方面，有司馬光所撰資治通鑑，是書雜取各書刊削而成，起自戰國，迄於五代，上下一千三百六十二年，凡二百九十四卷，又撰目錄三十卷，考異三十卷為附錄。宋孝宗時，袁樞將資治通鑑史事區別門類，詳其本末，起自三家分晉，終於周世宗征討淮南，分為二百三十九目，凡四十二卷，名為通鑑紀事本末，成為新創的史體，與紀傳體及編年體俱為史家所採用。

　　此外，又有鄭樵通志、王溥唐會要、五代會要、馬端臨文獻通考及宋白續通典。通志係仿史記體裁而成，屬於通史，凡二百卷，分紀、傳、譜、略四部，紀傳記述歷代帝王后妃及將相名人事跡，譜猶史記的表，有年譜及世譜，年譜以事繫年，起自春秋，迄於隋末，世譜則列述三皇五帝以來至秦世系，略猶史記的志，凡二十略，綜敘歷代憲章，兼及都邑、氏族、昆蟲、草木、天文、災祥、地理、謚、器服、樂、藝文、金石、圖譜、校讎、六書、七音諸事。唐會要、五代會要、文獻通考及續通典皆屬典制史。王溥據蘇冕唐會要、楊紹復續會要，更補綴唐宣宗以後事，合為唐會要百卷，敘次唐代典章制度。五代會要三十卷，纂輯五代典制。文獻通考三百四十八卷，總考古今典制，其書分田賦、錢幣、戶口、職役、征榷、市糴、土貢、國用、選舉、學校、職官、郊社、宗廟、王禮、樂、兵、刑、經籍、帝系、封建、象緯、物異、輿地、四裔，凡二十四門，條分縷析，使學者得按類考索，其所載宋制最詳，多為宋史各志所未備，可謂集古今典章制度的大成。通志、文獻通考及唐杜佑通典，世稱三通。續通典蓋以上續杜佑通典，凡二百卷，然其書不全。

◆ 本朝史的修撰

　　本朝史的撰著，官修者有歷朝起居注、時政記、日曆等，史官據以修成歷朝實錄，自太祖至理宗十四朝，凡修成實錄三千一百餘卷另六百八十九冊[27]。宋於

---

[27]　計太祖實錄五〇卷，重修太祖實錄五〇卷，太宗實錄八〇卷，真宗實錄一五〇卷，仁宗

實錄之外，復有國史，係據實錄、日曆等及行狀、諸司文字修纂而成。宋代國史，凡六經修纂，修成者有三朝（太祖、太宗、真宗）國史、兩朝（仁宗、英宗）國史、四朝（神宗、哲宗、徽宗、欽宗）國史及高宗、孝宗、光宗、寧宗四朝史等❷❽。國史與實錄不同，實錄有紀、傳而無表、志，國史則紀、傳、表、志兼具，屬於正史體裁，為其後元修宋史所本。

　　宋代國史及實錄准許人民傳抄，故宋代私家所撰本朝史為數甚多，其尤著者有李燾續資治通鑑長編、熊克中興小記、李心傳建炎以來繫年要錄及徐夢莘三朝北盟會編。續資治通鑑長編凡九百八十卷，另附總目十卷、舉要六十八卷及舉要總目五卷，敘次太祖建隆以來至高宗建炎時事，於北宋史料，最為詳贍。中興小記四十卷，建炎以來繫年要錄二百卷，均記錄高宗朝事跡，三朝北盟會編二百五十卷，敘次徽宗、欽宗、高宗三朝宋金會盟爭戰之事，皆為不朽名作❷❾。

　　實錄二〇〇卷，英宗實錄三〇卷，神宗實錄二〇〇卷，又朱墨本神宗實錄三〇〇卷，神宗實錄考異二〇〇卷，哲宗前錄一〇〇卷，後錄九四卷，重修哲宗實錄一五〇卷，徽宗實錄四〇〇卷，欽宗實錄四〇卷，高宗實錄五〇〇卷，孝宗實錄五〇〇卷，光宗實錄一〇〇卷，寧宗實錄四九九冊，理宗實錄初稿一九〇冊。（詳見李玄伯先生：中國史學史第七章第三節）

❷❽ 第一次修纂自太宗雍熙四年至淳化五年，修成太祖紀十卷；第二次自真宗景德四年至祥符九年，修成太祖、太宗兩朝國史百二十卷；第三次自仁宗天聖五年至八年，增修太祖、太宗朝並加修真宗朝史共百五十卷，并太祖、太宗、真宗朝為三朝國史；第四次自神宗熙寧十年至元豐五年，修成仁宗、英宗兩朝國史百二十卷；第五次自高宗紹興九年至孝宗淳熙十一年，修成神宗、哲宗、徽宗、欽宗四朝國史三百十五卷；第六次自理宗淳祐二年至寶祐二年，修成高宗、孝宗、光宗、寧宗四朝史。（詳見李玄伯先生：中國史學史第七章第三節）

❷❾ 宋代史學，請參閱李玄伯先生：中國史學史第七章至十一章。

第二十四章　蒙古帝國的拓疆與元朝的興亡

一、蒙古帝國的繼續拓疆

◆ 拔都西征

窩闊台汗七年（宋端平二年，西元一二三五年），以欽察及俄羅斯諸部不靖，遣長子貴由、朮赤長子拔都、拖雷長子蒙哥等將騎兵十五萬西征，以拔都為統帥，是為蒙古對西方第二次攻擊。

蒙古大軍自中亞攻入欽察，擒獲欽察部長八赤蠻，分兵攻拔今俄羅斯境內各重要城堡，進克兀拉的米兒（今莫斯科），又侵入烏克蘭，焚毀其首邑基輔，諸部慴服，自是俄羅斯淪為蒙古統治者二百餘年。

窩闊台汗十二年（宋嘉熙四年，西元一二四〇年），蒙古軍自俄羅斯進兵波蘭（孛烈兒）。時波蘭疆域甚廣，分為四部：一部為波蘭大公亨利第二，治布利斯勞城；一部為康拉忑公，為亨利大公之弟，治匹洛茨克城；一為波勒斯拉弗王，為亨利大公之姪，波蘭諸部共主，治克拉考城；一為米夕司拉弗公，為亨利大公從弟，治拉底貝爾城。波勒斯拉弗王雖為波蘭共主，實則四部並立，號令不一。是年冬，蒙古軍擊潰波蘭於夕特羅務，波勒斯拉弗王與其母妻逃入托拉斯堡，波蘭貴族各率妻子走入日耳曼境及匈牙利，平民皆竄匿山林川谷間，蒙古軍遂入克拉考城，焚其城而去。

拔都擬進兵匈牙利，聞匈牙利國富民阜，四塞險阻，駐軍於波蘭以觀變。既而蒙古所屬奇卜察克部部長庫灘汗率部眾叛入匈牙利，匈牙利王貝拉四世受之，拔都乃留大將拜答兒率軍攻略波蘭殘部，自率大軍入匈牙利。

拔都先遣使至匈牙利諭降，貝拉四世不理，且輕蒙古軍，亦不設防。窩闊台汗十三年（宋淳祐元年，西元一二四一年），蒙古軍攻入匈牙利，貝拉四世集勁旅於塞育河西岸，拔都屯軍東岸，夜襲匈牙利軍，匈牙利軍大潰，積尸遍野，得脫

者無幾，塞育河水盡赤，貝拉四世乘駿馬遁去，於是蒙古軍攻拔匈牙利首都布達柏斯提，是為塞育河之戰。此戰以後，匈牙利精銳盡喪，無復抵抗之力。

拔都占領匈牙利後，分遣土人治理各城，斂民賦以供軍食。是年十一月，窩闊台汗崩，死訊傳至軍中，拔都乃自匈牙利撤兵，回鎮欽察。

拜答兒率軍追擊波蘭殘部，侵入西里西亞及東普魯士，進攻布利斯勞，居民焚城清野以避之。時亨利大公屯兵於里哥尼茲，拜答兒進兵攻之，戰於里哥尼茲南瓦爾史塔提平原，亨利大公大敗，死於戰陣，蒙古軍馘敵耳九大囊以錄戰功，割亨利首諭降，里哥尼茲居民堅守不屈，蒙古軍攻破其郛，夷為平地，居民退守子城，蒙古軍攻之不克，乃捨去，是為瓦爾史塔提之戰。

瓦爾史塔提之戰至為慘烈，故蒙古軍損失亦大。蒙古既捨里哥尼茲，即旋軍經波希米亞之境，沿途焚掠，往會拔都之軍東歸。

◆ 窩闊台汗政績

蒙古帝國雖創於成吉思汗而建國規模則為窩闊台汗所奠立。蒙古大汗初無固定駐蹕之所，至成吉思汗西征前若干年，始漸以和林（外蒙古庫倫縣西南）為中心，成吉思汗常駐蹕於此，故元史地理志謂成吉思汗定都和林，實則當時未有宮室，至窩闊台汗繼立，始仿漢制，於和林周圍數十里之內營建宮室，大汗所居曰萬安宮。窩闊台汗復仿金制度，設立中書省，以耶律楚材為中書令。楚材為遼帝室後裔，漢化極深，蒙古中央政府行政系統，大半得力於其擘劃。

窩闊台汗在位時代，除建和林為國都及設立中書省以統治中原外，另有七項重要措施：

一、令各部部民有牛、馬、羊各百頭以上，每百頭出一牡者以賑本部窮困部民。

二、令各部每千戶歲出牝馬一匹以供大聚會時費用。

三、設置倉庫，儲備金帛器械以備大汗賞賜。

四、令各部族於指定分地營建營磐。

五、於乏水草處勘察水源，鑿井應用。

六、於邊遠地區建立探馬赤軍以鎮守邊疆。

七、沿驛道設置站赤，備驛馬，為諸部使臣傳遞政令、情報之用。

以上諸項，以站赤最為重要，可謂蒙古帝國交通命脈，其分布至廣，凡有驛道之處，皆有站赤。其制，每站置馬夫二十人，另有使臣、舖馬、廩給及車、舟，其傳遞陸路以馬以車，水路以舟。

窩闊台汗用耶律楚材建議，訂稅制以斂州縣居民。其調每二戶出絲一斤以給國用，另每五戶出絲一斤供諸王、功臣為湯沐費，以代封邑貢賦，如是可免封建割據之弊，諸侯、貴族及國用亦皆饒足；其租則上田每畝三升，中田二升半，下田二升，水田五升。

窩闊台汗性情率真，嘗自謂對蒙古有四功：一、平定全國，二、建立站赤，三、開鑿水井，四、建立探馬赤軍；亦有四罪：一、沈湎於酒，二、沈湎於色，三、以私恨殺忠臣朵豁勒忽，四、築牆圍陌野獸，致有怨言。

窩闊台汗性好畋獵，臨崩前，猶出獵，耶律楚材切諫，窩闊台汗云不騎射無以為樂。獵五日，崩於行在。

◆ 旭烈兀西征

自窩闊台汗崩至貴由汗立，其間凡五年，由窩闊台皇后乃馬真攝政。窩闊台汗崩後第六年（宋淳祐六年，西元一二四六年），乃馬真皇后召開忽里勒台，立窩闊台汗長子貴由為大汗，是為元定宗。貴由汗即位僅一年而崩，由貴由汗皇后海迷失監國。貴由汗崩後第五年（宋淳祐十一年，西元一二五一年），拔都召開忽里勒台於西方，選立拖雷長子蒙哥為大汗，是為元憲宗。

蒙哥汗即位後，作下列諸項安內措施：

一、命皇弟忽必烈統治蒙古及漢地民戶，開府金蓮川（察哈爾省沽源縣北）。

二、申明站赤法令，禁止商賈馳驛，專備傳遞文書及軍情之用。

三、禁止諸王擅取民賦及擅招民戶。

四、遵行窩闊台汗所定田租制度。

五、改訂西域諸部賦稅，牛馬百而稅一，不及百者免。

蒙哥汗二年（宋淳祐十二年，西元一二五二年），又計畫對外用兵：

一、命皇弟忽必烈為統帥，將兵伐大理。

二、命皇弟旭烈兀為統帥，將兵西征花剌子模殘部木剌夷。

忽必烈以是年九月出師，自鹽州（寧夏省鹽池縣）出古蕭關（甘肅省環縣北），

取道六盤山渡洮河，行經吐蕃無人之境二千餘里，渡金沙江，於次年討平大理，改為雲南行中書省，作為伐宋南方用兵根據地。

時木剌夷王兀克乃丁桀傲不馴，故蒙哥汗命旭烈兀討之。旭烈兀於蒙哥汗三年（宋寶祐元年，西元一二五三年）率軍自和林出發，至蒙哥汗六年（宋寶祐四年，西元一二五六年），自阿姆河侵入波斯境，於是年十二月，攻克其首府阿剌模提，平定木剌夷，擒其王兀克乃丁，送往和林，於道中殺之。

旭烈兀既平木剌夷，乘勝進攻報達。報達為回教聖城，位於波斯灣底格里斯河旁，為回教主首都。時回教主兀斯塔辛在位，昏庸無能，旭烈兀先以書諭降，兀斯塔辛回書不遜，旭烈兀乃進兵圍報達。蒙哥汗八年（宋寶祐六年，西元一二五八年）二月，兀斯塔辛出降。蒙古大軍入城，以戰騎蹴斃兀斯塔辛，殺回教徒數十萬人，大食阿跋斯王朝至是而亡，旭烈兀於是建一新汗國於阿姆河南，據波斯、敘利亞、小亞細亞之地，都於塔白尼茲，是為伊兒汗國。

二、蒙古制度與習俗

◆ 朝廷貴官

蒙古政府仍保留早期的貴族政治形態，王室、朝廷不分，朝廷貴官亦即王室私臣。其重要官職有下列諸稱：

怯薛：成吉思汗為蒙古可汗時，置護衛千人，號曰怯薛，怯薛之兵謂之怯薛歹，及稱尊號，增至萬人，以博爾忽、博爾朮、木華黎、赤老溫四功臣世為怯薛長，謂之四怯薛，輪番入衛，晝夜環繞宮帳，把守門戶，凡臣下有事入見，必先見護衛，然後與護衛同入。

保兀兒赤：即御廚。蒙古大汗恐為人暗算，凡御廚皆用最親信之臣，賞賜至厚。

乞列恩：即御馬監，掌御用牧場與御馬，親任與保兀兒赤略等。

大斷事官：以親貴重臣為之，掌理全國刑政。

必闍赤：為大汗主文書之官。

別乞：坐而論道，不掌實際政務，議政時坐在群臣上，其職猶漢之三公、特

進。

答剌汗：漢譯自在王。凡受此封者，得九次犯罪不問，得自由下營，征戰時鹵獲財物或圍獵時獵得禽獸，皆不必上貢。

◆ 地方及邊鎮官

蒙古初起，政治組織本甚原始，無完備官制，其設官分職，多因占領地舊稱，彼此不相統一，而中原與西域官稱亦多不同。其重要者有下列諸號：

國王：成吉思汗西征，委木華黎以經略中原之任，金人稱之為國王，成吉思汗因以封之。

達魯花赤：地方行政長官，轄一城者稱達魯花赤，兼轄二城以上者稱都達魯花赤。

探馬赤：鎮守邊疆軍事長官，所統軍隊曰探馬赤軍，簽各部族丁壯充之，故探馬赤軍多為諸部族人。

行中書省：在金占領區最高行政及軍事長官稱行中書省，或簡稱行省。

提控諸路元帥府事：為一方面軍事長官。

府尹：達魯花赤副貳，佐達魯花赤掌理郡政。

自行中書省以下，皆襲金朝舊稱。

◆ 軍隊及馬牧

蒙古軍隊組織亦沿襲金制，以百戶、千戶、萬戶為號，百戶之下有十人長，即排子頭。然實際上千戶所統軍隊往往不止千人，或多至數千人。成吉思汗稱尊號時，置三萬戶，九十五千戶，故萬戶亦不以萬人為額，常多至數萬人乃至十餘萬人，亦即方面軍的統帥。

蒙古為遊牧民族，自幼習騎射戰鬥，故全民皆兵，不必另經訓練。征召之法，凡男子年十五以上，七十以下，盡簽為兵，兵皆騎士，無步卒。蒙古既入侵中原，得金降將降卒，另置漢軍組織系統，其最高統帥為漢軍萬戶，初三萬戶，其後增置為七萬戶。此外，蒙古每攻略一地，常以原有官號授其降將，故又有都元帥、元帥等稱號。

蒙古以騎戰取勝，故馬對蒙古至為重要。馬生一二年，即嚴加訓練，雖千百

成群，寂無鳴嘶，下馬不用控繫，亦不走逸。日間未嘗芻秣，入夜則放牧於野。戰馬於四齡時即騸之，故壯健有力，柔順無性，耐風寒，不易衰老。凡馳驟率不飽食，既解鞍則懸韁於梁使仰其首，待其氣息平調，四蹄冰冷，然後縱之野牧，故其馬肌肉皆堅壯不臕，臕則易病。

凡馬群皆有移剌馬，經特殊訓練，為馬群首領，領管眾馬。每移剌馬管馬五六十匹，馬若出群，移剌馬必驅使歸群，若他群移剌馬踰其牧地來侵，此群移剌馬必驅之使歸，故馬群無敢散亂。

凡出師，人皆備數騎，輪番騎乘，故馬力不乏。

◆ 遊獵與戰鬥

蒙古自孩提時代即習騎射，其法以繩索縛於板上，附著馬背，隨長者出入，至三歲則以索維之於鞍，令手執彎，從眾馳驟，四五歲則執小弓矢習射，故騎術至精，其馳騁跂立而不坐，著力足蹈，迅疾如飛。

打圍時，眾於圍外插木，維以毳索，綿亙數十里，群獸驚駭，然後蹙圍而殲之。其俗常自九月至二月圍獵，餘時則以畜牧為業。

蒙古以遊牧為生，自幼習戰，寓戰鬥於生活之中。其克敵，先居高遠眺，相視地勢，察敵情偽，然後乘亂擊之。交鋒時，先遣一隊直衝敵陣，俟敵陣動搖，即全軍直馳敵軍，敵輒崩潰；若敵陣不動，則輪番略陣，至敵陣動搖為止，敵鮮有不敗。若戰勝，則窮追襲殺，盡殲之而後已；若戰敗，則四散奔走，令敵無從追襲。

◆ 飲食服飾及倫常觀念

飲料以乳酪為主，又好飲酒。凡酌客，主人先飲，謂之口到，本以防毒，後遂習以為常。

食品以肉為主，圍獵時隨所獵獲之物而食，平時則以羊肉為主，牛次之，大宴則刑馬為食。所食肉多烤燎，少數為鼎烹。凡宴客，主人必先食，食時以刀臠割。此外，但鹽一碟佐味而已。

其俗以穹廬為居，亦即氈帳，無牆垣棟宇，隨水草而遷徙。蒙古大汗所在曰斡里朵，意即行帳。遷徙時，以牛馬或駱駝挽車，車甚大，上可卓帳坐臥，謂之

帳輿，得水草處即留止，謂之定營。氈帳前開門，頂開竅，均可開闔。

　　其服飾左衽方領，以氈毳皮革製成，無貴賤等差。男子夏日戴笠，冬戴氈帽，婦人戴高冠，插雉尾，謂之固姑冠。婦人又以黃粉塗額，男子則剃頂髮，周邊留髮束辮，垂於腦後。

　　蒙古人終身不洗濯，衣至損敝不浣，食時無匕箸，以手摶食，有油膩則拭於衣袍。其俗畏雷，謂之天叫。墓無塚，既葬以馬踐之使平，令人莫識其葬處。又賤老貴壯，不重貞操，有烝報之俗，結婚不限行輩，亦無守節觀念。重結友拜盟，凡結盟必先交換信物，示生死與共之意，盟友稱為安答，意即交物之友。

三、元朝的建立及南宋的滅亡

◆ 元朝的建立

　　金朝滅亡以後，蒙古以陳蔡之地歸宋，然宋朝意不止此，欲盡復洛陽、汴京、應天三京故地，主其議者為宰相鄭清之及京湖安撫制置使史嵩之，理宗亦主張恢復。端平元年（蒙古窩闊台汗六年，西元一二三四年）六月，宋遣東京留守趙范、南京留守趙葵、西京留守全子才分軍三道取三京，蒙古大將速不臺斂軍河北以待宋軍，宋軍所過諸郡皆下。時值盛暑，汴隄破決，糧運不繼，而所復諸郡皆空城，軍中乏食。是年七月，宋軍入洛陽，是為端平入洛之師。蒙古軍自河北渡河而南，宋軍大潰，遂退走，所得河南諸郡又盡為蒙古所取。是年十二月，蒙古復遣王檝使宋，責宋敗盟，宋亦遣使至蒙古報謝。

　　端平二年（窩闊台汗七年，西元一二三五年），蒙古攻拔襄陽、壽春及蘄、舒（安徽省舒城縣）、光、沔（河北省沔陽縣）、黃、郢諸州，四川利州、梓州、成都府三路所屬諸郡亦皆陷於蒙古。嘉熙元年（窩闊台汗九年，西元一二三七年），蒙古軍大破宋軍於夔州（四川省奉節縣），嘉熙二年（窩闊台汗十年，西元一二三八年），蒙古大軍八十萬眾圍攻廬州，宋將杜杲禦卻之。宋將孟珙亦復郢州，嘉熙三年（窩闊台汗十一年，西元一二三九年），進復襄陽，復敗蒙古軍於四川，克復夔州。嘉熙四年（窩闊台汗十二年，西元一二四〇年），蒙古軍再取夔州。淳祐元年（窩闊台汗十三年，西元一二四一年），窩闊台汗崩，貴由汗未立，皇后馬乃真

攝政，蒙古攻勢由是稍挫。

　　是年，宋用余玠為四川安撫制置使守蜀。玠以蒙古多騎兵而蜀地多山險，謀因山築堡以扼其衝突。時蜀有冉璡、冉璞兄弟，有謀略，玠用其策，擇山崖險阻處築堅堡十餘座，徙諸郡治於其上，其中尤險者八處，號川中八柱，而釣魚城形勢尤險，為諸堡之冠。釣魚城在合州釣魚山上，合州即今四川省合川縣，當涪江、嘉陵江會流處，釣魚山即在州城對岸，因岩為城，堅險無比。玠治蜀凡十二年，奠定南宋在蜀憑險抵抗蒙古入侵的基礎。寶祐元年（蒙古蒙哥汗三年，西元一二五三年），玠被讒，召赴臨安，未及啟行暴卒。前人著合州釣魚城記，謂其時蒙古駐大軍於漢中、廣元（四川省廣元縣），每初冬嚴寒則來圍攻，春夏暑熱則復退去。

　　寶祐六年（蒙哥汗八年，西元一二五八年），蒙古蒙哥汗自將大軍十萬，分三道入蜀，另遣皇弟忽必烈自淮渡江圍鄂州（湖北省武昌縣）。次年，即開慶元年（蒙哥汗九年，西元一二五九年），蒙哥汗率軍臨釣魚城下，自二月猛攻至六月，宋將王堅、張珏堅守，蒙古軍不能克。蒙古軍於合川城東龜山築臺，建樓樹梯，令人升梯以觀城中虛實，宋軍俟升梯者將至梯頂，輒發炮轟擊，人梯俱碎。是年七月，蒙哥汗崩於軍前。

　　時忽必烈圍鄂州甚急，其冬，聞蒙哥汗崩，乃解圍去，揚言將移兵攻臨安。宋相賈似道聞訊大驚，急遣使至忽必烈軍前乞和，蒙古大將史天澤亦解釣魚城之圍，奉喪北歸。

　　景定元年（忽必烈汗中統元年，西元一二六〇年），忽必烈即大汗位於開平（察哈爾省多倫縣），建元中統，為蒙古大汗採用中國建元紀年之始。當忽必烈自立為大汗時，其幼弟阿里不哥亦自立於和林。景定五年（忽必烈汗至元元年，西元一二六四年），忽必烈汗平定阿里不哥，統一蒙古帝國，遷都燕京，號曰大都，以開平為上都。其後八年（忽必烈汗至元八年，宋度宗咸淳七年，西元一二七一年），忽必烈汗建國號曰元，是為元世祖。

◆ 元朝世系

　　元自世祖建國號曰元，至順帝北走開平，凡六世十一君，歷九十七年（西元一二七一年至西元一三六八年）。

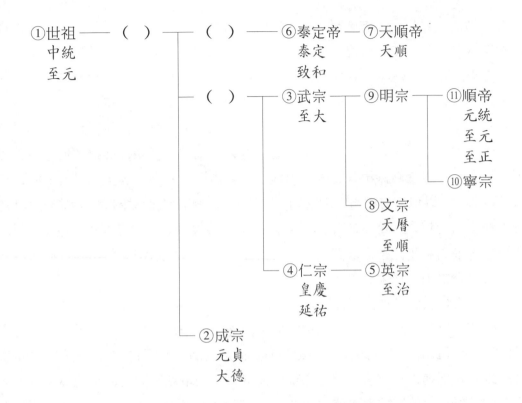

◆ 南宋的滅亡

宋理宗在位四十年，大體而言，其初期政在史彌遠之手，中葉在鄭清之、史嵩之之手，晚期在賈似道之手。

紹定六年（金天興二年，窩闊台汗五年，西元一二三三年），彌遠薨，是歲清之為相，端平三年（窩闊台汗八年，西元一二三六年）罷，喬行簡、崔與之繼之為相。嘉熙三年（窩闊台汗十一年，西元一二三九年），嵩之為相，淳祐六年（貴由汗元年，西元一二四六年）罷，翌年清之復相，淳祐十一年（蒙哥汗元年，西元一二五一年）薨。寶祐間，謝方叔、董槐、程元鳳、丁大全相繼為相。自開慶元年（蒙哥汗九年，西元一二五九年）至恭帝德祐元年（元至元十一年，西元一二七五年），為似道執政時期。

清之雖為彌遠之黨，其在位頗引用正人，真德秀、魏了翁諸人並見進用，其最大失策為昧於敵情，貪圖大功，主復三京，而招致蒙古南侵之禍。嵩之頗有將才，端平滅金，嘉熙間，宋將杜杲捷於廬州，孟珙捷於郢州、襄陽，亦嵩之調度

之功。然嵩之為相，拒諫嫉賢，喜人佞己，引用群小，宋政由是益衰。大全以寶祐六年（蒙哥汗八年，西元一二五八年）四月為相，開慶元年（蒙哥汗九年，西元一二五九年）九月罷，在相位凡十七月。大全為人狡狠貪殘，杜塞言路，引用群小以陷忠良，與似道並稱奸相。似道以寶祐元年（蒙哥汗三年，西元一二五三年）為知樞密院、兩淮宣撫大使，開慶元年，忽必烈攻鄂州，詔似道軍漢陽以援鄂，即軍中拜右丞相。是年，蒙哥汗崩，忽必烈圍鄂州甚急，似道遣使詣忽必烈軍中乞和，許以歲幣銀絹各二十萬兩匹。及蒙古退兵，似道諱和，以大捷聞，理宗信以為真，以似道有再造宋朝之功，信任不移，朝政大權盡歸之。景定元年（忽必烈汗中統元年，西元一二六〇年），蒙古遣郝經為使，至宋告即位，並索歲幣，似道恐經洩乞和事，拘之於真州，不使入見。次年，蒙古復遣使詰問，亦未獲答覆，於是蒙古復謀伐宋。

景定五年（忽必烈汗至元元年，西元一二六四年），理宗崩，度宗禥立，翌年改元咸淳。度宗為理宗母弟榮王與芮之子，理宗無子，用似道議立以為嗣。度宗以似道有定策功，似道每朝，度宗必答拜，稱之為師臣而不名，朝臣皆稱為周公。理宗既葬，似道即棄官去，然似道實無去意，陰使京湖制置使呂文德偽報蒙古兵攻下沱（湖北省枝江縣東），朝中大震，度宗以手詔起之。咸淳三年（忽必烈汗至元四年，西元一二六七年），似道復求去以要君，度宗命大臣侍從傳旨，日四五至，又遣中使加賜，日十數至。拜太師，平章軍國事，一月三赴經筵，三日一朝，賜第於西湖葛嶺，不赴中書治事，堂吏提文書就其私第呈署，宰執充位，署紙尾而已。似道雖深居葛嶺，凡臺諫彈劾，諸司薦舉，政無大小，不關白不敢行，朝臣小有忤意，輒遭譴斥，重則屏棄終身，一時正人端士罷斥殆盡，吏爭納賂以求美職，求為邊帥、監司、郡守者貢獻不可勝計，貪風大盛。咸淳五年（忽必烈汗至元六年，西元一二六九年），似道復稱疾求去，度宗涕泣挽留，令六日一朝，一月兩赴經筵。咸淳六年（忽必烈汗七年，西元一二七〇年），命似道入朝不拜，每退朝，度宗必起避席，目送之出殿廷，始坐，既而又令十日一朝。

似道日坐葛嶺，起樓閣亭榭，取宮人及娼尼有美色者為妾，日淫樂於其中，政風大壞。然似道頗有才略，善於馭下，不吝官爵以籠絡名士，增撥太學學田，豐其餽給，以邀聲譽，凡士子應試，皆得賞賜。士大夫既受其利而畏其威，故雖知其姦而無敢言者，惟日頌其功德，度宗益受其蒙蔽，倚為社稷之臣。

時蒙古攻宋甚急，賴張珏堅守釣魚城，呂文煥堅守襄陽，為江南屏障。咸淳四年（忽必烈汗至元五年，西元一二六八年），蒙古復發兵大舉伐宋，以伯顏為統帥，阿朮副之。阿朮率軍圍攻襄陽，文煥堅守不下。似道蒙蔽軍情，不遣兵赴援。咸淳八年（元世祖至元九年，西元一二七二年），京湖制置大使李庭芝遣張順、張貴將兵馳援襄陽，皆敗死，外援遂絕。咸淳九年（元世祖至元十年，西元一二七三年）三月，襄陽勢孤力竭，救兵不至，遂為元兵所克，文煥降元。

元兵既克襄陽，伯顏分兵四道南侵。咸淳十年（元至元十一年，西元一二七四年），度宗崩，子恭帝㬎立。是年，元兵克漢陽（湖北省漢陽縣）、鄂、蘄、黃等州，沿江東進，宋以似道總督諸道軍以禦之。似道師次蕪湖，遣使乞和，伯顏不許。似道與淮西制置使夏貴合兵，元兵攻之，宋軍大潰，似道單舸奔揚州，宋至是始悟似道誤國，貶之於循州（廣東省惠陽縣東北），在途為監押官鄭虎臣所殺。元兵連下揚州、建康、鎮江諸地，分軍三道會攻臨安。德祐二年（元至元十三年，西元一二七六年）正月，恭帝出降，宋亡。伯顏命將護送恭帝北上，五月，恭帝見元世祖於上都，降封瀛國公。

自恭帝出降，宋遺臣文天祥立帝昰於福州，至帝昺祥興二年（元至元十六年，西元一二七九年）厓山覆亡，是為殘宋。

當元兵破臨安時，宋遺臣多起而勤王以謀復國。時四川諸郡皆破，惟重慶及釣魚城未下。知合州張珏於德祐元年（元至元十二年，西元一二七五年）轉為四川制置副使知重慶府，以部將王立知合州守釣魚城。帝昺祥興元年（元至元十五年，西元一二七八年），元將李德輝集大軍以攻重慶，珏兵敗，城破被執，將解送元京，中途解弓弦自縊而死。德輝復移兵急攻釣魚城，城中食盡，立力竭而降。

當臨安被圍時，宋遣右丞相兼樞密使文天祥至元營請和，而駙馬都尉楊鎮率度宗庶子益王昰、廣王昺至婺州（浙江省金華縣）。天祥至元營，為伯顏所拘。伯顏既入臨安，索二王甚急，鎮北上以緩元師，命其將楊亮節率二王南走，由海道至溫州，禮部侍郎陸秀夫追及之，召左丞相陳宜中、沿江制置副使張世傑共奉二王入福州，天祥亦自元營逃歸，與宜中、世傑、秀夫共立益王昰為帝，改元景炎，是為端宗。封弟昺為衛王，仍以宜中、天祥為相兼樞密使，以世傑、秀夫簽事樞密院事，既而天祥與宜中議事不合，乃出天祥督師於外。帝昰復自福州南入泉州，輾轉至潮州（廣東省潮安縣）。

　　景炎二年（元至元十四年，西元一二七七年），元軍入汀州，天祥率軍與戰於
興國（江西省興國縣），宋軍大潰，天祥妻妾子女皆被俘。天祥收殘兵奔循州，進
屯潮陽（廣東省潮陽縣）。是年十一月，世傑與元軍戰於淺灣（廣東省南澳島附近），
兵敗，奉帝昰退保秀山（廣東省東莞縣東南海中），復循海道而南，至井澳（廣東
省香山縣南海中），遇颶風，帝昰驚悸成疾。宜中議欲奉帝昰走占城，先往占城諭
意，因去而不返。翌年四月，帝昰至碙州（廣東省吳川縣南海中）而殂，秀夫奉
衛王昺即位，是為帝昺，改元祥興，以秀夫為左丞相，世傑為樞密副使。是年六
月，秀夫、世傑奉帝昺入厓山（廣東省新會縣南海中，延袤八十餘里，號為天險），
十二月，天祥與元軍戰於潮陽，兵敗被俘，元將張宏範脅天祥降，天祥不屈。於
是元軍進圍厓山，斷宋軍飲道，宋軍乏水，不能戰。祥興二年（元至元十六年，
西元一二七九年）二月，世傑將舟師突圍，遇颶風淹沒，秀夫抱帝昺投海而死，
殘宋至是亦亡。宏範送天祥至大都，天祥終不降，入獄三年，遂被殺。其衣帶中
有贊云：「孔曰成仁，孟曰取義，唯其義盡，所以仁至。讀聖賢書，所學何事？而
今而後，庶幾無愧。」（宋史文天祥傳）後世史家以天祥、世傑、秀夫為宋末三傑。

四、元朝政治及其衰亡

◆ 世祖文治與武功

　　世祖為元朝最能接受漢化的君主。世祖接受漢化原因可能有二端：其一，以
少數蒙古人統治多數漢人，非漢化不易為功。其二，漢臣的忠悃與才智使世祖對
漢化發生好感。世祖最親信漢臣有劉秉忠、姚樞、董文用、趙璧、張文謙、張德
輝等，世祖時代典章制度，多出以上諸人之手。

　　世祖即位後政治措施，可分二方面而言：

　　其一，改良舊制以適應帝國統治：

一、推廣站赤制度，使遍及中國內地，以利元朝對中原的控制。

二、容納各種宗教，一律平等，各教教徒皆得享受豁免賦役的優待。

三、實行二元政治，每歲三月至八月駐蹕上都，處理蒙古諸部政治，九月至
　　二月駐蹕大都，處理漢地政務。

其二，採取漢制以治漢人：

一、建國號及年號，以適應漢人政治傳統。

二、採取宋、金官制優點，創立中書省、樞密院、御史臺三權並立的官制。

三、立太廟，祀孔子，興學校。

四、郊上帝，隆其祀典。

五、行鈔法。

六、治黃河，興水利，並派官探求黃河水源為治河參考。

七、通海運，鑿運河，以利經濟發展。自清江浦（江蘇省淮陰縣北）經濟寧
　　（山東省濟寧縣）、臨清（山東省臨清縣），接永濟故瀆，北達大都，運
　　江淮之粟以濟京師。

世祖統一中國後，於朝鮮半島、日本及東南亞方面，武功亦有可述。

朝鮮半島於唐中葉為新羅所統一，唐末，新羅內亂，復分裂為新羅、後百濟、摩震三國。五代時，摩震將王建殺其王弓裔自立，復號高麗，既而新羅為後百濟所破，建復擊滅後百濟，統一半島，先後稱臣於遼、金。蒙古興起，復稱臣於蒙古，其後因高麗殺蒙古使者，蒙古數遣兵征之，設達魯花赤以監督其行政。至元二十年（西元一二八三年），世宗遣兵戡定高麗內亂，改高麗為征東行省，於是高麗復入中國版圖。元時與高麗互通婚姻，元朝妃嬪多高麗人，高麗文化亦因此傳入元朝宮廷。

日本於唐時常與中國通使，五代以後，使聘中絕。世祖既平高麗，數遣使至日本諭降，日本不答。至元十一年（宋咸淳十年，西元一二七四年），命忽敦將蒙古、高麗之兵合二萬餘人，自高麗渡海征日，大敗日軍，以矢盡引退。至元十七年（西元一二八〇年），復命忻都、洪茶丘、范文虎率軍十餘萬東征，明年，元軍取道高麗，高麗王以兵萬人，戰船九百艘從征，至五龍山（日本九州東北鷹島），遇颶風，元軍大潰，狼狽引還。世祖本擬再度出師，以群臣諫阻而止。

元時，中南半島東為安南、占城、真臘、暹與羅斛，西為緬甸。世祖即位，安南乞請內附，元封為安南國王，而占城不服。至元十九年（西元一二八二年），元遣水陸軍分道伐之，水師自廣州浮海進討，連破占城之軍，占城遂降。陸軍假道安南，安南拒之，遂與元軍發生衝突，元軍攻陷安南國都，既而以疾疫撤軍，自是戰事綿延不決，至元二十五年（西元一二八八年），安南始奉表內附。

緬甸即唐時驃國。元初，緬甸國勢甚強，世祖遣使招諭其王內附，緬甸不從。至元二十年（西元一二八三年），元師進討，至元二十四年（西元一二八七年），收為藩屬，於是中南半島盡入元朝勢力範圍。

南洋群島諸國，亦多朝貢於元，其著者有馬蘭丹（麻六甲）、蘇木都拉（蘇門答臘）等。至元二十九年（西元一二九二年），世祖復遣海軍攻入爪哇，並擊降其鄰國葛郎（爪哇島東部），又遣使招諭瑠球（臺灣及琉球），歸入元朝版圖。

世祖即位時，蒙古諸王不滿其漢化，多興兵反抗。繼阿里不哥之後者有海都及乃顏。海都為窩闊台汗嫡孫，擁兵據天山南路，曾一度進兵逼和林，旋為元將伯顏所破走。乃顏起兵於遼東，與海都互通聲氣，世祖親征之，至元二十五年（西元一二八八年），為世祖所殺。

至元三十一年（西元一二九四年），世祖崩於大都，在位三十五年。世祖在位時期，為蒙古大帝國的黃金時代。世祖知人善任，以蒙古人主兵，回教人理財，漢人治中國，兼容並蓄，各盡其材。當時中西交通暢通無阻，國際貿易至為發達。海運方面，以泉州為中心。當時泉州為世界最大商港，印度及南洋各國海舶皆集於此，中國的生絲、綢緞、織錦、磁器皆由此運銷印度、南洋、波斯等地，西方及南洋的香料、寶石、毛氈、琺瑯亦由此輸入中國；此外，廣州、溫州、廣元（浙江省鄞縣）、杭州、澉浦（浙江省海鹽縣境）、上海，亦為當時海運要地，世祖於以上諸地各置市舶司，其後廢溫州及澉浦二市舶司，併歸廣元。陸路方面，可分為二道：一為欽察道，由敦煌、哈密入中亞，經兀龍格赤而入西方；一為波斯道，由敦煌、天山南路踰葱嶺入波斯，至塔白尼茲等地，然後轉入西方。於是西方商人、天主教教士及歐洲各國使臣紛紛東來，蔚為盛況。

◆ 政治制度

元代中央官制，採取三權分立制度，以中書省總政務，樞密院掌兵權，御史臺司糾察。

元初置中書、尚書二省，其長官並為相職，未幾廢尚書省，併其職於中書，於是中書省獨綰大政。

中書省置中書令，其下以次為右丞相、左丞相、平章政事，皆相職，又以次置右丞、左丞、參知政事為副相，其官稱略同於金朝（金以尚書為稱，元以中書

為稱，餘皆同），左右並置者以右為大。中書令掌統率百僚，總理政務，自一統以後，率以皇太子兼攝，無特拜者；右丞相、左丞相、平章政事掌丞天子平章萬機，令闕則丞相總領省事；右丞、左丞、參知政事掌佐理軍國大政；下統吏、戶、禮、兵、刑、工六部，分掌庶政。

樞密院、御史臺職掌略如宋、金二朝，其餘諸院（如翰林院）、寺（如太僕寺）、監（如秘書監）亦略同宋制。此外，元又置宣政院，掌佛教僧徒，兼治吐蕃，為前代所未有。

元代地方行政區域，仍保留宋金二朝路、府、州、縣舊稱，然其上又置行中書省，簡稱行省，為地方最高行政區域。行中書省乃對中書省而言，本因征伐隨宜而置，滅宋後遂成定制。各省皆置右丞相、左丞相、平章政事、右丞、左丞、參知政事等官，與中書省同，總理一省軍民錢穀之政，惟不置中書令。

元分全國為十一行省，中書省直轄者則稱腹裏，不在十一行省之中，其名稱及治所如下：

中書省：治大都，即金之中都，今河北省大興縣。

嶺北行省：治和林路，今外蒙古庫倫西南。

遼陽行省：治遼陽路，今遼寧省遼陽縣。

河南江北行省：治汴梁路，今河南省開封縣。

陝西行省：治奉元路，今陝西省長安縣。

四川行省：治成都路，今四川省成都縣。

甘肅行省：治甘州路，今甘肅省張掖縣。

雲南行省：治中慶路，今雲南省昆明縣。

江浙行省：治杭州路，今浙江省杭縣。

江西行省：治龍興路，今江西省南昌縣。

湖廣行省：治武昌路，今湖北省武昌縣。

征東行省：治開城，今韓國開城縣。

以上中書省及十一行省凡置一百八十五路，每路置達魯花赤及總管各一員，達魯花赤以蒙古人充任，總管多以漢人充任，為達魯花赤副貳。府有直隸府、散府之別，直隸府直隸諸省，散府隸屬諸路，皆置達魯花赤一員為正官，府尹或知府一員副之，知府為帶京官而司府事，與宋制同。州亦分直隸州與散州，直隸州

直隸諸省，散州隸屬諸路或府，分上、中、下三等，各置達魯花赤為正官，上州置尹一員、中下州置知州一員為之副。諸縣亦分上、中、下三等，各置達魯花赤一員，尹一員，掌該縣民政，而統於州、府。元又於湖廣、四川境內置四軍及十五安撫司，亦置達魯花赤，副貳則間用當地土人，其制略同於內地下州。

元代地方行政區，除以上系統外，另置十一道宣慰使司，其名稱及治所如下：

山東東西道宣慰使司：治益都路，今山東省益都縣。

河東山西道宣慰使司：治大同路，今山西省大同縣。

淮東道宣慰使司：治揚州路，今江蘇省江都縣。

荊湖北道宣慰使司：治中興路，今湖北省江陵縣。

四川南道宣慰使司：治重慶路，今四川省重慶市。

浙東道宣慰使司：治慶元路，今浙江省鄞縣。

湖南道宣慰使司：治天臨路，今湖南省長沙縣。

廣東道宣慰使司：治廣州路，今廣東省番禺縣。

廣西兩江道宣慰使司：治靜江路，今廣西省桂林縣。

海北海南道宣慰使司：治雷州路，今廣東省海康縣。

福建路宣慰使司：治福州路，今福建省閩侯縣。

宣慰使司上承中書省及行省政令而布之於郡縣，下受郡縣請求轉呈於中書省及行省，以補中書省及行省區劃之所不及。

◆ 成宗以後的政治

至元三十一年（西元一二九四年），世祖崩，時真金太子已卒，重臣伯顏奉遺詔立真金太子第三子鐵穆耳，即位於上都，是為成宗。大德五年（西元一三○一年），海都大舉入寇，成宗命兄子海山出擊，海都走死，子察八兒繼統其眾，其勢遂衰，成宗因命海山留鎮漠北。

成宗在位，遵守祖訓，禮用前朝重臣，為政公允，無偏無倚，為元朝令主。惜其晚年多病，政權落於皇后伯岳氏之手。伯岳氏忌海山威名，出海山弟愛育黎拔力八達於懷州，不使預政。

大德十一年（西元一三○七年），成宗崩，太子德壽早卒，左丞相阿忽台奉皇后伯岳氏臨朝，謀立世祖次子忙哥剌之子安西王阿難答為帝，右丞相哈剌哈孫不

附，遣人密召海山及愛育黎拔力八達入都。愛育黎拔力八達先至，與哈剌哈孫定計殺阿忽台及其黨人，執阿難答，送於上都，愛育黎拔力八達暫自監國，遣使奉璽以迎海山。海山至上都，愛育黎拔力八達奉其母來會，海山遂即帝位，是為武宗，廢皇后伯岳氏，誅阿難答，立其弟愛育黎拔力八達為皇太弟。至大三年（西元一三一○年），察八兒入朝，自海都稱兵叛元，分裂幾五十年，至是復歸統一。

武宗耽於酒色，縱容僧徒，刑罰疏濫，寵信倖佞，元政由是日衰。

武宗在位四年而崩，弟愛育黎拔力八達繼立，是為仁宗。仁宗聰明恭儉，通達儒術，深明治道。嘗與臣下論治道曰：「朕之所願，安百姓以圖至治，然匪用儒士，何以致此？設科取士，庶幾得真儒之用而治道可興也。」於是恢復科舉取士之制。又曰：「法者，所以辨上下，定民志。自古及今，未有法不立而天下治者。使人君制法，宰相能守而勿失，則下民知所畏避，守法畏法，綱紀可正，風俗可厚，其或法弛民慢，怨言並興，欲求治安，豈不難哉！」（以上元史仁宗紀）

仁宗時代政治頗有可述，除恢復科舉外，其餘善政尚有下列諸端：

一、禁農時出獵擾民。

二、放免廣東採珠蜑戶以紓民困。

三、譯資治通鑑、貞觀政要及大學衍義等書為蒙古文，令蒙古人閱讀，講求吏治。

武宗初傳位仁宗，與仁宗約，當返位武宗子和世㻋。仁宗用鐵木迭兒為相，及議立太子，鐵木迭兒勸仁宗當以己子為嗣，仁宗然之。延祐二年（西元一三一五年），仁宗封和世㻋為周王，出鎮雲南。明年，和世㻋西走至金山西北，依察哈台汗國，終不至雲南，仁宗乃立皇子碩德八剌為太子。

仁宗崩，太子碩德八剌即位，是為英宗，鐵木迭兒以定策功加太師。鐵木迭兒性本貪虐，至是凶殘益甚，眦睚必報，刑殺任己，又教唆英宗遷武宗子圖帖睦爾於瓊州，英宗漸悟其奸，委任拜住以奪其權，尋罷相家居，鐵木迭兒怏怏而死，追奪官爵，籍沒其家貲。

英宗性明察，能容言納諫，果於殺戮。鐵木迭兒既廢，其黨御史大夫鐵失等皆不自安，諸王附之者甚多。至治三年（西元一三二三年）八月，英宗自上都還，鐵失與其黨弒之於南坡，立晉王也孫鐵木兒為帝，翌年改元泰定，是為泰定帝。

泰定帝父甘麻剌，為真金太子長子，世封晉王，鎮守北邊。英宗遇弒，受群

臣擁立，即帝位於龍居河（克魯倫河），既入大都，誅鐵失及其餘黨，諸王與謀逆者皆遠竄，召圖帖睦爾返居建康，又徙居江陵。

致和元年（西元一三二八年），泰定帝崩於上都，太子阿速吉八繼位，改元天順，是為天順帝，年方九歲。時簽書樞密院燕鐵木兒總環衛軍留駐大都，燕鐵木兒嘗受武宗恩寵，思立其子，乃迫脅朝臣，遣使迎武宗長子和世㻋於漠北，次子圖帖睦爾於江陵，圖帖睦爾先至，而和世㻋道遠阻隔，未能及時抵京師。是年九月，圖帖睦爾即帝位於大都，改元天曆，是為文宗。天順帝遣兵南討，為燕鐵木兒所敗，文宗之軍遂陷上都，天順帝不知所終。

文宗初以兄和世㻋在漠北，不欲嗣立，燕鐵木兒以大位不可久虛，文宗乃暫襲帝位，聲言事定當返位於兄。天曆二年（西元一三二九年）正月，文宗遣使勸進於和世㻋，和世㻋乃即帝位於和寧（仁宗皇慶初，改和林為和寧）之北，是為明宗，立文宗為皇太子。四月，燕鐵木兒率百官朝明宗於行在，奉上皇帝璽綬。八月，文宗與明宗會於上都，明宗宴文宗於行宮，已而明宗暴崩，文宗復辟。

文宗既正位，心常自咎，詔立明宗子懿璘質班為鄜王。至順三年（西元一三三二年），文宗崩，遺詔以鄜王繼統，是為寧宗。寧宗立二月而崩，文宗后不答失里氏復立寧宗兄妥懽貼睦爾為帝，是為順帝。

◆ 順帝失政

順帝為明宗長子，明宗暴崩，文宗復辟，禁錮之於高麗海島中，復徙之於廣西靜江府，詔告天下，謂順帝非明宗子。文宗臨崩，遺詔立寧宗。寧宗崩，文宗皇后不答失里復立順帝，並約定崩駕之後，傳位於文宗子燕帖古思。

順帝在位三十八年，為元朝在位最久君主，其在位第三十六年，即明太祖洪武元年（元至元二十八年，西元一三六八年），為明軍所逼，撤出大都，史家以此年為元亡之年，實則順帝撤出大都後，仍建號於上都，繼遷應昌（熱河省經棚縣），仍稱元朝，卒諡惠宗，其後尚經數傳，始為明軍所平，散為部落，史稱北元。

順帝幼為文宗所禁錮，即位後輒思報復。至元六年（西元一三四○年），下詔撤文宗廟主，幽不答失里皇后於東安州（河北省安次縣西南），流燕帖古思於高麗。

順帝性荒淫，從西僧習御女之術，廣取婦女，縱淫戲為樂，又選宮女為十六天魔舞，與近臣雜處宣淫，群僧出入禁中，無所禁止；又於內苑建造龍舟、宮漏，

不問政治，元政由是益衰。

順帝元統元年（西元一三三三年）至至元六年（西元一三四〇年），政在權臣伯顏之手。伯顏為武宗舊臣，初為河南行省平章政事，與燕鐵木兒共立文宗，以功拜太尉，錄軍國重事。元統元年，燕鐵木兒卒，伯顏獨綰大政。至元元年（西元一三三五年），燕鐵木兒子唐其勢反，伯顏平之，權勢益重，專橫自恣，罷科舉，變亂成法，潛蓄奸謀，順帝患之。

伯顏用其姪脫脫總宿衛，伺順帝起居。脫脫輸誠於順帝，自陳忘家殉國之意，順帝察其悃款，遂見信任。

至元五年（西元一三三九年），伯顏自為大丞相，集軍政大權於一身。至元六年（西元一三四〇年）二月，順帝乘伯顏出獵，罷其相位，出為河南行省左丞。伯顏至河南，尋遷之於南恩州（廣東省陽江縣），病歿於貶所。

脫脫幼嘗受學於吳直方，至元時，伯顏專權，脫脫謀去伯顏，意不能決，受教於直方，直方勉脫脫以君臣大義，脫脫遂以身許國。伯顏既罷，以脫脫知樞密院，進中書右丞相，錄軍國重事，盡除伯顏弊政，復科舉取士法，寬減賦役，號稱賢相。至正三年（西元一三四三年），詔修遼、金、宋三史，以脫脫為總裁官，又修至正條格，頒於天下。

至正四年（西元一三四四年），脫脫自請罷政。至正九年（西元一三四九年），復為右丞相。時江南叛亂蠭起，而黃河屢決，脫脫用河防使賈魯建議，塞黃河決口，並自出督師於徐州。至正十四年（西元一三五四年），脫脫總制諸軍討張士誠，駐軍高郵（江蘇省高郵縣），連戰皆捷，為倖臣哈麻所譖，劾其出師數月，傾國家之財而無尺寸之功。順帝惑之，命河南行省左丞太不花馳驛代將，貶脫脫於淮安（江蘇省淮安縣），又貶大理（雲南省大理縣），尋誅之。

脫脫為元末唯一賢臣，元史脫脫傳謂其器識宏遠，人莫測其際，功施社稷而不伐，位極人臣而不驕，輕財貨，遠聲色，禮賢下士，出於天性，其事君始終不失臣節，雖古有道大臣，亦無以過之。

繼脫脫起而支撐元末危局者為察罕帖木兒。察罕帖木兒自幼篤學，沈毅有才略。至正十一年（西元一三五一年），汝、潁盜起，朝廷遣兵征討無功，察罕帖木兒與羅山（河南省羅山縣）人李思齊起義兵勤王，授汝寧府達魯花赤，募兵萬人，所至輒克。

至正十五年（西元一三五五年），察罕帖木兒大破賊眾三十萬於中牟（河南省中牟縣），追殺十餘里，斬獲無算，軍勢大振。至正十六年（西元一三五六年），復破賊眾於靈寶（河南省靈寶縣）及下陽津（山西省平陸縣東北），至正十七年（西元一三五七年），大破賊眾於關中，遂復關陝，以功授陝西行省左丞。至正十八年（西元一三五八年），平定河東，受命守禦關陝晉冀，鎮撫漢沔荊襄，便宜行事。

察罕帖木兒既受重寄，益訓農練兵，以平定四方為己任。時韓林兒據汴京，稱宋帝，至正十九年（西元一三五九年），察罕帖木兒大破其眾，殺其士卒數萬人，林兒遁走，遂定河南。至正二十一年（西元一三六一年），察罕帖木兒自陝將兵入洛，大會諸將，以養子擴廓帖木兒為先鋒，略定山東諸郡，惟益都未下，至正二十二年（西元一三六二年），為叛將田豐、王士誠所刺殺。

察罕帖木兒既死，養子擴廓帖木兒繼統其眾，攻拔益都，殺豐、士誠以祭其父，平定齊地，引軍還鎮冀寧（成宗改太原為冀寧）。察罕帖木兒節制關陝晉冀及漢沔荊襄軍務時，大同守將孛羅帖木兒與爭晉冀防地，遂相仇隙，及擴廓帖木兒自山東還軍，復與孛羅帖木兒相攻。時順帝在位久，厭於政事，皇太子愛猷識里達臘輔政，太子與孛羅帖木兒不協，以詔削其官職，欲奪其兵權，孛羅帖木兒拒命，舉兵破居庸關，遂入大都，自為丞相，太子出奔冀寧依擴廓帖木兒，藉其兵以討之，孛羅帖木兒兵敗被殺，於是太子復入大都，以擴廓帖木兒為相，總制諸道之兵出征，駐軍河南。擴廓帖木兒檄關中守將李思齊來會，思齊故與察罕帖木兒俱起，得檄大怒，聚兵關中拒守。擴廓帖木兒移南征軍擊思齊，前後數百戰，勝負不決，國力虛耗。順帝諭令雙方罷兵，擴廓帖木兒不從。至正二十七年（西元一三六七年），順帝詔皇太子統制天下兵馬，置大撫軍院以備擴廓帖木兒，罷其官爵，命諸將分統其軍，擴廓帖木兒之勢遂孤，既而其驍將貊高叛，兵勢益弱，退屯澤州。順帝乃詔貊高與思齊合諸將之軍擊之，擴廓帖木兒還據太原，盡殺元朝所署官吏，元軍四面攻討，不能克。既而明軍攻下山東，思齊引兵歸關中，貊高兵敗被殺，順帝大恐，乃歸罪於太子，罷大撫軍院，復擴廓帖木兒官爵，命率師會諸將復河洛，未出師而明軍陷大都。

◆ 元末群雄與元朝的傾覆

元末政治腐敗，賦斂峻急，加以黃河屢決，水旱頻仍，民不聊生，所在豪傑

嘯聚，其勢力尤大者有下列七起：

一、方國珍據浙東

方國珍，黃巖（浙江省黃巖縣）人，世以販鹽浮海為業。至正八年（西元一三四八年），國珍怨家誣其私通海寇，遂殺怨家，與兄國璋、弟國琰亡入海，聚眾數千人為海盜，元朝討之不能克，乃以官爵招撫，國珍屢降屢叛，累官至浙江行省左丞相，封衢國公，據有慶元、溫州、台州（浙江省臨海縣）諸路。國珍初作亂時，元募人擊賊，海濱壯士多應募立功，至有一家數人死事，卒不得官，而國珍等一再受撫，皆至大官，由是民慕為盜，從國珍者益眾。朱元璋既定江南，國珍兼受其官爵，陰持兩端以觀變。及元璋擊滅張士誠，遂進兵取台州、溫州，直逼慶元，國珍率所部逃入海，元璋遣使諭以禍福，至正二十七年（西元一三六七年），國珍乃奉表乞降入朝，遙授廣西行省左丞，不遣之官。後數歲，歿於京師。

二、韓林兒、劉福通據汴梁

韓林兒，欒城（河北省欒城縣）人，其先世信奉白蓮教，以神道惑眾，至林兒父山童，倡言天下當大亂，彌勒下凡，河南及江淮愚民翕然信之。潁州人劉福通附和其間，詭言山童為宋徽宗八世孫，當帝中國，至正十一年（西元一三五一年），山童、福通謀起兵，以紅巾為記，刑白馬烏牛以告天地，事覺，山童為吏所捕，林兒與母逃入山中，福通遂反，攻破潁州，進陷河南諸縣，眾十餘萬，元軍不能制。至正十五年（西元一三五五年），福通迎立林兒於亳州，即帝位，又稱小明王，國號宋，建元龍鳳，軍國大事，一決於福通。既而元軍大敗福通於太康（河南省太康縣），進圍亳州，福通挾林兒走安豐（元於壽春置安豐路），兵勢復振，分兵攻略山東、陝西，名府如濟寧（山東省鉅野縣）、大名、鳳翔、興元皆陷，元鎮守黃河義兵萬戶田豐亦降。至正十八年（西元一三五八年），福通攻陷汴梁，為林兒國都，聲勢大盛。

至正十九年（西元一三五九年）八月，元將察罕帖木兒復汴梁，福通復挾林兒走安豐，前所略得之地，先後俱失，田豐亦據山東降元，既而復叛，刺殺察罕帖木兒，旋為擴廓帖木兒所殺，林兒勢日蹙。至正二十三年（西元一三六三年），張士誠遣其將呂珍圍安豐，林兒告急於朱元璋，元璋救之，兵未至而呂珍已破安豐，殺福通，元璋擊走呂珍，以林兒歸，居之滁州，越三年而卒。

當韓林兒盛時，四方響應，林兒授朱元璋為左副元帥，元璋遂奉其年號，林

兒敗歸元璋，元璋始稱吳王，仍奉林兒年號，至正十六年（西元一三五六年），林兒卒，始以明年為吳元年。

三、徐壽輝稱帝於蘄水（湖北省蘄水縣）

徐壽輝本羅田（湖北省羅田縣）布商，狀貌奇偉，至正十一年（西元一三五一年），起兵於羅田，攻陷蘄水、黃州，即以蘄水為都，自稱皇帝，國號天完，兵勢日盛，湖廣、江西名府如饒（江西省鄱陽縣）、信（江西省上饒縣）等州及漢陽、武昌皆為所陷，然其後率不能守，既而復略地至浙江、福建，亦旋為元軍所復。至正十五年（西元一三五五年），壽輝遣其將倪文俊攻取沔陽（湖北省沔陽縣）、襄陽及中興（湖北省江陵縣），文俊營漢陽為都城，至正十六年（西元一三五六年），迎壽輝徙都之，自為丞相，專國政，壽輝擁虛號而已。既而文俊復攻略常德、澧、衡諸路，至正十七年（西元一三五七年），破峽州（湖北省宜昌縣），其部將明玉珍亦盡取蜀地，文俊志益驕，謀害壽輝，為部將陳友諒所殺，於是國政盡歸友諒。友諒起裨將，諸將或不服，友諒漸以計除之。至正二十年（西元一三六〇年），友諒挾壽輝至采石，殺之於舟中，代統其眾。

四、張士誠據高郵

張士誠，泰州（江蘇省泰縣）人，以操舟運鹽為業。士誠常販鹽於富家，為富家所陵侮。至正十四年（西元一三五四年），與弟士德、士信等滅富家，焚其居，糾集鹽丁起兵，攻陷泰州，據高郵，自稱誠王，國號大周，元遣軍攻之不能克，乃命右丞相脫脫總大軍出討，圍高郵，城將陷，而順帝信讒，罷脫脫兵柄，士誠乘機出擊，元軍大潰，兵勢復振。

至正十六年（西元一三五六年），士誠陷平江（江蘇省吳縣），改為隆平府，自高郵徙都之。時士誠境土與朱元璋相接，數與元璋相攻，元璋據常州（江蘇省武進縣）、長興（浙江省長興縣）、江陰（江蘇省江陰縣）以拒之，士誠與戰不勝，因降元，元以士誠為太尉，而士誠實自王其地。既而元將守杭州者內不相和，陰召士誠，士誠遂有杭州，元朝羈縻之而已。元朝徵糧於士誠，士誠歲輸糧十一萬石於元以濟軍食，如是數歲，士誠益驕，邀求王爵，元朝不許。至正二十三年（西元一三六三年），士誠自稱吳王，即平江治宮室，置官屬，復與元絕。當時士誠占地極廣，南抵紹興，北踰徐州，西至汝、潁、濠、泗，東至海，擁兵數十萬。士誠起微賤，兵勢雖盛而無遠圖，以吳中殷富，漸縱奢侈而怠於政事。朱元璋既滅

陳友諒，至正二十七年（西元一三六七年），移師東伐，士誠迎戰大敗，遂為元璋所滅。

五、陳友諒據武昌稱帝

陳友諒本沔陽（湖北省沔陽縣）漁家子，讀書略知文義，有權略，初從徐壽輝驍將倪文俊為小校，屢立戰功。文俊謀害壽輝，友諒殺之，自為平章政事。至正十八年（西元一三五八年），友諒為壽輝攻略江西，取龍興（江西省南昌縣），壽輝欲徙都之，友諒不悅。至正十九年（西元一三五九年），壽輝自漢陽引兵南下至江州（江西省九江縣），友諒伏兵郭外，迎壽輝入，即閉城，盡殺其所部，自稱漢王，置王府官屬，尋挾壽輝東下，攻克太平（安徽省當塗縣），進駐采石。至正二十年（西元一三六〇年），友諒殺壽輝於舟中，自即帝位，國號漢，盡有湖廣、江西之地。

友諒自恃強盛，引兵東擊朱元璋，元璋與戰於龍灣（江蘇省江寧縣北），大破之，友諒走江州。至正二十一年（西元一三六一年），元璋與友諒大戰於江州，友諒大敗，退守武昌，元璋乘勝攻取龍興。

友諒忿疆土日蹙，大治戰艦，艦外裹鐵，欲以攻元璋。至元二十三年（西元一三六三年），友諒悉出戰艦與元璋戰於鄱陽湖，友諒艦大，運轉不靈，遂為元璋所破，友諒中流矢死，軍大潰，太子善兒被俘，次子理還保武昌。次年，元璋遣部將常遇春擊降之。

六、明玉珍據四川

明玉珍，隨州人，初為徐壽輝部將。至正十七年（西元一三五七年），玉珍襲取重慶，壽輝授玉珍隴蜀行省右丞，復攻陷成都，四川郡縣皆附之。陳友諒殺壽輝自立，玉珍乃據蜀自立為隴蜀王，與友諒絕。至正二十二年（西元一三六二年），僭即帝位於重慶，國號夏，設官敷教，開科取士，蜀人安之。玉珍又遣使通好於朱元璋，元璋遣使報聘，自是信使往返無間。至正二十六年（西元一三六六年），玉珍卒，子昇嗣，年十歲，太后彭氏臨朝，諸大臣不肯相下，內亂漸起，其勢日衰。

七、郭子興與朱元璋

郭子興，定遠（安徽省定遠縣）人，任俠好賓客，尤好結納壯士。至正十二年（西元一三五二年），子興見汝、潁兵起，天下將亂，乃起兵據濠州，勢頗強。

時濠州皇覺寺僧人朱元璋投軍，子興以為十人長，屢立戰功，子興乃妻以義女馬氏。其後元璋別為一軍，攻取滁州，而子興兵勢日弱，率所部萬餘人就元璋。至正十五年（西元一三五五年），子興死，元璋併其餘眾，自和州渡采石，攻取太平，分遣諸將攻陷溧水（江蘇省溧水縣）、溧陽（江蘇省溧陽縣）、句容（江蘇省句容縣）、蕪湖（安徽省蕪湖縣）諸縣。

元璋為人英毅果斷，善撫御士卒，攻無不克。至正十六年（西元一三五六年），攻陷集慶（今南京市），建為首都，改為應天府，自稱吳公，遣使稱臣於韓林兒，奉其年號，既而復攻陷鎮江及附近州郡，兵勢漸盛。

元璋占地介於張士誠、徐壽輝二強之間，東西應戰，形勢艱困，然元璋號令嚴明，士民附之，而元將察罕帖木兒與孛羅帖木兒不睦，號令不一；南方則張士誠、方國珍角逐爭利，湖廣、江西則徐壽輝、陳友諒內訌，無暇外略；元璋因得乘勢進取，遠交近攻，削平群雄，統一江南。

朱元璋以至正二十四年（西元一三六四年）滅陳友諒，是歲稱吳王，至正二十七年（西元一三六七年）滅張士誠、方國珍，始廢龍鳳年號，稱吳元年，遣其將湯和、廖永忠等分道南定福建、廣東，徐達、常遇春總大軍北伐。至正二十八年（西元一三六八年），元璋受群臣擁戴，即皇帝位，定都應天，國號明，建元洪武，是為明太祖。

是歲，明將徐達、常遇春等北陷山東諸路，轉趨河南，連下名府大邑，攻克汴梁，復自汴梁北伐，遣神將分道徇下河北諸路，自率大軍進陷通州，擴廓帖木兒入援不及，明軍遂入大都，元順帝率太子及後宮北走開平。明改大都為北平，以應天為南京，汴梁為北京。

是年十一月，擴廓帖木兒自山西出兵謀襲北平，明軍乘虛襲取太原，擴廓帖木兒返救，敗走甘肅，擁兵塞上，明軍遂定山西。洪武二年（西元一三六九年），遇春克開平，元順帝北走應昌（熱河省經棚縣西），明軍又自山西入陝，擊潰元將李思齊軍，平定陝西。洪武三年（西元一三七〇年），太祖復命徐達、李文忠、馮勝、鄧愈、湯和等大發兵以擊擴廓帖木兒，大破元軍，擒故元王公貴官一千八百餘人，士卒八萬四千餘人，馬駝雜畜鉅萬計，擴廓帖木兒率殘部奔和林。是歲，元順帝崩，太子愛猷識里達臘嗣。文忠引軍疾趨應昌，元嗣主北走和林，以擴廓帖木兒自輔。文忠窮追至慶州（熱河省巴林旗西北），不及而還。是役獲元嗣主子

買的里八剌及后妃諸王官屬數百人，兵民數萬人，得宋元歷代冊寶等物及駝馬牛羊無算。太祖封買的里八剌為崇禮侯以招元嗣主，時擴廓帖木兒方擁眾謀恢復，不從。

洪武四年（西元一三七一年），太祖遣湯和、傅友德征四川，蜀主明昇出降。洪武五年（西元一三七二年），太祖復命徐達統軍北伐，為擴廓帖木兒所敗，死者數萬人，自是明軍不復大舉出塞。洪武七年（西元一三七四年），太祖以元嗣主無子，遣買的里八剌北歸。洪武十四年（西元一三八一年），太祖遣傅友德、藍玉、沐英討伐盤據雲南的元室餘孽梁王，次年平之。洪武二十年（西元一三八七年），又遣馮勝、傅友德、藍玉擊降為患遼東的元左丞納哈出，中國至是復為明朝所統一。

第二十五章　明朝政治及其衰亡

一、明初政治

◆ **明朝世系**

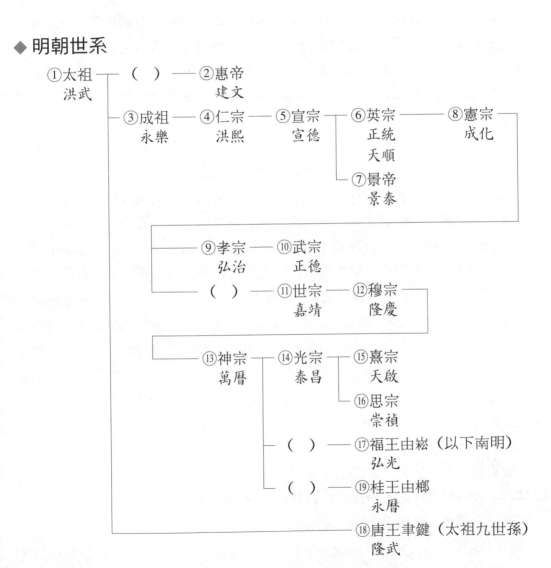

明自太祖稱帝至思宗自縊，凡十三世十六君，歷二百七十七年（西元一三六八年至西元一六四四年），若至桂王由榔被俘，凡十三世十九君，歷二百九十四年（西元一三六八年至西元一六六一年）而亡。

◆ 太祖開國規劃

太祖初年，仍承宋、元三權分立制度，於中書省置左、右丞相，總理全國政務，下設六部，分理庶政；改樞密院為大都督府以掌兵權，改御史臺為都監察院以司監察。太祖將全國軍隊分隸於衛、所，衛、所遍設全國各地，分統於二十一都指揮使司，而總於大都督府。洪武十三年（西元一三八〇年），左丞相胡惟庸以謀反伏誅，太祖以為相權太重，且自古六卿分職，政總於上，乃罷中書省，廢丞相，以六部直隸於朝廷，其後嗣君不得議置丞相，臣下敢以此請者，寘之重典；又改大都督府為前、後、左、右、中五軍都督府，分領在京衛、所及各地都指揮使司，五軍都督府之上更無總統機構，亦直屬於朝廷。

明初丞相，惟李善長、徐達、汪廣洋、胡惟庸四人。達統兵專任征伐，實不與省務，理省務者但善長、廣洋、惟庸三人。善長識太祖於滁陽（安徽省合肥縣東北），初為太祖掌書記，及下滁州，即任參謀，預機務，主饋餉，太祖自將征伐，常令善長居守，安集百姓，饒益國用，時人比之蕭何。太祖稱吳王（元至正二十四年，西元一三六四年），以善長為首相，達為次相，洪武四年（西元一三七一年），善長致仕，以廣洋為次相，達以上相統軍，旋為大將軍而廣洋獨相。洪武六年（西元一三七三年），廣洋左遷廣東行省參政，惟庸代相。洪武十年（西元一三七七年），以惟庸為首相，廣洋為次相。洪武十二年（西元一三七九年）十二月，誠意伯劉基為惟庸所鴆，太祖問廣洋，對曰無有，太祖怒其朋欺，貶廣南，尋賜死，而惟庸復獨相。洪武十三年（西元一三八〇年）正月，惟庸以謀反事覺伏誅，遂罷中書省。

惟庸初歸太祖於和州，自小吏累官中書省左丞，代廣洋為相。太祖嘗問相於劉基，基云廣洋褊淺，惟庸輕險，皆非宰相之器，廣洋、惟庸由是恨之，基以是終為惟庸所鴆[1]。惟庸既用事，陰謀叛逆。吉安侯陸仲亨、平涼侯費聚嘗以過為

---

❶　明史劉基傳：「初，太祖以事責丞相李善長，基言善長勳舊，能調和諸將。太祖曰：『是數欲害君，君乃為之地耶，吾行相君矣！』基頓首曰：『是如易柱，須得大木，若束小木

太祖所責，惟庸誘脅二人與之合謀，令在外收集軍馬，遣明州衛指揮林賢入海招納倭寇，又遣元故臣封績致書稱臣於元嗣君，請兵為外應，而惟庸所為多不法，寵任漸衰，會廷臣上變，遂為太祖所誅。惟庸既死，反狀猶未盡著，洪武二十三年（西元一三九〇年），招倭、通元事先後顯露，太祖大怒，下詔肅清逆黨，株連蔓引，死者三萬餘人，功臣封侯坐死者至二十餘人。

　　太祖廢相，為中國政治制度一大變革。天子集君權、相權於一身，建立絕對的君主集權制度，嗣君若能稍事勤政，則可免奸臣弄權之禍，然嗣君自幼生長深宮，賢愚不等，勤政正未易言，政權旁落，終不可免。於是權臣之外，又有權閹，形成明朝中葉以後之內閣政治及宦官政治。

　　太祖另一重要政施為封建諸子為王。太祖封建諸王動機，一則以為朝廷藩輔，一則委以禦邊重任。太祖建都南京，依江南財賦以立國，而蒙古雖退出塞外，仍不時內犯，鞭長莫及，故委諸王屯重兵於邊境以禦之。諸王封地遍及全國，而居

為之，且立覆。』及善長罷，帝欲相楊憲，憲素善基，基力言不可，曰：『憲有相才，無相器。夫宰相者，持心如水，以義理為權衡而己無與焉者也，憲則不然。』帝問汪廣洋，曰：『此褊淺殆甚於憲。』又問胡惟庸，曰：『譬之駕，懼其僨轅也。』帝曰：『吾之相誠無逾先生。』基曰：『臣疾惡太甚，又不耐繁劇，為之且孤上恩。天下何患無才，惟明主悉心求之，目前諸人誠未見其可也。』後憲、廣洋、惟庸皆敗。』又曰：『基佐定天下，料事如神，性剛嫉惡，與物多忤。至是（洪武四年）還隱山中，惟飲酒奕棋，口不言功。邑令求見不得，微服為野人謁基，基方濯足，令從子引入茆舍，炊黍飯令。令告曰：『某青田縣令也。』基驚起稱民謝去，終不復見，其韜晦如此，然究為惟庸所中。初，基言甌括間有隙地曰談洋，南抵閩界，為鹽盜藪，方氏所由亂，請設巡檢司守之，奸民弗便也。合茗洋逃軍反，吏匿不以聞，基令長子璉奏其事，不先白中書省。胡惟庸方以左丞掌省事，挾前憾，使吏訐基，謂談洋有王氣，基圖為墓，民弗與，則請立巡檢逐民。帝雖不罪基，然頗為所動，遂奪基祿。基懼入謝，乃留京，不敢歸。未幾，惟庸相，基大慼曰：『使吾言不驗，蒼生福也。』憂憤疾作。八年三月，帝親製文賜之，遣使護歸，抵家疾篤，⋯⋯居一月而卒。⋯⋯基在京病時，惟庸以醫來，飲其藥，有物積腹中如拳石，其後中丞涂節首惟庸逆謀，並謂其毒基致死云。』又曰：『基虯髯，貌修偉，慷慨有大節，論天下安危，義形於色。帝察其至誠，任以心膂，每召基，輒屏人密語移時，基亦自謂不世遇，知無不言。遇急難，勇氣奮發，計畫立定，人莫能測。暇則數陳王道，帝每恭己以聽，常呼為老先生而不名，曰：『吾子房也。』又曰：『數以孔子之言導子。』顧惟惺語私莫能詳，而世所傳為神奇多陰陽風角之說，非其至也。』

邊塞者九國（遼、寧、燕、谷、代、晉、秦、慶、肅），每遇戰事，常令諸王總領諸軍，節制諸將。其中秦王樉封於西安，晉王棡封於太原，燕王棣封於北平，代王桂封於大同，寧王權封於大寧（熱河省平泉縣東北），肅王楧封於甘州（甘肅省張掖縣），皆當西北二邊兵爭要衝之地，權勢尤重。

　　太祖用法嚴峻，屢興大獄，除胡獄外，尚有空印、郭桓、藍玉諸獄。明制，凡地方錢穀之數，必先造冊合於戶部，部定而後用印，然省府去京師遠，往返費時，以故預持空印文書，遇部駁即改，習以為常。洪武十五年（西元一三八二年），太祖疑其奸，諸長吏坐死及佐貳受杖戍邊者甚眾，是為空印案。洪武十八年（西元一三八五年），戶部侍郎郭桓坐盜官糧誅，禮部尚書趙瑁、刑部尚書王惠迪、工部侍郎麥至德皆坐誅，其餘官吏株連繫死者數萬人，是為郭桓案。此二案一以杜弊，一以懲貪，雖欲以正風勵俗，其用刑則不免流於慘刻。藍玉案亦明初大獄，玉初隸常遇春帳下，後數從傅友德、徐達征伐，積功至大將軍，封永昌侯。洪武二十一年（西元一三八八年），玉大破蒙古軍於捕魚兒海（興安省貝爾湖），以功進封涼國公，復討平湖廣及西南諸蠻。玉恃功驕蹇，為太祖所忌。洪武二十六年（西元一三九三年），太祖以謀反罪誅藍玉，並族其家，坐玉黨族誅者凡一萬五千人，列侯以下死者不可勝數，元功宿將，一時幾盡。

　　太祖性格雖猜忌獨裁，其政績亦有可稱。

　　其一：漢民族雖嘗數為異族所征服，如五胡、拓跋魏、契丹、女真等，皆未能令漢人改從其習俗，且終為漢族所同化，惟蒙古不但不接受漢化，且強以胡俗易漢制。太祖決意上紹唐宋，復漢威儀，即位後，禁胡姓胡語，禁蒙古禮俗，禁辮髮胡服，令士民仍舊束髮，衣冠悉如唐制，以恢復漢民族固有習俗與文化。

　　其二：太祖起於民間，深知民隱，即位後嚴懲貪污，厲行法治。元至正十八年（西元一三五八年），太祖克婺州，禁釀酒，胡大海子犯禁當誅，時大海方征越，或請勿誅以安其心，太祖不納，至云寧可使大海叛我，不可使我法不行，竟手刃之。洪武三十年（西元一三九七年），駙馬都尉歐陽倫觸犯茶禁，私販茶出境，又縱家奴捶辱巡檢司吏，太祖聞之，大怒，竟賜倫死。其令行禁止，不容寬假如此，自是元末以來貪暴不法的政風，為之一變。

　　其三：嚴禁中官預政，以杜絕宦官亂國之禍。太祖嘗諭侍臣曰：「閹寺善者百中不一二，惡者常千百，若用為耳目即耳目蔽，用為心腹即心腹病，馭之之道，

在使之畏法，不可使有功，畏法則檢束，有功則驕恣。」(明史職官志宦官) 又曰：「古之宦豎，不過司晨昏，供使令而已，自鄧太后以女主稱制，不接公卿，乃以閹人為常侍，小黃門通命，自此以來，權傾人主，吾防之極嚴，犯法者必斥去之，履霜堅冰之意也。」(明史紀事本末卷一四) 因定制內侍毋得識字，又鑄鐵牌置宮門中，上鑴「內臣不得干預政事，犯者斬。」(明史職官志宦官) 敕諸司不得與內官監文移往來。餘如重視人才培養與選拔，廣設學校，求言納諫，崇信廉臣，獎勵良吏，皆可稱道。

◆ 靖難與遷都

　　洪武二十五年(西元一三九二年)，懿文太子標卒，太祖立標子允炆為皇太孫。洪武三十一年(西元一三九八年)，太祖崩，皇太孫立，以明年為建文元年，是為惠帝。惠帝仁柔樂善而英斷不足，即位後，信任東宮舊臣齊泰、黃子澄及名儒方孝孺，以泰為兵部尚書，子澄為太常卿兼翰林學士，孝孺為侍講學士，同參國政。時諸王強大跋扈，惠帝與泰、子澄密謀削藩。會有人上書言周王橚不法事，遂遣兵襲執之，詞連岷、代、齊、湘諸王，於是廢橚及岷王楩為庶人，幽代王桂於大同，囚齊王榑於京師，湘王柏自焚而死。建文元年(西元一三九九年)，燕王棣舉兵反，稱其師曰「靖難」，惠帝以長興侯耿炳文為大將軍，率軍討之，與燕軍戰於滹沱河北，明軍大潰，惠帝以李景隆代炳文為將，與燕軍戰於北平，明軍復敗。建文二年(西元一四○○年)，景隆復進兵與燕軍戰於白溝河，明軍復敗，惠帝以左都督盛庸為大將軍，代景隆總平燕諸軍北伐，敗燕軍於東昌(山東省聊城縣)，斬燕將張玉。建文三年(西元一四○一年)，庸與燕軍戰於夾河(河北省武邑縣南)，明軍大潰，南走德州(山東省德縣)，惠帝乃貶泰、子澄，諭燕王罷兵，燕王不從。建文四年(西元一四○二年)正月，燕王悉兵大舉南下，自館陶(山東省館陶縣)渡河，直趨揚州。六月，江防都督陳瑄以舟師叛附於燕，燕軍遂自瓜洲渡江入南京，惠帝不知所終，燕王自即帝位，廢建文年號，以是年為洪武三十五年，明年改元永樂，是為明成祖。

　　成祖即位後，殺泰、子澄、孝孺及惠帝舊臣，皆夷其族，死者數萬，被削諸王皆復舊封，限制諸王權力，於是諸王權勢大削。

　　成祖久鎮北平，深知蒙古對明朝的嚴重威脅，毅然以守邊自任。即位後，降

汴梁為開封府，升北平為順天府，建為北京，永樂十九年（西元一四二一年），自南京徙都之，改曰京師，以南京為留都。

建都燕京，優點在於據形勢以制敵，缺點在於漕賦須仰給於江南。元世祖時，曾自清江浦經濟寧至臨清開一運河，縱貫山東境內，北接永濟故瀆，南接淮南、江南運河以通漕運。明初，山東境內運河淤塞，成祖重加疏濬，以溝通江南至燕京的漕運，此即今貫通杭州至北平間的運河。明又修葺長城以防衛北邊，明代稱為邊牆。自太祖開始修葺，至成祖之世，完成山海關至晉北之間的一段。明中葉以後，繼續修築，自晉北經陝北、寧夏、甘肅直達嘉峪關，又於邊牆以南，築重牆一道，自今山西省偏關縣東，與邊牆相接，東經寧武縣北境至雁門關，循恆山山脈，至河北省淶源縣南，折而東北，經居庸關至懷柔縣北境，接於邊牆，以屏衛京師。此即今綿亙東西，起迄於山海關與嘉峪關之間的長城。

◆ 宣揚國威

明初，中國對外海上交通已甚發達，成祖即位，屢次遣使航海招徠南洋諸國，而鄭和奉使西航，尤為當代盛事。歸納成祖遣使西航動機可得三端：其一，成祖懷疑惠帝未死，匿跡海外，因遣鄭和統兵出國，隱察惠帝所在。其二，向南洋諸國誇示富強，宣揚國威於遠域。其三，發展海外貿易，以中國錦繡、瓷器及漆器換取南洋各地所產香料及奇珍。

鄭和，雲南人，本姓馬，小字三保，為明朝太監，賜姓鄭（徐玉虎：鄭和馬姓及「三保」考釋）。其出使遠航，世稱三保太監下西洋，西洋係指今南洋群島西區及印度洋沿岸一帶諸地。鄭和每次出使所統軍隊，多則三萬人，少則二萬人，船隻多時達百餘艘，少則四五十艘，其盛況為史上所罕見。

鄭和先後凡七次遠航，六次在成祖時代，一次在宣宗時代。永樂三年（西元一四〇五年），鄭和首次出航，永樂五年（西元一四〇七年）返國；宣德五年（西元一四三〇年），宣宗以即位已久，遠洋諸蕃國猶未朝貢，復命和第七次出使遠航，於宣德八年（西元一四三三年）返國。鄭和最初二次出使航程，南至爪哇、蘇門答臘，西至錫蘭及印度半島西南端古里、柯枝一帶，第三次以後的航程，則遠至波斯灣、紅海及非洲東海岸木骨都束等處❷。在其出使期間，曾以兵力擒獲錫蘭

❷　鄭和七次出使往還日期，諸書所載不一，徐玉虎先生作明史中鄭和下西洋年代之謬誤考，

王及蘇門答臘王子，明朝國威由是遠播異域，諸蕃國紛紛遣使來華朝貢。

鄭和遠航另一重要意義，為激起我國人對海外發展的興趣。由於鄭和的出使，明人對海外情況較前益為了解，予有志移殖海外者以極大的鼓勵及保障，福建、廣東地區的人民，相繼向南洋一帶移殖，或經商，或開墾，奠定日後華僑在南洋的經濟基礎，對南洋各地經濟的開發及文化的促進，均有很大的貢獻。

◆ 成仁宣三朝治績

太祖留意民政，重親民官吏，守令有不賢者，輒予逮問，若以守官被謗，反予陞擢，故天下多強項之吏，不以權貴為憚。成祖即位，遵循太祖之業，守令皆令久任以責其成，其治有善狀，秩滿九年，則陞秩加俸，而使再任，故多循良之績。永樂間，高斗南知雲南新興州（雲南省玉溪縣），衰老乞歸，斗南子恂為吏部給事中，斗南知其賢，舉以自代，成祖許之。知州得舉後任，且舉不避親，而成祖竟許之，君臣之間，了無疑間，誠為曠世盛事。

永樂二十二年（西元一四二四年），成祖崩，子高熾立，是為仁宗。仁宗以永樂二十二年八月即位，明年改元洪熙，洪熙元年（西元一四二五年）五月崩，享國不足一年。仁宗崩，子瞻基立，明年改元宣德，是為宣宗。仁宗、宣宗二朝，楊溥、楊士奇、楊榮以東宮師傅舊臣領部事兼學士職，同心輔政，時號三楊，於時君明臣賢，諫行言聽，遵成祖遺規，作養循良，與民休息，史家比之周之成康，漢之文景，為明朝太平極盛時代❸。

述鄭和出使年月及航程甚詳。按徐說，鄭和於成祖永樂三年六月第一次出使，永樂五年九月返國，最遠航程至印度半島西岸古里國；永樂五年第二次出使，永樂七年返國，最遠航程仍未過印度西岸古里國；永樂七年第三次出使，永樂九年返國，最遠航程至波斯灣之忽魯謨斯及阿剌伯半島之阿丹等地；永樂十一年第四次出使，永樂十三年返國，最遠航程至非洲東岸木骨都束等國；永樂十五年第五次出使，永樂十七年七月返國，最遠航程仍為非洲東岸木骨都束等國；永樂十九年第六次出使，永樂二十二年冬返國，最遠航程至波斯灣忽魯謨斯等國；宣宗宣德五年六月第七次出使，宣德八年七月返國，最遠航程仍為波斯灣之忽魯謨斯等地。

❸　谷應泰曰：「明有仁宣，猶周有成康，漢有文景，庶幾三代之風焉。」（明史紀事本末卷二八）明史宣宗紀贊：「（帝）即位以後，吏稱其職，政得其平，綱紀修明，倉庾充羨，閭閻樂業，歲不能災。蓋明興至是歷年六十，民氣漸舒，蒸然有治平之象矣！」又楊士奇傳：

二、明初拓疆

◆ 平定塞北

洪武十一年（西元一三七八年），北元主愛猷識里達臘卒，子買的里八剌改名脫古思帖木兒嗣立，屢稱兵犯塞。洪武二十一年（西元一三八八年），太祖命藍玉率十五萬眾出塞北伐，玉自薊州出大寧（熱河省平泉縣），至慶州，偵知脫古思帖木兒在捕魚兒海，兼程掩擊，元軍大潰，脫古思帖木兒與太子天保奴率數十騎遁去，玉以精騎迫之不及，獲其次子地保奴及妃主官屬甚眾。洪武二十二年（西元一三八九年），元也速迭兒弒其主脫古思帖木兒，其部屬皆奔散，元裔日微。此後元嗣主篡奪相尋，自脫古思帖木兒五傳至坤帖木兒，咸被弒，不復知帝號。洪武末，坤帖木兒為鬼力赤所篡，去國號，改稱韃靼可汗。成祖永樂四年（西元一四〇六年），鬼力赤為其臣阿魯台所殺，迎立元裔本雅失里為可汗，居臚朐河（外蒙古克魯倫河），成祖以書諭降，不從。永樂七年（西元一四〇九年），乃遣淇國公邱福等進討，明軍大敗，福等五將軍皆沒。永樂八年（西元一四一〇年），成祖自率大軍親征，大破韃靼之眾於斡難河，本雅失里走死瓦剌。永樂十一年（西元一四一三年），阿魯台降明。瓦剌為蒙古別部，據河套一帶，其勢甚強。永樂十二年（西元一四一四年），成祖親征瓦剌，大破其眾，追奔至圖拉河（外蒙古土謝圖汗中部）而還。永樂十三年（西元一四一五年），瓦剌順寧王馬哈木降。永樂十九年（西元一四二一年），阿魯台復叛，屢次犯塞。永樂二十年（西元一四二二年），阿魯台大舉入興和（察哈爾省萬全縣），成祖下詔親征，阿魯台遁去，明軍焚其輜重，收其牲畜而還。明年，成祖親征阿魯台，出塞後聞阿魯台為瓦剌所敗，部落潰散，遂班師。又明年，即永樂二十二年（西元一四二四年），阿魯台率眾犯大同、開平，成祖復統大軍親征，絕大漠，深入敵境，韃靼遠遁，回師至榆木川（察哈

「當是時，帝勵精圖治，士奇等同心輔佐，海內號為治平。」又楊士奇傳贊：「明稱賢相，必首三楊，均能原本儒術，通達事機，協力相資，靖共匪懈。史稱房杜持眾美效之君，輔贊彌縫而藏諸用，又稱姚崇善應變以成天下之務，宋璟善守文以持天下之正，三楊其庶幾乎！」

爾省多倫縣西北），染疾而崩。成祖凡五次出塞親征，其勇氣魄力為古今帝王所罕見，雖未能徹底消滅蒙古餘孽，而邊境為之寧靖。至宣宗時，阿魯台為瓦剌酋長脫歡所殺，韃靼遂衰。

◆ 經略東北與開發西南

太祖初年，置都指揮使司於遼陽，以經略東北，然時遼西猶為元將納哈出所據，至洪武二十年（西元一三八七年），納哈出降，東北始入明朝版圖。成祖永樂中，女真內附，明於其地置建州左、右及海西等衛以統治之。成祖又命中官亦失哈經略東北，招撫黑龍江下游南北諸部女真。亦失哈為海西女真人，故成祖委以招撫女真之任。亦失哈遂數帥師以往，兵力直達伯力（俄屬東海濱省混同江與烏蘇里江會流處），設奴兒干都指揮使司於黑龍江口，總統諸衛以鎮撫之，於是明朝聲威，遠達東北極邊。

元代於今貴州省一帶蠻疆設置宣慰、宣撫等司，以土酋任宣慰、宣撫等使，世襲不替。太祖時，思南（貴州省思南縣）、思州（貴州省思縣）、貴州（廣西省貴縣）等土司先後歸降，太祖命各以原官世襲，不置郡縣，不責令輸納賦稅，但於其地築城駐兵鎮守。成祖永樂十一年（西元一四一三年），思南土司田宗鼎與思州土司田琛互相仇殺，不聽禁令，成祖命將討伐，執二酋送京師，並設貴州布政使司以治理其地，開置郡縣，築城闢道，自此貴州始為內地。

◆ 征服安南及緬甸占城暹羅諸國的內屬

安南於太祖時遣使入貢，並受明冊封為安南國王。既而國中篡弒相尋，惠帝建文元年（西元一三九九年），安南權相黎季犛弒其主陳日焜而自立，稱帝改元。成祖永樂元年（西元一四○三年），黎氏奉表稱己為陳氏之甥，國人樂推，權理國事，明因封黎氏為安南國王，既而安南舊臣裴伯耆來奏黎氏弒逆，陳氏宗室陳天平亦來奔。永樂四年（西元一四○六年），成祖遣軍護送天平歸國，為黎氏所殺，成祖命新城侯張輔率軍往討，次年，擒黎氏父子，遂平安南。成祖本欲訪立陳氏後，安南人言已為黎氏殺盡，乃於其地置交阯布政使司，分全國為十五府，於是安南直隸明朝版圖。永樂六年（西元一四○八年），陳氏舊臣簡定糾眾作亂，僭國號大越，成祖復命輔討平之。輔留鎮安南，至永樂十五年（西元一四一七年）召

還，以李彬代鎮安南，而以中官馬騏監其軍。騏屢責貢物於安南，安南人苦之。永樂十六年（西元一四一八年），安南人黎利復起倡亂，四方響應，明軍討之，互有勝負，戰事久不能決。宣德元年（西元一四二六年），黎利大敗明軍，布政使陳洽戰死。黎利遣使奉表稱陳氏有後名暠，乞加封，宣宗厭苦兵事，於宣德二年（西元一四二七年），赦黎利罪，罷交阯布政使司，封陳暠為安南王，自是安南世為明朝藩臣，計安南在明初直隸中國版圖凡二十一年。

　　明初復於緬甸境內設麓川平緬宣慰使司，隸於明朝統治之下。英宗時，麓川土司叛亂，明遣王驥將兵討平之，改置隴川宣撫使司，而緬甸亦稱藩奉貢於明。占城則於太祖時歸附，暹國與羅斛於元末併為一國，明初來附，太祖封其王為暹羅國王，暹羅正式國號自此始。

三、明政中衰

◆ 內閣政治與宦官弄權

　　明初廢相後，以六部尚書分掌全國政務，而天子總其成，另設殿、閣大學士為天子襄理文墨，由翰林院侍講、侍讀、編修、檢討等官簡用，授餐大內，常侍天子殿閣下，號稱內閣。時設大學士者凡四殿二閣，即中極殿、建極殿、文華殿、武英殿、文淵閣及東閣，皆明代天子理政之所。大學士秩正五品，朝位班次在尚書、侍郎下 ❹。太祖時，大學士但侍左右，備顧問，奏章批答皆御前傳旨當筆，

❹　明史職官志一內閣：「中極殿大學士、建極殿大學士、文華殿大學士、武英殿大學士、文淵閣大學士、東閣大學士掌獻替可否，奉陳規誨，點檢題奏，票擬批答，以平允庶政。凡上之達下曰詔曰誥曰制曰冊文曰諭曰書曰符曰令曰檄，皆起草進畫以下之諸司；下之達上曰題曰奏曰表曰講章曰書狀曰文冊曰揭帖曰制對曰露布曰譯，皆審署申覆而修畫焉，平允乃行之。」又：「洪武……十五年，倣宋制置華蓋殿、武英殿、文淵閣、東閣諸大學士，又置文華殿大學士，以輔導太子，秩皆正五品。……當是時，以翰林春坊詳看諸司奏啟，兼司平駁，大學士特侍左右，備顧問而已。建文中，改大學士為學士。成祖即位，特簡解縉、胡廣、楊榮等直文淵閣，參預機務，閣臣之預務自此始。然其時入閣者皆編檢講讀之官，不置官屬，不得專制諸司，諸司奏事亦不得相關白。仁宗以楊士奇、楊榮東宮舊臣，陞士奇為禮部侍郎兼華蓋殿大學士，榮為太常卿兼謹身殿大學士（原注：謹

成祖每召閣臣密議國家大事，然仍不置官屬，不得專制諸司，諸司奏事亦不得相關白。仁宗時，楊溥、楊士奇、楊榮皆以東宮師傅舊臣領部事兼大學士，於是閣權漸重。宣宗始命閣臣議政，以小票墨書擬具意見，貼附奏疏以進，中易紅筆批出，然遇大事，猶命大臣面議。景帝時，於內閣誥敕房、制敕房設中書舍人，六部承奉意旨，無所不領，閣權益重。英宗以後諸帝，大都荒疏昏庸，深居內殿，不親政務，而委政於閣臣，自憲宗成化迄熹宗天啟，前後一百六十餘年，其間延訪大臣者僅孝宗弘治末數年，而世宗、神宗則並二十餘年不視朝，閣臣由是取得相權而成為實際上的宰輔。

　　然閣臣權力止於票擬，紅批之權仍在天子，天子既怠於政務，紅批亦由司禮監宦官代替，於是司禮監權出宰輔上❺。閣臣如欲掌握實權，必須結納宦官，以防其掣肘，宦官亦願結納閣臣引為奧援以固其權。

　　宦官預政，成於成祖。太祖、惠帝御宦官極嚴，惠帝詔宦官外出稍不法，許有司械聞，故靖難師起，宦官輒以朝廷虛實報燕，成祖以為忠於己，即位後遂多所委任。永樂間，出使專征，監軍分鎮，多任閹人，又設置東廠，掌刺臣民隱事，由宦者領之，與錦衣衛鎮撫司並掌詔獄。錦衣衛鎮撫司獄為太祖所置，所收繫皆不經刑部審理，輒自斷治。洪武二十年（西元一三八七年），詔罷錦衣衛獄，至是成祖復置。其後憲宗又設西廠，武宗增置內廠，皆使宦官領之，由是宦官之勢大盛。

　　明代宦官居中弄權自英宗時王振始。宣德十年（西元一四三五年），宣宗崩，子祁鎮嗣，是為英宗，翌年改元正統。正統初，委任三楊，遵仁、宣之政，號稱治平，而士奇尤為朝廷所倚重。士奇廉能公正，好推轂士類，為當代名臣，然自

身殿大學士，仁宗始置）閣職漸崇。其後士奇、榮等皆遷尚書，職雖居內閣，官必以尚書為尊。景泰中，王文始以左都御史進吏部尚書入內閣，自後誥敕房、制敕房俱設中書舍人，六部承奉意旨，靡所不領，而閣權益重。世宗時，……改華蓋為中極，謹身為建極，閣銜因之。嘉靖以後，朝位班次俱列六部之上。」

❺　明史職官志二宦官十二監司禮監注：「掌印（太監），掌理內外章奏及御前勘合，秉筆（太監）、隨堂（太監）掌章奏文書，照閣票批硃。」又職官志序：「仁宣朝大學士以太子經師恩累加至三孤，望益尊，而宣宗內柄無大小悉下大學士楊士奇等參可否，……自是內閣權日重，至世宗中葉，夏言、嚴嵩迭用事，遂赫然為真宰相，壓制六卿矣。然內閣之擬票不得不決於內監之批紅，而相權轉歸之寺人。」

英宗踐阼，振挾帝用事，招權納賄，士奇亦莫能糾正，惟太皇太后張氏屢加裁抑❻。正統七年（西元一四四二年），太皇太后崩，振益無忌憚，移去宮門所鑄太祖禁內臣預政鐵牌。時楊榮已卒，士奇以子稷為言官所糾，堅臥不出，楊溥年老勢孤，於是朝政大權皆歸振，振貪得嗜利，賕賂輻輳，諸附者立得美官，忤恨者輒加罪譴。振性狡黠，英宗深為其蠱惑，威權日重，公侯勛戚，咸呼曰翁父。

正統十四年（西元一四四九年），瓦剌酋長也先自大同大舉入寇，敗明軍於陽和口（山西省陽高縣），振欲建奇功，勸英宗親征，兵部尚書鄺埜、侍郎于謙、吏部尚書王直率百官力諫，英宗不納，遂下詔親征，令弟郕王祁鈺居守。英宗與振及英國公張輔、兵部尚書鄺埜等率大軍自居庸關出宣府（察哈爾省宣化縣）至陽和，見伏尸滿野，眾心危懼，復取道宣府班師，至土木堡（察哈爾省懷來縣西），為也先所乘，明軍死者數十萬，振、輔皆歿，英宗被俘，國威大挫，是為土木堡之變。

土木堡師潰，京師震動，群臣聚哭於朝，多主南遷，兵部侍郎于謙獨力排眾議，主立郕王為帝，固守京師。是年（正統十四年）九月，郕王祁鈺即帝位，以明年為景泰元年，是為景帝，遙尊英宗為太上皇。也先挾英宗陷紫荊關（河北省易縣西），進攻北京，謙禦卻之，以功加少保、兵部尚書。景泰元年（西元一四五〇年），也先送英宗還，退居南宮。英宗初立子見深為太子，景帝用宦官興安謀，更封太子為沂王，立己子見濟為太子。景泰四年（西元一四五三年），皇太子見濟卒，禮部郎中章綸與御史鍾同上疏請復立沂王為太子，景帝大怒，執綸、同下詔獄考訊，逼引主使及交通南宮狀，綸、同終無所言，於是景帝與英宗嫌隙日深。景泰八年（西元一四五七年）正月，景帝臥病，宦官曹吉祥與武清侯石亨、副都御史徐有貞等糾眾破南宮門而入，擁英宗復辟，改是年為天順元年，廢景帝為郕王，遷居西內而死，史稱奪門之變。英宗復位後，殺兵部尚書于謙，以徐有貞為

---

❻　明史楊士奇傳：「宣宗崩，英宗即位，方九齡，軍國大政，關白太皇太后，太后推心任士奇、榮、溥三人，有事遣中使詣閣諮議，然後裁決。三人者亦自信，侃侃行意，……正統之初，朝政清明，士奇等之力也。……是時中官王振有寵於帝，漸預外廷事，導帝以嚴御下，大臣往往下獄。靖江王佐敬私饋榮金，榮先省墓，歸，不之知，振欲借以傾榮，士奇力解之得已。榮尋卒，士奇、溥益孤。……太皇太后崩，振勢益盛，大作威福，百官小有抵牾，輒執而繫之，廷臣人人惴恐，士奇亦弗能制也。」

兵部尚書兼大學士，委政於有貞、吉祥、亨等，既而有貞為吉祥、亨所傾，謫戍金齒（雲南省保山縣）。亨與吉祥朋比為奸，權勢甚盛。天順三年（西元一四九五年），亨以恃功驕恣下獄死，吉祥不自安，與養子欽密謀廢立。天順五年（西元一四六一年），謀洩，欽舉兵反，兵敗而死，吉祥伏誅。

天順八年（西元一四六四年），英宗崩，子見深立，是為憲宗，明年改元成化。憲宗寵萬貴妃，貴妃讒廢皇后吳氏，憲宗倚任宦官，無所不至，旋復厭之，即棄之如敝屣，故宦官汪直、梁芳、韋興等皆傾心結貴妃為奧援。成化十三年（西元一四七七年），憲宗設西廠，令直領廠事，緹騎倍於東廠，屢興大獄，誣陷栽贓，莫能與辯，朝臣以劾直免歸者數十人。芳、興則進方士李孜省、僧繼曉等，以媚術導憲宗為淫樂，共為姦利。

成化二十三年（西元一四八七年），憲宗崩，子祐樘立，是為孝宗，明年改元弘治。孝宗既立，貶謫梁芳、孜省等，以名臣徐溥、劉健、李東陽、謝遷等為大學士，朝廷為之一肅，又修明刑律，革除冗例，務使用法持平，歸於仁恕。然孝宗於宦官仍無所貶抑，信用宦官李廣，廣以符籙禱祀蠱惑孝宗，因為奸利，收受貨賂，擅奪民田，壟斷鹽利，廷臣交章論劾，孝宗皆置不問。

弘治十八年（西元一五〇五年），孝宗崩，子厚照立，是為武宗，明年改元正德。武宗寵信宦官劉瑾、馬永成、谷大用、魏彬、張永、邱聚、高鳳、羅祥等，八人俱用事，謂之八黨，又謂之八虎，日導武宗嬉遊，於西華門外別構殿院，造密室於兩廂，勾連櫛列，謂之豹房，自是怠於政事。瑾於八黨中最狡猾，為七人所推，權勢尤盛，與大學士焦芳勾結，前朝輔臣劉健、謝遷皆罷去，專以誅除正士，杜塞言路為事。武宗以瑾掌司禮監，永成、大用掌東西廠。瑾威權日盛，內外奏章皆先投瑾而後上通政司。正德三年（西元一五〇八年），又立內廠，瑾自領之，日遣邏騎刺事四方，無賴子乘機為奸，天下大擾。

正德五年（西元一五一〇年），宗室安化王寘鐇反於慶陽（甘肅省慶陽縣），以討瑾為名，武宗以右都御史楊一清總制軍務，宦官張永為督軍，討寘鐇平之。瑾初與永等七人親善，及專政，威福自恣，七人皆怨。瑾又嘗欲逐永，出之南京，永於武宗前譖瑾，武宗令谷大用等置酒為解，於是二人有隙。一清與永結納甚密，乘間說永誅瑾。及亂平，永密奏瑾謀反，武宗信之，遂誅瑾，而永益柄用，故瑾雖誅而宦官權勢熾盛如故。正德十四年（西元一五一九年），宗室寧王宸濠復反於

南昌，為右僉都御史王守仁所平。

正德十六年（西元一五二一年），武宗崩，無子，朝臣迎立憲宗子興獻王祐杬長子厚熜為帝，明年，改元嘉靖，是為世宗。世宗明察自矜，對宦官嚴加裁抑，故世宗一朝，宦官氣燄稍斂。然世宗果於刑戮，性復剛愎，文過飾非，不納忠言，政績殊無可觀。世宗中葉以後，好神仙醮禱扶乩，不視朝者二十餘年。嘉靖二十一年（西元一五四二年），世宗以嚴嵩為大學士。嵩初以善撰醮祀青詞得寵，入閣後諂媚蒙蔽，把持朝政達二十年之久，嵩子世蕃亦為世宗所信任，父子相濟為惡，聚貨斂財，殘害忠良，朝中善類為嵩父子所惡者，皆為所陷。

嵩握權既久，私黨遍布要津，世宗漸厭之，親任大學士徐階。世宗所下手詔，語多不可曉，惟世蕃一覽了然，答語無不中。及嵩妻歐陽氏卒，世蕃當護喪歸，嵩請留侍京邸，世宗許之，然自是不得入直所代嵩票擬，嵩受詔多不能答，往往失旨，世宗益不悅。世宗又寵信道士藍道行，嘗因乩問天下何以不治？道行欲傾嵩，誹為乩語，具道嵩父子弄權之狀，因諷世宗宜因上天之意誅之，世宗由是有斥逐嵩意。嘉靖四十一年（西元一五六二年），御史鄒應龍避雨於內侍家，得悉此事，乃上疏極論嵩父子不法事，世宗乃罷嵩，世蕃戍雷州。嘉靖四十四年（西元一五六五年），世蕃以通倭罪伏誅，家產籍沒，嵩及諸孫皆黜為民。

◆ 高拱及張居正的相業

嘉靖四十五年（西元一五七二年），世宗崩，子載垕立，是為穆宗，明年改元隆慶，委政於內閣。世宗末年，閣臣徐階引高拱同輔政。世宗崩，階草遺詔，獨引門生張居正謀而拱不與議，拱心不能平，由是與階有隙。隆慶初，階、拱、居正並為輔臣，而階、拱以意氣相傾軋，相繼罷歸。隆慶三年（西元一五六九年），穆宗復召拱為大學士吏部尚書。拱練習政體，負經濟才，諸所設施，多有益於時務。拱在吏部，欲遍識人才，令諸司籍所屬賢否，誌其邑里姓氏，倉卒舉用，皆得其人；又令兵部慎選邊人有智略知兵者為司屬，久而任之，毋遷他曹，以為他日邊方兵備督撫之選，其謀國措畫多此類，於是政務煥然一新。

隆慶六年（西元一五七二年），穆宗崩，子翊鈞立，是為神宗，明年改元萬曆。穆宗末年，張居正與宦官馮保深相結，欲引為內助以傾高拱。神宗既立，以保為司禮監，督東廠，總理內外，罷拱，以居正為首輔。神宗悉以國政委之，居正亦

慨然以天下為己任，中外想望風采。居正為政，以尊君權、課吏職、信賞罰、一號令為主，雖萬里外，朝下而夕奉行，於是政風整肅，百廢俱興。居正勸神宗遵守祖宗舊制，不必紛更，但須講學親賢，愛民節用。神宗初即位，居正嘗纂古治亂事百餘條，繪圖，以俗語解之，使神宗易曉，及神宗稍長，復令儒臣紀太祖以來諸朝寶訓實錄，分類成書，凡四十篇，曰創業艱難，曰勵精圖治，曰勤學，曰敬天，曰法祖，曰保民，曰謹祭祀，曰崇孝敬，曰端好尚，曰慎起居，曰戒遊佚，曰正宮闈，曰教儲貳，曰睦宗藩，曰親賢臣，曰去奸邪，曰納諫，曰理財，曰守法，曰儆戒，曰務實，曰正紀綱，曰審官，曰久任，曰重守令，曰馭近習，曰待外戚，曰重農桑，曰興教化，曰明賞罰，曰昭信令，曰謹名分，曰裁貢獻，曰慎賞賚，曰敦節儉，曰慎刑獄，曰襃功德，曰屏異端，曰飭武備，曰御戎狄。其詞多警切，請以經筵之暇進講，又請立起居注，紀帝言行及朝廷內外事，日用翰林官四員入直應制詩文，神宗皆優詔報許。

　　居正以江南財賦所出，而貴豪之家及奸民猾吏多逋賦，選大吏精悍者嚴行督責，於是賦以時輸，國用日充，而豪猾皆怨之。時韃靼屢入侵，居正舉李成梁、戚繼光、譚綸諸將，委以邊防之任，邊境賴以安寧。

　　居正為明季最有抱負的政治家，以一身成萬曆初政，其相業為明代所僅有，惟勾結馮保以傾高拱，不無慚德。保外託居正，內恣為奸利，四方賂遺無算。神宗寵幸宦官張誠，保惡之，斥逐於外，神宗使密伺保及居正。萬曆十年（西元一五八二年），居正卒，誠復入，密奏保、居正交結恣橫之狀，並謂其家多藏金，神宗心動，執保於禁中，謫居南京，盡籍其家，金銀珠寶以鉅萬計。諸嫉居正者皆上疏迫論居正罪，詔奪其官諡，遣誠籍沒其家。

◆ 黨議與黨錮

　　神宗中葉以後，益怠於政事，凡二十餘年不視朝。中外缺官亦不補，不省奏章，不親郊廟，朝綱廢弛，朝臣多結朋黨，互相傾軋以排斥異己，時有所謂齊、楚、浙、宣、崑五黨，齊黨以兀詩教為首，楚黨以官應震為首，浙黨以姚宗文為首，宣黨以湯賓尹為首，崑黨以顧天俊為首。五黨之外，又有在野的東林黨，以顧憲成為首領。憲成原為吏部文選郎，萬曆中以諫立太子事罷歸鄉里，講學於無錫東林書院，諷議時政，一部分朝臣與相應和，漸成社黨。東林言論頗能左右興

論，當時稱為黨議，朝中五黨，皆以東林為公敵，於是朝廷分為東林黨與非東林黨二派，各立門戶，互相攻訐。

神宗寵幸鄭貴妃，鄭妃謀奪嫡，神宗惑之，欲廢太子常洛而立鄭妃子福王常洵為太子，以廷臣反對未果。萬曆四十三年（西元一六一五年）五月，有男子張差持梃突入太子宮被捕，交廷臣鞫訊，謂係鄭妃內侍主使，是為梃擊案。

萬曆四十八年（西元一六二〇年），神宗崩，子常洛立，是為光宗，未及改元而崩（光宗以萬曆四十八年八月即位，改明年為泰昌元年，是年九月崩，實未改元，熹宗即位，從廷臣議，以萬曆四十八年八月至十二月為泰昌元年）。光宗寵李選侍，縱慾羅疾，鴻臚寺丞李可灼進紅丸於光宗，光宗服之，疾益劇，是夜崩駕，在位僅三十日，是為紅丸案。

光宗既崩，李選侍據乾清宮，謀專國政，給事中楊漣、御史左光斗以選侍不得居乾清宮，力主移宮，遂移李選侍於噦鸞宮（宮妃養老之處），是為移宮案。太子由校即位，改明年為天啟元年，是為熹宗。

梃擊、紅丸、移宮為明末三大案，東林黨於梃擊、紅丸二案主張嚴究，非東林黨反對；於移宮案東林黨主移宮，非東林黨謂之逼逐，遂為其後東林黨與非東林黨黨爭之端。熹宗既立，起用東林黨，非東林黨盡遭斥逐。熹宗寵信乳母客氏及宦官魏忠賢，非東林黨乃依附忠賢以圖報復。天啟三年（西元一六二三年），以忠賢提督東廠，忠賢援非東林黨人顧秉謙、魏廣微入閣，秉謙、廣微庸劣無恥，曲事忠賢儼如奴役，於是忠賢之勢大張。天啟四年（西元一六二四年），東林黨人楊漣上疏劾忠賢二十四大罪，諸臣相繼上疏劾忠賢者七十餘人，熹宗不聽，秉謙、廣微等乃導忠賢興大獄。天啟五年（西元一六二五年），忠賢盡捕東林黨名賢楊漣、左光斗、魏大中、高攀龍、周昌期等十二人下獄死，又廢毀國內所有書院，榜示東林黨人姓名，永久禁錮，於是朝廷善類一空。天啟七年（西元一六二七年），熹宗崩，無子，弟信王由檢立，是為思宗，乃殺忠賢，黜其黨羽，然仍信任宦官，加以天災外患，交相侵迫，而思宗所任以國政者，率多姦諛險佞之輩，文武忠幹之臣，務加摧折戮辱，明朝國事至是益不可為。

四、明朝的傾覆

◆ 明朝中葉以後的外患

景帝時，韃靼內亂，部族分散，然仍時入寇邊，為患甚烈。孝宗時，韃靼復盛，其酋達延汗有雄略，統一諸部，時出兵侵擾明朝北邊，直至世宗初年，幾無寧歲。達延汗後以年老厭兵，將各部分封諸子，自與長孫卜赤徙居東方插漢兒（察哈爾）之地，號土蠻部（即土默特部，又稱察哈爾部）。其後卜赤繼立，名義上仍為韃靼諸部共主，而兵力則不及西方的俺答汗。

俺答汗亦達延汗之孫，據河套一帶。自世宗嘉靖二十一年（西元一五四二年）以後二十餘年間，俺答連年入寇。嘉靖二十六年（西元一五四七年），邊臣曾銑建議恢復河套，大學士夏言力贊其議，次年，言、銑為嚴嵩誣陷論死，其事遂寢。嘉靖二十九年（西元一五五〇年），俺答率眾大舉入寇，攻破古北口，直薄北京，飽掠而去，明朝無如之何。穆宗隆慶五年（西元一五七一年），俺答孫把漢那降明，明朝受之，封官而遣之歸，俺答感恩，遂與明和，受明封為順義王，以所居地為歸化城（綏遠省歸綏縣），並於沿邊廣開馬市，自是北邊不用兵革者二十餘年。神宗初，韃靼東方土蠻部轉盛，屢寇遼東，迭為明將李成梁所敗，至神宗後期，其勢始衰。

世宗時，沿海又有倭寇之禍。當時日本幕府足利氏衰微，國內群雄割據，政府無力控制，若干不法之徒乃糾眾為害於朝鮮及中國沿海，變成海盜。嘉靖中，其勢漸盛，與中國海盜徐海、汪直等勾結，剽掠於江浙沿海一帶，縱橫千里，如入無人之境，江南兩浙地區濱海城鎮多被攻陷。其後明以胡宗憲總督浙江軍務，先平徐海、汪直，去其耳目，倭寇乃轉掠閩、粵一帶，至嘉靖末，始為明將譚綸、俞大猷、戚繼光等所平，然倭寇為患，先後已達二十年。

神宗時，明復與日本發生戰爭。時日本幕府豐臣秀吉統一全國，意圖侵明，迫朝鮮為嚮導，朝鮮不從。萬曆二十年（西元一五九二年），日本發兵十餘萬攻入朝鮮，陷其都漢陽（韓國漢城），朝鮮係於明初繼高麗而興，其王李氏受明冊封為朝鮮國王。及日本侵入，朝鮮王李昖北奔，乞援於明，明遣李成梁子李如松統兵

往援，大破日軍於平壤，日軍退走，與明議和。萬曆二十四年（西元一五九六年），明遣使冊封豐臣秀吉為日本國王，秀吉不受。次年，日軍再度北攻，明以楊鎬為經略，與日軍戰於蔚山（韓國慶州西北），明軍戰敗。萬曆二十六年（西元一五九八年），豐臣秀吉死，日軍始退，明軍邀擊之於釜山以南海上，日軍大敗，死者萬餘人，遂規復朝鮮全境。此次戰爭前後歷七年之久，明國力損耗甚鉅。

◆ 流寇的猖獗

　　明政積弊既深，加以對外用兵，稅賦繁重，民怨日甚。熹宗天啟間，各地已時有民變發生，然旋起旋滅。明為剿平匪亂，練兵輸餉，財用支絀而催徵不已，至思宗時，遂演成流寇之禍。

　　崇禎元年（西元一六二八年），陝西大饑，流民掠食四方，邊軍因缺餉譁變，與饑民合勢，所在嘯聚。王嘉胤起於府谷（陝西省府谷縣），王左掛起於宜川（陝西省宜川縣），高迎祥起於安塞（陝西省安塞縣），其中以高迎祥勢最強，自號闖王，各地饑困軍民群起響應。崇禎三年（西元一六三〇年），群賊自陝西犯山西，而延安人張獻忠據米脂諸寨以應之，自稱八大王。崇禎四年（西元一六三一年），嘉胤為其黨所殺，更推王自用為渠魁，號紫金梁，與迎祥、獻忠共三十六營，眾二十萬，皆聚山西。米脂人李自成為迎祥甥，亦往從迎祥，自號闖將。明初以楊鶴為三邊總督捕賊，鶴畏賊勢盛，乃主撫，故賊勢日熾，至是以洪承疇代之，督諸將曹文詔、楊嘉謨勦賊，所向克捷，賊大困。文詔有勇略，尤為賊所畏，既而文詔為言官劾去，賊勢復盛，流竄河南、湖廣、四川。崇禎七年（西元一六三四年），明以陳奇瑜總督山西陝西河南湖廣四川軍務以討賊，奇瑜困迎祥、自成等於車箱峽（陝西省興安縣境），賊勢大蹙，自成以計賄奇瑜左右詐降，奇瑜許之，護賊出峽。自成等既出而復叛，自陝西竄擾河南，所過屠滅，其勢復振，明以承疇代奇瑜為總督，督軍進勦。崇禎八年（西元一六三五年），迎祥大會群賊於滎陽，與自成、獻忠等合勢東掠，攻陷鳳陽，焚皇陵，勢大熾。既而迎祥、自成復西入陝，承疇與戰於渭南、臨潼，大破之，逐之東竄，復與獻忠合，陷陝州，攻洛陽，蹂躪於豫皖之間，明復以盧象昇總理江北河南湖廣四川軍務，與承疇並討賊。

　　崇禎九年（西元一六三六年），迎祥、自成與象昇大戰於滁州，為象昇所破，還竄河南，分道入陝。迎祥與陝西巡撫孫傳庭戰於盩厔（陝西省盩厔縣），兵敗被

擒，賊黨共推自成為闖王，而清軍適於此時大舉入寇，明徵象昇為宣大山西總督，率兵入衛。崇禎十年（西元一六三七年），楊嗣昌為兵部尚書，以熊文燦為總理。是歲，獻忠為明將左良玉所敗，崇禎十一年（西元一六三八年），獻忠勢蹙，降於文燦，良玉欲俟獻忠至執之，文燦不可，獻忠遂據穀城（湖北省穀城縣）。文燦主撫，以金帛啗馬進忠、羅汝才等十三家賊降，承疇、傳庭復破自成於潼關，自成竄匿嶺函山中。是年九月，清軍復入塞，象昇戰死，明徵承疇、傳庭入援，於是自成之勢復盛。

　　崇禎十二年（西元一六三九年），獻忠叛於穀城，流竄入蜀，又自蜀東出，流竄湖廣，自成亦剽掠於河南，所過州縣，多為殘破。思宗以嗣昌為大學士，代文燦督師討賊。嗣昌御下無恩，掠功委過，將士不附，軍數敗。崇禎十四年（西元一六四一年），嗣昌憂懼不食而卒，賊勢愈張。崇禎十五年（西元一六四二年），明復以傳庭督師禦賊，扼守潼關。崇禎十六年（西元一六四三年），自成攻陷襄陽，自稱新順王，復自襄陽西破潼關，殺傳庭，進據西安。次年，僭國號大順，改元永昌。獻忠亦自安徽回竄湖廣，復入四川，據有全蜀，自稱大西國王，至是流寇勢力不可復制。

◆ 滿洲的興起及叛明

　　滿洲為女真的後裔，自金亡後，女真衰微，留居塞外未入關的女真遺族散居於今東北地區，分為建州、海西、野人三部，建州女真約據今松花江下游，海西女真約據松花江上游，野人女真則據黑龍江下游，明立建州衛、建州左衛及建州右衛以統治其地。成祖永樂十年（西元一四一二年），任命建州女真部酋猛哥帖木兒為建州左衛指揮使，即滿洲的祖先。神宗時，猛哥帖木兒後裔覺昌安為建州左衛指揮使，受女真別部酋豪尼堪外蘭構陷，與子塔克世俱為明將李成梁所殺。塔克世子努爾哈赤有雄略，起兵復仇，攻殺尼堪外蘭，繼併諸部，據有今松花江、鴨綠江、圖們江一帶之地，勝兵八萬餘人，分為八旗，勢力大盛。萬曆四十四年（西元一六一六年），努爾哈赤自稱可汗，國號後金，建元天命，都於興京（安東省新賓縣），是為清太祖，至其子皇太極在位，自謂姓愛新覺羅，是為愛新覺羅王朝。皇太極又自稱其部族為滿洲，滿洲一詞，或謂為「滿住」的轉音，滿住為建州女真最尊貴的稱號，皇太極為掩飾其祖先曾為明朝屬夷，故稱其部族為滿住，

音訛而為滿洲。

萬曆四十六年（西元一六一八年），努爾哈赤起兵叛明，攻陷撫順（遼寧省撫順縣），飽掠而去。明以楊鎬為遼東經略，率軍討伐，眾號四十七萬，至薩爾滸（安東省新賓縣西），為努爾哈赤所敗，明軍死者無算，努爾哈赤乘勝攻陷開原（遼北省開原縣）、鐵嶺（遼寧省鐵嶺縣）。明以熊廷弼代鎬經略遼東，廷弼濬濠繕城，招撫流移，集兵十八萬，分布要隘，為固守之計，努爾哈赤不敢進擾者年餘。及熹宗即位，責廷弼不戰，以袁應泰代統其軍。應泰不知兵，部署無方，兵勢漸廢。天啟元年（西元一六二一年），努爾哈赤連陷瀋陽（遼寧省瀋陽市）、遼陽（遼寧省遼陽縣）及遼河以東七十餘城，應泰戰歿。努爾哈赤遷都遼陽，改名盛京，明朝大震。熹宗用大學士劉一燝議，復起用廷弼為經略。時大軍皆集廣寧（遼北省北鎮縣），廣寧巡撫王化貞剛愎跋扈，不聽節制，廷弼僅擁虛名。天啟二年（西元一六二二年），努爾哈赤率軍渡遼河，進攻明軍，明軍大潰，廷弼、化貞退走入山海關，遼西城堡多陷，明誅廷弼、化貞以徇。

廷弼既死，大學士孫承宗繼為經略。承宗使袁崇煥葺寧遠城（遼寧省興城縣），守山海關外地二百餘里，盛修守備，廣開屯田，努爾哈赤按兵不敢深入者數年，遼西失陷城堡幾全為明軍所復。天啟五年（西元一六二五年），努爾哈赤定都瀋陽，而承宗與魏忠賢不合罷去，以高第代為經略，盡撤守備入山海關，獨崇煥誓守寧遠不去。天啟六年（西元一六二六年），努爾哈赤傾全國之師以攻寧遠；崇煥憑城固守，努爾哈赤負傷，其圍遂解。

寧遠戰後，翌年而努爾哈赤死，子皇太極立，是為清太宗。太宗既立，先平朝鮮，除後顧之憂，然後回師攻寧遠，復為崇煥所敗，轉攻錦州（遼寧省錦縣），失利而還，史稱「寧錦大捷」。然崇煥不為魏忠賢所喜，乞休而去，以王之臣代之。及思宗即位，忠賢伏誅，復起崇煥督師薊遼。崇禎二年（西元一六二九年），清太宗以蒙古為嚮導，由喜峰口（河北省遵化縣東北）毀邊牆而入，進逼北京。崇煥聞訊，自山海關兼程入援，清太宗率軍去，因縱反間，謂崇煥與敵有密約，將脅朝廷與訂城下之盟，思宗信之，遂殺崇煥。

崇禎九年（西元一六三六年），清太宗改國號曰清，建元崇德，去可汗稱號，改稱皇帝。崇禎十一年（西元一六三八年），清軍大舉自長城口入侵，進窺畿輔，敗明軍於鉅鹿（河北省鉅鹿縣），殺明將盧象昇。崇禎十二年（西元一六三九年），

清軍南下，攻入山東境，陷十餘縣而去。崇禎十三年（西元一六四〇年），清軍圍錦州，明將祖大壽堅守不下。次年，明薊遼經略洪承疇督大軍十三萬援錦州，屯於松山（遼寧省錦縣西）。崇禎十五年（西元一六四二年），清太宗自率大軍攻之，明軍大潰，精銳盡喪，承疇被俘降清。明以吳三桂守寧遠，山海關外，但餘數城。

◆ 明朝的覆亡

　　明雖數敗，清國力亦困，清太宗數遣使議和，兵部尚書陳新甲請思宗納之以紓患，思宗許之，然畏清議，不敢明言求和，而密敕新甲以議和之事。新甲遂遣使攜敕使清，言思宗願和之意，清太宗疑其詐，未報。崇禎十五年（西元一六四二年）五月，明復遣使往謁清太宗，議未定而事洩，廷議譁然，思宗怒誅新甲，和議遂中止不行。是冬，清軍復大舉入侵，毀長城南下，直至山東，陷八十八城，至次年四月始退。崇禎十六年（西元一六四三年），清太宗崩，子福臨立，改元順治，是為清世祖。世祖年幼，由皇叔多爾袞攝政。崇禎十七年（清世祖順治元年，西元一六四四年）正月，流寇李自成僭國號大順，改元永昌，將步兵四十萬，騎兵六十萬，自陝西渡河破汾州（山西省汾陽縣），攻陷太原，繼陷寧武（山西省寧武縣）、大同、宣府、陽和，自居庸關入，沿途惟寧武總兵周遇吉戰死，餘皆望風迎降。三月，自成進逼京師，思宗親信太監曹化淳啟彰義門納賊，京師遂陷。思宗登煤山自縊而死，后妃皆自盡殉國，大學士范景文以下朝臣死難者數十人，明朝至是滅亡。

　　思宗即位之初，誅魏忠賢，舉國望治，雖外患日熾，內政積弊亦深，而外有袁崇煥坐鎮，內則權閹已誅，國運頗有轉機。思宗本人亦思有所作為，然其為人剛愎，多疑尚氣而喜人佞己，故未能擺脫宦豎包圍，仍用以提督東廠、京營及監軍等重任。當其在位十七年中，更易宰輔凡五十三人，賢臣如孫承宗、文震孟皆旋用旋罷，不能久安其位，較為思宗所信任者如溫體仁、周延儒等皆逢迎取寵之輩，於政治無所建樹，朝士但知意氣用事，相互攻訐，終至盜賊蠭起，國內大亂。當時將領才足以禦敵安邊者惟熊廷弼、孫承宗、袁崇煥數人，亦因受朝議牽制而不能展其抱負，或為言臣所劾罷去，或為清人反間而死，外侮遂至不可收拾，故明朝的滅亡，思宗實不能辭其咎，然其壯烈殉國，則又引起後世無限的同情。

第二十六章　盛清文治與武功

一、清朝的統一

◆ **清代世系**

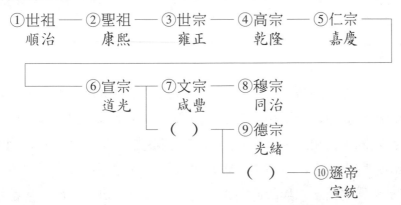

清自世祖入關代明至遜帝退位，凡九世十主，歷二百六十八年（西元一六四四年至西元一九一一年）而亡。

◆ **入主中原**

當李自成進逼北京時，明思宗急詔吳三桂統邊軍入衛，三桂率軍自寧遠入關而京師已陷，遂屯兵山海關。自成既入京師，掠三桂愛妾陳圓圓，拘繫三桂父襄，令作書招之。三桂得父書，忻然受命，行至灤州（河北省灤縣），聞圓圓為賊所掠，大怒，返據山海關。自成親率大軍以攻之，遣別將從一片石（河南省臨榆縣北七十里）越關夾擊，三桂大懼，遣使齎書乞援於清。時多爾袞督師關外，聞訊與洪承疇率軍疾進，擊潰自成關外別軍，直抵山海關，三桂開關迎降。多爾袞命三桂將本部兵先行，自率清軍大舉入關。時自成自將精銳二十萬逼山海關，三桂縱軍前擊，賊軍圍之數重，既而清軍自三桂陣右突擊，賊眾驚潰，自相蹂躪，死者無算。自成逃回北京，殺三桂父襄。清封三桂為平西王，隨多爾袞直趨北京，追殺

流賊。順治元年（西元一六四四年）四月，自成僭即帝位於武英殿，是夕，焚宮殿及九門城樓，棄陳圓圓，挾眾西走。五月，清軍入北京，追諡明思宗曰莊烈愍皇帝，陵曰思陵。六月，世祖入關，定都於北京。

三桂與清將英親王阿濟格、豫親王多鐸率軍追擊自成，自成走山西，復自山西奔陝西，與張獻忠相攻，兵勢日蹙。次年，豫親王多鐸攻破潼關，自成棄陝西走湖北，清軍分二道追躡，其眾多降。自成自武昌走通城（湖北省通城縣），從者僅二十騎，略食九宮山，為村民所困，自縊而死。順治三年（西元一六四六年），獻忠率軍自四川謀襲西安，遇清軍於鹽亭（四川省鹽亭縣），兵敗被擒，其眾皆潰走，流寇悉平。

◆ 滅南明

當北京失陷時，明鳳陽總督馬士英立神宗孫福王由崧於南京，改元弘光。士英以擁立功入閣，總綰朝政，引用魏忠賢餘黨阮大鋮，勾結群閹以傾兵部尚書史可法，命督師江北，開府揚州。清軍分二路南侵，都統準塔率軍出淮北，明將劉澤清率兵據黃淮清三口以拒之，為清軍所敗，遁入海；豫親王多鐸率軍自泗州以攻揚州，會明將寧南侯左良玉起兵於武昌以討士英，福王召可法入衛，可法引兵至浦口而良玉卒，一日夜奔還揚州為死守計。清軍環薄城下，清帥多鐸五次致書勸降，可法不顧，揚州遂陷，可法以身殉國。清軍屠揚州，渡江陷南京，福王走蕪湖，為清軍所擒，士英為清軍所殺，大鋮降清。

南京陷落後，明南安伯鄭芝龍、禮部尚書黃道周等立明太祖九世孫唐王聿鍵於福州，改元隆武，而明在籍舉人張煌言、兵部尚書張國維等奉明宗室魯王以海監國於紹興，各分畛域，不相統攝。順治三年（明唐王隆武二年，魯王監國元年，西元一六四六年），清軍攻陷紹興，國維死之，煌言奉魯王亡走海上，閩中大震。既而清軍攻入福建，道周與清軍戰於婺源（安徽省婺源縣），兵敗被執，唐王走至汀州（福建省長汀縣），為清軍所俘，不屈而死。芝龍降清，其子成功不從，走據廈門。其後魯王輾轉流徙至舟山，清軍陷舟山，煌言復奉魯王入閩，依成功於廈門。順治十四年（明桂王永曆十一年，西元一六五七年），清棄舟山，徙其民入內地，煌言復據之，屢以水軍進攻閩、浙沿海，與成功相呼應。

唐王既死，明廣西巡撫瞿式耜、湖廣巡撫何騰蛟等擁立神宗孫桂王由榔於肇

慶（廣東省高安縣），改元永曆，而明故大學士蘇觀生別立唐王弟聿鐭於廣州。清軍自福建南下，攻陷廣州，聿鐭、觀生皆自殺，桂王避兵入廣西，既而式耜、騰蛟招撫李自成舊部，收復廣東、湖南、江西、四川等地，降清明將反正者甚眾，桂王還駐肇慶，兵勢復振。

順治六年（明桂王永曆三年，西元一六四九年），清軍復大舉南下，再取湖南、江西，騰蛟戰死，而盤據雲南賊帥孫可望、李定國適於此時來歸。順治七年（明桂王永曆四年，西元一六五〇年），清軍陷南雄（廣東省南雄縣）、韶州（廣東省曲江縣）、廣州，進陷桂林，式耜亦戰死，桂王自肇慶出奔梧州（廣西省蒼梧縣），復奔潯州（廣西省桂平縣）。順治八年（明桂王永曆五年，西元一六五一年），桂王奔南寧（廣西省邕寧縣），清軍取南寧，桂王走土司中，可望遣兵迎桂王移蹕安隆（廣西省西隆縣）。

可望陰有篡國之意，憚李定國，不敢發，而清軍日迫。順治十三年（明桂王永曆十年，西元一六五六年），定國奉桂王奔雲南，以雲南府（雲南省昆明縣）為滇都。明年，可望降清，桂王兵勢益弱，賴定國獨撐危局。

順治十五年（明桂王永曆十二年，西元一六五八年），清命貝子洛託、降臣洪承疇出湖南，吳三桂出四川，都統卓不泰出廣西，三路攻明，會師平越（貴州省平越縣），直抵曲靖（雲南省曲靖縣），定國戰敗，奔還滇都，奉桂王入緬，三桂率軍躡之。順治十六年（明桂王永曆十三年，西元一六五九年），三桂與定國戰於怒江磨盤山，明軍大潰，定國率殘軍走，自是與桂王相失，明諸軍在滇境踞險設防者聞之皆遁，清遂據有全滇。清軍懲於磨盤山之險，不敢窮迫，乃班師，留三桂鎮雲南。定國屢欲以兵迎桂王出緬，為緬人所阻。順治十八年（明桂王永曆十五年，西元一六六一年），三桂率大軍攻緬甸，緬人執桂王以降，次年，為三桂所害，定國亦走死猛臘（雲南省思茅縣東南），明裔抗清勢力至是全被消滅。自順治元年福王即位於南京，至順治十八年桂王被俘，史稱南明，以別於明思宗以前的明朝。

◆ 定三藩

清朝剿平流寇，平定海內，多得力於明朝降將，其中功最大勢最強者有三人，即平西王吳三桂，平南王尚可喜，靖南王耿仲明，仲明卒，子繼茂嗣。清以三桂

鎮雲南，可喜鎮廣東，繼茂鎮福建，號稱三藩。三藩之中，三桂勢最強，所部精兵約十萬人，又與西藏互市，西蕃蒙古之馬自西藏入滇者歲千萬匹，徵關市，榷鹽井，開礦鼓鑄，於是器械犀利，士馬強盛，庫藏充溢，並得自辟官吏，不受朝廷干預，號稱西選。閩、粵二藩亦各有兵力二萬餘人，酗虐暴斂，為患一方。三藩歲耗清朝餉銀二千餘萬兩，約為全國歲收之半，而其跋扈驕橫，尤令清朝不安。

　　順治十八年（西元一六六一年），世祖崩，子玄燁立，是為聖祖，明年改元康熙，乃密謀撤藩。康熙十二年（西元一六七三年），平南王尚可喜為其子之信所制，上書請歸老遼東，聖祖遂令其盡撤藩兵回籍。時繼茂已卒，子精忠嗣爵，與三桂均不自安，亦疏請撤藩以探朝旨，朝議咸主勿撤以防激變，惟戶部尚書米思翰、兵部尚書明珠、刑部尚書莫洛力請撤藩。聖祖以三桂蓄謀已久，不除必為巨患，遂從其請。

　　是年十一月，三桂殺清雲南巡撫朱國治，舉兵反，自稱天下都招討兵馬大元帥，蓄髮易衣冠，旗幟皆白，移檄遠近，謂為明室復仇。數月之間，貴州、湖南、廣西、四川等省皆叛應三桂。次年，精忠反，攻陷福建全境。三桂聞湖南已定，親赴湖南，驅土司苗猓為兵，鑄滇銅為錢，輸川湖之粟以餉軍，並屯重兵於岳州、澧州（湖南省澧縣）、石首（湖北省石首縣）、華容（湖南省華容縣）、松滋（湖北省松滋縣），互為犄角。時清軍雲集湖北，畏三桂兵強，不敢渡江。清殺三桂子世霖、應熊以殉，三桂乃分兵二路，一路由長沙入江西，與精忠合勢，一路由四川入陝西，陝西提督王輔臣舉兵於寧羌（陝西省寧羌縣），遙附三桂，徇定隴右，三桂勢益張。康熙十五年（西元一六七六年），之信亦舉兵叛清，至是三藩俱起，聲勢大振。

　　時三桂已老，過於持重，既得湖南，未能乘勢北伐，清軍乃得從容部署，屯重兵於湖北以禦之，遣大軍入陝西，擊降王輔臣，另遣大軍攻江西，切斷吳、耿二藩的聯絡，而精忠數與臺灣鄭經相攻，福建沿海州縣，多為鄭軍所陷，精忠勢蹙，遂降清。康熙十六年（西元一六七七年），經軍為清軍所逼，退守廈門，之信亦降清，福建、廣東復為清有，清軍乘勝略定江西。三桂既失陝、閩、粵之援，又失江西，川湘賦稅不足以供軍糈，財用漸竭，情勢日絀，恐諸將解體，乃謀稱帝。康熙十七年（西元一六七八年），三桂稱帝於衡州（湖南省衡陽縣），國號周。三桂建號未幾而卒，孫世璠繼立，兵勢益衰。清軍大舉進攻，以次平定湖南、四

川、廣西、貴州等省，世璠還守雲南。康熙二十年（西元一六八一年），世璠兵敗自殺，三藩之亂至是為清朝所平。

◆ 平臺灣

　　鄭芝龍降清後，成功據廈門、金門以抗清，並與魯王殘部張煌言等合力以圖恢復，明桂王在滇都，遣使封成功為延平郡王。順治十六年（明桂王永曆十三年，西元一六五九年），成功乘清軍進攻雲南，與煌言會師北伐。成功率軍於是年五月溯長江而上，攻拔鎮江，煌言以偏師下儀真（江蘇省儀徵縣），勸成功據鎮江以斷清南援之軍，使南京坐困，成功不從，煌言遂掠長江上游，取蕪湖以為成功聲援。成功以大軍攻南京，南京固守不下，而成功輕敵，縱酒弛備，為清軍所敗，退回廈門，遂移師東取臺灣。

　　臺灣於宋代與中國關係已甚密切，元末曾於澎湖設官，屬同安縣。明末，臺灣成為海盜出沒之所，鄭芝龍即曾盤據臺灣南部，招徠漢人前往墾殖。其後芝龍受明招撫，臺灣轉為荷蘭人所據。順治十八年（明桂王永曆十五年，西元一六六一年），成功率軍二萬五千人攻之，逐荷蘭人，據其地以抗清，用處士陳永華為參軍，築招賢館以處明宗室遺臣，外則置兵金、廈，與相犄角。臺灣雖在海外，密邇內地，成功屢出兵攻取福建沿海港澳，伺機進取。清朝知成功終不可致，誅其父芝龍，詔沿海居民內徙三十里，禁漁舟、商船出海與鄭氏交通。

　　康熙元年（西元一六六二年），成功卒，子經嗣位。是歲，明桂王為吳三桂所殺，魯王亦卒於臺灣，經猶奉永曆年號。康熙三年（西元一六六四年），靖南王耿繼茂、福建總督李率泰攻克金、廈二島，經撤兵歸臺灣，勸農桑，立學校，文治漸興。及三藩亂起，經與耿精忠合勢。時尚之信尚為清守，經初與精忠謀合攻廣東，既而精忠背約，於是與精忠有隙，數遣軍相攻。經遣軍攻取閩、廣沿海州縣，海澄總兵趙得勝與副將吳淑、潮州總兵劉進忠皆叛清附經，經乘勢略取漳州、泉州、潮州、汀州，運臺米內渡以濟師。及精忠降清，經勢亦蹙，退守金、廈。康熙十七年（西元一六七八年），經復遣將出沿海，連下十餘城。康熙十八年（西元一六七九年），經遣劉國軒、吳淑、何祐等分道出師，國軒攻陷海澄（福建省海澄縣），殺清都統穆赫林，清軍死者三萬餘人。國軒乘勝攻下漳平（福建省漳平縣）、長泰（福建省長泰縣）、同安（福建省同安縣），略取南安（福建省南安縣）、安溪

（福建省安溪縣）、永春（福建省永春縣）、德化（福建省德化縣）諸邑，進圍漳州（福建省龍溪縣），為清軍所敗，還據海澄，復為清軍所破，退守金、廈。康熙十九年（西元一六八〇年），清軍偪廈門，經與國軒等棄金、廈歸臺灣。

　　康熙二十年（西元一六八一年），經卒，子克塽嗣立。克塽幼弱不任事，委政於侍衛馮錫範，政事漸衰。康熙二十二年（西元一六八三年），清以鄭氏降將施琅率軍攻臺，大敗國軒於澎湖，遂入臺灣，克塽出降。臺灣自順治十八年為成功所據至克塽出降，前後凡歷二十三年而亡。清朝平定臺灣後，以其地置臺灣府，下置諸羅（嘉義縣）、臺灣（臺南縣）、鳳山（高雄縣）三縣，以臺灣縣為府治，隸屬福建省，此後內地人民東渡臺灣墾殖者日多。

二、盛清政治

◆ 統馭政策

　　清朝對中國的統治，係採取寬猛相濟，恩威並御的政策。清朝入主中原，一面廢除明末苛政，優禮文人，提倡詞章，獎勵理學，藉科舉功名籠絡士大夫，以鎮定人心，一面藉端興獄，以壓制漢人的民族意識及仇清復明的思想。明代士風崇尚節義，清朝入關後，南方文人及明室遺臣舉兵起義以謀恢復者比比皆是，又如復社文人將復興民族的意識，寄託於詩文吟誦。此類活動無疑有害於清朝統治，故清朝採取高壓政策，對付不受科舉功名籠絡的士大夫，禁止會盟結社，摧抑士紳的社會地位，以消滅民間仇清復明的思想及潛在勢力；又興文字獄，藉片言隻字，興獄屠戮，以摧殘漢族的士氣；嚴薙髮之令，令漢人仿滿人習俗，薙髮留辮，不准蓄髮，以打擊漢族士大夫的民族意識及自尊心。

　　文字獄於清初為禍最烈，康熙時，有莊廷鑨、戴名世之獄，雍正時，有汪景祺、查嗣庭、陸生柟、謝濟世、呂留良之獄。廷鑨刊明史，於崇禎一朝事關清廷者無所隱飾，歸安褫職知縣吳之榮發其事，詔刑部讞獄，時廷鑨已死，讞上，戮其屍，誅其弟廷鉞及四子，諸序者、校對者、刊者、販者、購者與前隱廷鑨罪不告者皆論罪棄市，婦女皆配邊；又其書於崇禎以前事本明大學士朱文恪所著，序中僅稱朱氏而不名，之榮與南潯富人朱佑明有隙，因謂朱氏實指佑明，詔誅佑明

及其五子，籍佑明家產以給之榮。名世著南山集，採桐城人方孝標鈍齋文集及滇越紀聞二書所載清事，頗多微詞，都御史趙申喬據以奏聞，獄具，名世及其族皆棄市，男女未成年者發邊。時孝標已死，剉其尸，斬其子孫，方氏族屬及序者、捐資刊印者、藏板者均分別治罪，連坐至數百人。景祺曾從大將軍年羹堯西征，作西征隨筆，論者謂其譏訕聖祖，斬首梟示，妻子發黑龍江為奴，其期服之親兄弟姪皆戍邊。嗣庭於雍正四年以禮部侍郎出為江西正考官，試題曰「維民所止」，世宗以維止二字暗寓雍正二字而去其首，大怒，下之於獄，獄具，嗣庭已瘐死獄中，仍戮尸梟示，其子坐死，家屬流放。生枏著通鑑論十七篇，順承郡王錫保發之，謂其借古誹今，論死。濟世註大學，錫保舉其毀謗程朱，世宗以其意不止毀謗程朱，乃用大學見賢而不能舉二節以抒其怨謗之私，獄具，當死，奉旨免死，令當苦差。留良評選詩文，論夷夏之防，多慷慨不平之語，湖南人曾靜得之，數與留良弟子嚴鴻逵等貽書往復討論，而產生民族思想，時岳鍾祺總督川陝，或言鍾祺系出岳飛，與金世仇，宜仇清室，靜乃以書干之，勸鍾祺舉兵起義，鍾祺發其事，世宗宥靜而嚴治留良、鴻逵，至戮尸，並留良之徒沈在寬，皆族誅，株連甚眾。

清初文字獄雖極其冤濫殘酷，而恩威並濟政策實行的結果，漢族士大夫多為清室所用，一部分有志節的人，在嚴密法網之下，亦無法反抗，最多僅能不入仕途，致身於學術的著述，含荼茹蘗，齎恨以歿，及其子孫，仍大多以應舉出仕為業，然明末遺民堅貞的志節及篤實的學風，直至清末，仍深受其影響。

◆ 世祖、聖祖、世宗的治績

世祖即位，年僅六歲，委政於皇叔睿親王多爾袞，號皇父攝政王。順治七年（西元一六五○年）十二月，多爾袞薨，明年正月，世祖始親政。世祖性嚴屬愛民，能容言納諫，整肅綱紀，痛懲污吏，悉心糾剔，有犯必誅，又裁抑宦官，不使預政，明末以來頹風弊政，至是盡革。

世祖寵貴妃棟鄂氏，為內大臣鄂碩之女。順治十七年（西元一六六○年），棟鄂妃薨，世祖哀悼逾恆，自是抑鬱寡歡，次年而崩，子玄燁立，是為聖祖，遺詔以內大臣索尼、蘇克薩哈、遏必隆、鰲拜輔政。或云世祖於棟鄂妃薨後，哀悼厭世，乃棄位入天台寺為僧，今寺中有蠟製僧像，大與人等，戴寶冠，披龍袍，扁

護嚴密，即世祖偶像。時人所傳如此，然宮廷事秘，莫得其詳。

聖祖初年，政出輔政四大臣，然四大臣中，索尼年老且病，務為姑息，遏必隆黨附鰲拜，遇事不敢立異，惟鰲拜專恣威福，獨攬朝政，紛更先朝遺制，蘇克薩哈惡之，論事多與之迕，遂積成仇隙，故康熙初政，殊無足紀。

康熙六年（西元一六六七年），索尼卒，聖祖親政，蘇克薩哈上疏乞罷輔臣任，鰲拜與其黨誣蘇克薩哈不欲歸政，論以大逆，殺之。鰲拜跋扈日甚，嘗入宮觀賀，服冕容飾，一擬天子，惟冠中缺巨珠一顆而已，聖祖見而惡之，因與近臣合謀，乘鰲拜入見，令衛士執之，革職籍沒，諸大臣黨附鰲拜者皆伏誅。

聖祖在位六十一年，敬謹寬仁，屢蠲租賦，節用愛民，裁減浮費，宮中用度，約當明季什之一，又任賢求諫，崇儒勸學，文治蔚然可觀，其政施較之清代諸朝為寬和，故康熙時代，被稱為清代治世。然亦因聖祖的寬大，自康熙中葉以後，朋黨之風大興，不惟朝臣各樹黨援，互相傾軋，即諸皇子間亦各布黨與，奪嫡爭立，地方官吏則多玩法舞弊，世祖以來整肅的政風，至是復變為鬆弛。

康熙六十一年（西元一七二二年），聖祖崩，子胤禛立，明年改元雍正，是為世宗。世宗性勤敏明察，即位後整飭吏治，清理財政，聖祖晚期以來鬆弛的政風復為之一振，臣下莫不奉公守法，體國恤民。世宗任用名臣鄂爾泰、張廷玉。鄂爾泰姓西林覺羅，字毅庵，康熙三十八年舉人，釋褐授三等侍衛，遷內務府員外郎。時世宗在藩邸，遣使來召，鄂爾泰拒之，以為皇子宜毓德春華，不可交結外臣。世宗心善之，及即位，授江蘇布政使，遷廣西巡撫。雍正三年（西元一七二五年），署雲貴總督，明年，黔苗抗命，鄂爾泰建改土歸流之議，世宗從之，以為雲南貴州廣西三省總督，經略苗疆，雍正十年（西元一七三二年），拜大學士兼兵部尚書軍機大臣，深受世宗眷遇，每入朝，盡三鼓方出，政事無大小，必命其平章以聞，世宗崩，與張廷玉並受顧命輔政。廷玉字衡臣，為康熙朝故相張英之子，康熙三十九年進士，累官刑部侍郎。世宗即位，初政殷繁，諭旨日數十下，廷玉承命應奉，精敏詳贍，未嘗不稱旨。歷禮部、戶部尚書，雍正四年（西元一七二六年），拜大學士。雍正七年（西元一七二九年），創設軍機處，為承旨出政之所，規劃章程，皆廷玉所手訂，以廷玉為軍機大臣，倚任益隆。

◆ 高宗時代文治

雍正十三年（西元一七三五年），世宗崩，子弘曆立，是為高宗，明年改元乾隆。高宗在位六十年，其為政寬猛並濟，執中而治，為清朝全盛時期，無論文治、武功，皆臻極峰。

高宗銳意文治，編纂群籍。聖祖時，曾開館纂修明史，又編纂典籍凡數十部，其中以古今圖書集成卷帙最繁，凡一萬卷，至雍正初始成。高宗即位後，所修典籍尤多，其中以四庫全書為最著。乾隆三十八年（西元一七七三年），用提督安徽學政朱筠議，開四庫全書館，羅致全國博學鴻儒，參預編纂，而紀昀實綜其成。昀貫徹儒籍，旁通百家，凡六經傳註得失，諸史異同，子集支派以及詞曲醫卜諸書，罔不抉要提綱，溯源竟委，每進一書，輒作提要冠諸篇首。越九年而全書成，凡包羅書籍三千四百餘部，七萬九千餘卷，繕寫七部，分藏於宮中文淵閣、圓明園文源閣、熱河文津閣、瀋陽文溯閣、揚州文匯閣、鎮江文宗閣及杭州文瀾閣，世謂文淵、文源、文津、文溯為內廷四閣，文匯、文宗、文瀾為江浙三閣，對書籍的蒐集保存，貢獻甚大。高宗又乘機嚴申文字之禁，凡不利於清朝統治權的書籍則加以焚毀，收入四庫全書書籍，有觸犯忌諱者亦加以竄改，以根絕漢人排滿思想的流傳。

高宗一朝，為清朝由極盛趨向衰微的關鍵。高宗好大喜功，驕盈奢汰，浪費帑藏無算，象徵清朝奮發精神的消沈，亦象徵清朝國運的陵夷，對政治及社會風氣產生不良的影響。滿族官吏的貪污，日甚一日，高宗晚年的宰輔和珅，便是當時最大的貪官污吏。和珅受高宗寵信凡二十年，招權納賄，貪婪無厭，影響所及，貪黷成風，直接促成政治的敗壞。

三、盛清武功

◆ 征服蒙古

明朝末葉，蒙古族分為四大部，即一、漠南蒙古，又稱內蒙古；二、漠北蒙古，又稱喀爾喀蒙古；三、漠西蒙古，又稱厄魯特蒙古；四、青海蒙古。清於入

關前即已收併漠南蒙古，喀爾喀蒙古亦於太宗時入貢。

喀爾喀蒙古又分為三部，即土謝圖汗部、車臣汗部及札薩克圖汗部。厄魯特蒙古為明代瓦剌後裔，瓦剌中衰，徙居喀爾喀以西，分布於今新疆省天山北路地區，舊分四部：和碩特部居烏魯木齊（新疆省迪化縣）附近，杜爾伯特部居厄爾齊斯河（新疆省北境）流域，土爾扈特部居塔爾巴哈台（新疆省塔城縣）附近，準噶爾部居伊犁（新疆省伊犁縣），其中以準噶爾部為最強。

清初，漠南、漠北蒙古相繼降附，厄魯特以地遠不服。康熙間，準噶爾汗噶爾丹在位，統一四部，兼併青海蒙古及天山南路的回部，又擊潰喀爾喀三部，占領漠北，南向與中國爭衡。康熙二十九年（西元一六九○年），聖祖出塞親征，以裕親王福全為撫遠大將軍，出古北口，恭親王常寧為安北大將軍，出喜峰口。福全大破噶爾丹之眾於烏蘭布通山（熱河省克什克騰旗西南八十二里），噶爾丹遁去，聖祖亦以病回鑾。康熙三十五年（西元一六九七年），聖祖復大舉親征，至克爾倫河，噶爾丹宵遁，清軍追破之於土拉河之昭莫多而還。康熙三十六年（西元一六九七年），聖祖三度親征，噶爾丹兵敗自殺，聖祖勒銘於狼居胥山而還。於是阿爾泰山以東，皆隸清朝版圖。聖祖遣喀爾喀三部酋豪還治舊地，使為屏藩。

噶爾丹死後，兄子策妄阿布坦自立為準噶爾汗。世宗時，策妄阿布坦子噶爾丹策零在位，屢興兵寇邊。雍正七年（西元一七二九年），世宗命侍衛內大臣傅爾丹率軍討之，為準噶爾所敗，準噶爾乘勝東侵喀爾喀，喀爾喀土謝圖汗部三音諾顏郡王策淩伏兵擊敗之，清封策淩為和碩親王，別為一部，牧於杭愛山以南，於是喀爾喀蒙古共有四部。

雍正十一年（西元一七三三年），準噶爾復為三音諾顏所破，遣使乞和，而疆界問題，迄未定議。高宗乾隆四年（西元一七三九年），始議定以阿爾泰山為喀爾喀與準噶爾的分界。乾隆十年（西元一七四五年），噶爾丹策零死，諸子爭立，國勢漸衰。乾隆十九年（西元一七五四年），策妄阿布坦外孫阿睦爾撒納率所部降清，高宗乃於乾隆二十年（西元一七五五年）遣將軍班第、永常率眾會阿睦爾撒納之軍西征，平定準噶爾部。阿睦爾撒納求為準噶爾汗，而高宗意欲仍分準噶爾為四部，阿睦爾撒納遂舉兵反。乾隆二十二年（西元一七五七年），清將兆惠率軍擊破其眾，阿睦爾撒納走死俄境，準噶爾部復平。清朝於伊犁、烏魯木齊、塔爾巴哈台等地設防屯兵，置伊犁將軍以統之。阿爾泰山以北的烏梁海部亦內附，清分其

眾為唐努烏梁海、阿爾泰烏梁海、阿爾泰諾爾烏梁海，而準噶爾以西的哈薩克部亦臣屬於清朝。

青海蒙古為厄魯特蒙古和碩特部的一支，世祖時服屬於中國。雍正元年（西元一七二三年），其酋羅卜藏丹津叛清獨立，引準噶爾為援，出兵犯西寧（青海省西寧縣），世宗命川陝總督年羹堯、四川提督岳鍾琪率兵討之。次年，羅卜藏丹津兵敗奔準噶爾部，遂定青海，設西寧大臣以統治其地。

◆ 平定回部

回部在天山南路，元時隸屬察哈台汗國，其民多信仰回教。明朝末年，察哈台汗國衰微，回教勢力益盛，遂代元裔掌握天山南路政教大權，通稱回部，其酋稱和卓木，意為聖裔。清聖祖康熙間，準噶爾強盛，回部嘗為其所征服。乾隆二十一年（西元一七五六年），清軍擊定伊犁，並以兵助大和卓木布羅尼特及其弟小和卓木霍集占平定回部，既而布羅尼特及霍集占集兵謀獨立。乾隆二十三年（西元一七五八年），詔以雅爾哈善為靖逆將軍討之，回部兵大敗，布羅尼特及霍集占分別走保喀什噶爾（新疆省疏勒縣）及葉爾羌（新疆省葉爾羌縣）以抗清。高宗以雅爾哈善縱敵，殺之，命將軍兆惠自天山北路移師南征，大破其眾，布羅尼特兄弟越蔥嶺西走，為清軍所追殺，回部遂平。清朝於喀什噶爾置參贊大臣以節制諸城，自是清朝聲威遠逾蔥嶺以西，浩罕（中亞錫爾河流域）、阿富汗等國皆通貢內附。

◆ 經略西藏

西藏即唐、宋時代的吐蕃，自唐代喇嘛教傳入吐蕃，日益盛行，喇嘛漸至干預政事。元朝崇奉喇嘛教，賦予喇嘛對吐蕃的統治權，於是吐蕃成為政教合一的國家。元時，吐蕃又稱烏斯藏，烏斯指今前藏，藏指今後藏，至清始稱西藏。喇嘛初均著紅色衣冠，稱為紅教，明初，喇嘛宗喀巴別創黃教，於是喇嘛教分裂為紅、黃二教，紅教據後藏，黃教據前藏。宗喀巴卒，其弟子達賴與班禪繼掌黃教，世世以化身轉世承襲，至達賴二世，遂控有前藏政教大權。明末，黃教首領達賴五世在位，紅教首領藏巴汗攻入前藏首府拉薩，達賴五世得厄魯特蒙古和碩特部固始汗之助，驅逐紅教，統一西藏。固始汗以達賴主前藏，班禪主後藏，割喀木

（今西康省）為和碩特部牧地，兼制藏政。

　　清世祖時，達賴五世曾親至北京朝覲，受清朝冊封為西天大善自在佛，禮遇甚隆。康熙二十一年（西元一六八二年），達賴五世圓寂，第巴（西藏官名）桑結秘不發喪，謀專藏政，陰通準噶爾部酋噶爾丹，誘之為亂。聖祖既平噶爾丹，賜書桑結詰責達賴事，桑結不能隱，乃擁立達賴六世，專橫如故。既而桑結謀毒和碩特部拉藏汗，反為拉藏汗所殺，清朝遂以拉藏汗兼鎮藏地，拉藏汗奏請清朝廢桑結所立假達賴，別立新達賴六世，而青海諸部復不信之，別立噶爾藏嘉穆錯為真達賴，居於西寧，於是兩達賴爭持不下。康熙五十五年（西元一七一六年），準噶爾汗策妄阿布坦乘西藏內亂，發兵入藏，殺拉藏汗，拘執拉藏汗所立新達賴，西藏大亂。康熙五十九年（西元一七二〇年），聖祖遣都統延信率西寧軍出青海，統領噶弼統川軍出打箭爐（西康省康定縣），分道入藏，驅逐準噶爾部，迎立青海所擁立新達賴為達賴六世。世宗雍正初，置駐藏大臣於拉薩以監之，自是西藏正式納入中國版圖。乾隆五十五年（西元一七九〇年），西藏南鄰廓爾喀（今尼泊爾）侵入西藏，乾隆五十七年（西元一七九二年），高宗命將軍福康安率軍擊破之。此後清朝禁止藏人與鄰境交通，提高駐藏大臣地位，凡西藏政務，皆須稟命駐藏大臣，清朝對西藏的控制由是更加鞏固。

◆ 開闢苗疆

　　苗疆大抵係指元、明於西南設置土司一帶之地。清初沿襲舊制，所有苗疆皆隸土司。苗有熟苗、生苗之分，熟苗多與漢人雜居，生苗則居於深山，與漢人隔閡，時生叛亂。苗族分布地域甚廣，遍及湖南沅江流域及廣西、貴州、雲南等省的山區。康熙四十三年（西元一七〇四年），湘西苗人叛亂，為清朝所平。清於其地置乾州（湖南省乾縣）、鳳凰（湖南省鳳凰縣）二直隸廳，招漢人墾殖。雍正初，永順（湖南省永順縣）等地土司自請納土，清於其地置永順府及永綏（湖南省永綏縣）、松桃（貴州省松桃縣）二直隸廳，於是湘西及黔東沅江流域的苗區幾盡開闢。雍正三年（西元一七二五年），黔苗抗命，世宗從雲貴總督鄂爾泰建議，改土歸流，廢除世襲土司，改派流官以治之。世宗命鄂爾泰為雲南貴州廣西三省總督，經營苗疆五年，招撫黔邊生苗二千餘寨，開闢苗疆數千里，並平定雲南瀾滄江以東苗區，建普洱府（雲南省寧洱縣）以治其地，廣西土司，亦皆納印歸附。其後

鄂爾泰入為大學士，繼任者撫治無方，貴州群苗相繼叛變，齊集清江（貴州省劍河縣）、台拱（貴州省台江縣）間，陷黃平（貴州省黃平縣）以東諸城。乾隆元年（西元一七三六年），為經略張廣泗所平定，廣泗於其地分設九衛，增兵屯田以戍之。

　　乾隆十二年（西元一七四七年），大金川土司莎羅奔叛，奪小金川土司澤旺印，侵奪其地，復攻略打箭爐附近諸土司，乾隆十四年（西元一七四九年），為大學士傅恆所討平。乾隆十九年（西元一七五四年），大金川酋郎卡復叛，時清朝方有事於西北，無暇兼領，遂至猖獗。郎卡死，子索諾木復與小金川酋僧格桑聯盟，舉兵入寇。乾隆三十六年（西元一七七一年），高宗以大學士溫福為定邊將軍，川督桂林副之，分道進剿，溫福戰歿，高宗復以桂林為定西將軍，繼續進討。乾隆四十一年（西元一七七六年），為清軍所平。清置美諾廳於小金川、阿爾古廳於大金川以治理其地。從此苗人濡染漢化，文物大開，姓字服飾，皆同於漢人。

◆ 撫綏藩屬

　　清朝除征服朝鮮及蒙、回、藏等部外，南方中南半島緬甸、安南、暹羅諸國及西藏南徼廓爾喀、東南海中的琉球，亦皆稱臣內屬。

　　緬甸於高宗初納貢稱藩，其後復叛，清屢遣大軍討之，皆無功。乾隆四十一年（西元一七七六年），清軍既平大小金川，復謀征緬，緬王大懼，乃遣使入貢。乾隆五十五年（西元一七九〇年），受清冊封為緬甸國王，規定十年一貢，自此緬甸遂為中國藩屬。暹羅於清初受緬甸侵略，首都陷落，國王被逐。乾隆四十五年（西元一七八〇年），暹羅華僑鄭昭起兵驅逐緬人，自立為王，都於曼谷，遣使告捷於清。鄭昭卒，其婿華卻克里嗣位，乾隆五十一年（西元一七八六年），遣使入貢，乾隆五十五年（西元一七九〇年），受清冊封為暹羅國王，即今泰國王室的始祖，於是暹羅亦成中國藩屬。安南於明末分裂為大越、廣南二國，大越為黎氏所建，都河內；廣南為阮氏所建，都順化。康熙五年（西元一六六六年），黎氏內附，受清朝冊封為安南國王。高宗時，廣南土豪阮文岳逐其王阮福映自立，史稱阮福映王朝為舊阮，阮文岳王朝為新阮。阮文岳復遣其弟阮文惠率兵南下，攻陷河內，滅黎氏。安南遺臣阮輝宿奉王族亡入廣西邊境，乞援於清朝。乾隆五十三年（西元一七八八年），高宗命兩廣總督孫士毅率兵往討，先勝後敗。阮氏雖勝而自知國

力不敵，奉表乞降，乾隆五十四年（西元一七八九年），受清朝冊封為安南王，於是安南亦臣屬於中國。

　　廓爾喀即今西藏邊境的尼泊爾，清高宗時，為廓爾喀人所併，勢力日盛。乾隆五十五年（西元一七九〇年），廓爾喀舉兵侵入西藏，班禪告急於清朝，高宗命將軍福康安率軍往討。乾隆五十七年（西元一七九二年），清軍逐廓爾喀出藏，深入敵境。廓爾喀大懼，一面遣使乞降，一面遣人至印度求援於英人，英軍未至而清軍屢捷，廓爾喀遂降於清，成為中國藩屬。

　　琉球自明時為中國藩屬，定時朝貢。及明朝滅亡，琉球仍繼續入貢。康熙二年（西元一六六三年），受清朝封為琉球國中山王。

第二十七章　明清制度

一、政治制度

◆ 中央官制

　　明清的中央官制，可稱為內閣制，其特點係以天子兼攝相權，以達到君主集權的目的。

　　明初官制仍元代之舊，雖多所更張，而以中書為政本，置左右丞相、平章政事為其長官，左右丞、參知政事為其副貳，下統六部。洪武十三年（西元一三八○年），誅丞相胡惟庸，遂罷中書省，以六部直隸天子。未罷省時，六部尚書秩正三品，侍郎正四品，罷省後陞尚書秩正二品，侍郎正三品，於是政歸六部。又置春官、夏官、秋官、冬官，與侍郎同秩，以名賢宿儒充任，掌講論治道，衡鑒人才，封駁疑讞，不負實際政務，是為四輔。洪武十五年（西元一三八二年），罷四輔官，另置殿閣大學士，由翰林院侍講、侍讀、編修、檢討等官簡用，秩正五品，掌看詳諸司奏啟，備顧問，兼司平駁。仁宗以後，閣職漸崇，大學士專任票擬，其後閣權益重，而形成內閣政治❶。但終明朝之世，大學士秩止於五品，易言之，即尚書位高，閣臣權重，故自明朝中葉以後，必以尚書兼大學士，始得為真宰輔。

　　明太祖又改御史臺為都察院，以左右都御史及左右副都御史為其長，下置左

---

❶　明史楊巍傳：「明制，六部分涖天下事，內閣不得侵，至嚴嵩始陰撓部權，迨張居正時，部權盡歸內閣，遂巡請事如屬吏。」又申時行傳：「張居正攬權久，操群下如束濕，異己者率逐去之。及居正卒，張四維、時行相繼柄政，務為寬大，以次收召老成，布列庶位，朝論多稱之。然是時內閣權積重，六卿大抵徇閣臣指。」按明罷中書，政歸六部，閣臣既侵六部之權，明人多論其非宜。如趙錦劾嚴嵩疏：「昔太祖高皇帝散其權於諸司，為後世慮，至深遠矣，今之內閣，無宰相之名而有其實，非高皇帝本意。」（明史趙錦傳）又錢一本論相疏：「昨俞旨下輔臣，令輔臣總政。夫朝廷之政，輔臣安得總之？我國家倣古為治，部院即分職之六卿，內閣即論道之三公，未聞三公可盡攬六卿之權，歸一人掌握（謂申時行）而六卿又頫首屏氣，唯唯聽命於三公，必為請教而後行也。」（明史錢一本傳）

右僉都御史及十三道監察御史，掌糾彈百官，為天子耳目❷。六部尚書與都察院都御史號為七卿❸。此外又設吏、戶、禮、兵、刑、工六科給事中，掌侍從規諫，拾遺補闕，稽察六部百官之職，制敕及章奏有不便者並得封駁❹。

　　清朝官制，大抵沿襲明舊，惟改大學士秩為正一品；又併給事中於都察院，奪其封駁之權，與御史同為諫官，亦稱給諫。

　　清以滿族入主中國，不欲獨假漢人以重權，故中樞官員，大都滿漢並設，以為防閑。清初置內閣大學士四人，滿、漢各二，其首揆例由滿人充任，世宗增置協辦大學士二人，滿、漢各一人，秩從一品。清朝大學士品秩雖較明朝為高，而權力則不及，此因明朝皇帝多不親政務而委政於內閣，清朝皇帝事必躬親，故閣權相對減少。雍正七年（西元一七二九年），因用兵西北，始設軍機房，後改名軍機處，選王公大臣為軍機大臣，掌理機密重事，漸至取代閣權，凡大學士不入軍機，幾同冗散。然軍機處與內閣皆無直接向六部及各省發布命令之權，政權在皇帝之手。

---

❷ 明史職官志二都察院：「都御史職專糾劾百司，辯明冤枉，提督各道，為天子耳目風紀之司。凡大臣姦邪，小人構黨，作威福亂政者劾；凡百官猥茸貪冒壞官紀者劾；凡學術不正，上書陳言，變亂成憲，希進用者劾。遇朝覲考察，同吏部司賢否黜陟。大獄重囚，會鞫於外朝，偕刑部、大理平讞之。其奉敕內地，撫循外地，各專其敕行事。」又：「十三道監察御史主察糾內外百司之官邪，或露章面劾，或封章奏劾。⋯⋯而巡按則代天子巡狩，⋯⋯舉劾尤專，大事奏裁，小事立斷。按臨所至，必先審錄罪囚，弔刷案卷，有故出入者理辯之。⋯⋯存恤孤老，巡視倉庫，查算錢糧，勉勵學校，表揚善類，翦除豪蠹，以正風俗，振綱紀。凡朝會糾儀，祭祀監禮，凡政事得失，軍民利病，皆得直言無避，有大政集闕廷預議焉。」

❸ 明會要卷三三都察院：「臺職與部權並重，七卿之名遂為一代定制。」

❹ 明史職官志三六科：「吏戶禮兵刑工六科各都給事中一人，左右給事中各一人，給事中吏科四人，戶科八人，禮科六人，兵科十人，刑科八人，工科四人。六科掌侍從規諫，補闕拾遺，稽察六部百司之事。凡制敕宣行，大事覆奏，小事署而頒之，有失封還執奏。凡內外所上章疏下分類抄出參署付部，駁正其違誤。⋯⋯而主德闕違，朝政失得，百官賢佞，各科或單疏專達，或公疏聯署奏聞。⋯⋯凡大事廷議、大臣廷推、大獄廷鞫，六掌科皆預焉。」

◆ 地方政區

明初承元之舊，以行省為最高地方行政區域，除中書省直隸府州外，分全國為浙江、江西、福建、北平、廣西、四川、山東、廣東、河南、陝西、湖廣、山西十二行省，其設官惟無丞相，自平章政事以下，略與中書省同。洪武九年（西元一三七六年），改十二行省為十二承宣布政使司，簡稱布政司。洪武十三年（西元一三八○年），罷中書省，以其所領府州改隸六部，稱直隸府州，洪武十五年（西元一三八二年），增置雲南布政使司。成祖遷都北京，罷北平布政使司，以其所領府州直隸六部，是為北直隸，而以南京所領府州為南直隸。永樂五年（西元一四○七年），增置交阯布政使司，永樂十一年（西元一四一三年），又置貴州布政使司，宣宗罷交阯布政使司，此後終明朝之世，凡兩直隸十三布政使司。明於布政使司所轄仍循元舊稱，稱之為省，兩直隸十三布政使司俗稱兩京十三省。布政使司下置府州，府州下置縣，為三級制。

布政使司置左右布政使各一人，掌一省民、財之政。布政司初置，與六部均重，英宗正統以前，布政使入為尚書、侍郎，副都御史每出為布政使。此外，明復於各省置都指揮使司掌軍政，置提刑按察使司掌刑名按劾。都指揮使司長官為都指揮使，提刑按察司長官為按察使。布政使、都指揮使、按察使號稱三司，並聽命於六部，不相統屬，遇大事則三司會同處理，以收制衡之效。

清初地方行政區域，大體沿襲明代。順治時，改南直隸為江南布政使司，於是有一直隸，十四布政使司。康熙初，改布政使司為行省，簡稱曰省，並調整行省轄區，至乾隆間，劃全國為直隸及山東、山西、河南、陝西、四川、江西、浙江、福建、廣東、廣西、雲南、貴州、甘肅、湖北、湖南、江蘇、安徽等十七行省；光緒八年（西元一八八二年），增建新疆省；光緒十一年（西元一八八五年），增建臺灣省，甲午戰後割與日本；光緒三十三年（西元一九○七年），復於滿洲之地建奉天、吉林、黑龍江三省，號稱東三省，至是全國凡一直隸，二十一行省。

清代地方行政區域仍為三級制，省下置府，府下置縣。此外又設州及廳，有直隸州、直隸廳及散州、散廳之別。直隸州及直隸廳直隸行省，其地位與府同；散州及散廳隸屬於府，其地位與縣同。清朝於行省設置巡撫，總攬一省軍、民之政，權責甚重，布政使遂專主財政。乾隆間，復於直隸及若干行省設置總督，或

轄一省，如四川總督，或兼二省或三省，如閩浙總督（轄福建、浙江兩省）、兩江總督（轄江蘇、江西、安徽三省），舉凡文武庶政，無不統之。

二、兵　制

◆ 衛所

衛所為明代軍隊編制單位，遍設各省，官兵及其眷屬皆隸兵籍，世世不改，與民籍分離。其制凡防戍一郡者設所，兼防數郡者置衛。衛所制創置於明太祖時，所有千戶所及百戶所，千戶所置兵一千二百人，百戶所置兵一百十二人，衛置兵五千六百人。衛所統於都指揮使司，上隸於京師前、後、左、右、中五都督府。成祖遷都北京，於兩京各置都督府，而以兵部掌調發之權❺。衛所戍兵，無事則屯田練武，保固防地，有事則朝廷命將出師，隨宜調發，事罷兵歸衛所，將歸於朝，頗得唐代府兵制度遺意。

都指揮使司遍設各省及其他衝要地區，明代除十三省均設都指揮使司外，又於遼東、萬全、大寧等地設置都指揮使司，捍禦北疆，此外，又於地域遼廣、衛所分散省份設行都指揮使司，以收統御之效；於皇陵所在地鳳陽及安陸（湖北省安陸縣）設置中都及興都二留守司，以統轄守衛皇陵的衛所。

除地方衛所外，在京師又有上直衛親軍及京衛。上直衛司宿衛宮禁，京衛司保衛京師，皆自各衛所調發而來。明成祖時，改京衛為五軍、神機二營，又編邊外降丁為三千營。五軍、神機、三千三營，統稱京營，成祖遠征塞外，均以京營取勝。

◆ 旗兵與漢兵

清朝兵丁大體可分旗兵及漢兵二系統。旗兵為滿清入關以前的原始兵制，為清太祖所創立，分為正黃、正紅、正藍、正白、鑲黃、鑲紅、鑲藍、鑲白八旗，

❺　續文獻通考卷五七大都督府引春明夢餘錄：「明以兵部掌兵政，而統軍旅專征伐則歸之五軍都督府。兵部有出兵之令而無統兵之權，五軍有統兵之權而無出兵之令。至將屬於五府而兵又總於京營，合之則呼吸相通，分之則犬牙相制。」

全國人民皆分隸旗下，以八和碩貝勒為旗主，旗下人謂之屬人。和碩滿語為方面，貝勒即女真語勃極烈的異譯，義為一方之長。旗主與屬人有君臣關係，屬人對旗主有納稅、服役及當兵的義務，是一種軍政合一的制度。太宗時，為提高君權，逐漸抑制旗主權力，並時常更動各旗旗主，以沖淡旗主與屬人間的主屬關係。入關以後，採用漢制，八旗漸失原來面目，最後僅成為一種軍事制度。

清初旗兵皆屬滿人，至太宗又將蒙古及歸化的漢人納入旗兵組織，於是滿洲八旗之外，復有蒙軍八旗及漢軍八旗，合滿旗、蒙旗、漢旗凡二十四旗。旗兵的任務有二，一為充任禁旅，保衛京師；一為駐防各地，防止叛亂。

漢兵又分綠營、鄉勇與新軍。綠營為滿清入關以後收編漢人所組成，以綠旗為幟別，駐防各省及邊疆，兵額約五六十萬，以漢制編練，軍官最高者為提督，以次為總兵、副將、參將、遊擊、都司、守備、千總、把總，受督撫節制。清初征伐多用旗兵，聖祖、世宗以後，旗兵腐化，綠營遂取代而為清朝軍隊的主力。至高宗末年，綠營亦衰敝，鄉勇復代之而興，乾隆末川楚教匪之亂，即為鄉勇所平，其後太平軍起，亦為鄉勇組成的湘軍及淮軍所平定。

太平天國起事後，清朝開始以西法練兵，是為新軍。新軍始練於同治間，至光緒時而大盛，直隸總督兼北洋大臣袁世凱即為清末新軍領袖。新軍編制以軍為最高單位，以次為鎮、協、標、營、隊、排、棚，相當於民國以來軍、師、旅、團、營、連、排、班的編制。袁世凱即利用新軍為其基本勢力，脅迫清帝退位，攫取民國的政權。

三、賦稅與徭役

◆ 黃冊與魚鱗圖冊

明洪武間，詔籍全國戶口田地，編造黃冊及魚鱗圖冊。黃冊詳載百姓逐年戶口增減及田產更易之狀，官據之以定賦役，其冊凡四，一上戶部，一存布政使司，一存於府，一存於縣，上戶部者冊面黃紙，故謂之黃冊。魚鱗圖冊詳載田畝肥瘠、方位、面積及產權，以為產權爭訟判決的依據，其冊分門別類，次以字號，狀若魚鱗，故謂之魚鱗圖冊。

　　明代田租仍行兩稅法，夏稅不得過八月，秋稅不得過明年二月。田租分數等，官田畝稅五升三合，民田畝稅三升三合，重租田畝稅八升五合五勺，沒官田畝稅一斗二升，以一般民田畝稅三升三合而言，可謂甚輕。惟蘇州（江蘇省吳縣）、松江（江蘇省松江縣）、嘉興（浙江省嘉興縣）、湖州（浙江省吳興縣）諸郡，太祖以其嘗為張士誠守，籍諸豪族及富民田為官田以輸課，其後復以浙西（蘇、松）膏腴，畝加稅二倍，故浙西田賦特重，每畝有課至二三石者，其後雖迭有減輕，猶遠較他方為重。凡輸租以米麥為主，亦可折納銀鈔，輸米麥者謂之本色，折納銀鈔者謂之折色。徭役以民年十六為丁，即須服役，至年六十而免。凡親身服役者謂之力差，不願親身服役者得輸銀代役，謂之銀差。

◆ 一條鞭法及耗羨

　　明代中葉以後，黃冊及魚鱗圖冊年久失修，徵課不得其實，賦役之法漸壞。萬曆間，詔以州縣丁役併於田賦，計畝徵收，謂之一條鞭法，於是田產少者其賦亦少。其後遼東事起，諸役繁興，一條鞭法又被破壞，思宗時又數徵民賦，名曰遼餉、練餉、剿餉，而民力益困。

　　清初仍行兩稅法，田賦之外，又附徵丁稅以代力役。康熙五十二年（西元一七一三年），詔此後滋生人口，永不加賦；雍正五年（西元一七二七年），仿明一條鞭法，併丁稅於田賦，於是無田產者終身不納賦稅。其租賦，江蘇、安徽、浙江、湖北、湖南、河南、山東、江西八省輸租，其餘各省皆以賦代租。凡轉輸糧米，不能無損，鎔銀重鑄解部，不能無耗，故地方官吏每於定額租賦以外，浮收米銀以為補挹，謂之耗羨。此法起於明代，至清初而流弊漸滋，州縣隨意徵收，遠超損耗之數，其羨餘悉為官吏所乾沒。世宗始詔州縣盡以羨餘解歸布政使司，然後酌給大小官員，以為養廉之資，其弊稍革。

◆ 鹽稅與關稅

　　明清二代主要歲入，除田賦、丁稅外，又有鹽稅及關稅。明代鹽由政府專賣，直接配售民戶，稱為官鹽，嚴禁民間私販，違者重譴。清代亦由官專鹽利，分全國為若干鹽區，視各區所需食鹽多寡，委商人運銷其地，嚴禁民間私販。明宣宗時，於繁榮都市設置鈔關，往來車船商貨，皆須納鈔，是為關稅。清仍其制，於

內地交通衝要之處及沿海港口設置稅關，其設於沿海港口者曰海關，徵課國際貿易貨物。清末太平軍起，復於各地陸續設置釐卡，對往來商貨，抽捐一釐，事平而抽捐如故，遂成定制。

四、科舉與學校

◆ 科舉

明初以薦舉取才，鴻儒如宋濂、劉基皆以薦舉事太祖。洪武三年（西元一三七〇年），始設科舉，所取之士，寵遇甚厚。洪武六年（西元一三七三年），以科舉不能盡得士之用，乃罷之，復以薦舉取士，其目有八，曰聰明正直、賢良方正、孝弟力田、儒士、孝廉、秀才、人才、耆民，被薦舉者皆禮送京師，不次擢用。洪武十五年（西元一三八二年），再復科舉，洪武十七年（西元一三八四年），頒科舉條式，薦舉之法，仍並行不廢。仁宗洪熙以後，科舉日重，能文之士率以科舉進身為榮，薦舉日輕，鮮有應者。

明代科舉大抵沿襲唐宋之舊，分鄉試、會試與殿試。鄉試三年一次，於秋季舉行，又稱秋試，與試者必須府州縣學生，及第者為舉人，得參加會試❻。會試即禮部試，於鄉試次年春季舉行，又稱春闈，及第者為進士，由天子臨試以定等第，是為殿試。殿試分三甲，一甲賜進士及第，二甲賜進士出身，三甲賜同進士出身。一甲狀元例授翰林院修撰，榜眼、探花授翰林院編修，二甲、三甲擇優者授翰林院庶吉士，餘授給事中、六部主事及府推官、知縣等。

明代科舉限就四書五經命題，應舉文章須模擬古人語氣，不得自作議論，文

❻　明史選舉志一郡縣學：「（洪武）生員之數，府學四十人，州縣以次減十。師生月廩食米人六斗，有司給以魚肉。……生員雖定數於國初，未幾即命增廣，不拘額數。宣德中定增廣之額，在京府學六十人，在外府學四十人，州縣以次減十。成化中，定衛學之例，四衛以上軍生八十人，三衛以上軍生六十人，二衛、一衛軍生四十人，有司儒學軍生二十人，土官子弟許入附近儒學，無定額。增廣既多，於是初設食廩者謂之廩膳生員，增廣者謂之增廣生員。及其既久，人才愈多，又於額外增取附於諸生之末，謂之附學生員。凡初入學者止謂之附學，而廩膳、增廣以歲科兩試等第高者補充之，非廩生久次者不得充歲貢也。」

體用駢偶，分為八段，每段各具一定格式，起承轉合，前後呼應，謂之八股文，通稱制義。於是士大夫埋首於八股文體的揣摩以獵取功名，思想才智大受束縛。清朝仍沿襲明代科舉制度，以籠絡漢族士人，消融漢人民族意識。此種考試方法，無疑為政治文化進步的一大阻礙。至光緒二十八年（西元一九○二年），始以策論、經義代替八股，光緒三十一年（西元一九○五年），廢科舉取士之制而代之以學校，然未幾清朝即告覆亡。

◆ 學校

　　明太祖重學校，洪武元年（西元一三六八年），詔天下郡縣各立學校，故明初官學特盛。明代學校，於南京及北京各置國子監，稱南監、北監，是為中央官學。國子監置祭酒總理學政，司業副之，監丞司訓導，博士司講授。學生分三類，舉人會試落第而入監者曰舉監，府州縣學生員保送入監者曰貢監，品官子弟特許入監者曰蔭監，通稱監生。明初監生甚受重視，成績優異者可任承宣布政使、監察御史、知府等官，仁宗以後，取士偏重科舉，學校漸衰而書院講學之風轉盛。

　　明代地方學校，府學置教授一人，州學置學正一人，縣學置教諭一人，另各置訓導若干人。學生稱生員，成績優異而資深者得升入國子監。中葉以後，地方學校徒具虛名，學者講學多在書院。

　　清代學制，京師有國子監，地方有府州縣學，略與明同。惟京師除國子監外，另設覺羅學以教皇室子弟，宗學以教宗室子弟，八旗官學以教八旗子弟，景山學以教內府子弟。

　　清朝國子監生徒可分貢生、監生二大類。貢生分七種，曰歲貢、恩貢、拔貢、優貢、副貢、功貢、例貢。歲貢係取府州縣學食廩年深生員挨次升貢入監者；恩貢係國家有慶典以正貢入監者，而以次貢為歲貢；拔貢係品學兼優生員經遴選入監者，每十二年選拔一次；優貢係文行兼優廩、增生經選拔入監者，每三年選拔一次；副貢係鄉、會試取得副榜而入監者；功貢係隨征有軍功廩生而入監者；例貢係廩、增、附生或俊秀監生援例納捐而入監者。監生分五種，曰恩監、蔭監、優監、例監、舉監。恩監係八旗官學等學生員或臨雍觀禮聖賢後裔入監者；蔭監係品官子弟特許入監者，分恩蔭、難蔭二種，凡宗室及文武大臣文官京官四品以上、外官三品以上、武官二品以上子弟奉敕入監者曰恩蔭，若殉難及勤事而死官

員子弟受蔭入監者曰難蔭；優監係文行兼優附生經選拔入監者；例監係俊秀援例納捐而入監者；舉監係各省舉人入監者。其中如歲貢、優貢、拔貢皆襲明代遺制。

　　清代國子監課程，分經義及治事二科，肄業者謂之坐監，時間長短不同，視入監資格而定。然清代士大夫注重科舉，學校不為社會所重，幾至名存實亡。光緒末年，始制定有系統的新式學校制度以取代科舉地位，然未幾而清朝滅亡。至於書院，亦多官辦，以防止反清民族意識的蔓延，私辦書院為數甚少。

第二十八章　明清理學、經學、文學及史學

一、理學與經學

◆ 理學

　　明初理學，仍承程、朱餘緒，大儒有方孝孺、薛瑄、吳與弼等。孝孺字希直，浙江寧海（浙江省寧海縣）人，名其廬曰正學，學者稱正學先生。其學傳自宋濂，注重義理之辨，號金華學派，靖難之役，孝孺殉節，金華道統因而中絕。瑄字德溫，號敬軒，山西河津（山西省河津縣）人，其為學重躬行實踐，號河東學派。與弼字子傅，號康齋，撫州崇仁（江西省崇仁縣）人，其為學以敬義夾持，涵養省察為主，號崇仁學派。然此三人為學，皆未能擺脫程、朱而有所開創，至陳獻章、湛若水、王守仁諸儒出而學風始為之一變。

　　獻章字公甫，號石琴，廣東新會（廣東省新會縣）人，居白沙里，學者稱白沙先生。獻章初從與弼遊，博覽群籍，既而悟學問勞擾，乃捨繁取約，以靜為主，謂但端坐澄心，則道自見，其學與宋儒陸九淵相近。若水廣東增城（廣東省增城縣）人，受學於獻章，學者稱甘泉先生。若水與守仁同為當代理學大師，各立宗旨，守仁以致良知為宗，若水則以隨處體驗天理為宗，遂分王、湛之學，然湛學流傳不若王學廣遠。

　　守仁字伯安，浙江餘姚（浙江省餘姚縣）人，嘗築室於故鄉陽明洞，學者稱為陽明先生，世稱其學為姚江學派。陽明上承陸九淵吾心即理學說，謂天地萬物皆在吾心中。其學說要點有二，即致良知與知行合一。所謂良知，乃人類與生俱來，能辨別善惡是非之心，亦即天理；良知有時為物欲所蒙蔽，去其蒙蔽，即為致良知。良知屬知，致良知屬行，使知與行合而為一，自然合於天理，不用外求，是為知行合一。陽明以為聖人之業，不在事功而在心性，只要良知發揮到極致，則人人可以為聖人。其直指人心，頗與禪學相近，此即所謂心學。心學雖始創於

陸九淵，至王陽明而發揚光大。

　　明代後期，心學盛極一時，程朱之學轉趨沈寂。然其流末多侈言良知而忽略知行合一，上者習靜談性以求頓悟，下者放蕩恣肆，毀棄名教。清初大儒如李顒、孫奇逢、顏元、王夫之、黃宗羲、顧炎武等皆不滿陸王之學。李顒、孫逢奇雖宗陽明，頗採程朱之說以為調和，顏元根本否認讀書說理為學問，而以實用實踐為宗旨，夫之力闢致良知之說，而推崇朱子實踐之學，宗羲亦主窮理格物而歸本於實踐，炎武則不談心性，其為學以經世致用為依歸。

　　清初王學衰微，程朱理學代之而興。清朝亦加意提倡朱學，以朱註四書為取士標準，聖祖康熙間，詔刊朱子全書及性理精義等書，學者爭相傳習，當時著名理學家如李光地、陸隴其、張伯行等，皆宗仰程朱，力闢陸王。其後樸學興起，理學日衰，然仍代有學人，如曾國藩、羅澤南皆為清季理學大儒，然清代理學，僅重慎言篤行，而不能在思想上有所發明。

◆ 經學

　　明代士人大都致力科舉，埋首於制義的揣摩，於經學並無卓越成就，惟武宗時，梅鷟著尚書考異及尚書譜，力發古文尚書之偽，為明代經學放一異彩。其後清閻若璩作古文尚書疏證，惠棟作古文尚書考，皆以尚書考異及尚書譜為本。清代學術研究風氣大變，學者多著重經學的考證訓詁，號稱漢學或樸學，此種風氣發端於清初而極盛於乾嘉時代。清初學者以黃宗羲、顧炎武、閻若璩、胡渭為大師。宗羲字太沖，號梨洲，浙江餘姚人，嘗築室於故鄉南雷里，學者稱南雷先生。宗羲治學，主先窮經，而求證於史，為當代大儒。炎武字寧人，號亭林，江南崑山（江蘇省崑山縣）人，篤志六經，兼涉典制，治學重歸納考證，為後來漢學家所取法，影響清代學術風氣至大。若璩字百詩，號潛邱，山西太原人，著古文尚書疏證，古文尚書之偽，自是大白於世。渭字朏明，號東樵，浙江德清（浙江省德清縣）人，著易圖明辨、洪範正論等，亦以客觀考證方法，掃除若干傳統附會謬說。以上諸人下開清代尊古宗漢的學術風氣，為乾嘉漢學導其先路。

　　乾嘉經師，以惠棟、戴震為巨擘。棟字定宇，號松崖，江蘇吳縣人。祖周惕，父士奇，均為著名經學家，與棟號稱吳中三惠，著有易漢學、九經古義、古文尚書考等。此派治經，篤守漢儒家法，專宗馬融、服虔、鄭玄諸家經說，其後江聲、

余蕭客、王鳴盛等皆承其學風，漢學之名，由此而起。震字東原，安徽休寧（安徽省休寧縣）人，著有考工記圖、孟子字義疏證等書，其治學雖宗漢儒，而不墨守成說，又從文字音韻另闢治經新途徑。震弟子孔廣森、段玉裁，王念孫及念孫子引之等皆精通音韻，以考據訓詁之學見稱。廣森著詩聲類，玉裁著說文解字注，念孫著廣雅疏證，引之著經義述聞，皆考證詳密，識斷精闢，予後世研習經學者以極大便利。此派學風源長流遠，直至晚清，學者如俞樾、孫詒讓等仍深受其影響。

二、文　學

◆ 古文與詩詞

　　元明文風，仍因宋代，以古文為主，駢文不占重要地位。明初古文作家，以宋濂、劉基、楊士奇為最著。濂於太祖時為翰林學士，典制誥，其文雍穆渾厚；基為明開國功臣，其文雄奇開豁；士奇自明成祖時為大學士，歷仁、宣、英之世，典機要者數十年，其文醇樸閑雅，時人競相仿效，號臺閣體。中葉以後，以李夢陽、何景明、李攀龍、王世貞為著，其文體皆上溯秦漢，古樸高雅。清初古文作家首推侯方域、方苞。方域文雋逸華藻，苞文清淡簡遠，各擅勝場。苞為文尤注重義法，為清代桐城派古文開山者。高宗時，劉大櫆、姚鼐亦以善作古文著稱。大櫆文章以才氣見長，鼐文章以謹嚴取勝。苞、大櫆、鼐皆桐城（安徽省桐城縣）人，世稱桐城派。宣宗以後，曾國藩以中興名臣兼擅古文，對桐城派極為推重，於是一時文章，莫不模仿方、姚。

　　明代詩人雖多，然少名作。明初詩人首推高啟，其詩雋永清逸，中葉以後，李東陽、李夢陽、何景明、李攀龍、王世貞皆擅詩名。東陽湖廣茶陵（湖南省茶陵縣）人，其詩典雅清麗，時號茶陵詩派。然自高啟以下諸家，其詩止於擬古而已，未能獨創風格。清詩成就，遠過明朝。清初以錢謙益、吳偉業為大家，錢詩沈鬱，吳詩蒼涼。錢、吳以後，王士禎、查慎行領袖詩壇，王詩宗唐，查詩尊宋，皆以神韻意境取勝。乾隆、嘉慶之世，詩人尤多，其尤著者有袁枚、鄭燮、黃景仁諸家，袁詩才思橫溢，鄭詩奔放樸實，黃詩淒楚蒼勁，時號性靈詩派。同治、

光緒以來，沈子培、陳之立等專宗宋詩，一時競相模擬，號同光體。此外，如黃遵憲、王闓運、樊增祥、康有為等，亦皆清末有名詩人。

明代詞人以劉基、高啟、文徵明、唐寅、夏完淳、陳子龍等人為著名。劉詞豪邁，高詞芊眠，文、唐擅長小令，夏詞以淒惋取勝，陳詞以悱惻見長。清初詞人首推納蘭性德、陳維崧、朱彝尊、厲鶚等。納蘭詞哀怨淒涼，得南唐元宗、後主遺意，為清代詞人之冠。維崧詞取法蘇軾、辛棄疾，任才逞氣，為陽羨詞派領袖。朱、厲詞取法姜夔、張炎，精於音律，為浙西詞派巨擘，雍乾以降，詞人多奉為宗師，然其末流，未免流於堆砌。嘉慶間，浙西詞派衰敝，張惠言、周濟繼起，追宗周邦彥，其詞風清脫俊逸，號常州詞派。此外，道、咸以來至於同、光間，如蔣春霖、莊棫、朱孝臧、鄭文焯等，或宗常州，或宗浙西，皆為當世著名詞家。

◆ 曲與小說

曲與小說為元、明文學的主流，曲分散曲、戲曲二類，散曲不須配合動作對白，宜於清唱，戲曲則配合動作對白，適於扮演。戲曲又分雜劇與傳奇二種，戲曲中歌曲部分，係以散曲中套曲組成，曲每套為一折，雜劇折數不多，且每折大都由主角一人獨唱，配角只能對白，傳奇折數較多，歌唱亦不限主角一人。雜劇起源於北方，又稱北曲，傳奇繼雜劇而起，最初流行於南方，又稱南曲。

元代散曲作家以馬致遠、張可久最傑出，馬曲飄逸豪放，張曲清麗蘊藉；雜劇則以關漢卿、王實甫、白樸、馬致遠為最著，如關漢卿竇娥冤、王實甫西廂記、白樸梧桐雨、馬致遠漢宮秋，皆為曠代佳構。明代散曲仍極一時之盛，馮惟敏、王磐、梁辰魚、沈璟等皆為明代散曲大家。明代散曲風格與元代略有不同，元代散曲大都注重意境，明代散曲除追縱元曲格調外，如梁、沈作品，則以音律和諧、文辭工雅是尚。清代散曲作家雖多，其成就則遠不及元、明。明代雜劇名家如王九思、康海、徐渭、梁辰魚、梅鼎祚、葉憲祖等，其作品均卓越不凡。其代表作有王九思沽酒遊春、康海中山狼、徐渭漁陽弄、梁辰魚紅線女、梅鼎祚崑崙奴、葉憲祖團花鳳等。

明末雜劇漸衰，傳奇代之而興。傳奇初起於元代中葉，至明代而大盛，名家輩出，邱濬、邵璨、梁辰魚、沈璟、王世貞、湯顯祖、孫仁儒、阮大鋮及清初的

洪昇、孔尚任等尤為知名。其代表作如邱濬五倫全備記、邱璨香囊記、梁辰魚浣紗記、沈璟義俠記、王世貞鳴鳳記、湯顯祖牡丹亭、孫仁儒東郭記、阮大鋮燕子箋、洪昇長生殿及孔尚任桃花扇等，皆為曲壇大放異彩。

　　明清小說係由宋人話本演變而成，其結構大致將每書分成若干回，故亦稱章回小說。明、清小說雖由宋代話本演化而成，然話本通俗，結構粗拙，明、清小說無論文辭、結構皆臻白話文學的上乘。明代章回小說代表作有施耐庵水滸傳、羅貫中三國志通俗演義、王世貞金瓶梅及吳承恩西遊記，世稱四大奇書。清代小說內容則從明代描寫歷史及神怪方面轉入言情及社會、俠義等方面的描寫。俠義小說佳作無多，惟費莫文康兒女英雄傳較可稱述，然較之水滸傳仍遠為遜色。言情及社會小說則佳作迭出，最負盛名的言情小說當首推曹雪芹紅樓夢，社會小說則多警世譏俗之作，其名著有蒲松齡醒世姻緣、吳敬梓儒林外史、李汝珍鏡花緣及劉鶚老殘遊記等。

三、史　學

◆ 明代史學

　　明代官修前代史有宋濂等奉敕撰的元史，凡經二次修纂，第一次自明太祖洪武二年（西元一三六九年）二月至八月，第二次自洪武三年（西元一三七〇年）二月至七月，先後撰成本紀、志、表、列傳凡二百一十卷。以修纂時間過短，錯誤甚多，如列傳第八的速不臺即列傳第九的雪不台，列傳第十八的完者都即列傳第二十的完者拔都，列傳第三十的石抹也先即列傳第三十九的石抹阿辛，皆一人兩傳，先後重出。且元代版圖遼闊，民族複雜，明初史臣既未能遍訪各地史料，亦未了解蒙古及西方語言，至於中國以外地區史事記載，亦嫌過於簡略。

　　明代於本朝史的撰著，官修者有歷朝實錄，惟惠帝朝事附入太祖實錄中，景帝朝事附入英宗實錄中，而思宗朝則無實錄，清修明史，據邸報作崇禎長編若干卷以補之，非明代所修。明代實錄准許人民傳抄，故明代私家所撰本朝史為數甚多，其尤著者有陳仁錫皇明世法錄、焦竑國史獻徵錄、雷禮列卿記、項篤壽今獻

備遺、徐紘明名臣琬琰錄及續錄、朱國禎史概等。皇明世法錄凡九十二卷，分門列述明代政治軍事及典章制度；國史獻徵錄集明代傳記之大成，與列卿記、今獻備遺、明名臣琬琰錄及續錄等書皆以傳記體記述明代名臣事跡；史概共五種：皇明大事記、大政記、大訓記、開國臣傳及遜國臣傳，前三種屬編年體，後二種屬傳記體，共一百二十卷。

　　明代私家撰述前朝史者有王宗沐宋元資治通鑑、薛應旂宋元資治通鑑、陳邦瞻宋史紀事本末、元史紀事本末及張鑑西夏紀事本末等，前二種屬編年體，後三種屬紀事本末體。

◆ 清代史學

　　清代官修史書有明史，合本紀、志、表、列傳、目錄凡三百三十六卷，成書於世宗雍正十三年（西元一七三五年），為張廷玉奉敕據萬斯同明史稿所刊定。斯同字季野，號石園，少受學於黃宗羲，聖祖康熙間，開明史館纂修明史，以布衣入館參預修史事，修改史臣所修史稿凡三百一十三卷，是為明史稿。官修本朝史則有太祖至穆宗累朝實錄及國史，此外，另有方略一類。最早方略為平定三逆方略，凡六十卷，成書於康熙二十一年（西元一六八二年），專記吳三桂、尚之信、耿精忠之事，其後直至德宗光緒年間，對內對外用兵皆有方略記述其事，凡上諭章奏皆按月日編載，詳其始末。以體裁而論，方略屬於編年，然因所記僅及一役前後，故又屬於紀事本末。清修方略，除平定三逆方略外，尚有平定羅剎方略四卷，親征平定朔漠方略四十八卷，平定金川方略三十二卷，平定準噶爾方略前編五十四六卷、正編八十五卷、續編三十三卷，臨清紀略十六卷，平定兩金川方略一百五十二卷，蘭州紀略二十卷，石峰堡紀略二十卷，臺灣紀略七十卷，安南紀略三十二卷，廓爾喀紀略五十四卷，巴布勒紀略二十六卷，平定苗匪紀略五十二卷，剿平三省邪匪方略前編三百六十一卷、續編三十六卷、附編十二卷，平定教匪紀略四十二卷，平定回疆剿拴逆裔方略八十卷，剿平粵匪方略四百二十卷，剿平捻匪方略三百二十卷，平定陝甘新疆回匪方略三百二十卷，平定雲南回匪方略五十卷，平定貴州苗匪紀略四十卷。自宣宗道光以後，歷文宗、穆宗三朝，與西洋各國交涉頻繁，亦有專書記載，是為三朝籌辦夷務始末，其中道光朝八十卷，咸豐朝八十卷，同治朝一百卷。至

於私家撰述，除萬斯同明史稿外，如黃宗羲明儒學案、全祖望宋元學案、章學誠文史通義、錢大昕廿二史考異❶、趙翼廿二史箚記等❷，皆為史壇不朽名著❸。

---

❶　杜維運先生曰：「錢氏學通天人，博極古今，所著廿二史考異，十駕齋養新錄，潛研堂文集諸書，考訂之精密詳審，當時無出其右者，往往數千年來史籍未正之譌誤，皆一旦諟正，昭然若揭。其治史也，利用經學，小學，天文，輿地，制度，金石，板本諸專門之學為基礎，旁徵博采，反覆考訂，以歸納法尋求史籍之義例，以演繹法解釋史實之誤謬，實事求是，不涉虛誕。歷史考證學於是遂富有科學之精神，而與現代史學家之考訂史料方法，大半吻合，此誠為錢氏之最大貢獻。十八世紀中國史學界鮮有史籍巨著，僅以考據盛，而於考據用力最大，成就最多，方法最嚴謹，使人罕有可乘之隙者，則不能不推錢氏，十八世紀中國之史學，雖謂之為錢大昕時代，亦無不可。」又曰：「錢氏之學，最足令人歎服者，厥為歷史考證學。自史漢至元史，錢氏皆潛心研究，詳加考訂，正史之外，雜採他書，訂其譌謬，辨其異同。所著廿二史考異，諸史拾遺諸書，雖似讀史隨手札記之作，而以其學識之豐富，識見之精湛，往往足發千載之覆，而成不刊之論，易代之下，歎為精絕。」（清乾嘉時代之史學與史家第二章）

❷　杜維運先生曰：「歷史考證學派治史之歸納研究法，僅用於狹義的考證，或訂一字，或校一譌，或補史實之闕，或發前賢之覆，考訂雖極精密，範圍究覺過狹。自趙翼氏之廿二史箚記出，歷史之歸納研究法，始大完備。治史學之新途徑，亦自是而開闢。」又曰：「趙氏治史，深得春秋屬辭比事之旨，不執單詞孤事以論史，每每臚列諸多相類之史實，比而論之，以得一代之特徵。『古今風會之遞變，政事之屢更，有關於治亂興衰之故者』（趙氏自序廿二史箚記語），皆為趙氏之主要論題，亦皆自許多史實中歸納而出。大凡史料之為物，單舉一事而觀之，似毫無意義。若彙集若干相類之事實，比而觀之，則意義畢現於紙上矣。自宋洪邁容齋隨筆漸知用此法，迄趙氏而用之之技始精。」（清乾嘉時代之史學與史家第四章）

❸　明代及清代史學，請參閱李玄伯先生：中國史學史第十三、十四、十六諸章。

第二十九章　清朝的衰亡

一、清政中衰

◆ 嘉慶、道光時期的內亂

高宗乾隆六十年（西元一七九五年），湖南省西部及貴州省東部苗民因不堪地方官欺壓，先後叛變，清朝遣兵進剿，曠日無功。次年，高宗禪位於子顒琰，是為仁宗，改元嘉慶，而湖北省白蓮教之亂又起，清大軍北去，故苗亂歷久未定，至嘉慶十二年（西元一八〇七年），始為清軍所平。

白蓮教自元末韓林兒、劉福通起事失敗後，餘黨潛伏民間，秘密傳教。嘉慶元年（西元一七九六年），湖北省境內白蓮教徒首先創亂，四川、河南、陝西等省教徒繼起響應。時清朝累世昇平，官軍驕惰懦怯，不能應戰，亂事日益擴大，清朝乃招募鄉勇平亂，用堅壁清野戰略以困教徒，至嘉慶九年（西元一八〇四年），亂事始平，從此鄉勇取代旗兵、綠營，成為清軍主力。

當白蓮教徒叛亂時，福建、浙江、廣東三省沿海奸民盜匪聚眾劫掠商船，號稱「艇盜」，清朝造大船遣眾入海追剿。嘉慶十二年（西元一八〇七年），浙江提督李長庚戰死，艇盜精銳亦盡喪於是役，至嘉慶十五年（西元一八一〇年），為清朝所平。

嘉慶十八年(西元一八一三年)，京師又有天理教之亂。天理教為白蓮教支派，原名八卦教，黨徒多至數萬，其酋李文成、林清等交結內監，擬乘仁宗幸熱河，於是年九月十五日舉兵襲京師，先期事洩，文成於滑縣（河南省滑縣）為官府所捕，教徒乃於九月七日聚眾攻破滑縣，放出文成，直隸及山東省教徒同起響應。林清率京師方面黨徒於九月十五日直攻宮禁，為禁旅擊潰，林清被俘。文成據滑縣，同年十二月，為清軍所平，教徒被殺者二萬餘人。

嘉慶二十五年（西元一八二〇年），仁宗崩，子旻寧立，是為宣宗，明年改元道光。道光初年，天山南路回民因受清朝官吏壓迫，糾眾創亂，攻陷喀什噶爾、

英吉沙、葉爾羌、和闐等要地，回民群起響應，清遣大軍進討，於道光八年（西元一八二八年），擒其酋張格爾，復定回部。

道光十二年（西元一八三二年），湖南省永州（湖南省零陵縣）猺民復叛，廣東省猺民應之，騷擾廣東、廣西、湖南三省邊境，但不久即為清軍所討平。

◆ 鴉片戰爭

明朝中葉以後，歐洲航海術漸次昌明，葡萄牙、西班牙、荷蘭及英國紛紛東航找尋商路及殖民地，與東方各國商務接觸日漸密切。明末，英國商人組織東印度公司，擊敗荷蘭在印度的勢力，壟斷東方商務，並以武力脅迫明朝允其在廣州貿易。

清初申嚴海禁，外國在華貿易因而中輟，及平定臺灣，又開放海禁，設海關於廣州、廈門、福州、寧波等，與歐洲各國互市。然清朝對海上貿易，一向採取壓制政策，高宗時，將對外商務集中於廣州，成為唯一合法的貿易港口，對外商徵收重稅；又委華商組成的公行負責管理對外商務，公行對外商管理非常嚴厲。英政府遣使來華，請求改善英商待遇，減輕稅額，並聽任英人來華傳教，清廷不許。仁宗時，英復遣使來華交涉，亦無結果。

印度盛產鴉片，英人既壟斷印度商務，遂大量輸入中國傾銷，國人吸食者日多。道光間，鴉片輸入每年多達二萬八千餘箱，白銀大量外流，清廷乃下令嚴禁人民吸食，並以湖廣總督林則徐為欽差大臣，前往廣州查禁，英領事查理士義律乃暗中建議英政府以武力解決在華商務。

道光十九年（西元一八三九年），則徐至廣州，迫令英商交出鴉片二萬餘箱，全部焚毀，並令各國商人出具甘結永不夾帶鴉片，違則貨盡沒官，人即正法，各國商人皆簽字具結，惟英國不從，則徐下令斷絕英商供給，查理士義律與英商撤至澳門。會英國水手酒醉毆斃尖沙嘴村民林維善，則徐勒令義律交兇，為義律所拒，則徐乃將英人逐出澳門，義律及英商盡移居船上，寄泊香港附近海面。

次年，英遣軍四千人，由喬治懿律率領，乘軍艦十六艘東來，欲以武力迫則徐屈服。則徐嚴兵戒備，英軍攻廣州不克，乃北上犯廈門，陷定海、寧波，直趨大沽河。直隸總督琦善大懼，力主撫夷，宣宗乃罷則徐，以琦善為欽差大臣，至廣州與英人進行和議，允割香港，並賠償煙費六百萬元。道光二十一年（西元一

八四一年），英軍宣布占領香港，宣宗大怒，罷琦善，下詔宣戰，遣御前侍衛大臣奕山、尚書隆文、提督楊芳等率兵南下。清軍未至而英軍攻陷虎門砲臺，乘勝進攻廣州。奕山既至，知要塞盡失，無險可守，乃遣使至英軍請和，先償軍費六百萬元，至於割讓香港，允於異日協商，英軍始退，而英國以所得不足，遣亨利樸鼎查代喬治懿律為全權公使，率軍艦二十六艘，兵士一萬五千人東來，攻陷廈門、定海、鎮海、寧波、上海，溯江而上，陷鎮江，進迫江寧，清軍連戰皆敗，清廷大震。道光二十二年（西元一八四二年），宣宗遣廣州將軍耆英為欽差大臣，至江寧與英訂立江寧條約，其要點如下：

一、開廣州、福州、廈門、寧波、上海五處為通商口岸，英國並得在上列各處設置領事，管理商務。

二、割讓香港於英國。

三、廢止行商制度，並賠款二千一百萬元（兵費一千二百萬元、煙價六百萬元、商欠三百萬元）於英，限四年交清。

四、秉公議定稅則，英商於港口納稅後，由華商運售內地，所經關口，不得重加課稅。

五、二國公文往來平行。

次年，清朝又與英在虎門訂立五口通商章程及虎門條約，詳細釐訂江寧條約所列各條款，包括關稅協定、領事裁判權、內河航行權及最惠國待遇，成為我國與外國首次訂立不平等條約。至於禁煙問題，隻字不提，從此英人恣意輸入鴉片。

江寧條約公布後，歐美各國商人爭請訂約通商，美、法、葡、西、比利時、瑞典、丹麥、普魯士等國皆繼英而取得五口通商權。

◆ 英法聯軍

道光三十年（西元一八五○年），宣宗崩，子奕詝立，是為文宗，明年改元咸豐。自中英江寧條約成立後，廣州被闢為商埠，但粵民受兩廣總督徐廣縉及廣東巡撫葉名琛支持，堅拒英人入城。咸豐二年（西元一八五二年），名琛繼任兩廣總督，時太平軍大起，定都江寧，東南州郡大多殘破，獨廣東差全，名琛以此自負，與英人交涉，凌轢倨傲，英人積不能平，時思構釁。咸豐六年（西元一八五六年），有中國商船亞羅號懸英旗，載英人二、華人十三自廈門駛泊黃埔，巡河水師知其

為奸民，藉英旗為掩護，登船大索，拔英旗，捕華籍水手十三人而去，英領事巴夏禮提出抗議，要求放還被捕水手，並向英道歉，保證以後不再發生同類事件，名琛拒之。巴夏禮因與港督包冷密商，遣軍艦擊毀黃埔砲臺，攻陷廣州，既而因兵少退出，粵民遂縱火焚毀英、法、美各國商館以洩憤。會有法國傳教士查德蘭在廣西省西林縣佈道被殺，英、法二國乃組織聯軍，於咸豐七年（西元一八五七年）攻陷廣州，俘名琛，囚於印度加爾各答的鎮海樓。

咸豐八年（西元一八五八年），英、法聯合美、俄二國向清朝提出改訂商約要求，未得要領，英、法聯軍艦隊遂北上攻陷大沽砲臺，清朝不得已，遣大學士桂良前往乞和，與英、法訂立天津條約，其要款如下：

一、英、法二國得派公使駐中國北京，中國亦得派公使駐英、法二國國都。

二、英、法二國使臣得以謁見歐西各國君主禮儀謁見中國皇帝；英、法二國官吏與中國官員交涉，按品級用平等禮儀。

三、除廣州、福州、廈門、寧波、上海五口通商外，增闢登州、江寧、臺灣、淡水、潮州、瓊州為商埠；俟太平軍平定後，許於長江選擇三處通商。

四、英、法二國人民及教士得入中國內地自由遊歷及傳教。

五、英、法二國享有領事裁判權。

六、減低關稅，修改稅則。

七、賠償英國商人損失及軍費共銀四百萬兩、法國商人損失及軍費共銀二百萬兩。

條約簽訂後，又與英、法、美、俄四國簽訂通商稅則，其要點如下：

一、洋貨入口每百兩納稅銀二兩五錢。

二、准許鴉片進口，每百斤納稅銀三十兩。

三、火藥槍砲概屬違禁品，不准販運進出口。

咸豐九年（西元一八五九年），英、法使節率艦隊赴北京換約，經大沽口，清軍於大沽設防，阻止艦隊通過，惟許換約人員由北塘赴天津，英、法艦隊乃發砲轟擊砲臺，守軍發砲還擊，轟沈英艦數艘，擊斃英、法士兵數百人，英、法艦隊戰敗退走。次年，英、法復組聯軍攻占定海，陷大沽砲臺，進據天津，清朝復派桂良乞和，英使巴夏禮要求增闢天津為商埠，增償英、法軍費八百萬兩，並准英、法使節攜帶隨員入京換約，桂良皆從之，既而文宗以條約內容太苛，嚴旨拒絕，

英、法聯軍乃攻入北京，文宗逃往熱河，留恭親王奕訢與聯軍議和，除承認咸豐八年天津條約外，另訂北京續約，其要款如下：

一、增闢天津為商埠。

二、割九龍司海岸一部分與英。

三、准許法教士在各省租買土地建造房屋。

四、賠償軍費英、法二國各銀八百萬兩。

是役英、法聯軍焚毀清朝在北京西郊所築行宮圓明園，大火三晝夜不息，宮殿臺榭，盡成焦土，園中珍物寶藏，亦被洗劫一空。

◆ 俄人東侵

俄國自西元十五世紀末期脫離蒙古統治，開始東進，征服西伯利亞，至清朝初期，侵入黑龍江北岸，清人稱之為羅剎人。順治八年（西元一六五一年），俄人築雅克薩城於雅克薩河口，順治十五年（西元一六五八年），又築尼布楚城於尼布楚河口，作為經營黑龍江流域根據地。時清朝方有事於中原，無暇北顧，及平定三藩，乃積極備戰。康熙二十四年（西元一六八五年），遣都統彭春率軍進討，克復雅克薩，毀其城而還。康熙二十八年（西元一六八九年），清朝接受荷蘭人的斡旋，與俄訂立尼布楚條約，以外興安嶺及額爾古納河為界，棄尼布楚及其以西之地為俄有。雍正五年（西元一七二七年），清朝復與俄訂立恰克圖條約，劃定外蒙古與西伯利亞疆界，西起薩彥嶺，東至額爾古納河，以南屬清，以北屬俄，並開恰克圖為商埠，與俄人貿易。

鴉片戰爭後，俄國亦積極向中國展開侵略。道光末，俄以木里斐岳幅為東西伯利亞總督，擅築尼古拉夫斯克及馬林斯克二城於黑龍江下游，移民墾殖，盡占黑龍江北岸之地。咸豐八年（西元一八五八年），木里斐岳幅乘清朝困於英法聯軍及太平軍，以兵力脅迫清黑龍江將軍奕山訂立璦琿條約，其重要條款歸納之有二：

一、黑龍江以北之地劃歸俄有，烏蘇里江以東至海之地由中俄共管，俄船得自由航行於黑龍江、烏蘇里江及松花江，他國船隻不得行駛。

二、烏蘇里江、黑龍江、松花江流域兩國所屬人民，准其彼此貿易。

於是黑龍江北岸地域全歸俄有。中英、中法天津條約訂立後，俄亦援例與清朝訂立中俄天津條約，取得海口通商、領事裁判、內地傳教及最惠國待遇等權利。

及英法聯軍攻陷北京，俄復於咸豐十年（西元一八六○年）要挾清廷與訂中俄北京條約，將烏蘇里江以東至海地區劃歸俄有。總計俄在我國東北占地近百萬平方公里，從此東北邊務，危機日增。

二、太平天國的抗清及捻苗回之亂

◆ 洪秀全起義

太平天國為清朝中葉漢人洪秀全在南方建立的反清政權，戰事綿延十五年，戰禍遍及十八省，為清朝歷時最久、規模最大的變亂，亦為白蓮教以外另一次以宗教號召群眾的抗清運動。

洪秀全，廣東省花縣（廣東省花縣）人，家世業農，曾應廣州府考，屢試不中。秀全在廣州時，曾聽西洋教士講道，歸而引其表弟馮雲山傳教於廣西省桂平（廣西省桂平縣）、武宣（廣西省武宣縣）二縣間。道光二十七年（西元一八四七年），雲山創立拜上帝會於桂平縣北的紫荊山，奉秀全為教主。秀全自稱上帝次子，以耶穌為天兄，除上帝外，不拜他神。其教義雖淵源於基督教，而滲雜許多東方的迷信色彩，凡入會信徒，皆以兄弟姊妹相稱，無尊卑等差，信徒遍及社會各階層。其重要幹部除雲山外，尚有楊秀清、蕭朝貴、韋昌輝、石達開、秦日綱、林鳳翔、李開芳等。當時廣西大饑，盜賊蜂起，貧民依附者甚眾，勢力瀰漫於廣西省東南部及廣東省高州（廣東省茂名縣）一帶。

道光三十年（西元一八五○年），秀全發難於桂平縣金田村，部眾皆蓄長髮，服明代衣冠，清軍進討，屢為所敗。咸豐元年（西元一八五一年），秀全攻陷永安（廣西省蒙山縣），建號太平天國，自稱天王，封秀清為東王，朝貴為西王，雲山為南王，昌輝為北王，達開為翼王。又仿周官之制，置六官，各以丞相領之，分掌六部。

清將烏蘭泰率軍圍攻永安，太平軍固守不下。咸豐二年（西元一八五二年），太平軍潰圍北走，攻桂林（廣西省桂林縣）不克，轉趨全州（廣西省全縣），清將江忠源於全州下游十里的蓑衣渡伏兵邀擊，太平軍大敗，南王馮雲山戰歿。太平軍東趨道州（湖南省道縣），入湖南，北攻長沙（湖南省長沙縣），清軍禦之，西

王蕭朝貴戰死。太平軍移師西破益陽（湖南省益陽縣），渡洞庭，攻陷岳州（湖南省岳陽縣），北入湖北，攻陷漢陽（湖北省漢陽縣）、武昌（湖北省武昌縣）。咸豐三年（西元一八五三年），太平軍沿江東下，攻陷江寧，改名天京，定為國都，進取鎮江（江蘇省鎮江縣）、揚州（江蘇省江都縣），為天京屏障。

　太平軍定都江寧後，即頒立官制，創立公有土地制度及經濟政策。財物盡繳聖庫，不准私有，凡田畝皆計口授田，不分男女，每歲收穫，除去所需食糧，餘均歸公。禁止販奴、蓄妾、纏足等陋習，女子得參加考試及出任官吏。禁吸鴉片，違者處死。鰥寡孤獨及老弱不能自存者，皆歸國家撫養。申明軍紀，嚴禁擾民。

◆ 太平天國北伐及其敗亡

　秀全既克天京，即遣地官正丞相李開芳、天官副丞相林鳳翔率兵北伐，別遣春官正丞相胡以晃率軍西征。咸豐三年（西元一八五三年）四月，北伐、西征二軍同時出發。北伐軍自安徽經河南、山西等省攻入直隸，直逼天津。西征軍自安徽攻入江西、湖北、湖南等省，連陷九江、漢陽、武昌、岳州（湖南省岳陽縣）等重鎮。但北伐軍深入無援，於咸豐五年（西元一八五五年）為清將僧格林沁所破，全軍覆沒，清朝於是得以傾全力制太平軍於東南。次年，西征軍亦為曾國藩所練的湘軍所破。

　曾國藩，湖南省湘鄉縣人，舉道光十八年（西元一八三八年）進士，入為翰林院庶吉士，累遷侍講、文淵閣直學士，道光二十九年（西元一八四九年），擢兵部右侍郎，署兵部左侍郎。咸豐元年（西元一八五一年），署刑部右侍郎，咸豐二年（西元一八五二年），署吏部侍郎，以母喪守制還鄉。時太平軍大起，自廣西入湖南，北陷武昌，沿江東下，清朝詔國藩以在籍侍郎督練鄉勇以禦之，號稱湘軍，成為抵抗太平軍的主力。

　時東南清軍分為二部，其一為將軍托明阿所統率的江北大營，駐守揚州，另一為向榮、張國樑所統率的江南大營，逼臨天京。咸豐六年（西元一八五六年），太平軍驍將李秀成攻克揚州，擊潰江北大營，江南大營亦於是時圍攻天京，東王楊秀清徵秀成回師，與翼王石達開夾擊江南大營，清軍復大潰，向榮收散卒走保丹陽（江蘇省丹陽縣）。

　天國政權本操於東王楊秀清之手，及破江南大營，解天京之圍，專橫益甚。

秀全不堪秀清凌迫，與北王韋昌輝密謀襲殺秀清，並族其家，天京男女坐秀清之黨死者二萬餘人。昌輝既誅秀清，遂代秉政，橫暴過於秀清，翼王石達開諫之，昌輝不悅，復謀殺達開，達開連夜亡去，昌輝殺達開母妻十餘人。達開大憤，至安慶（安徽省懷寧縣），召兵靖難。昌輝聞達開將至，更恣刑戮，秀全乃殺昌輝以謝達開，召達開入京主政。既而秀全以達開得眾心，功高難制，復奪其兵柄以付李秀成，任用兄安王仁發、福王仁達以分達開之權。達開危疑不自安，率數十萬眾出走，轉戰江西、福建、湖南、廣東、廣西、貴州等省。同治二年（西元一八六三年），達開率軍四萬自雲南犯四川，至大渡河，未及渡，陷清軍伏中，遂為清軍所獲，送成都殺之，其軍盡沒。

自達開別軍出走，金田首義諸王，零落殆盡，湘軍乘勢收復武漢，盡復江西州縣，天國疆土日蹙，國勢日衰。

清於江南、江北二大營潰敗後，又集結軍隊，再逼天京。咸豐八年（西元一八五八年），秀成會驍將陳玉成軍，再度擊破江北大營，秀成以功封忠王，玉成以功封英王，俱專閫寄。咸豐十年（西元一八六〇年），秀成復會諸鎮兵，合五十萬，攻破江南大營，解除天京威脅，並攻下常州（江蘇省武進縣）、蘇州（江蘇省吳縣）、杭州等地，聲勢復振。清朝以曾國藩為兩江總督，節制諸軍，命左宗棠經略浙江，李鴻章召募淮勇，曾國荃進攻安慶。

安慶自咸豐七年（西元一八五七年）以後，成為天京上流屏障，清軍圍之，太平軍固守不下。陳玉成、李秀成二路赴援，大敗清軍，遂解安慶之圍。咸豐十年（西元一八六〇年）春，清將和春、張國樑再薄安慶，並戰歿。至是國藩節制諸軍，復令國荃率軍圍之，玉成復自江北率軍來援，終不能解其圍。咸豐十一年（西元一八六一年），清軍克安慶，太平軍戰死者萬餘人，玉成退屯廬州。同治元年（西元一八六二年），清將多隆阿克廬州，玉成走死壽州。

秀成既屢捷於江南，謀取上海以解決天國經濟危機，各國僑民乃組織洋槍隊，並招募華人為兵，與太平軍對抗。穆宗同治元年（西元一八六二年），秀成屢攻上海，鴻章率淮勇馳援，秀成不能克。洋槍隊與鴻章合作，改稱常勝軍，以英人戈登為統帶。

國荃既取安慶，進圍天京，秀全詔秀成回師入援，與清軍大戰於天京城外，終不能解天京之圍。同治二年（西元一八六三年），鴻章會常勝軍克復蘇州，同治

三年（西元一八六四年），復常州，左宗棠亦平定浙江，克復杭州。秀成以天京危困，勸秀全棄城出走，秀全不從。

是年四月，天京圍急，洪秀全憂憤疾篤，服毒自殺。六月，國荃攻下天京，太平軍戰死者十餘萬人。秀成挾秀全子福瑱突圍南走，與福瑱相失，為清軍所俘。禁之署內，令作供詞，既畢自刎，國藩割其鬚髮，以礫死聞。福瑱輾轉至廣德（安徽省廣德縣），依秀成弟侍王李世賢，流竄江西，至石城縣，為清將席寶田所敗，福瑱被俘，礫死南昌，世賢率殘部流竄閩粵，次年，亦為清軍所平，餘眾五萬餘人悉降。

太平軍初起時，以消滅滿清，解救人民為號召，故百姓歸附，各國亦表同情，嚴守中立，然其政權神權色彩太濃，措施荒誕，又排斥儒家思想，破壞中國傳統文化，焚毀廟宇神像，遂激起知識分子及民眾的反感，故曾國藩號召國人抵抗太平天國，謂此非漢滿民族之爭，而為文化思想之爭，實為太平天國失敗的主因。加以太平天國後期軍事失利，所至焚毀劫掠，加深國人與外人的惡感，而諸王內訌，自削國力，亦加速太平天國的敗亡。

◆ 捻苗回之亂

捻匪起源於淮北地區，當地鄉民，常於農隙捻紙燃脂，為龍戲以除疫疾，其後聚眾為流寇，號稱捻子。及太平軍起，安徽北部捻匪起而響應，與太平軍互通聲氣。太平天國亡後，太平軍餘部賴汶光、陳得才等與捻匪會合，其勢大盛。同治四年（西元一八六五年），清將僧格林沁率眾追剿，敗死於曹州（山東省菏澤縣），清朝復以兩江總督曾國藩節制直隸、山東、河南三省軍，督師進討，以李鴻章署兩江總督。時捻匪分為二股流竄，西捻流竄陝西，東捻流竄山東。國藩督師期年，師老無功，乃薦鴻章以自代。同治六年（西元一八六七年），鴻章擊平東捻於壽光（山東省壽光縣）；次年，西捻自陝西流竄直隸，進逼天津，鴻章與甘陝總督左宗棠會師剿之，捻匪回走山東，清軍大破之於荏平（山東省荏平縣），捻亂悉平。

咸豐四年（西元一八五四年），黔苗受太平軍影響，群起叛亂，清軍剿之不能勝，漢民亦多起而響應。同治四年（西元一八六五年），太平天國既平，清朝調湘軍將領席寶田專任剿苗軍事。寶田用「雕剿」之法，選精兵入山奇襲，燒毀苗民糧草，苗人乏糧，多受招撫，至同治十一年（西元一八七二年），為清軍所平。

當清軍與太平軍及捻匪作戰時，西南及西北地區回民亦先後叛亂。咸豐五年（西元一八五五年），雲南漢、回互相輕侮仇殺，遂激起回變。回酋杜文秀占據大理（雲南省大理縣），馬如龍占據昆明（雲南省昆明縣）。咸豐十一年（西元一八六一年），如龍受撫降清，而文秀據大理不下，至穆宗同治十二年（西元一八七三年），為清軍所平。

同治初，太平軍一部曾流竄甘、陝，當地回民群起響應。及西捻入陝，與叛回合勢，其勢益盛。天山南路回民亦起兵反清，盡占天山南北路。左宗棠平定西捻後，還師進剿，至同治十二年（西元一八七三年），平定甘肅回亂。光緒元年（西元一八七五年），宗棠復受命進討天山南北路回亂，至光緒四年（西元一八七八年），亂事悉平。

三、列強交侵

◆ 俄國侵略西北

十九世紀初期，俄國侵略波斯，東進略地，兼併清朝藩屬哈薩克及布魯特，遂與新疆接壤。同治十年（西元一八七一年），俄乘新疆回亂，進占伊犁。光緒四年（西元一八七八年），清以崇厚為出使俄國全權大臣，赴俄交涉歸還伊犁事項。光緒五年（西元一八七九年），崇厚於黑海附近利發第亞與俄簽訂歸還伊犁條約，其要點如下：

一、俄國將伊犁歸還中國。

二、中國賠償俄國代守伊犁各費五百萬盧布（合銀二百八十萬兩）。

三、中國割讓霍爾果斯河及帖克斯河西岸土地與俄。

依此約中國損失利權甚鉅，消息傳至北京，朝野大譁，兩江總督沈葆楨、翰林侍讀學士黃體芳、司經局洗馬張之洞等皆上章劾崇厚專擅誤國，清朝乃宣稱條約無效，並將崇厚革職治罪，一面命左宗棠以兵力規復伊犁，一面遣曾紀澤使俄交涉，另訂新約。光緒七年（西元一八八一年），紀澤與俄議定中俄改訂條約如下：

一、俄將伊犁交還中國。

二、中國賠償俄代守伊犁兵費及商民損失共九百萬盧布。

三、清割霍爾果斯河以西之地與俄，帖克斯河流域土地仍歸我有。

四、俄得在新疆、蒙古、肅州（今甘肅省酒泉縣）貿易。

新約割地雖較舊約減少，利權損失仍大。俄於占據伊犁期間，乘勢併吞中國朝貢國布哈爾及浩罕，西北門戶從此洞開。在中俄交涉期間，宗棠屢請建省，光緒十年（西元一八八四年），合天山南北路建為新疆省。

◆ 西南藩屬的喪失

嘉慶七年（西元一八○二年），安南舊阮得法人之助，驅逐新阮，統一安南，受清朝冊封為越南王。咸豐間，法越因傳教通商問題，關係惡化，越南南部諸州盡為法人所占。同治間，法人謀溯紅河（富良江）以通我國雲南，時廣西天地會劉永福率眾屯駐中越邊境，號黑旗軍，法人北進，為黑旗軍所敗，法乃迫越南與訂法越友好條約，承認越南為獨立國，正式割取越南南部六州，越南外交事務，須受法國監督，法人在越享有領事裁判權。

越南不堪法人壓迫，求中國保護，並引黑旗軍以禦法軍。法藉口越南背約，於光緒九年（西元一八八三年）攻占越都順化，與越南訂立順化條約，迫越南承認為法保護國。清朝聞訊，進兵北圻（越南北境）以助劉永福，與法軍發生衝突，清軍失利。光緒十年（西元一八八四年），清命直隸總督李鴻章與法於天津訂立中法簡明條約，法國保證不侵犯中國西南邊境，中國承認越南歸法保護。既而清軍大捷於諒山（越南北境，廣西省憑祥縣鎮南關南），法以海軍攻襲福州，砲毀馬尾砲臺及福州船政局，鴻章以中國海軍遠非法國之敵，力主和議，於光緒十一年（西元一八八五年）與法重訂和約，仍以天津簡約為依據，中國承認越南為法保護國，另闢諒山以北二處為商埠，於是越南淪為法國所有。

英國自占據印度以後，更東進侵略緬甸，至咸豐初，緬甸南部全為英人所占。光緒十年（西元一八八四年），緬甸與法訂立攻守同盟條約，欲聯法以抗英，於是英人侵緬之謀益急。光緒十一年（西元一八八五年），英乘法有事於越南，大舉攻緬，擒緬王，占領緬甸全境，清朝抗議無效。光緒十二年（西元一八八六年），與英訂約，承認英國在緬甸有最高宗主權，緬甸遂淪亡於英。

越南、緬甸相繼淪亡後，暹羅介於英、法二國勢力之間，處境甚危。英法為避免衝突，於光緒十九年（西元一八九三年）協議承認暹羅為獨立國，作為英法

二國緩衝地，並片面廢止暹羅入貢舊例，暹羅從此與中國脫離宗屬關係，不復為中國藩部。

◆ 甲午戰爭與馬關條約

日本自明治天皇維新以後，亟謀向外發展。同治十年（西元一八七一年），日本遣使與清訂立修好條約，兩國互遣使臣駐京，互設領事官於通商口岸，約束本國商民，並各開放沿海港口為商埠。

是年，琉球民數十人航海漂流至臺灣，為牡丹社生番所殺，明年，日本小田縣民數人亦漂至遇禍，日本乃藉口尋釁，照會各國公使，聲明琉球為日本藩屬，向清朝提出抗議，清朝拒絕處理。同治十三年（西元一八七四年），日本公然派兵侵犯臺灣，清朝亦遣兵赴臺整飭防務。是年九月，中、日二國在北京成立協議，由中國給予遇害難民撫恤銀十萬兩，軍費四十萬兩，日本自臺灣撤兵。此約無異承認日本對琉球的宗主權，從此日本益輕視清朝，而加強其侵略中國的決心。光緒五年（西元一八七九年），日本遂併吞琉球，改為沖繩縣，清朝屢經交涉，未獲結果，遂成懸案。

日本一面侵占琉球，一面積極侵略朝鮮。光緒二年（西元一八七六年），以兵力脅迫朝鮮與訂江華條約，承認朝鮮為獨立自主國，目的在否定清朝對朝鮮的宗主權。於是清朝於光緒八年（西元一八八二年），介紹朝鮮與美、英、法、德等國訂立商約，由朝鮮聲明為中國屬邦。

是年，朝鮮發生內亂，清朝與日本同時出兵定亂，亂平後皆不撤兵。光緒十年（西元一八八四年），朝鮮亂黨復勾結日本倡亂，為清軍所平。次年，清朝與日本訂立天津條約，中日二國各自朝鮮撤兵，其後朝鮮若有變亂，中日二國派兵，應互相照會，事定不再留防。朝鮮遂成為中日二國共同保護國。

光緒二十年（甲午年，西元一八九四年），朝鮮東學黨亂起。東學黨係融合儒家、佛、老之說以為教義，以自別於西學。時朝鮮政治腐敗，賦稅繁重，人心思亂，亂事蔓延甚速。朝鮮遣使向清朝乞援，日本亦派兵前往。亂平後，日本不肯撤兵，清朝數與交涉，未有結果。是年六月，日軍攻擊清海上運輸艦，又突襲駐守牙山（韓國忠清南道北部）的清軍，戰事遂起。日本陸軍擊敗清軍於平壤，清將左寶貴戰死，清軍遂撤出朝鮮。日本海軍則擊敗清艦隊於大東溝（安東省安東

縣西南海面），清海軍提督丁汝昌率餘艦退守威海衛。日陸軍自榮成（山東省榮成縣）西犯，與海軍攻占威海衛，汝昌自殺，清艦隊全覆。日軍乘勝盡陷遼河以東地區，海軍則南取澎湖，威脅臺灣。清朝不得已，以李鴻章為全權大臣，赴日議和，幾經折衝，於光緒二十一年（西元一八九五年）三月與日本訂立馬關條約，其重要條款如下：

一、中國認明朝鮮為獨立自主國，該國向中國所修貢獻典禮等，嗣後全部廢絕。

二、割讓遼東半島、臺灣、澎湖與日。

三、賠償日本軍費二萬萬兩。

四、開沙市、重慶、蘇州、杭州為商埠。

五、日本得於各通商口岸設立工廠，從事各項工藝製造，並享受最惠國待遇。

馬關條約締結後，俄國以日占遼東，則其東進必受阻礙，邀德、法二國出面干涉，迫日本將遼東半島退還中國，另由中國增加賠款三千萬兩。

割讓臺灣消息傳至臺灣，臺民大憤，紳民群擁入撫署請願，誓死不願交割。臺紳邱逢甲等乃上「臺灣民主國」總統印於巡撫唐景崧，建立臺灣民主國，抵抗日本，日本來攻，臺灣義軍戰敗，遂為日本所有。

◆ 中俄密約與勢力範圍的劃分

自鴉片戰爭以後，中國對外雖處處失利，仍不失為東亞大國，各國雖紛紛攘奪中國藩屬，尚無割裂中國國土野心。及中日戰後，日本取代中國在東亞領導地位，中國國際地位一落千丈，而引起各國覬覦。三國干涉還遼，本各另具野心，清朝不察，誤以俄人為足恃，遂謀聯俄以制日。光緒二十二年（西元一八九六年），李鴻章奉命使俄，賀俄皇尼古拉二世加冕，並與俄訂立密約，其要點如下：

一、日本如侵占俄國、中國及朝鮮土地，中俄二國須聯盟禦敵，不得獨自與敵議和。

二、俄國為便利運兵轉餉，得在中國黑龍江、吉林二省接造鐵路以達海參威，俄於鐵路沿線享有採礦權及警察權。

於是俄成立中國東省鐵路公司，展築西伯利亞鐵路，自雙城子入我國吉林省，經哈爾濱直達長春，是為東清鐵路，又稱中東鐵路，此路凡耗資三萬萬五千萬盧

布，名為中俄共營，實則華人購得股票者無幾，鐵路行政大權悉操於俄人之手。

中俄密約締訂後，引起各國覬覦。光緒二十三年（西元一八九七年），德國藉口德教士在山東遇害，派艦隊強占膠州灣，於光緒二十四年（西元一八九八年），迫清朝與訂膠澳租借條約，清朝允德租借膠州灣，為期九十九年，並允許德國在山東建造鐵路二道，一由膠澳經濰縣、青州（山東省益都縣）至濟南，一由膠澳經沂州（山東省臨沂縣）、萊蕪至濟南，復由濟南展築與中國自辦鐵路幹線相接，德並取得鐵路沿線採礦權，於是山東省成為德國的勢力範圍。

當德國強占膠州灣時，與俄妥協，承認華北為俄勢力範圍。同年（光緒二十四年），俄國亦援例強借旅順、大連二港，為期二十五年，俄得於旅順、大連建築砲臺營塞及燈塔，並得展築東清鐵路，自長春至旅順、大連，是為南滿鐵路。既而英國藉口抵制俄國，強迫清朝租借威海衛，為期二十五年，又擴展九龍界址，租期九十九年，劃長江流域為其勢力範圍。英、德諸國又承認福建省為日本勢力範圍，日本乃向清朝提出福建不得讓與他國的要求。光緒二十五年（西元一八九九年），法國亦強占廣州灣，強迫清朝租借，為期九十九年，並劃兩廣、雲南等省為其勢力範圍。從此中國沿海優良港灣幾乎全部喪失，全國各地利權皆為列強所瓜分。

列強在中國勢力範圍的劃分與港灣的租借，妨礙美國在華商務的發展，而主張中國門戶開放政策。光緒二十五年（西元一八九九年），美國國務卿約翰海向英、俄、德、法、日及義大利等國提出照會，建議各國在華商業機會均等，並維持中國主權領土的完整，各國勢力範圍各港口，不論何國貨物入口，均由中國政府按照現行稅率徵稅。美國此舉，旨在使清朝有力量抵制任何國家對中國作過度的要求，以維持列強在華的均勢。各國為保持其在華權益，對美國建議均表贊同，中國在列強均勢政策下，始倖免遭受被瓜分的厄運。

四、晚清的政局

◆ 慈禧執政

咸豐十一年（西元一八六一年）七月，文宗崩於熱河行宮，子載淳立，是為

穆宗，改明年為同治元年，尊嫡母紐祜祿氏為慈安太后，生母那拉氏為慈禧太后。穆宗初立，年僅六歲，文宗臨崩，遺詔以怡親王載垣、鄭親王端華、協辦大學士肅順等為襄贊政務大臣輔政，慈禧嫉之，數與爭權，會恭親王奕訢自北京奔喪至行在，慈禧乃與密謀定計，於是年十月，奉梓宮返京時，伏兵執載垣、端華、肅順等，載垣、端華自縊死，肅順伏誅。慈禧與慈安同垂簾聽政，以奕訢為議政王輔政，史稱十月政變。

　　兩宮太后聽政後，政務多決於慈禧，慈安惟大誅賞大舉措始聞。同治十二年（西元一八七三年），兩宮歸政於穆宗。同治十三年（西元一八七四年），穆宗崩，無子，慈禧立文宗弟醇親王奕譞子載湉為帝，是為德宗，改明年為光緒元年。德宗立時僅四歲，慈安、慈禧二宮再度垂簾聽政。光緒七年（西元一八八一年），慈安崩，慈禧遂獨綰大政。同治一朝，內則討滅太平天國，外則再定回亂，號稱中興。慈禧既獨掌大政，驕奢日甚，移興建北洋艦隊經費以修北京三海及頤和園，恣情縱樂，清政益衰。慈禧又寵信宦官李蓮英，鬻賣官爵，群小競進。光緒十三年（西元一八八七年），慈禧歸政於德宗，然實際上仍干涉朝政，德宗有所作為，輒受掣肘。

◆ 籌辦夷務

　　鴉片戰爭以後，中國屢受列強侵略，朝野上下漸知故步自封實不足以應變圖存，主張吸收西方文化。林則徐首倡翻譯西方書報，藉以明瞭西方國情，學者魏源亦倡「師夷之長技以制夷」之說，而肇開清末革新運動。英法聯軍之役以後，由於外交及戰事屢遭失敗，清朝深感訓練外交通譯人才及採用新式武器的重要。於是大臣如曾國藩、李鴻章、左宗棠等皆倡行西法，舉辦新政。當時新政約可歸納為二端，其一為培養外交及工業人才，其二為仿製西洋兵器以充實軍備。

　　咸豐十年（西元一八六〇年），於北京設置總理各國通商事務衙門，簡稱總理衙門，專司辦理外交事務，另於南北口岸分設通商大臣，稱北洋大臣及南洋大臣，北洋大臣駐天津，由直隸總督兼任，南洋大臣駐江寧，由兩江總督兼任，管理對外通商事務。同治元年（西元一八六二年），總理衙門奏請設立同文館，訓練翻譯人才，次年，兩江總督李鴻章亦於上海設立廣方言館，是為我國有新式學堂之始。同治四年（西元一八六五年），鴻章復於上海建立江南製造總局，製造槍炮彈藥，

至同治六年（西元一八六七年），兼造輪船。同治五年（西元一八六六年），閩浙總督左宗棠亦於福建設立馬尾船政局，建造兵艦，並附設船政學堂，培養造船及駕駛人才。次年，直隸總督崇厚於天津設立機器製造局，鴻章亦於江寧設立金陵機器局。同治九年（西元一八七〇年），鴻章調任直隸總督，擴充天津機器製造局，分設四廠，復於次年籌設洋式炮臺於大沽口。同治十一年（西元一八七二年），曾國藩、李鴻章採納首屆留美學生容閎建議，選派幼童赴美留學，學習軍事及船政，沈葆楨亦選派船政學堂學生分赴英國、法國學習輪船駕駛及製造。光緒三年（西元一八七七年），清朝初設駐英大臣，為我國設立正式駐外使節之始。既而陸續於美、日、俄、德、法等國設立使館，自是直至光緒二十年（西元一八九四年），舉凡有關新政機構，如礦物局、織造局、電報局、水師學堂、武備學堂皆相繼設立，鐵路亦開始鋪設，海軍衙門及北洋艦隊、南洋艦隊亦於此時期建立。

◆ 戊戌變法

籌辦夷務在當時頗受一般守舊親王、大臣的反對，如醇親王奕譞、大學士倭仁、御史張盛藻皆力言學習西方技藝非國家養士之道，幸輔政大臣文祥及恭親王奕訢等竭力支持，始得順利進行。然當時士大夫，包括提倡新政諸人，對西方文化並無充分認識，惟知一意模仿西洋物質建設，未嘗注意政治及教育制度，以求根本的改革。及中日戰爭，清朝以泱泱大國而為後起小國日本所敗，士大夫始覺悟非徹底革新政治及教育制度不足以圖強，德宗亦感外患日亟，於光緒二十四年（戊戌歲，西元一八九八年）實行變法，史稱戊戌變法。

戊戌變法的倡導者為廣東省南海縣人康有為。光緒十四年（西元一八八八年），有為以布衣伏闕上書，極陳時弊，請求取法泰西，改革內政。書呈國子監，朝臣抑之不為代奏，有為乃歸廣東，講學於廣州。中日戰後，有為入京會試，中進士，授工部主事，未赴任，復屢上書請求變法。有為又加入翰林侍讀學士文廷式所創的強學會，其弟子梁啟超亦於上海創辦時務報，鼓吹改革，一時海內風靡，各省紛紛組成學會響應，呼籲改革維新。

光緒二十三年（西元一八九七年），膠澳事起，有為復上書痛論變法的迫切，軍機大臣翁同龢力贊其議，薦之於德宗，德宗於是決計變法。光緒二十四年（西元一八九八年）正月，有為上書詳陳改革方案，四月，德宗召見有為於頤和園仁

壽殿，命在總理衙門行走，籌劃新政。德宗以守舊大臣反對有為者甚眾，不敢公然擢任，乃用有為言，賞內閣候補侍讀楊銳、刑部候補主事劉光第、內閣候補中書林旭、江蘇候補知府譚嗣同加四品卿銜，在軍機章京上行走，參預新政，凡德宗有所咨詢於有為，則命四卿傳旨，有為有所陳奏，亦由四卿密陳。自是月二十三日以後百日間，於有為策劃下，詔旨凡數十下，新政次第推行，其重要措施約可歸為四類：

一、教育方面：如廢八股，改試策論，建立新式學堂，籌設譯書局及報館。

二、政治方面：如裁汰冗官，撤銷閒散衙門，澄清吏治，引用新人及廣開言路。

三、軍事方面：如武科改試槍砲，軍隊改習洋槍，裁減綠營，推行保甲，為逐漸實行徵兵制度先備。

四、實業方面：如籌設鐵路，開採礦產，獎勵製造發明，促進農工商業的發展。

慈禧太后於同治間及光緒初，本贊成新政，自歸政以後，號令不自己出，轉而厭惡變法。時榮祿為直隸總督節制北洋三軍（董福祥的甘軍、聶士成的武毅軍、袁世凱的新建軍），慈禧乃與密謀廢立。榮祿調聶士成兵十營至天津，謀俟德宗來津閱兵時廢之。德宗用有為謀，召見袁世凱，擢為候補兵部侍郎，擬於閱兵時馳入袁營，傳號令以誅榮祿。世凱既歸，以德宗謀密告榮祿，榮祿乃自天津至北京上告，慈禧大怒，於是年八月六日三度垂簾聽政，幽德宗於瀛臺，捕殺新黨楊銳、林旭、劉光第、譚嗣同、楊深秀、康廣仁等六人，時號六君子，朝臣贊成新政而遭禁錮論戍或降革者數十人。有為及梁啟超聞訊逃亡海外，一切新政全被取銷，史稱戊戌政變。

◆ 庚子拳亂與八國聯軍

自英法聯軍之役以後，外國教士得自由來華傳教，不受中國法律的拘束。教士為欲廣招教徒，不惜以金錢收買無賴莠民入教，一經入教，輒倚教士為護符，作奸犯科，魚肉鄉民，教士亦倚此輩教民為心腹，恃作爪牙，一遇鬥毆，必相袒護，故人民仇教心理與日俱增。至德宗時代，國人因受外患刺激，仇外心理愈甚。戊戌政變，慈禧太后因外國不肯引渡康有為、梁啟超，轉而痛恨外人，舊派大臣

群起附和，排外風氣瀰漫朝野，而肇庚子拳亂與八國聯軍之役。

　　拳亂係指義和團之亂。義和團初名義和拳，為白蓮教餘孽，每日練拳降神，念誦咒語，自謂有神仙附體，不畏槍砲，因此又稱拳民。義和團本為反清團體，因痛恨外人，轉以扶清滅洋為號召，初蔓延於山東省境內，受巡撫李秉衡及毓賢庇護，時常仇殺教士。光緒二十六年（庚子年，西元一九〇〇年），袁世凱繼任山東巡撫，嚴加剿辦，拳民相率逃入直隸，慈禧太后以拳民忠勇，兼有神助，縱之焚毀教堂，屠殺教士，自北京至天津，拳壇林立，勢遂大盛，日本使館書記官杉山彬及德國公使克德林相繼被殺。五月，英、美、俄、日、德、義、奧、法八國組成聯軍，攻陷大沽砲臺，向北京進軍，以營救其使節。是月二十五日，慈禧太后下詔與各國宣戰，命義和團圍攻各國使館，又下詔各省督撫搜殺洋人，而兩廣總督李鴻章、兩江總督劉坤一、湖廣總督張之洞、閩浙總督許應騤、四川總督奎俊、山東巡撫袁世凱相與協議，不奉亂命，東南各省由是得免於禍，各國教士僑民亦得保全。

　　八國聯軍攻陷大沽後，於七月二十日攻入北京，慈禧太后挾德宗出奔西安。當大沽淪陷時，慈禧即詔李鴻章北上入京，復命為直隸總督兼北洋大臣。鴻章北上抵滬，復詔與慶親王奕劻為全權大臣，與各國議和。光緒二十七年（辛丑年，西元一九〇一年），鴻章與各國訂立辛丑和約，其重要條款有三：

一、賠償各國銀共四萬五千萬兩，按年息四釐，分三十九年還清。

二、劃定各國使館區，由使館自行管理，華人不得在界內居住，並得駐軍防守。

三、拆毀大沽至北京間所有砲臺，允許各國於郎坊、楊村、天津、軍糧城、塘沽、蘆臺、唐山、灤州、昌黎、秦皇島、山海關、黃村等處駐軍，以保北京至海通道。

　　此約訂後，不惟京師門戶洞開，即京師內使館區，亦形同敵國，主權喪失之鉅，不言可喻。

◆ 俄占東北與日俄戰爭

　　拳亂既起，俄國藉口保護東清鐵路，派遣大軍南下，占領東三省全境，黑龍江將軍壽山兵敗自殺，吉林將軍長順、奉天將軍增祺投降。俄乃誘增祺與訂東三

省交還條約，解散奉天將軍所屬軍隊，將奉天所屬軍器庫所存軍備槍砲統交俄方經理，拆毀奉天未經俄軍駐紮的砲臺及火藥庫，俄於瀋陽置總管一員，監督奉天軍政。是約幾乎完全消滅中國在東三省南部的主權。清朝命駐俄公使楊儒向俄交涉，俄國非但不理，且提出獨占東北權益的要求，脅迫清朝接受，為清朝所拒。辛丑和約訂立後，俄國仍拒不撤兵，且堅持獨占東北權益，引起英、美、日等國的不滿，李鴻章亦憂懣而死。於是英日二國締結同盟，以俄國為假想敵人，美國亦向俄國提出抗議。俄國為緩和國際間緊張局勢，於光緒二十八年（西元一九○二年）正月，與清朝締訂中俄交收東三省條約，允於光緒二十九年（西元一九○三年）九月以前分三期盡撤東三省駐軍。第一期俄如約撤退盛京西南至遼河各軍，第二期撤兵期滿，俄背約不撤，且要求清朝關閉東北門戶，排斥各國在東北的勢力，並積極圖謀朝鮮。日本為顧及本身在華利益，出面與俄交涉，未有結果。光緒二十九年（西元一九○三年）十二月，日遂對俄宣戰，清朝無法制止，宣告中立，劃遼河以東為戰區。次年，日俄二軍戰於東三省境內，俄軍大敗，遼陽、奉天（瀋陽市）、旅順相繼失陷，俄國遼東艦隊亦被消滅，俄調波羅的海艦隊東援，至對馬海峽，遇伏，復為日艦隊所殲滅，至是俄國陸、海軍皆戰敗。光緒三十一年（西元一九○五年），日俄二國接受美國調停，於美國朴資茅斯訂立和約，俄承認日本在朝鮮的優越權益，俄將旅順、大連租借權及南滿鐵路與附屬鐵路的一切權利讓與日本，俄定期撤退滿洲駐軍，放棄在滿洲一切權益，並將庫頁島南部及其附近一切島嶼割讓日本，是為朴資茅斯條約。

五、清朝的傾覆與中華民國的建立

◆ 清季的新政與立憲

庚子拳亂以後，清朝以內外情勢危迫，知非推行新政不足以收拾人心，復於光緒二十六年（西元一九○○年）下變法之詔。此後三四年間，新政陸續舉辦，不下數十事，如改書院為學堂，廢止科舉，以西法練兵，振興實業及裁汰冗員等，大抵不出戊戌變法範圍，然慈禧太后缺乏改革誠意，故收效不大。日俄戰爭以後，論者多謂日本以立憲戰勝，俄國以專制戰敗，中國如欲易弱為強，捨立憲別無他

圖，慈禧太后頗為所動，因於光緒三十一年（西元一九○五年），派載澤、戴鴻慈、端方、李盛鐸、尚其亨五大臣出洋考察日本及歐美各國憲政。次年，五大臣回國，力陳立憲之利，以為保邦致治，非此莫由，並謂立憲無損於君權，清朝乃頒籌備立憲之詔，期先自改革官制及設置諮議機構入手。光緒三十四年（西元一九○八年），清朝頒布憲法大綱，以九年為期，逐步實施憲政。是年，德宗及慈禧太后相繼而崩，德宗弟醇親王載灃子溥儀繼立，改明年為宣統元年，是為遜帝，年僅三歲，載灃以攝政王監國。時袁世凱繼李鴻章為直隸總督兼北洋大臣，掌握軍政大權，為滿洲親貴所忌。載灃既當國，首罷世凱，起用滿洲親貴當政，清政益衰。

　　載灃對憲政本無誠意，但欲藉籌備立憲之名以行皇族集權之實。宣統元年（西元一九○九年），各省諮議局次第成立，次年，設立資政院，各省諮議局各遣代表組成國會請願代表團，上書攝政王，請求速開國會，實施憲政，各省督撫及資政院亦起而聲援，清朝不得已，下詔縮短立憲籌備期限為六年。宣統三年（西元一九一一年）四月，清朝頒布內閣官制，裁撤舊有內閣及軍機處，設立責任內閣，以慶親王奕劻為總理大臣，另置協理大臣二人，外務、民政、度支、學務、陸軍、海軍、司法、農工商、郵傳、理藩大臣各一人，凡十三人。其中漢族四人，蒙古旗籍一人，滿族八人，而五人為皇族，故當時譏之為「皇族內閣」，要求重新組閣，奉旨申斥。至此清朝缺乏立憲誠意之情大白於世，寄望於立憲的知識分子轉而傾向革命。

◆ 國父的革命事業

　　中日戰爭以後，中國改革論者分為二派，一派主張君主立憲政體，以達到政治改革的目的，以康有為、梁啟超為首；另一派主張革命，根本推翻君主制度，建立民主共和政體，以挽救中國的命運，為國父　孫中山先生所領導。

　　國父諱文，字逸仙，號中山，廣東省香山縣（廣東省中山縣）人，生於清同治五年（西元一八六六年），幼時喜聽長者講述太平天國遺事，即已孕育光復漢族的革命思想，及長，習醫於香港西醫書院。　國父於中法戰爭以後，鑒於滿清政府的腐敗，即立志推翻滿清。畢業後，行醫於澳門、廣州間，一面結交同志，宣傳革命主張。光緒二十年（西元一八九四年），中日戰起，　國父離粵北上，上書李鴻章，條陳救國大計，鴻章不納，因轉赴檀香山，創立興中會，糾合革命同志。

次年，返抵香港，謀襲廣州，以運械不慎，事洩，為清吏所破獲，同志陸皓東等遇害，是為廣州之役。廣州之役失敗後，　國父周遊日本、檀香山、美國等地，聯絡華僑，鼓吹革命。光緒二十二年（西元一八九六年），　國父自美國至倫敦，為清吏誘禁於清使館，經英政府干涉獲釋。　國父乃暫留英國，潛心研究，完成其三民主義的革命理論。次年，　國父復自歐取道加拿大赴日，策劃革命工作。光緒二十六年（西元一九○○年），　國父命鄭士良舉義於惠州（廣東省惠陽縣），無援而敗，同年，史堅如謀炸兩廣督署未成遇害，然國人反清情緒自是日益激烈，各省革命團體相繼成立，皆遙奉　國父為盟主。

　　光緒二十九年（西元一九○三年），湘人黃興、宋教仁等組織華興會於長沙。是年，　國父自日本赴美，次年轉赴歐洲，宣傳革命主張。光緒三十一年（西元一九○五年），　國父自歐洲返日，吸收華興會志士，擴大興中會為中國革命同盟會，公布革命方略，以恢復中華、建立民國、平均地權為宗旨，並決定中華民國國號，創辦民報，正式揭示三民主義為建國目標，分遣同志回國策劃革命工作。從此革命勢力瀰漫全國，各地舉義仆而復起。宣統二年（西元一九一○年），　國父命黃興、胡漢民、朱執信等策動廣州新軍舉事失敗。次年三月二十九日，黃興率同志於廣州發難，進攻兩廣督署，又為清軍所敗。此役革命黨人殉難者甚多，姓名可考者七十二人，黃興僅以身免。自光緒二十一年廣州之役至是由　國父直接領導的革命行動凡十次，雖歷經失敗，而　國父志氣益厲，終於是秋推翻滿清政權。

◆ 辛亥革命與中華民國的建立

　　甲午戰爭以後，中國掀起修築鐵路高潮，其中粵漢鐵路原由官方向美國貸款興築，光緒三十年（西元一九○四年），湖廣總督張之洞接受湘紳王先謙建議，改為商辦，而四川士紳亦請自築川漢鐵路，皆得清朝許可，由川、鄂、湘、粵四省紳商設立公司，招股興辦，然入股者不多，歷久不成。宣統三年（辛亥年，西元一九一一年），清朝改變鐵路政策，將全國鐵路幹線收歸國有，川、鄂、湘、粵四省民眾群起請願反對，紛紛設立保路同志會，川民反對尤烈，清朝態度堅決，以武力鎮壓，槍殺請願民眾數十人，遂激成民變。革命黨人乃乘機運動武漢新軍，期以八月二十五日（陽曆十月十六日）起事，以湖北省革命黨機關為清朝所破獲，武昌新軍乃於八月十九日（陽曆十月十日）提前發難，次日占領武昌，湖廣總督

瑞澂及新軍統制張彪驚慌遁走，革命軍分兵光復漢口、漢陽，擁新軍協統黎元洪為都督，組織軍政府。革命軍以中華民國軍政府名義照會漢口各國領事團，各國領事承認革命軍為獨立團體，宣布嚴守中立，各省亦紛紛響應，相繼宣布獨立。

　　清朝聞變，遣陸軍大臣蔭昌督軍赴鄂剿辦，革命軍擊敗之於孝感、信陽二縣間，攝政王載灃從總理大臣奕劻之請，起用袁世凱為湖廣總督，節制諸軍，以袁舊部馮國璋、段祺瑞統軍南下，擊敗革命軍，收復漢口。袁世凱一面以武力壓迫革命軍，一面擁兵自重，要挾清朝。清朝不得已，建立責任內閣，以袁世凱為內閣總理大臣，代載灃掌握朝政大權。

　　袁世凱收復漢口後，停軍不進，遣使與黎元洪議和，為元洪所拒，遂揮軍攻取漢陽，經英領事從中調停，雙方正式停戰。十月，　國父自美取道歐洲返國，各省代表選舉　國父為臨時大總統，同月十三日（陽曆元月一日），　國父就職於南京，改用陽曆，以是日為民國元年元旦，既而黎元洪當選為臨時副總統，成立臨時參議院，起草臨時憲法，中華民國臨時政府至是建立。

　　當唐紹儀與軍政府議和時，袁世凱暗示軍政府，以選舉袁氏為總統作為推翻滿清的條件。及　國父當選為臨時大總統，袁氏大為不快。　國父為避免內戰，促成中國統一，致電袁氏，謂若贊成共和，當以總統相讓。袁氏乃脅迫清帝退位。清廷見大勢已去，命袁氏與臨時政府訂立優待條款十九條，於二月十二日宣布退位，歷祚二百六十八年的清朝至是傾覆。

　　清帝退位後，　國父向參議院辭職，舉袁氏自代。　國父向袁氏提出三原則：一、中央政府必須設於南京，二、袁氏必須在南京就職，三、必須遵守臨時約法。民國元年（西元一九一二年）二月十四日，臨時參議院選舉袁氏為第二任臨時大總統，黎元洪為臨時副總統，並派蔡元培迎袁氏南下就職。袁氏以其勢力在北方，不願遠離，唆使北京駐軍譁變，藉口北方治安可慮，拒不南下，參議院終許其在北京就職，並公布中華民國臨時約法，臨時政府遂遷至北京。次年四月，國會成立，正式選舉袁氏為大總統，日本及歐美各國均先後承認。

　　臨時政府組織大綱規定我國政體為總統制，總統掌握最高行政權，及袁氏將繼任總統，參議院起草臨時約法，改為責任內閣制，以國務院為最高行政機關，國務總理為最高行政首長，總統則為國家元首，權力甚微，以限制袁氏權力，然袁氏就任總統後，並未遵守臨時約法的規定，仍掌握軍政大權。

第三十章　民國以來的政局

一、袁世凱竊國與南北分裂

◆ 洪憲帝制

民國元年（西元一九一二年），國內政黨林立，宋教仁為實現政黨內閣的理想，聯合若干小黨與同盟會合組為國民黨，奉　國父為理事長。次年，國會議員選舉，國民黨大獲勝利。國民黨以外較大政黨為共和黨、民主黨與統一黨，後併為進步黨，實際領袖為梁啟超。

袁世凱野心日熾，厭惡國民黨人處處為其掣肘，於民國二年（西元一九一三年）三月，遣人刺殺宋教仁於上海。　國父時在日本，聞訊返國，籌劃討袁。袁氏不經國會同意，逕向英、法、德、日、俄五國銀行團大舉借款以充軍費，謀摧毀革命勢力。時安徽都督柏文蔚、江西都督李烈鈞、湖南都督譚延闓、廣東都督胡漢民均為國民黨員，通電反對。袁氏將李烈鈞、胡漢民、柏文蔚免職，於是烈鈞起兵於江西，聲討袁氏，黃興、陳其美亦於南京、上海起兵，安徽、廣東、福建、湖南、四川等省先後獨立響應，袁氏分遣大軍進攻，各地討袁軍相繼失敗，史稱此次戰役為二次革命。

二次革命失敗以後，袁氏益無忌憚，亟謀稱帝。民國三年（西元一九一四年），袁氏解散國會及各省議會，廢止臨時約法，頒布新約法，改責任內閣制為總統制，廢國務院及內閣總理，舉凡外交、任官、緊急命令、財政處分、褫奪回復公權、起草憲法等大權皆收歸總統，於總統府設政事堂，置國務卿佐理國務，另設參政院，代國會行使立法權，參政員均由總統任命，共和政體至是一變為獨裁政治。民國四年（西元一九一五年），袁氏授意楊度等組織籌安會，假造民意，鼓吹帝制，密令各省偽公民代表向參政院呈遞請願書，要求變更國體，推戴袁氏為中華帝國皇帝。袁氏下令接受，改明年為洪憲元年。

恢復帝制消息傳出後，輿論大譁。時國民黨經　國父改組為中華革命黨，帝

制運動甫起，　國父即發表討袁宣言，進步黨領袖梁啟超及前雲南都督蔡鍔亦積極反對帝制。鍔時任職於北京，潛返雲南，與雲南將軍（袁世凱改各省都督為將軍）唐繼堯通電反對，組織護國軍，分向四川、廣西二省進兵，袁氏遣兵擊之，不能取勝。民國五年（西元一九一六年），貴州、廣東、廣西等省相繼獨立。袁氏本定於是年元旦登極，以雲南獨立，屢次延期，及廣西獨立，袁系將領馮國璋對帝制亦表示反對，袁氏被迫於三月下令取消帝制，與護國軍議和，洪憲年號凡歷八十三日而終。袁氏取消帝制後，仍謀保留總統職位，護國軍堅持袁氏退位，既而浙江、陝西、四川、湖南等省亦先後宣告獨立。袁氏見眾叛親離，於六月憤恚發病而歿，由副總統黎元洪繼任總統。

◆ 復辟運動

　　黎元洪以段祺瑞為國務總理，恢復民國元年臨時約法，召開國會，選馮國璋為副總統，各省相繼取消獨立，然未幾而黎、段不和。民國六年（西元一九一七年），段氏擬接受協約國的請求，對德宣戰，為黎氏及一部分國會議員所反對，段氏乃召集段系各省督軍（黎元洪繼任總統，復改各省將軍為督軍）晉京開會，欲以威脅國會，並利用遊民組織公民請願團，脅迫國會通過參戰案，國會議員大憤，要求罷免段氏。是年五月，黎氏將段氏免職，段系督軍皆宣告獨立。

　　時張勳為安徽省督軍，傾向帝制，袁世凱歿後，曾邀各省軍方代表會議於徐州，陰謀復辟。及段系督軍叛變，黎氏召勳入京，欲藉其力以自固。勳率軍五千至天津，強迫黎氏解散國會，然後入京。是年七月，勳擁清遜帝溥儀復辟，黎氏避居日使館，令副總統馮國璋暫代總統職權，復以段氏為國務總理。段氏乃召集舊部，舉兵討伐，勳敗逃荷蘭使館，復辟運動至是消滅。

◆ 護法戰爭與南北分裂

　　段氏既重握政權，不許黎氏復職，擁馮國璋繼任大總統，馮氏仍以段氏為國務總理。段氏以國會阻撓對德宣戰，不肯恢復國會，　國父乃於廣州宣言擁護臨時約法，國會議員紛紛南下，於廣州舉行非常會議，決議另組軍政府。是年九月，軍政府成立於廣州，選舉　國父任大元帥，統有廣東、廣西、雲南、貴州等省，宣言戡亂護法，於是南北分裂。護法軍進入湖南，擊敗段氏軍隊，聲勢大振。

是時北洋軍閥因意見相左而分裂為直、皖二系，直系領袖馮國璋主張和平統一，皖系領袖段祺瑞主張武力統一。北軍既失利於湖南，直系各省督軍脅迫段氏辭職，馮氏以王士珍繼任國務總理，提倡和議，段氏亦令皖系各省督軍脅迫馮氏繼續對南方用兵。民國七年（西元一九一八年），馮氏復命段氏組閣，遣直隸督軍曹錕率軍反攻，連陷岳州、長沙、衡陽，與護法軍相持於衡山。

軍政府內部亦於此時發生分裂。桂系將領陸榮廷等勾結國會不肖議員排斥國父，改元帥制為合議制，選舉　國父及唐紹儀、唐繼堯、伍廷芳、林葆懌、陸榮廷、岑春煊七人為政務總裁，以春煊為主席總裁。　國父辭職不就，離粵赴滬。

是年八月，北京政府另組新國會，於九月選舉北洋元老徐世昌為總統，以調和直、皖二系勢力的衝突，徐氏力謀以和平達成統一，於十一月下令停戰，與南方進行和議。民國八年（西元一九一九年）二月，北京政府代表朱啟鈐與軍政府代表唐紹儀會議於上海，以皖系軍人阻撓，和議遷延數月不決。

二、北伐以前的政局

◆ 北方的混亂

馮國璋死後，直隸督軍曹錕繼為直系領袖，與皖系勢力衝突日益劇烈。民國九年（西元一九二〇年）三月，直系將領吳佩孚自湖南撤兵北歸，南軍乘機進取湖南全省。是年七月，錕與佩孚聯合奉天督軍張作霖，組成直奉聯軍，與段祺瑞的定國軍戰於北京附近，段軍大敗，是為直皖之戰。

直皖戰爭以後，皖系勢力沒落，北京政府為直奉二系所控制，徐世昌以曹錕為直魯豫巡閱使，吳佩孚為副使，張作霖為東三省巡閱使，次年，又以佩孚為兩湖巡閱使，於是直系勢力大盛。張作霖思伸展勢力於關內，對此深感不滿，擁財閥梁士詒組閣，欲藉其力以制吳。吳佩孚通電反梁，張乃遣大軍入關為梁聲援。民國十一年（西元一九二二年）四月，直奉二軍激戰於北京近郊，奉軍大敗，退出關外，是為直奉之戰。徐世昌下令將張作霖免職，張宣布東三省自治，與北京政府脫離關係。

直奉之戰以後，北方除東三省外，幾全入直系勢力範圍。直系將領聲言恢復

法統，迫徐世昌辭職，擁黎元洪復位，籌備召開舊國會，廣州舊國會議員北返者甚多。是年八月，舊國會在北京重開。次年，黎元洪被迫離京，直系以巨金賄買國會議員，選舉曹錕為總統，而張作霖及皖系浙江督軍盧永祥皆宣稱曹錕賄選無效。民國十三年（西元一九二四年）九月，錕命江蘇督軍齊燮元出兵擊永祥，為浙軍所敗，既而直系將領孫傳芳自福建攻入浙江，永祥敗走，浙江遂為傳芳所據，錕以傳芳為閩浙巡閱使。當齊、盧交戰時，奉軍分三路向關內進攻，吳佩孚率直軍與奉軍戰於山海關、古北口等長城各隘口，直系將領馮玉祥臨陣倒戈，自古北口回師入北京，逼曹錕退位。佩孚自山海關回師討伐，馮與奉軍夾擊之，直軍大敗，佩孚率殘部自海道轉往漢口，是為第二次直奉之戰，賄選政府由是告終。是年十一月，張作霖、馮玉祥等推戴段祺瑞出任臨時執政。

◆ 外蒙淪喪與中俄交涉

俄國自清末即已覬覦外蒙古，武昌起義，俄誘迫外蒙活佛乘機宣布獨立，驅逐滿清駐蒙大臣，自稱大蒙古國皇帝。民國元年（西元一九一二年），俄私與外蒙訂約，攫取外蒙一切權益，排除我國在外蒙勢力，我國屢經交涉，於民國四年（西元一九一五年），由中、俄、蒙三方在恰克圖訂立協約，外蒙承認我國宗主權，我國與俄國承認外蒙自治權。民國六年（西元一九一七年），俄國革命爆發，帝俄傾覆，蘇維埃政府繼起執政，外蒙王公喇嘛乘機發起取消獨立運動，於民國八年（西元一九一九年）正式呈請北京政府撤銷自治，北京政府宣布中俄蒙協約無效，外蒙至是復歸我國版圖。次年，帝俄餘黨（白俄）攻陷庫倫，劫持活佛，成立偽「外蒙獨立政府」。民國十年（西元一九二一年），蘇俄紅軍逐走白俄，建立偽「蒙古人民革命政府」，從此外蒙淪為蘇俄附庸，唐努烏梁海亦於蘇俄主使下繼外蒙宣布獨立，實際上仍為蘇俄附庸。

自蘇俄扶植外蒙偽政權，北京政府屢與交涉，於民國十三年（西元一九二四年）與訂中俄北京協定，我政府承認蘇俄政權，廢除中俄以前所訂不平等條約，蘇俄承認外蒙為中國領土，並自外蒙撤退紅軍。此約訂後，蘇俄並未遵約撤兵，且於同年七月將偽「蒙古人民革命政府」改組為偽「蒙古人民共和國」，並積極扶植中國共產黨徒，企圖顛覆我國政府，又與張作霖私訂奉俄協定，無異承認東北自立，充分暴露侵略我國野心，民國十六年（西元一九二七年），北京政府復與俄

國絕交。

◆ 西藏事變與中英交涉

　　英、俄二國對西藏均有野心，西藏與印度接壤，故英國對西藏尤為覬覦。清光緒十年（西元一八八四年），英攻占清在西藏邊境屬邦孟哲雄，光緒十六年（西元一八九〇年），清與英訂立印藏條約，承認孟哲雄為英保護國。其後清又許英人在西藏開闢商埠，以藏人反對未果，俄國乃乘機與達賴相結，英國大感不安。光緒三十一年（西元一九〇五年），英乘日俄戰爭，俄國戰敗，派軍侵入西藏，攻占拉薩，達賴奔俄，由班禪與英議和，訂立拉薩條約，開埠賠款。清拒不承認，於次年與英重訂藏印條約，英國承認我國對西藏宗主權。清乃積極整頓藏政，以四川總督趙爾豐為邊務大臣，於巴塘（西康省巴安縣）訓練新軍，經營西康以鎮撫西藏。

　　達賴奔俄，本欲乞援於俄國，日俄戰後，俄國無力相助，遂轉謀親英。清宣統元年（西元一九〇九年），達賴回藏，不滿清對西藏的積極統治，慫恿藏民暴動，川督趙爾豐派兵入藏鎮壓，達賴奔印，受英保護。次年，清革去達賴封號。民國成立，英助達賴返藏，煽惑藏人驅逐我國駐軍，宣布獨立，並要挾我國政府不得對西藏用兵，以換取英國對民國的承認，我政府不得已，恢復達賴封號。民國三年（西元一九一四年），我國政府派代表與英、藏二方代表於印度會商，英國承認我國在西藏宗主權，我國允許西藏自治，但英人妄將青海及西康地區劃入西藏，以今西康省昌都縣以西為外藏，昌都縣以東及青海為內藏，我國拒絕簽約。其後藏人屢乘我國內亂，進犯川邊，直至國民政府成立，中藏關係始漸好轉，然藏人仍時犯西康。民國二十二年（西元一九三三年），達賴卒，我國派專使入藏致祭，民國二十八年（西元一九三九年），又派員入藏主持轉世達賴坐床典禮，我國在西藏地位始漸恢復。

◆ 山東問題

　　日俄戰爭以後，日本在東北取得不少俄國讓渡的權利，然意猶未足，仍思在華擴張勢力。民國三年（西元一九一四年），歐戰爆發，我國初守中立，日本乘西方列強無暇東顧，乘機奪取德國在膠州灣租借地，於是年八月對德宣戰，派兵自

山東龍口登陸，強占膠州灣及青島，並占領膠濟鐵路及鐵路沿線礦產，我國屢請其撤兵，日本置之不理。次年一月，日本向我國提出二十一條要求，分為五號，要求內容包括下列各項：一、山東省權益，二、南滿及東蒙古權益，三、漢冶萍公司權益，四、中國所有港灣島嶼的權益，五、有關政治、軍事、財政及傳教各項權益。企圖將我國政治、軍事、經濟、財政皆置於其控制之下。當時袁世凱正謀稱帝，為換取日本的支持，於五月九日簽字承認日本所提第一號至第四號各條要求，第五號各條允於日後協商。民國六年（西元一九一七年），我國準備參戰，日本與英、法、俄、義等國訂立密約，保證日本接收德國在山東省一切既得權利，次年，日本又與北京政府訂立膠濟鐵路中日合辦條約，作為長期占據膠濟鐵路的合法根據。

　　民國八年（西元一九一九年），歐戰結束，協約國在法京巴黎舉行和會，我國派遣陸徵祥、顧維鈞、王正廷、施肇基、魏宸組等為代表赴會。我國代表於會中要求取消日本逼我簽訂的二十一條要求，並將德國在山東省所有權益交還我國，然以日本與英、法等國早有密約，於對德和約中竟將德國在山東省的權利轉讓日本。消息傳來，輿論沸騰。五月四日，北京各校學生舉行遊行示威，呼籲政府反對簽約，各地紛起響應，民意激昂，是為五四運動。我國代表因此拒絕簽署對德和約，僅簽署對奧和約而返。其後日本屢次脅誘北京政府與日本就山東問題作直接交涉，為北京政府所拒，直到華盛頓會議，山東問題始獲解決。

◆ 華盛頓會議對有關中國問題的處理

　　歐戰結束以後，美國鑒於列強軍備競爭及各國在華利益衝突，均足以引發未來戰爭，於民國十年（西元一九二一年），柬約我國及英、法、日、義、比、荷、葡等與太平洋區域有關國家，開會於美京華盛頓，以解決太平洋問題，故又稱太平洋會議。關於中國問題，決議由與會九國共同遵守下列四原則：一、尊重中國主權獨立及領土行政的完整。二、予中國以自由發展的充分機會，並維持一有力穩固的政府。三、維持各國在中國工商業機會均等。四、不得利用中國現狀營求特別權利以妨礙友邦在中國的權益。於民國十一年（西元一九二二年）二月締結九國公約。會中我國要求廢除二十一條要求，日本反對討論，既而允就南滿及東蒙古各條作有限度的讓步，為我國所拒絕，遂成懸案。山東問題則由英、美居間

調停，協議由中日二國在會外談判，締結解決山東懸案條約，日本放棄德國在山東省一切權利，膠州灣及青島由中國收回，但須闢為商埠，膠濟路由中國以日金三千萬圓贖回，分十五年償清，鐵路沿線日軍於六個月內完全撤離。會後日軍自山東省撤退，我國亦收回膠州灣租借地及膠濟鐵路權益。

三、國父的奮鬥與蔣總統的勳業──北伐與統一

◆ 國民革命軍的建立

　　廣州軍政府改組後，　國父避居上海，致力於著述學說及整理黨務。民國七年（西元一九一八年），　國父手著孫文學說，闡揚知難行易的道理，以糾正革命同志視主義為難行而發生因循畏怯心理。　國父又手著建國方略，擬定具體建國主張及方案。民國八年（西元一九一九年），　國父又改組中華革命黨為中國國民黨。

　　民國九年（西元一九二〇年），　國父以岑春煊、陸榮廷日益專橫，與唐紹儀、伍廷芳、唐繼堯發表聯合宣言，申討岑、陸，命粵軍將領陳烱明自閩南率軍進討，克復廣州，岑春煊等率桂軍遁回廣西。民國十年（西元一九二一年），舊國會於廣州召開非常會議，取消軍政府，改組為中華民國政府，選舉　國父為非常大總統，遣粵軍進平廣西。

　　國父既定兩廣，設大本營於桂林，欲取道湖南北伐，命陳烱明鎮守廣州，供應糧餉。烱明陰謀割據，不輸糧餉。民國十一年（西元一九二二年），　國父以糧餉缺乏，還鎮廣州，擬改道北伐，烱明以為　國父將欲圖己，率部撤離廣州，伺機謀叛。是年五月，北伐軍攻入江西，六月，陳逆叛變，遣軍占領廣州，圍攻總統府。　國父事先聞訊，避居軍艦，北伐軍回師戡亂，不勝，　國父乃乘艦離粵赴滬。民國十二年（西元一九二三年），北伐軍與滇、桂軍合討叛軍，克復廣州，陳逆敗走惠州，盤踞東江一帶。　國父重返廣州，復任大元帥，統制諸軍。

　　國父見國步日艱，而國民黨內部團結不固，乃決意再加整頓。於是年一月發表中國國民黨宣言，宣布三民主義及五權憲法的政治原則。次年一月，於廣州召開國民黨第一次全國代表大會，通過黨章，革新組織，闡明三民主義真諦，宣稱

中國國民黨建國治國的重大使命。四月,公布建國大綱,並命總統 蔣公籌設黃埔陸軍軍官學校,培養革命武力,尋任為校長。總統 蔣公早歲獻身革命,無役不與。陳烱明之叛,總統 蔣公聞訊赴難,追隨 國父,履險如夷,極為 國父所器重。 國父深感革命運動所以迭遭失敗,主要在於缺乏對革命有深切認識的革命武力,故委總統 蔣公以訓練革命隊伍的重任,於是革命精神,日益蓬勃。

◆ 國父逝世

民國十二年(西元一九二三年),曹錕賄選成功, 國父亦通電聲討。次年, 國父督師北伐以策應反直系諸軍。未幾直系覆敗,段祺瑞就任臨時執政,邀請 國父北上共商國是, 國父乃於是年十一月離粵北上,行前發表宣言,主張召開國民會議,以謀中國的統一與建設,並主張廢除一切不平等條約,而段氏則對各國表示尊重與各國既訂一切條約,並召集純為軍閥官僚組成的善後會議。 國父劬勞為國,健康欠佳,至是深感失望,抵天津後,憤恚發病。是年十二月, 國父抱病至北京,病勢轉篤,延至民國十四年(西元一九二五年)三月十二日逝世。 國父謀求中國統一的宿志雖未實現,其憂國憂民、救國救世的精神,全國有志青年皆深受其感召。

◆ 軍閥的割據

段祺瑞就任執政後,馮玉祥將所部改組為國民軍,控制北京及察哈爾、綏遠、河南、甘肅、陝西等省,張作霖亦伸展勢力於關內,控制東三省及熱河、山東、江蘇、安徽等省,盤踞浙江省的直系餘孽孫傳芳則聯絡安徽、江西二省軍人,擊敗江蘇、安徽二省奉系勢力,自稱蘇皖贛浙閩五省聯軍總司令,於是北方為奉系、直系及馮系三大勢力所割據,互相攻伐。馮玉祥聯絡奉軍將領郭松齡倒戈,郭自灤州(河北省灤縣)出關攻擊奉軍,兵敗而死,國民軍則擊敗奉軍,取得直隸及熱河二省,吳佩孚亦乘奉、馮衝突,於湖北收集舊部,攻入河南,直系勢力復盛。

張作霖既為馮玉祥所敗,又聯絡吳佩孚夾擊國民軍。民國十五年(西元一九二六年),吳佩孚自河南進兵直隸,張作霖亦遣兵攻取山海關。段祺瑞謀欲響應奉軍,為國民軍發覺,被迫避走天津,既而奉、直二軍攻陷北京,國民軍敗退綏遠,馮玉祥去職赴俄,北方遂成張、吳、孫割據之局,東北、華北屬張作霖,河南、

湖北屬吳佩孚，長江下游屬孫傳芳。

◆ 北伐與清黨

　　國父在北京逝世後，南方中國國民黨仍致力於中國的統一。民國十四年（西元一九二五年），總統　蔣公先後平定盤踞東江的陳烱明及滇桂系叛軍，戡定兩廣。是年六月十五日，大元帥府改組為國民政府，下設軍事委員會，為最高軍事決策指揮機構。所有黨軍亦改稱為國民革命軍，以總統　蔣公為總監。民國十五年（西元一九二六年）六月，國民政府乘北方奉軍與國民軍混戰之際，任命總統　蔣公為國民革命軍總司令兼軍事委員會主席。七月，軍事委員會頒發北伐軍動員令，分軍三路北伐，中央軍出湖南，右翼軍出江西，左翼軍山鄂西。是月，國民革命軍攻入湖南，克復長沙。八月，大破吳佩孚主力於汀泗橋（湖北省咸寧縣西南）。十月，國民革命軍克復武昌，底定兩湖，吳佩孚率殘軍退入河南，國民革命軍乃進取長江下游各省。

　　當中央軍攻入湖南時，　蔣總司令親率右翼軍進取江西，孫傳芳集重兵與國民革命軍激戰，是年十一月，右翼軍擊潰孫部主力，克復南昌，而屯守粵北的國民革命軍亦奉命攻入福建，進克福州。民國十六年（西元一九二七年）初，國民政府自廣州遷至武漢。二月，　蔣總司令命何應欽將軍率軍進取浙江，克復杭州，孫傳芳乞援於張作霖，張作霖派兵南下，助孫傳芳防守。三月，右翼軍攻克南京、上海、安慶，擊潰南援奉軍，盡平東南諸省。　蔣總司令方擬繼續麾軍北上，尋以共產黨叛亂與國民黨內部的分裂，致使北伐軍事暫告停頓。

　　中國共產黨於民國十年（西元一九二一年）由蘇俄扶植而成立，發起人為陳獨秀、李大釗等。當時共產黨員極少，力量微弱，謀藉國民黨的掩護以發展其勢力，請求　國父允許共產黨員以個人身分加入國民黨，　國父為加強革命力量，允其所請。共產黨乃展開顛覆活動，操縱黨務及政治，分化國民黨的團結，惟總統　蔣公洞燭其姦。及　國父逝世，顛覆活動益加積極。民國十五年三月，共黨分子海軍局代理局長李之龍陰謀劫持　蔣公坐艦中山號，欲於　蔣公乘艦從廣州返黃浦途中，直駛海參威，轉送俄國，　蔣公識破其陰謀，下令逮捕李之龍，並遣兵登艦鎮壓，得免於難，是為中山艦事變。民國十六年（西元一九二七年）三月，武漢方面的國民黨員在共產黨操縱下召開中央執行委員會於漢口，　蔣總司

令以中央執行委員會已被共產黨所控制，與大多數反共執行委員拒絕出席。四月，南京國民黨中央執行委員會及監察委員會舉行聯席會議，接受吳敬恆委員提議，成立清黨委員會，實行清黨，又以武漢政府受共產黨挾持，不能自由行使職權，於南京另組中央黨部及國民政府，是為寧漢分裂。

　　寧漢分裂前後，北伐軍事繼續進行。南京方面國民革命軍由何應欽、白崇禧、李宗仁三將軍率領，分三路北上，連克徐州、海州（江蘇省東海縣）、郯城，進入山東省境，孫傳芳率殘部北竄。武漢方面國民革命軍亦攻入河南，大敗奉軍。是時馮玉祥已自蘇俄回國，加入中國國民黨，受國民政府任命為國民聯軍總司令，率領國民軍自綏遠入定陝西，東出潼關略取河南，於是年四月攻占洛陽。六月，與國民革命軍會師於鄭州，山西閻錫山亦響應革命，與奉軍激戰於平綏鐵路及平漢鐵路沿線，屢挫敵鋒。

　　當各路國民革命軍大獲全勝時，武漢政府在共產黨把持下，忽自河南撤兵，聲言東征，蘇北、魯南國民革命軍顧慮南京安全，回兵入衛，孫傳芳乘隙反攻，徐州、蚌埠等地相繼淪陷。既而武漢國民黨員發現共產黨受蘇俄共產國際的驅使，陰謀顛覆國民政府，亦於七月繼起分共，開除共產黨員在國民黨黨籍，蘇俄所派顧問鮑羅廷等亦被驅逐返俄。　蔣總司令為促成寧漢合作，於八月引退返籍，大江以北盡陷敵手。孫傳芳傾其殘部數萬人南犯，自龍潭、棲霞山一帶乘霧渡江，進逼南京，京滬大震。經過五晝夜激戰，終為國民革命軍名將何應欽將軍等所擊潰，幾乎全軍覆沒，孫傳芳退屯蚌埠。九月，寧漢復合，並改組國民政府，定都南京。

◆ 全國統一

　　自　蔣總司令引退後，張作霖氣燄益張，於北京組織軍政府，自任大元帥。民國十七年（西元一九二八年）一月，　蔣總司令在各方一致敦請之下復職，繼續率師北伐。　蔣總司令將北伐軍改編為四大集團軍，　蔣總司令兼任第一集團軍總司令，馮玉祥為第二集團軍總司令，閻錫山為第三集團軍總司令，李宗仁為第四集團軍總司令，何應欽為總司令部參謀長。第一集團軍沿津浦鐵路北攻，擊潰張宗昌、孫傳芳聯軍主力於泰安，五月一日收復濟南。五月三日，日本軍閥為阻撓我國統一，突向濟南北伐軍發動襲擊，北伐軍為避免衝突，撤出濟南，繞道

渡河，繼續北進，於六月進抵天津附近。第二集團軍沿平漢鐵路北上，敗奉軍於安陽城郊，進克大名、高陽，於六月進抵北京近郊。第三集團軍自山西東進，攻入河北，連克平山、曲陽、唐縣，擊潰奉軍主力於方順橋（河北省滿城縣南五十里，跨方順河），於五月杪攻克保定。第四集團軍自河南北上，與第三集團軍會攻保定，進駐京、津附近。張作霖見大勢已去，於六月二日離京出關，日人勸阻無效，至瀋陽附近的皇姑屯，為日人預埋炸彈炸斃。奉軍全線向東北退卻，北伐軍進而收復京、津，改北京為北平市。張作霖死後，其子學良於同年十二月通電擁護國民政府，自民國初年以來分裂割據的局面至是復歸統一。

北伐成功後，國民黨隨即依照　國父建國大綱程序，實行訓政，以黨治國。民國十七年（西元一九二八年），改訂國民政府組織法，選任總統　蔣公為國府主席。國民政府下設行政、立法、司法、考試、監察五院，分掌大政。地方行政區，於舊有二十二行省外，增設熱河、察哈爾、綏遠、寧夏、青海、西康六省，並改奉天省為遼寧省。省政府設委員若干人，由中央政府任命，以其中一人兼主席，下設民政、財政、教育、建設、農礦諸廳，廳長由省府委員兼任。省下置縣，直隸於省。又於首都及政治、經濟重要地區設院轄市，直隸行政院，於各省商業繁盛地區設省轄市，隸屬省政府。

四、蔣總統的勳業——安內與攘外

◆ 日本的挑釁

日俄戰爭以後，俄國勢力被逐出東北，日本即視東北為其勢力範圍，積極向東北實行經濟侵略。日本最初獎勵日人移殖東北，以奪取東北經濟權益，惟東北氣候不適日人生活，日人移殖東北者不多，未能收到預期效果。日本的經濟侵略既未得逞，乃轉而企圖以武力侵略，嗾使朝鮮人民至東北墾荒，於吉林省內強占民田，製造糾紛。

民國二十年（西元一九三一年）夏，朝鮮移民擅於吉林省長春縣萬寶山開渠築壩，與當地農民發生衝突，日本警察以保護僑民為名，向我國農民開槍射擊，死傷數百人。事後日人製造謠言，煽惑朝鮮人民排華，朝鮮境內華僑被殺者千餘

人，既而復揚言日本陸軍大尉中村麗太郎於八月二十八日赴興安屯墾區遊歷，為中國駐軍所殺害，向我政府提出嚴重交涉，一面增兵南滿，積極準備擴大侵略行動。九月十八日夜，日軍自將其南滿鐵路長春線柳河鐵橋炸毀，誣稱為我軍所破壞，向我瀋陽城外北大營駐軍進攻，次日攻陷瀋陽，而鞍山、海城、撫順、四平街、寬子城、長春、營口、鐵嶺、開原、安東、鳳凰城、延吉等重要城市亦於同日陷落。十一月，日軍進攻黑龍江省，擊退我黑龍江主席馬占山將軍的英勇抵抗，占領齊齊哈爾，奉軍將領榮臻退守遼西。次年一月，日軍攻陷遼西重鎮錦州，於是東三省全部淪於日軍之手，惟各地義勇軍仍繼起抗日，歷久未已，是為九一八事變。

九一八事變發生後，舉國憤慨，各地紛紛展開反日運動，世界輿論亦一致對日攻擊。國府　蔣主席以不見諒於廣州當局，忍讓為國，辭職下野，選林森繼任國府主席。日本為威迫我國承認東北既成事實，並轉移國際視線，復企圖於上海發動另一次的侵略行動。國民黨中央政治會議以局勢嚴重，復徵　蔣公出任軍事委員會委員長，以濟國難。

民國二十一年（西元一九三二年）一月二十八日夜，日本艦隊突向上海吳淞要塞砲擊，並遣大軍攻入閘北，駐滬國軍奮起應戰，日軍攻勢屢被阻遏，前後凡三易統帥。國軍抗戰月餘，至三月二日，以側面遭受威脅，退守南翔一帶，五月，由美、英、法三國公使調停，成立停戰協定，日軍由上海撤退，是為一二八事變。此役不但充分表現我軍英勇不屈的精神，亦強調我國政府抗戰的決心，國際視聽由是為之一變。

當九一八事變發生時，我國政府為尊重國際條約，將日本強占東北事實訴之於國際聯盟，請求國聯理事會主持正義，經國聯理事會議決，限令日本於十月十三日以前撤兵至南滿鐵路區域以內，另組織一調查團，對有關事實作公平的調查，日本不但不理，且擴大侵略行動，國聯聲譽從此一蹶不振。民國二十一年（西元一九三二年）三月，日本於東北建立偽「滿州國」，擁立清遜帝溥儀為偽執政，設偽京於長春，而軍政大權，實操於日本駐偽「滿州國」全權大使兼關東駐屯軍總司令之手，成為日本卵翼下的傀儡政權。國聯根據調查團調查結果，認為東北事件，曲在日本，宣布不承認偽「滿州國」，日本遂退出國聯。次年三月，溥儀僭號稱帝。

日本既強占我東北三省，又繼續向我國發動侵略，於民國二十二年（西元一九三三年）一月，攻陷山海關，進兵熱河。三月，承德失守，日軍南犯長城，我軍與日軍浴血作戰於喜峰口、古北口、冷口等地，屢挫敵鋒，日軍乃由山海關進攻灤東，威脅我軍後方，我軍被迫撤退，長城各口由是相繼淪陷。五月，日軍逼近平、津，迫我國與訂塘沽協定，劃冀東為非武裝區，日軍始退至長城一帶，熱河遂淪入日本之手。

民國二十四年（西元一九三五年）六月，日本復向我國啟釁，逼我國簽訂何梅協定，撤退駐防河北軍隊，撤換河北省主席及天津市長，停止河北省內各級國民黨黨部的活動。是年十一月，日本唆使漢奸殷汝耕等以冀東十二縣之地，組織偽「冀東反共自治政府」，以實現分割中國計畫。同時向察哈爾進兵，利用內蒙德王組織偽「蒙古大元帝國」，至是年年底，察哈爾省亦淪於日軍之手。次年，日本又利用漢奸鼓動河北、察哈爾、綏遠、山西、山東五省脫離中央，組織傀儡政權，為各省駐軍及地方政府所拒絕，未能如願。此後日軍不斷於華北各地肇事挑釁，破壞華北的經濟及治安。

◆ 安定內部與國防建設

我國對日本的侵略，委曲遷就，目的在爭取時間，從事安定內部及國防建設，以培養國力。自寧漢合作以後，共匪屢在各地暴動，皆為國軍所平，匪酋毛澤東率殘部流竄於湘、贛山區，收編土匪，於民國二十一年（西元一九三二年）成立偽「蘇維埃臨時中央政府」，四出劫掠，湘、鄂、豫、皖、贛、浙、閩諸省皆受其害。　蔣委員長知欲攘外，必先安內，躬親督剿，至民國二十三年（西元一九三四年）夏，共匪被迫退保贛南山岳地帶，是年十一月，終為國軍擊潰，匪軍投降者數以萬計。殘匪分數股向西流竄，經湘、黔、滇、川、康、青、甘、寧等省，於次年抵達陝北延安，沿途經國軍追剿，所餘僅數千人，窮蹙一隅。國府任命張學良為西北剿匪副總司令，率所部東北軍駐防西安，協同陝西綏靖主任楊虎城進剿陝北殘匪。共匪以「停止剿共，一致抗日」為口號，煽惑張、楊，張、楊為其所惑，停止剿匪行動，與共匪妥協，陰謀反抗政府。

民國二十五年（西元一九三六年）十二月，張學良藉口所部不穩，與　蔣委員長會於洛陽，商討對策。　蔣委員長於洛陽與張學良會晤後，即飛抵西安坐鎮，

擬召集陝、甘剿匪將領諮詢戰況，宣布剿匪抗日方針，而張、楊二逆乃於此時叛變，劫持　蔣委員長，要求容共及改組政府，　蔣委員長不為所動。消息傳出，舉國震憤，一致擁護政府，聲討張逆。國府頒令撤免張逆本兼各職，任命何應欽將軍為討逆軍總司令，督師進討。既而張逆受　蔣委員長為國為民堅定不移的精神所感召，悔悟輸誠，護送　蔣委員長返京，至是中國內部統一團結，較前更為堅強。

　　蔣委員長自從北伐統一以後，即從事國防建設，包括新生活運動的提倡，政治、財政的改革，經濟、交通的建設以及軍事制度的整頓。　蔣委員長於民國二十三年（西元一九三四年）發起新生活運動，成立新生活運動促進會，自任會長，全國各地熱烈響應，各省縣市設立分會凡一千三百餘所，提倡簡單、整齊、樸素、清潔的生活，發揚刻苦耐勞、廉隅儉約、遵守紀律、忠誠知恥的美德，激勵國人臥薪嘗膽，勿忘雪恥，實行以來，民族精神為之振奮。日人嘗云中國有三件不可輕視的大事，即整理財政、整頓軍備與新生活運動，其意義的深刻由此可見。政治方面，興利除弊，提高行政效能，提前制定憲法草案，公布國民大會組織法及選舉法，以為實施憲政的準備。財政方面，實施國定稅則，確立預算制度，並於民國二十四年（西元一九三五年）改革幣制，統一通貨，以穩定外匯，振興實業。經濟方面，設置全國經濟委員會，倡導國民勞動服務，鼓勵墾牧，開發礦產，發展工業，流通貨運，以促進國民經濟建設。交通方面，以鐵路及公路為主，自北伐成功至民國二十六年（西元一九三七年）間，全國凡敷設鐵路五千公里，開闢公路十一萬四千餘公里，使交通線深入全國腹地。此外，又發展航空事業及內河航運，郵政及電信的建設亦遍及全國。軍事方面，頒布兵役法，實行徵兵制與國民軍訓，擬訂軍隊編制、裝備、補給、訓練計畫，擴充軍用工業，充實軍官學校設備及教育，建立陸軍大學以培養高級指揮人才，積極發展空軍，設立航空學校，又於各地厲行保甲制度，加強社會基層組織。

◆ 七七事變與抗日戰爭

　　日本鑒於分裂我國陰謀無法實現，而我國內部團結日益鞏固，政治日新，深恐我國一旦強盛，則其宰割我國的迷夢益難實現，乃先發制人，再度發動大規模的武裝侵略。

民國二十六年（西元一九三七年）七月七日，日軍於宛平縣蘆溝橋附近舉行野戰演習，藉口失蹤士兵一名，要求進入宛平縣城搜查，並強迫我國駐軍撤出，為我軍所拒。日軍向宛平縣城開砲轟擊，我宛平守將吉星文團長率部奮起抵抗，中日大戰就此揭幕。日本以兵力尚未集中，一面誘我國政府與之談判，一面增兵平津，企圖以強大兵力壓迫我國屈服。　　蔣委員長時在廬山，發表對時局重要聲明，謂任何談判均不得侵害中國主權與領土的完整為原則，並鄭重表示，我國希望和平而不求苟安，準備自衛應戰而不求戰，並呼籲日本政府在此最後關頭，能夠懸崖勒馬，勿使中日二大民族陷入萬劫不復之境。我國外交部亦照會日本政府，要求日本承認發動此次事變的責任，向我國正式道歉，並保證今後不得再有同類事件發生。日本政府不但不予理會，且積極部署侵華行動。七月底，談判破裂，日本知我國不肯屈服，大舉進攻，企圖於短期內以武力征服中國。八月初，平、津淪陷，同月十三日，日軍突襲上海，企圖控制長江口以威脅我國首都，我駐淞滬守軍英勇抵抗，屢挫敵鋒，而揭開神聖的全面抗戰。是役日軍增援赴滬作戰者先後達二十餘萬，死傷逾十萬人，我軍堅守陣地達三月之久，至十一月，日軍自杭州灣北岸全公亭、金山咀等地登陸，攻取松江，側擊淞滬，我軍不得已後撤。國民政府宣布遷都重慶，準備長期抗戰，利用空間及險阻，抵禦日軍優勢的裝備。十二月，南京失守，日軍縱火劫掠，屠殺姦淫，無所不為，我民眾婦孺被蹂躪慘殺而死者達十餘萬人。時我軍在北方戰事亦屢失利。日軍自華北南犯，欲與自南京北上日軍會攻徐州。民國二十七年（西元一九三八年）三月，我最高統帥　蔣委員長親臨前線指示機宜，四月，我軍大破南犯日軍於魯南的台兒莊，殲敵三萬餘人，殘敵突圍北遁，造成抗戰初期大捷。日軍增援來攻，於五月攻陷徐州，六月，進陷開封。我軍為阻阨日軍在黃淮平原優勢的兵力，將趙口附近黃河堤炸毀，造成廣袤數十里的氾濫，以阻日軍的攻擊。徐州會戰後，日軍復分兵二路會攻武漢，一路沿長江西犯，陷安慶、潛山、太湖、湖口、九江等地；一路沿淮河西上，陷固始、潢川、羅山等地，展開了我國抗日史上的武漢大會戰。十月，長江沿線日軍攻陷黃陂，威脅武漢側背，淮河沿線日軍攻陷信陽，自武勝關南下，會攻武漢，與我軍展開空前激烈的戰鬥，我軍為避免犧牲，於予敵以重創後，放棄武漢。總計是役戰事凡歷五閱月，敵我大小數百戰，日軍死傷者十餘萬人，艦艇被擊損毀及沈沒者百餘艘。是月，日軍攻陷廣州，切斷我國國際交通。

在武漢會戰以前，日軍藉其機械化部隊及重兵器的掩護，於沿海沿江平原地區，進展甚速。武漢會戰以後，我軍撤入山區，日軍受地形限制，重兵器使用不便，加以戰場遼闊，兵力不敷分配，攻勢頓挫，而我軍經過整編及重新部署，兵力擴充至五百萬人，另有敵後游擊隊八十萬人，士氣益振，戰局逐漸好轉。

當日軍攻陷南京後，以為我國必將屈服，曾請德國向我國提出和平條件，蔣委員長斷然拒絕。民國二十六年（西元一九三七年）十二月至次年三月，日本先後於北平扶立偽「臨時政府」，於南京成立偽「維新政府」，受日本興亞院及派遣軍司令部的監督，陰謀實現以華制華政策，並採取以戰養戰的戰略，榨取占領區的人力物力，作為繼續侵華的資本。當日本扶立偽「北平臨時政府」時，　蔣委員長即昭告世界各國，日軍在占領區內任何非法組織絕對無效。民國二十七年（西元一九三八年）十二月，日本首相近衛發表建立東亞新秩序聲明，強調日支親善、共同防共及經濟合作三原則，企圖引誘我政府意志動搖人士與之妥協，蔣委員長又針對其聲明痛加駁斥，指出其陰謀，所謂日支親善是要我國承認偽滿政權，所謂共同防共是要我國承認日本在內蒙與華北駐兵，所謂經濟合作是准許日人在中國內地自由雜居，所想建立的東亞新秩序是要使日本成為東亞的主人，使中國成為日本的附庸和奴隸。而汪兆銘竟受其誘惑，叛國出走，先至河內，轉赴香港，於次年春發布和平通電，主張按照日本近衛內閣聲明結束中國事件。同年五月，汪逆親至東京降敵，與日本私訂密約，不惜斷送我國領土國防及一切資源。民國二十九年（西元一九四〇年）三月，日本合併偽「臨時政府」及偽「維新政府」，改組偽政權於南京，以汪逆為傀儡。日本此舉目的本在分化我政府，然國人對汪逆的無恥行為附和者甚少，我政府抗戰意志亦愈堅強，日本並未獲得預期效果。

◆ 抗戰期間的盟邦與外交

抗戰初期，列強對華政策多隨本身利害關係而轉變，惟美國始終在道義上支持我國，民國二十八年（西元一九三九年）九月，第二次世界大戰爆發，日本與德國、義大利締結軍事同盟，號軸心國，與美、英、法等國對立，我國與美、英、法等國關係亦日益密切。民國二十九年（西元一九四〇年）以後，美國對我國援助漸趨積極，宣布禁止以軍事物資輸入日本。民國三十年（西元一九四一年），日

軍占領越南，美國封存日本在美資金。是年十二月，日本發動太平洋戰爭，偷襲美國太平洋海軍基地珍珠港，同時大舉南侵，企圖掠奪南洋群島資源，向美、英宣戰，同月，我國亦正式對日本及其同盟德、義宣戰，四年來我國孤軍奮鬥的中日戰爭，至是與美、英等國並肩對抗侵略。自武漢撤守至太平洋戰爭爆發的三年間，我軍奮戰雖極艱苦，亦曾獲得若干次勝利，於鄂西、湘北、贛中及桂南等地予敵以重創，其中以民國二十八年（西元一九三九年）九月，三十年（西元一九四一年）九月及十二月（是役延續至翌年正月十五日）長沙會戰三次大捷，戰果尤碩。

民國二十八年（西元一九三九年）九月，日軍挾其優勢的兵力，配合大砲、戰車、飛機及艦艇，突破我新墻河及汨羅江陣地，分兵六路會攻長沙。第一路自贛北西向瀏陽，為我軍擊退，第二路擬自鄂南越九嶺經平江出長沙之東，亦為我軍擊退。第三、四、五、六諸路為日軍主力，共約六萬人以上。是月二十八日，日軍進至福臨舖、栗橋、三姐橋一帶，知第一、第二兩路日軍敗退消息，分兵經甕江遶向平江，其主力仍續向長沙推進，我軍一面沿途截擊以消耗其戰力，一面誘敵進入上彬市與橋頭驛二地，經三晝夜的圍攻，日軍死者二萬餘人，不支突圍北遁。我軍乘勝追擊，收復汨羅江、新墻河陣地，是為第一次長沙大捷。

民國三十年（西元一九四一年）九月，日軍復集結兵力大舉進犯長沙，強渡新墻河、汨羅江，向福臨舖、栗橋、三姐橋一帶猛攻，我方亦集結大軍還擊。是月二十七日，我軍與日軍大戰於撈刀河南岸，阻遏日軍攻勢，別軍出汨羅江、新墻河切斷日軍與後方聯絡，包圍撈刀河地區日軍主力。三十日，日軍突圍北走，我軍跟蹤追擊。十月五日，我軍北渡汨羅江，八日，渡新墻河，分軍向羊樓司、臨湘、岳陽各地進攻，是為第二次長沙大捷。

同年十二月，日方復集結大軍自湘北南犯長沙。自是月十九日至月秒，日軍推進抵新開市以東地區。民國三十一年（西元一九四二年）元旦，日軍開始向我長沙外圍陣地攻擊，包圍長沙。我長沙守軍奮勇抵抗，自元旦鏖戰至五日，長沙城仍屹立無恙，日軍則傷亡纍纍，我外圍援軍亦雲集反攻，將來犯日軍圍困於撈刀河、汨羅江之間。日軍北向突圍，為我軍截擊，潰不成軍，轉戰至十五日，始得狼狽渡新墻河北竄。是役日軍動員兵力凡十二萬餘人，傷亡五萬餘人，我軍擄獲戰利品甚夥，是為第三次長沙大捷。

　　民國三十年（西元一九四一年）十二月，我國與美、英二國在重慶舉行東亞軍事會議，會中議決如日軍侵入緬甸，我國將遣陸軍及空軍協助緬甸防衛，美國則以戰略物資供應中國。民國三十一年（西元一九四二年）一月，我國與美、英、蘇等二十六國在華盛頓發表反侵略共同宣言，表示對軸心國作戰決心，　蔣委員長被推為中國戰區盟軍最高統帥，指揮中國及中南半島軍事，我國國際地位由是提高，與美、英、蘇等列。是月，日軍侵入緬甸，我國履行諾言，遣兵入緬，與英軍併肩作戰。我軍的英勇表現，令友邦至為感動。是年十月，美、英二國同時宣布撤銷以往與我國所訂不平等條約，另訂平等互惠新約。民國三十二年（西元一九四三年）一月，新約成立，美、英放棄在華治外法權及其他一切權利，其他各國亦相繼宣布放棄在華特權聲明，自鴉片戰爭以來備受不平等條約的束縛，至是在我英明統帥　蔣委員長的領導下一旦解除，舉國歡騰。

　　是年八月，國民政府主席林森逝世，由　蔣委員長繼任國府主席。十一月，　蔣主席與美總統羅斯福、英首相邱吉爾會議於開羅，於十二月發表開羅會議宣言，宣布戰事結束後，東北四省及臺灣、澎湖群島歸還中國，朝鮮獨立。民國三十三年（西元一九四四年）十月，我國復與美、英、蘇宣布聯合國組織草案，成為聯合國發起國之一。民國三十四年（西元一九四五年）七月，我國又與美、英聯合發表波茨坦宣言，命日本無條件投降。

◆ 勝利的來臨

　　開羅會議以後，軸心國漸處於不利地位，日本為挽回頹勢，向我國猛烈進攻。民國三十三年（西元一九四四年），日軍占領平漢、粵漢二鐵路全線，復自湘、粵集結大軍分三路西犯廣西，連陷桂林、馬平、南丹，北窺貴州，攻陷獨山，貴陽震動。既而我軍克復獨山，迫敵退守廣西省河池縣一帶，日軍凶燄終被遏止。我國滇邊遠征軍於次年與盟軍會師於緬北，打通中印公路，盟國物資經此路源源而至，我軍士氣益盛，我軍復自閩浙邊境及廣西反攻，屢敗日軍，陸續收復為敵所陷城鎮。

　　民國三十四年（西元一九四五年）五月，德國投降，日本猶頑抗不屈。八月七日，美國以原子彈投擲日本廣島，廣島居民死傷者十餘萬，九日，美國又以原子彈投擲日本長崎，日本舉國驚怖，於十日向盟國表示願意接受波茨坦宣言，惟

要求仍舊保留天皇為日本元首，十一日，美國代表盟國對日表示接受，十四日，日本正式宣布無條件投降，中國八年浴血抗戰，終獲最後勝利。

抗戰勝利後，東北、臺灣及澎湖重歸祖國，我國分遼寧、吉林、黑龍江三省為遼寧、遼北、安東、吉林、合江、松江、黑龍江、嫩江、興安九省，合臺灣及澎湖為臺灣省。日本投降，臺灣同胞欣喜若狂。光復臺灣為我國政府既定的政策，當民國十六年北伐期間，　蔣公即曾明確表示臺灣必須歸還中國，民國二十七年（西元一九三八年），中國國民黨臨時全國代表大會又特別申明解救臺灣的決心。我國政府不顧一切艱難，奮起抗戰，一面固為圖存，一面亦欲藉以拯救臺灣同胞。臺灣的光復，使五十年來受盡日本迫害的臺灣同胞重返祖國懷抱，獲得自由平等的新生活。

五、蔣總統的勳業——行憲與戡亂

◆ 實施憲政

國民政府為早日實施憲政，還政於民，原定於民國二十六年（西元一九三七年）十一月召開國民大會，因抗日戰爭而延擱。民國三十四年（西元一九四五年）五月，中國國民黨第六次全國代表大會於重慶舉行，通過實施憲政的各種措施，並預定於是年十一月召開國民大會，而共匪公然反對。次年一月，　蔣主席召集各黨派代表及無黨派人士召開政治協商會議，協商憲政問題，通過憲法草案，並定於是年五月召開國民大會，其後因共匪橫加阻撓，屢次延期。

民國三十五年（西元一九四六年）五月，國民政府自重慶遷都南京，既而共匪叛亂，政府為早日實現憲政，於是年十一月召開臨時國民大會，與會代表包括中國國民黨、中國青年黨、中國民主社會黨及無黨派人士凡一千三百五十五人，共匪及民主同盟代表則拒絕出席。十一月，政府以政治協商會議所協商的憲法草案提交大會修正，十二月，大會通過中華民國憲法，於民國三十六年（西元一九四七年）元旦頒布，並定於同年十二月二十五日開始實行憲政。

中華民國憲法內容與政治協商會議所協商的憲法草案極為接近，包括全部民主政治的基本原則與建國理想，規定「中華民國基於三民主義為民有、民治、民

享之民主共和國」。憲法又明確指出我國的基本國策，在於保衛國家安全，維護世界和平，保障人權及個人與民族的自由平等，尊重國際條約及聯合國憲章，提高人民生活水準及發展教育文化事業。

　　民國三十六年（西元一九四七年）三月，政府公布國民大會代表及立法委員、監察委員選舉罷免法，六月，設立國民大會及立法委員選舉總事務所，積極展開全國選舉工作，監察委員選舉依照憲法係由內政部辦理。十二月，第一屆國民大會代表經全國人民選出，次年一月，立法委員及監察委員亦先後選出。同年三月二十九日，行憲後第一次國民大會在南京國民大會堂開幕，出席代表二八四一人。四月，國民大會選舉　蔣公為行憲後第一任總統，李宗仁為副總統，通過動員戡亂時期臨時條款，授權　蔣總統於緊急時期對軍事財政得作緊急處分。國民大會於五月一日閉幕，　總統、副總統於同月宣誓就職，立法院與監察院亦皆成立，我國政治從此走上民主憲政常軌。

◆ 蘇俄的侵略陰謀

　　蘇俄對我國侵略的野心，直至第二次世界大戰結束前夕，仍未稍減。民國三十四年（西元一九四五年）二月，美總統羅斯福、英首相邱吉爾為謀早日結束戰爭，與蘇俄總理史達林會於克里米亞半島的雅爾達，要求蘇俄對日作戰。蘇俄乘機勒索，要求恢復帝俄時代侵略我國所得的權利，作為蘇俄對日宣戰的條件，美、英二國不惜出賣我國權益，與蘇俄簽訂密約，允於戰爭結束後，蘇俄得恢復在大連港的優越利益及租借旅順為海軍基地，中東鐵路及南海鐵路由中俄共管，並承認蒙古獨立，蘇俄則同意於德國投降及歐洲戰事結束後二月或三月內加入同盟國對日作戰，並表示願與我國政府訂立中蘇友好同盟條約，以武裝力量援助我國擊敗日本的侵略，是為雅爾達秘密協定。

　　我國對雅爾達秘密協定事前毫無所知，事後由美駐華大使赫爾利將協定條款通知我國政府，希望我國直接與蘇俄進行交涉。我國政府雖至感痛憤，為保持對日作戰期間同盟國的團結及遠東的和平與安全，派遣行政院長宋子文及外交部長王世杰至莫斯科，與蘇俄進行會談，於同年八月，與蘇俄簽訂中蘇友好條約，條約內容大致以雅爾達會議為根據，並允許參戰後進入東三省的俄軍，於日本投降後三個月內全部撤離。

蘇俄於民國三十四年（西元一九四五年）八月八日，亦即美國投擲第一個原子彈的次日，對日宣戰，分兵三路侵入我華北及東北。左翼兵團入察哈爾省，經德王府、德化、張北向張家口推進；中路兵團進入熱河省，主力經圍場、隆化占據承德，別軍經赤峰取平泉；左翼兵團自俄屬東海濱省沿中東鐵路直薄哈爾濱，南下據長春、瀋陽，分兵二支，一入遼東半島取旅順、大連，一經錦縣直抵山海關。

日本宣布無條件投降時，蘇俄右翼兵團方進至德化以南地區，為求與共匪取得聯繫，不顧盟軍總部停戰命令，繼續推進，至張北與共匪會合，復以騎兵掩護匪軍進占張家口。張家口為日軍控制內蒙的重鎮，儲備軍用物資極多，皆為匪軍所有。蘇俄中路兵團占領承德後，共匪乘隙分批竄入熱河進入東北。蘇俄左翼兵團進入東北後，日軍不戰而降，軍用物資全為俄軍所繳收，違背中蘇友好條約，非法供給共匪使用，日本在東北所經營工礦機器設備亦被拆卸搬運一空。依據中蘇友好條約，蘇俄軍隊應於日本投降後三個月內全部撤離，是年十月，我政府擬派兵由大連登陸，依約接收，蘇俄悍然拒絕，並將營口、葫蘆島等重要港口任由共匪占領，遷延撤退日期，培植共匪在東北擴展勢力。我政府乃決定由海道運兵，自秦皇島登陸，取道山海關進兵，沿途復遭共匪狙擊，我軍終於排除萬難，自山海關進駐錦縣、新民、營口、四平街、瀋陽，並遣空軍空運國軍至瀋陽、長春。至民國三十五年（西元一九四六年）五月，蘇俄軍隊全部撤離，然東北除瀋陽、錦縣等少數據點外，幾盡陷於共匪之手。

◆ 共匪叛亂與戡亂復國

當蘆溝橋事變發生時，共匪於延安發出共赴國難宣言，聲稱願服膺三民主義，取消紅軍名義及番號，改編為國民革命軍，受軍事委員會統轄，共同擔任抗日任務。我政府為求團結力量抵禦外侮，予以接受，將蟄伏陝北共軍改編為國民革命軍第十八集團軍，兵力約四萬五千人，歸第二戰區司令長官閻錫山統率，又收編共匪西竄時遺留江西殘部為新四軍，兵力約一萬五千人，受第三戰區司令長官顧祝同指揮。共匪乘機坐大，擴充武力。民國三十三年（西元一九四四年）夏，共匪乘抗戰軍事逆轉，要求政府擴編為五軍十六師，並承認陝甘寧邊區政府。民國三十四年（西元一九四五年）夏，共匪竟提出聯合政府及聯合統帥部的主張。是

時共匪除據有陝、甘、寧邊區外，勢力遍及山西、河北、山東等省及蘇北、豫北地區，兵力多達九十餘萬人，叛國行動日趨表面化。

抗戰勝利後，我政府為謀求和平統一，避免發生內戰，屢次召開政治協商會議，邀請各黨派代表及無黨派人士參加，共商國是。共匪本無誠意，特借政治協商會議為掩護，積極擴張勢力，在蘇俄卵翼下，大舉進入東北，從俄軍接收大量日軍優良裝備，襲擊國軍，攻奪城邑，勢力迅速蔓延於華北及東北各省。抗戰期間，美國政府誤信蘇俄及共匪的虛偽宣傳，以為共匪為農村土地改革者，自始即希望我政府與共匪合作，屢次促使我政府直接與共匪進行洽商。及共匪叛亂，美國政府於民國三十四年（西元一九四五年）十二月派遣馬歇爾特使來華調解紛爭，脅迫我政府與共匪成立停戰協定，組織聯合政府，並向我政府提出保證，如我政府接受其建議，則可獲得美國的經濟援助，否則不得美國政府的同情，我政府遂不得不接受馬歇爾的建議。馬歇爾復順從共匪要求，電請美國政府召回親向我政府的駐華大使赫爾利及駐華美軍司令魏德邁，以司徒雷登繼任駐華大使。當時共匪受國軍圍剿，處境不利，遂接受馬歇爾的調停，於民國三十五年（西元一九四六年）一月，與我政府成立停戰協定，藉機整補軍隊，並同時舉行政治協商會議。是年三、四月間，共匪首先破壞停戰協定，命東北匪軍向國軍大舉發動攻擊，先後攻陷四平街、長春、吉林、哈爾濱、齊齊哈爾等地，松花江以北皆淪入匪軍之手，並向國軍宣布東北全面敵對行動。五月，國軍於東北發動反攻，連克四平街、長春、吉林等重鎮，越松花江，於六月進迫哈爾濱，匪軍反正者甚眾。國軍本可長驅直進，因受馬歇爾壓力，再度下令停戰，共匪乘機向國軍猛攻，戰事復起。七月，馬歇爾以調停失敗，電請美國政府斷絕一切對華援助，八月，美國政府下令禁止軍械運華。次年一月，馬歇爾奉調返美，繼任國務卿，從此我政府不再獲得美國支持，而蘇俄則加緊裝備匪軍，匪勢益張。

馬歇爾返國後，匪軍續於各地擴大叛亂行動。民國三十六年（西元一九四七年）七月，我政府宣布決心戡亂，十月，下令解散民主同盟，宣布其為非法政黨，全面戡亂戰爭於是展開。然我國因經長期抗戰，創傷未復，資源短缺，兼以戰線漫長，兵力分散，共匪則受蘇俄支援，集中兵力，流竄豕突，故戰事漸對我軍不利。自是年年底以後，共匪向我軍猛烈發動攻擊，東北、冀、魯、晉、豫、蘇、皖等省重要軍事據點相繼失守。民國三十七年（西元一九四八年）十一月，我軍

主力與共匪激戰於徐州附近，至次年一月，我軍傷亡極重，兵團司令黃伯韜、邱清泉皆於是役殉國，黃維、杜聿明被俘。匪軍遂陷徐州，乘勢南陷蚌埠、臨淮等地，進逼南京，北平、天津亦於是月陷於匪手。

由於戡亂軍事的失利，政府中失敗主義分子復倡議與共匪謀和。華中戰區剿匪總司令白崇禧首先通電請求政府停止對共匪作戰，湖南省政府主席程潛繼之，要求政府與共匪恢復和談，美國駐華大使司徒雷登及其華籍顧問傅涇波、李宗仁政治顧問甘介侯等則醞釀迫使 蔣總統引退。民國三十八年（西元一九四九年）一月， 蔣總統為息戰弭兵起見，宣告引退，由李宗仁以副總統代行總統職權。我軍民一旦失去 領袖的領導，而李氏一意妄求和議，由是民心渙散，遂為共匪所乘。四月，共匪分道大舉渡江，攻陷南京，至是年十二月，大陸全部為共匪竊據。

同年九月，共匪於北平召開偽「政治協商會議」，十月一日，成立偽「中華人民共和國」，以北平為偽都，蘇俄首先予以承認，我政府乃對蘇俄絕交。次年三月，共匪與蘇俄簽訂偽「中蘇友好同盟互助條約」，又簽訂偽「新疆協定」，允許蘇俄任意開採新疆石油及非金屬資源。其後復陸續與蘇俄簽訂各種偽秘密協定，依照密約，蘇俄得在中國享受各種非法特權，並控制共匪的政治、經濟與軍事。

當 蔣總統引退前，預料大陸終將為共匪所竊據，任命陳誠將軍為臺灣省政府主席，並命中央銀行總裁俞鴻鈞將政府所存黃金外匯秘密運至臺灣，為將來反攻復國的準備。及共匪竊據大陸，臺灣省遂成為我民族國家的復興基地。民國三十八年（西元一九四九年）十二月，國民政府遷都臺北，代總統李宗仁棄職飛美，中樞無主，國事日非。民國三十九年（西元一九四〇年）二月，國民黨非常委員會電促李氏返臺，李氏執迷不返，非常委員會乃決議請求 蔣總統早日復行視事，遷臺國民大會代表、立法委員及監察委員亦一致請求 蔣總統復職， 蔣總統以全國軍民殷切責望，於三月一日在臺北復行視事，繼續領導我全體軍民，負起戡亂復國的神聖使命。

全新 歷 史 巨獻

中國斷代史叢書

穿梭古今 遨遊歷史

集合當前頂尖陣容，給您最精采、最詳實的中國歷史

 先秦史 朱鳳瀚　　 遼金元史 張　帆

◎ 秦漢史 王子今　　　◎ 明　史 王天有、高壽仙

◎ 魏晉南北朝史 張鶴泉　◎ 清　史 郭成康

◎ 隋唐五代史 王小甫　　◎ 中國近代史 李喜所、李來容

◎ 宋　史 游　彪

秦漢史——帝國的成立

王子今／著

　　秦漢時代「大一統」政治體制基本形成，「皇帝」從此成為中國的主人，秦始皇、楚漢相爭、漢武帝、王莽代漢的史事，在此輪番上演。在作者精心的串聯下，拼湊出秦漢時代的嶄新面貌。您知道為什麼認真的秦始皇底下會出現暴政？為什麼東漢神童特別多？本書將與您一同體驗歷史。

隋唐五代史——世界帝國・開明開放　　王小甫／著

　　隋唐王朝，是中國歷史上最璀璨的時代。文治武功鼎盛，「天可汗」的威儀傲視天下。經濟繁榮發達，社會活潑開放，繁華熱鬧的長安展現世界帝國首都的氣勢。這是唐太宗的帝國、李白的世界，出現中國歷史上空前絕後的女皇帝，氣勢恢弘的時代精神、富麗堂皇的藝術風格，為這「世界帝國」下了最佳註腳！

明史——一個多重性格的時代　　王天有、高壽仙／著

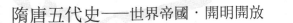

　　明代在政治上專制皇權進入前所未有的高峰，經濟上工商業的繁榮也帶動了社會、文化的活躍，但也使新的問題油然而生，成為明朝不得不面對的新挑戰。想知道朱元璋如何一統天下、鄭和為什麼七下西洋，瞧一瞧皇帝身邊最勾心鬥角的宮廷世界、群臣士大夫的力挽狂瀾，見識明代富庶、奢靡的生活情趣，那你千萬不可錯過！

中國近代史——告別帝制　　李喜所、李來容／著

　　鴉片戰爭以來，中國面臨了三千年未有的大變局。一方面是內外交逼，國將不國；另一方面是一代代的中國人投身救國救民的行列。清政府在變局中被動地回應外來的刺激，終於導致了自身的滅亡，宣告持續了兩千多年的皇帝制度從此在中國壽終正寢。儘管新的共和國風雨飄搖，但告別帝制，走向共和，已然是世界潮流，無法逆轉。

中國通史（修訂四版）

甘懷真／著

本書著重從宏觀的角度，做歷史趨勢之說明，不對個別的歷史事件、人物作過多之枝節敘述；並將近年來學界之最新研究成果包含在內，對社會經濟史及文化史的歷史演進有較詳盡之說明。書中也加重了臺灣史的比重，以及反映時代之新精神，兼顧可讀性及學習需求，允宜作為大專之「中國通史」課程教學之用。

中國文化史（修訂三版）

杜正勝／主編 王健文 陳弱水 劉靜貞 邱仲麟 李孝悌／著

它不是堂皇嚴正的傳統形式教科書，而是以一個嶄新的形式出現，平易近人，活潑有趣，正確地說，不限於教學參考用書而已。它有時代性，希望激發讀者的歷史醒悟，解答讀者的時代困惑。當然，它還有知識性，告訴你中國人的種種經驗，也許和你過去吸收的歷史知識不一樣。什麼才是真實的歷史？讀什麼樣的歷史對你才有意義？請打開這本《中國文化史》。